MAR CANTÁBRICO

FRANCIA

D0206727

PIRINEOS

ANDORRA

La Coruña
Avilés • Gijón
Santander
San Sebastián
• Oviedo
ASTURIAS
CANTABRIA
Bilbao
Pamplona
★ Andorra La Vella
GALICIA
Lugo
PAÍS VASCO
NAVARRA
ARAGÓN
CATALUÑA
CORDILLERA CANTÁBRICA
León
Burgos
LA RIOJA
R. Ebro
Lérida
Barcelona
Costa Brava
Pontevedra
Palencia
CASTILLA Y LEÓN
Zaragoza
• Vigo
Orense
Valladolid
SISTEMA IBÉRICO
Tarragona
Braga
• Zamora
R. Duero
• Oporto
Salamanca
Segovia
COMUNIDAD
DE
MADRID
ESPAÑA
Castellón
BALEARES
Menorca
Coimbra
Ávila
Palma de Mallorca
SIERRA DE GUADARRAMA
★ Madrid
Mallorca
COMUNIDAD VALENCIANA
Toledo
PORTUGAL
R. Tajo
CASTILLA LA MANCHA
Valencia
Cáceres
R. Júcar
Ibiza
EXTREMADURA
Lisboa ★
Mérida
Albacete
Formentera
Setúbal
Badajoz
R. Guadiana
Almadén
• Ciudad Real
Alicante
SIERRA MORENA
Murcia
Linares
REGIÓN DE
R. Guadalquivir
Córdoba
Jaén
MURCIA
Cartagena
ANDALUCÍA
Granada
Huelva
• Sevilla
SIERRA NEVADA
• Almería
MAR MEDITERRÁNEO
Costa del Sol
Jerez de la
Málaga
Frontera
N
Cádiz
Algeciras
Estrecho de Gibraltar
Ceuta (Esp.)
O
E
Tánger
Melilla (Esp.)
S

MARRUECOS

Santa Cruz
de la Palma
Lanzarote
• Arrecife
Santa Cruz
La Palma
Tenerife
• Puerto del Rosano
Gomera
Fuerteventura
• Las Palmas
Hierro
Gran Canaria
ISLAS
CANARIAS
ÁFRICA
OCÉANO
ATLÁNTICO
0 50 100 millas
0 50 100 kilómetros

ESPAÑA

0   150 MI

0   250 KM.

ESTADOS UNIDOS

• Tijuana
• Mexicali

BAJA CALIFORNIA

Golfo de California

• Nogales
• Ciudad Juárez

R. Bravo del Norte

R. Grande

SIERRA MADRE OCCIDENTAL

MÉXICO

SIERRA MADRE ORIENTAL

Nuevo Láredo

• Monterrey

• Guadalajara

• Comala

México, D.F. ★

Taxco •

• Acapulco

GOLFO DE MÉXICO

• Mérida

PENÍNSULA DE YUCATÁN

Cozumel

Canal de Yucatán

La Haba
Pinar del

• Veracruz

• Oaxaca

Palenque •

Tikal ∴

BELICE
★ Bèlice
Belmopán

OCÉANO PACÍFICO

Quezaltenango •

GUATEMALA

Guatemala ★
Volcán Izalco ▲

Copán ∴
★ San Salvador

HONDURAS

★ Tegucigalpa

EL SALVADOR

NICARAGUA

León •
Managua ★
L. de Nicaragua

COSTA RICA

Puntarenas •
Sa
Jo

MAR DEL CARIBE

OCÉANO ATLÁNTICO

Barranquilla
Cartagena
• Maracaibo
TRINIDAD Y TOBAGO
• Caracas
Port-of-Spain

VENEZUELA
R. Orinoco

Georgetown
Paramaribo
GUYANA
Cayena
SURINAM GUAYANA FRANCESA

Medellín
Manizales
• Cali
Salto Ángel

• Bogotá

COLOMBIA

Quito
ECUADOR
R. Amazonas
ECUADOR

Guayaquil
• Cuenca
Manaus
Belém

CORDILLERA DE LOS ANDES
Iquitos

R

Cajamarca

BRASIL

R. Madeira

PERÚ
Machu Picchu
• Lima
Ayacucho • Cuzco
Salvador

Arequipa
L. Titicaca
La Paz
BOLIVIA
Brasilia

Arica
Sucre
Potosí
Belo Horizonte

Iquique
PARAGUAY
Rio de Janeiro

Desierto Atacama
São Paulo
Santos

Antofagasta
TRÓPICO DE CAPRICOR.

Salta
Asunción

ANDES
Tucumán
Salto Iguazú

Porto Alegre

CHILE
Córdoba
R. Paraná
R. Uruguay

Mendoza
Rosario
URUGUAY

Valparaíso
Buenos Aires
Montevideo

Santiago
La Plata
Río de la Plata

Concepción
Bahía Blanca

CORDILLERA DE LOS ANDES

ARGENTINA

Estrecho de Magallanes

AMÉRICA DEL SUR

0 200 400 600 800 MILLAS

0 200 400 600 800 KILÓMETROS

Islas Malvinas
TIERRA DEL FUEGO
Punta Arenas
Cabo de Hornos

LEGEND/KEY
★ CAPITAL
▲ VOLCANO
∴ RUINS

OCÉANO PACÍFICO

Inset map: Las Islas Galápagos

OCÉANO PACÍFICO

Isla Pinta
Isla Marchena
ECUADOR
Isla San Salvador
Santa Cruz
Isla Santa Cruz
Isla Isabela
Puerto Ayora
Isla San Cristóbal
Puerto Villamil
Puerto Baquerizo Moreno

LAS ISLAS GALÁPAGOS

0 50 100 millas

0 50 100 kilómetros

Atando cabos

Curso intermedio de español

Annotated Instructor's Edition

Marta Rosso-O'Laughlin María González-Aguilar
Tufts University, Medford, MA **Instituto Cervantes,** Paris

Prentice Hall

Upper Saddle River, New Jersey 07458

Library of Congress Cataloging-in-Publication Data

Rosso-O'Laughlin, Marta.
  Atando cabos / Marta Rosso-O'Laughlin, María González-Aguilar.
    p. cm.
  Includes index.
  ISBN 0-13-791113-0
    1. Spanish language—Textbooks for foreign speakers—English. I. González-Aguilar,
María. II. Title.

PC4129.E5 R67 2001
468.2'421—dc21   00-034705

VP, Editorial Director: Charlyce Jones Owen
Editor-in-Chief: Rosemary Bradley
Development Editor: Mariam Pérez-Roch Rohlfing
Media Editor: Heather Finstuen
Assistant Editor: Meriel Martinez
Editorial Assistant: Amanda Latrenta
AVP, Director of Production and Manufacturing: Barbara Kittle
Executive Managing Editor: Ann Marie McCarthy
Editorial/Production Supervision: Nancy Stevenson
Marketing Manager: Stacy Best
Marketing Assistant: Ron Fox
Prepress and Manufacturing Manager: Nick Sklitsis
Prepress and Manufacturing Buyer: Tricia Kenny
Creative Design Director: Leslie Osher
Interior and Cover Design: Anne DeMarinis
Photo Researcher: Diana Góngora
Image Specialist: Beth Boyd
Manager, Rights & Permissions: Kay Dellosa
Director, Image Resource Center: Melinda Reo
Formatting and Art Manager: Guy Ruggiero
Illustrator: Catharine Bennett
Electronic Page Layout: Wanda España/Wee Design Group
Cover art: Carmen Lomas Garza, "Cumpleaños de Lala y Tudi" ("Lala's and Tudi's Birthday Party"), oil on canvas, 36 x 48". Photo credit: Wolfgang Dietze, Collection of Paula Maciel Benecke & Norbert Benecke, Aptos, CA.

This book was set in 10.5/12.5 Minion by Wee Design Group and was printed and bound by RR Donnelley & Sons Company. The cover was printed by Phoenix Color Corp.

© 2001 by Prentice-Hall, Inc.
A Division of Pearson Education
Upper Saddle River, New Jersey 07458

Printed in the United States of America
10 9 8 7 6 5 4 3 2 1

Student text: ISBN 0-13-791113-0
Annotated Instructor's Edition: ISBN 0-13-087878-2

Prentice-Hall International (UK) Limited, *London*
Prentice-Hall of Australia Pty. Limited, *Sydney*
Prentice-Hall Canada Inc., *Toronto*
Prentice-Hall Hispanoamericana, S.A., *Mexico*
Prentice-Hall of India Private Limited, *New Delhi*
Prentice-Hall of Japan, Inc., *Tokyo*
Pearson Education Asia Pte. Ltd., *Singapore*
Editora Prentice-Hall do Brasil, Ltda., *Rio de Janeiro*

Dedicatoria

Dedico este libro a mi marido, Pablo Radicella,
y a nuestro hijo, Lucas, en restitución de los
momentos que les robé para hacerlo.

—Maria González-Aguilar

To Michael, Andrés, and Nicolás, who every day
teach me a little more of the language of the heart.

—M.R.-O'L.

Brief Contents

Capítulo

1 La identidad 2

2 Relaciones interculturales 34

3 Trotamundos 64

4 Salud y nutrición 96

5 El medio ambiente 126

6 Los derechos humanos 154

7 El mundo del trabajo 184

8 El arte 216

9 La mujer orquesta 244

10 La globalización y la tecnología 280

11 Música, cine y televisión 316

12 El amor y la celebración de la vida 354

Cabos sueltos 382

Contents
Atando cabos

Capítulo Uno

1 La identidad
"De tal palo, tal astilla."

2

Tema cultural   **La familia hispana**

En marcha   Vocabulario en contexto   Una pareja convencional; una familia complicada   **3**
2–19
   ¡Sin duda!   *parecer – parecerse*   **7**
   Así se dice   Saludos y presentaciones   **8**
   Referencia gramatical 1   Describing people and things: Adjective agreement   **9**
   Referencia gramatical 2   Discussing daily activities: Present tense indicative   **10**
   Conexiones   • Describing conditions and characteristics: **Ser** and **estar**   **12**
     • Expressing equality and inequality: Comparisons   **15**

Manos a la obra   Así se lee   Predicting and guessing; Cognates   **20**
20–28
   Lecturas   **El bueno, el feo y el malo,** Eva Calvo   **23**
     Un niño dentro de su madre, Gloria Fuertes   **27**
     El divorcio no es cosa de tres, Gloria Fuertes   **27**

Al fin y al cabo   Proyecto   ¡Gran fiesta!   **29**
29–31   A escribir   Carta de recomendación   **30**

Vocabulario   **32–33**

Capítulo Dos

2 Relaciones interculturales
"Dame tu mano, hermano."

34

Tema cultural   **Los hispanos en los Estados Unidos**

En marcha   Vocabulario en contexto   Dos reseñas cinematográficas   **35**
35–49
   ¡Sin duda!   *hacer – haber – tener*   **39**
   Así se dice   Para hacer preguntas cortésmente   **42**
     Para pedir aclaraciones   **42**
   Referencia gramatical 1   Describing daily routines: Reflexive verbs   **44**

Referencia gramatical 2 Describing reciprocal actions: Reciprocal verbs **45**

Conexiones • Expressing unintentional or accidental events: Reflexive for unplanned occurrences **45**

• Expressing likes and dislikes: Verbs like **gustar** **47**

Manos a la obra
50-57

Así se lee Scanning **50**

Lecturas **No Speak English,** Sandra Cisneros **53**

Plegaria, Octavio Romano **56**

Al fin y al cabo
58-61

Proyecto ¡Viva la diferencia! **58**

A escribir Escribir un diario **61**

Vocabulario **62–63**

Capítulo Tres

3 Trotamundos

64

"Caminante no hay camino, se hace camino al andar."

Tema cultural **La belleza natural de América Latina**

En marcha
65-80

Vocabulario en contexto Un viaje por América Latina **65**

¡Sin duda! irse – salir – partir – dejar **69**

Así se dice Para hacer reservas **70**
Para pedir información en el aeropuerto **70**

Referencia gramatical 1 Talking about past activities: The preterite **71**

Referencia gramatical 2 Telling how long ago something happened: **Hace** + time expressions **73**

Referencia gramatical 3 Describing how life used to be: The imperfect **75**

Conexiones • Narrating in the past: Preterite and imperfect **75**
• Talking about past activities: Verbs that change meaning in the preterite **79**

Manos a la obra
81-87

Así se lee Skimming **81**

Lecturas **Viajes,** Julio Cortázar **84**

Cantares (Fragmento), Antonio Machado **86**

Al fin y al cabo
88-93

Proyecto ¡Buen viaje! **88**

A escribir Carta para hacer reservas **92**

Vocabulario **94–95**

Capítulo Cuatro
4 Salud y nutrición   96
"En mente sana, cuerpo sano."

Tema cultural   **La medicina alternativa**

En marcha   Vocabulario en contexto   Cuidemos nuestro cuerpo **97**
97–111   ¡Sin duda! *sentir - sentirse; hacer caso - prestar atención* **101**
Así se dice   Para recomendar y hacer sugerencias **103**
Referencia gramatical 1   Indicating location, purpose, and cause:
Por vs. **para** **104**
Referencia gramatical 2   Talking to and about people and things: Uses of the definite article **106**
Conexiones   • Telling people what to do: Formal and informal commands **107**
• Suggesting group activities: **Nosotros** commands **108**

Manos a la obra   Así se lee   Getting the gist **112**
112–119   Lecturas   *La actitud mental: un arma contra la enfermedad* **115**
La Reina Batata, María Elena Walsh **117**

Al fin y al cabo   Proyecto   En la variedad está el gusto **120**
120–123   A escribir   Para dar instrucciones **122**

Vocabulario   **124–125**

Capítulo Cinco
5 El medio ambiente   126
"Sólo si renace entre nosotros el sentimiento de hermandad con la naturaleza, podremos defender a la vida."

Tema cultural   **Problemas ecológicos**

En marcha   Vocabulario en contexto   Tres alternativas ecológicas **127**
127–140   ¡Sin duda! *alcanzar – conseguir – lograr – obtener* **131**
Así se dice   Para influir y tratar de convencer a otros **133**
Para expresar opinión **134**
Referencia gramatical 1   Distinguishing between people and things:
The personal **a** **135**
Referencia gramatical 2   Direct and indirect object pronouns **138**

Conexiones • Avoiding repetition of nouns: Direct object pronouns **136**
          • Indicating to whom or for whom actions are done: Indirect object pronouns **138**
          • Avoiding repetition of nouns: Double object pronouns **140**

Manos a la obra   Así se lee Background information **141**
141–146   Lecturas ***Preciclar, un nuevo verbo que conjugar*** **143**
                                 ***Iré a Santiago* (Fragmento)**, Federico García Lorca **146**

Al fin y al cabo   Proyecto Salvemos el planeta **147**
147–151   A escribir El resumen **151**

Vocabulario   **152–153**

6 Capítulo Seis
Los derechos humanos   **154**

"Todo individuo tiene derecho a la vida, a la libertad y a la seguridad de su persona."

Tema cultural   El mundo indígena

En marcha   Vocabulario en contexto La importancia de la tierra **155**
155–169   ¡Sin duda! *época – hora   rato – ratito – ratico   tiempo – vez* **159**
                       Así se dice Para expresar opinión **160**
                                    Para expresar obligación y necesidad **160**
                       Referencia gramatical 1 Expressing hope and desire: Present subjunctive of regular and irregular verbs **162**
                       Referencia gramatical 2 Expressing judgment and feelings: Impersonal expressions with the subjunctive **164**
                       Conexiones • Giving advice, suggesting, and requesting: Noun clauses **164**
                                  • Expressing doubt, denial, and uncertainty: Subjunctive in noun clauses **166**

Manos a la obra   Así se lee Main idea and supporting elements **170**
170–176   Lecturas ***El eclipse*, Augusto Monterroso** **173**
                                 ***El rescate de Atahualpa*, Anónimo** **175**

Al fin y al cabo   Proyecto Trabajo comunitario **177**
177–181   A escribir Una entrevista **180**

Vocabulario   **182–183**

7 Capítulo Siete
El mundo del trabajo
"Trabajo deprisa para vivir despacio."

184

Tema cultural   La búsqueda de trabajo en el mundo hispano

En marcha
185–199
Vocabulario en contexto Una entrevista de trabajo 185
¡Sin duda! *ir – venir – llegar* 190
Así se dice Para felicitar 191
Referencia gramatical 1 Talking about generalities and giving information:
Impersonal *se* 192
Referencia gramatical 2 Describing general qualities: *Lo* + adjective 193
Conexiones • Denying and contradicting: Indefinite and negative words 195
• Describing unknown and nonexistent people and things:
Adjective clauses 198

Manos a la obra
200–207
Así se lee Making inferences 200
Lecturas   **El trabajo como adicción** 203
Business Administration, Ernesto Gutiérrez 206

Al fin y al cabo
208–213
Proyecto ¿Dónde está mi trabajo? 208
A escribir La carta de solicitud de empleo 212

Vocabulario 214–215

8 Capítulo Ocho
El arte
"Todo depende del color con que se mire."

216

Tema cultural   Los muralistas y Frida Kahlo

En marcha
217–230
Vocabulario en contexto Rivera, un maestro de la pintura 217
¡Sin duda! *hacerse – llegar a ser – ponerse – volverse* 223
Así se dice Elogios y alabanzas 224
Para describir una obra de arte 224
Referencia gramatical 1 Describing past desires, advice, and doubts: Imperfect
subjunctive 225
Referencia gramatical 2 Expressing desire and courtesy: Imperfect subjunctive in
independent clauses 226

Conexiones • Expressing concession and time in the future: Subjunctive in adverbial clauses **227**

• Expressing uncertainty, purpose, and condition: Subjunctive in adverbial clauses **229**

Manos a la obra
231-238

Así se lee   Prefixes and suffixes **231**

Lecturas   ***La obra de Frida Kahlo*** **234**

No olvides a Siqueiros, Nicolás Guillén **237**

Al fin y al cabo
239-241

Proyecto   El arte en el barrio **239**

A escribir   Expresar una opinión **241**

Vocabulario   **242-243**

9 Capítulo Nueve
La mujer orquesta

"Es la mujer del hombre lo más bueno."

Tema cultural   **Desafíos de la mujer actual**

En marcha
245-260

Vocabulario en contexto   Entrevista con una psicóloga **245**

¡Sin duda!   *apoyar – mantener – soportar – sostener* **249**

Así se dice   Para hacer, aceptar y rechazar invitaciones **251**

Referencia gramatical 1   Talking about future activities: Future tense **253**

Referencia gramatical 2   Talking about conditions: Conditional tense **254**

Referencia gramatical 3   Discussing probability: Uses of the future and conditional to express probability **255**

Conexiones • Talking about hypothetical situations in the future: Conditional clauses **257**

• Discussing contrary-to-fact situations: Conditional clauses **258**

Manos a la obra
261-271

Así se lee   Connecting words **261**

Lecturas   ***Una cabeza para Jane Austen,*** Ángeles Mastretta **266**

Yo no tengo soledad, Gabriela Mistral **270**

Al fin y al cabo
272-277

Proyecto   La mujer en el siglo XXI **272**

A escribir   Contar un cuento y escribir un informe **275**

Vocabulario   **278-279**

Capítulo Diez

10 La globalización y la tecnología   280

"La incógnita de la vida humana no se resuelve nunca, pero el hombre de ciencia, aunque sepa esto, marcha siempre hacia adelante."

Tema cultural **La economía en América Latina y la tecnología**

En marcha
281–298
Vocabulario en contexto Los retos de la globalización **281**
¡Sin duda! *ser tarde – llegar tarde – tardar* **285**
Así se dice Partes de una conversación telefónica **286**
Referencia gramatical 1 Expressing outstanding qualities: Superlative and absolute superlative **288**
Referencia gramatical 2 Talking about people and things: Uses of the indefinite article **290**
Conexiones • Discussing past actions affecting the present: Present perfect tense **291**
• Talking about actions completed before other past actions: Pluperfect tense **293**
• Linking ideas: Relative pronouns **295**

Manos a la obra
299–306
Así se lee Functions of the text **299**

Lecturas ***Vértigo digital*** 301
La situación se torna delicada, Nicanor Parra **305**

Al fin y al cabo
307–313
Proyecto Una empresa global **307**
A escribir Comparación y contraste **311**

Vocabulario 314–315

Capítulo Once

11 Música, cine y televisión   318

"Una película no te resuelve nada, aunque te da un enorme placer."

Tema cultural **El ocio en el mundo**

En marcha
319–339
Vocabulario en contexto En el teatro **319**
¡Sin duda! *actualidad – de hecho – en realidad; cine – película – de película* **323**
Así se dice Expresiones para hablar de cine **324**
Expresiones para hablar de música **325**
Referencia gramatical 1 Indicating who performs the action: Passive voice with **ser** **326**
Referencia gramatical 2 Substitute for the passive voice: The passive **se** **328**

Conexiones • Expressing what you hoped has happened: Present perfect subjunctive **330**
• Expressing what you hoped would have happened:
Pluperfect subjunctive **332**
• Expressing sequence of events: Sequence of tenses in the subjunctive **336**

Manos a la obra   Así se lee   Journalistic techniques **340**
340–348   Lecturas   *El mundo en casa,* Soledad Puértolas **343**
Solo de flauta, Nicolás Guillén **347**

Al fin y al cabo   Proyecto   Ver es aprender **349**
349–353   A escribir   Establecer causa y efecto **352**

Vocabulario   354–355

12. Capítulo Doce
El amor y la celebración de la vida   356
"Besarse, mujer, al sol es besarnos en toda la vida."

Tema cultural   **El modo de celebrar hispano**

En marcha   Vocabulario en contexto   Festejar, esencia del ser mexicano **357**
357–368   ¡Sin duda!   *mudarse – mover   forma – formulario   aplicar – solicitar* **361**
Así se dice   Expresiones de algarabía **362**
Expresiones para saludar al cumpleañero o a la persona agasajada **362**
Referencia gramatical 1   Describing how things may be in the future: Future
perfect **363**
Referencia gramatical 2   Describing a hypothetical situation in the past: Conditional
perfect **364**
Conexiones • Discussing contrary-to-fact situations: *If* clauses with the conditional perfect
and the pluperfect subjunctive **365**
• Expressing sequence of actions: Infinitive after prepositions **367**

Manos a la obra   Así se lee   Putting everything together **369**
369–377   Lecturas   *Cleopatra,* Mario Benedetti **372**
Te quiero, Mario Benedetti **375**

Al fin y al cabo   Proyecto   Día Internacional de la Paz **378**
378–381   A escribir   Argumentación **380**

Vocabulario   382–383

Cabos sueltos

Describing people and things: Adjective agreement 382

Discussing daily activities: Present indicative of regular and irregular verbs 384

Describing conditions and characteristics: Uses of *ser* and *estar* 390

Hacer and *tener* **expressions** 392

Interrogative words 393

Describing daily routines: Reflexive verbs 395

Describing reciprocal actions: Reciprocal verbs 397

Talking about past activities: The preterite 398

Telling how long ago something happened: *Hace* + time expressions 402

Describing how life used to be: The imperfect 403

Indicating location, purpose, and cause: *Por* vs. *para* 406

Talking to and about people and things: Uses of the definite article 409

Distinguishing between people and things: The personal *a* 411

Object pronouns: Direct and indirect 412

Expressing hope and desire: Present subjunctive of regular and irregular verbs 415

Expressing judgment and feelings: Impersonal expressions with the subjunctive 419

Talking about generalities and giving information: Impersonal *se* 421

Describing general qualities: *Lo* + adjective 423

Describing past desires, advice, and doubt: Imperfect subjunctive 424

Expressing desire and courtesy: Imperfect subjunctive in independent clauses 426

Talking about future activities: Future tense 429

Talking about conditions: Conditional tense 430

Discussing probability: Uses of the future and conditional to express probability 432

Expressing outstanding qualities: Superlative and absolute superlative 433

Talking about people and things: Uses of the indefinite article 436

Indicating who performs the action: Passive voice with *ser* 438

Substitute for passive voice: The passive *se* 440

Describing how things may be in the future: Future perfect 441

Describing a hypothetical situation in the past: Conditional perfect 442

Preface

Introduction

Atando cabos is a Spanish intermediate-level program developed with the purpose of teaching students to express, interpret, and negotiate meaning in context. As a content-based program it emphasizes interaction and communication. This emphasis on real interaction enables students to develop fluency and accuracy and to function within Hispanic cultures. Our program can be used in the third and/or fourth semesters, and has been designed keeping in mind the wide range of language proficiency typically encountered in intermediate classes. It addresses the difficulty encountered by intermediate instructors when trying to teach to an audience with very different backgrounds in language study, and simultaneously offers each student the opportunity to focus on his/her specific problem areas. *Atando cabos* presents a learner-centered approach to aid students in developing an awareness of their needs while allowing them the freedom to work individually on selected areas.

 Atando cabos emphasizes the functional use of language throughout the program within a proficiency-oriented framework. The development of the basic skills—listening, speaking, reading, writing, and cultural awareness—are given equal weight and are taught as building blocks toward proficiency and communication. Communicative activities, based on authentic materials, along with clear grammatical explanations and charts, are used to facilitate the learning process. The development of sociolinguistic competence is given a special place as the springboard to the non-classroom world.

The Atando cabos Program

The *Atando cabos* program consists of several integrated components: a Student Textbook, an Annotated Instructor's Edition, an Instructor's Resource Manual, a Workbook/Lab Manual with Answer Key and an accompanying audioprogram available on compact disc or cassette, a Testing Program, a CD-ROM, a Website, and a Video. All components were created especially for the *Atando cabos* program.

Program overview

The *Atando cabos* textbook is organized in two distinct parts.

Part 1: Atando cabos (Capítulos 1–12) forms the core of the text and consists of twelve thematically organized chapters. Each chapter contains contextualized vocabulary presentations, followed by vocabulary development activities; grammatical explanations specific to the second year; communicative activities that review particular grammar points contextualized in the reading selection and/or in the vocabulary presentation; a section on the functions of language devoted to developing sociolinguistic awareness; a wealth of readings and reading and writing strategies; and a chapter project in which students will integrate all the material previously presented and practiced.

Part 2: Cabos sueltos, in the second half of the book, is a grammar review of the basic structures usually covered within the first year of study. It serves to prepare the ground for the grammar practice at the second-year level that is presented in **Part 1** of the book. **Cabos sueltos** provides clear grammar coverage for the student, and therefore helps instructors avoid loss of class time due to any one student's need for review. This treatment of grammar also gives students the opportunity to review individually, either in class or at home, any given structure not fully covered in their first year of study. For example, students are referred to **Cabos sueltos** to review the basic forms of the preterite tense. They then continue with the more complex review of the rules for the contrast of the preterite versus the imperfect in the main text. Integration and connection are key concepts in *Atando cabos*.

Part 1: Atando cabos

Each of the twelve thematically organized chapters begins by introducing the cultural theme of the chapter and outlining its objectives. Content in each chapter is divided into manageable parts presented to the student in self-contained sections that can be used in one or two class periods: *En marcha, Manos a la obra,* and *Al fin y al cabo.* These three segments serve as the main structure through which vocabulary, grammar, readings, and activities are presented.

En marcha	Manos a la obra	Al fin y al cabo
Vocabulario en contexto **and** ***Palabras conocidas:*** Presentation of basic and new vocabulary based on the theme of the chapter	***Así se lee:*** Reading strategies and prereading organizers	***Proyecto:*** Sequence of activities built on each other to integrate skills presented and developed throughout chapter
Práctica y comunicación: Vocabulary practice and activities	***Antes de leer:*** Presentation of additional vocabulary specific to the reading material	***A escribir:*** Writing strategies and process writing activities contextualized with chapter topics
¡Sin duda! **and** ***Así se dice:*** Presentation of functions of the language and its sociolinguistic elements	***Lectura:*** Introduction to the reading and prose reading selection	
Referencia gramatical: Grammar referenced to the *Cabos sueltos* review section	***Poema:*** Short, thematically integrated poem presented in every chapter	
Conexiones: Grammar explanations and practice	***Práctica:*** Post-reading activities and comprehension exercises	
Práctica: Communicative grammar activities contextualized around the theme of the unit		

En marcha

This section presents and practices vocabulary, functions of the language, sociolinguistic features, cultural activities, and the grammar topics of each chapter.

- **Vocabulary:** The presentation of vocabulary is divided into two sections: *Vocabulario en contexto*, which presents the new active vocabulary in a logical context to facilitate student retention of new words, and *Palabras conocidas*, which recycles first-year vocabulary along with cognates and appears without English translation.

- **Linguistic features:** *Así se dice* focuses on idiomatic expressions, false cognates, and vocabulary difficulties encountered by intermediate-level students. *¡Sin duda!* deals with the sociolinguistic aspects of the language and guides students to help them avoid common pitfalls at this level.

- **Cultural features:** Hispanic cultures and customs are presented through two main features within the text: *Cartelera* and *Boletín*. The *Cartelera* section highlights cultural points and provides the content of many communicative activities. It also serves as a transition between different topics in the chapter. The *Boletín* is a marginal note that presents sayings, cartoons, poems, and cultural references to works of art and movies that students can look up outside class time.

- **Grammar:** Intermediate-level grammar is presented in a subsection called *Conexiones*, which presents concepts usually taught in the second year of language study and addresses issues already covered in the first year in greater depth and with a broader scope. For those students needing an explanation of basic grammatical concepts (or more mechanical practice), a cross-reference, *Referencia gramatical*, directs them to the corresponding **Cabos sueltos** section in the second part of the book. This ensures that all students have the necessary tools to fully understand the more challenging grammar issues presented at the intermediate level.

Manos a la obra

The second section of the chapter, *Manos a la obra*, highlights the relevance of reading as a means of vocabulary acquisition, cultural understanding, and also as a model for more sophisticated writing. The section starts with advanced organizers and prereading activities that prepare students for the reading selection that follows. The short cultural readings that appear throughout each chapter, both in the *Cartelera* and *Boletín* boxes, allow students to continually practice their reading skills so they will be ready to delve into the more extended reading presented in *Manos a la obra*. New active vocabulary specific to the reading is presented and practiced to ensure comprehension. Non-active vocabulary in the reading selection is glossed in the first seven chapters of the text. Comprehension exercises follow; post-reading activities provide further practice with both the vocabulary and the ideas presented in the reading, therefore promoting critical thinking at a level appropriate for an intermediate student.

Al fin y al cabo

The final section, *Al fin y al cabo,* brings every chapter element together through oral-aural and written practice in activities designed to integrate the material covered in the previous two sections. It has two components: *Proyecto,* and *A escribir.*

- **Proyecto** focuses on the development of fluency. It presents activities that integrate the grammar and vocabulary previously covered with the theme of the reading and the chapter. Students do a detailed plan of the different stages of a given project, appropriate in level and topic. They are presented with problem solving exercises, debates, role-plays, interviews, and imaginative simulation exercises. The completion of the project aims to allow students to connect their classroom learning to the non-classroom world.

- **A escribir** presents the strategies necessary to develop good writing skills. The section focuses on teaching writing as a process. Topics include writing personal and business letters, résumés, and descriptive, narrative, and argumentative essays. Additional writing practice is provided through the use of a diary. The *Diario* asks students for their personal comments or reflections on the readings, cultural elements, ideas, and concepts presented in the chapter. Appearing throughout the chapter, it presents students with an opportunity to use language freely, taking the focus away from grammar accuracy and into content and meaning.

Part 2: Cabos sueltos

The *Cabos sueltos* grammar review progresses in a spiral fashion, providing students with repeated opportunities to recycle functions and structures consistently. Clear, precise, and concise grammar explanations are supported by summaries in charts and tables. Grammatical explanations and activities are thoroughly integrated with the readings and activities in the main part of the text. Each exercise in **Cabos sueltos** is presented in a context corresponding to a particular chapter in the first part of the text. The exercises progress from mechanical to meaningful, which makes it possible for the instructor and the student to work on various areas as they see fit. Communicative exercises covering the various grammar points appear in Part 1: *Atando cabos.*

Conclusion

The basis of this program is the student's discovery of the vital elements of written texts and language in all its forms. Through interaction and the use of multimedia, students experience the living language, thus opening themselves to new ideas and to the vision of a new culture. The active approach selected and the integration of grammatical structures through different types of texts and activities force the student to use language to create and, in the process, develop fluency and accuracy.

Program Components

Annotated Instructor's Edition   Marginal annotations in the Annotated Instructor's Edition include suggestions for warm-ups, transitions, incorporation of cultural topics into class discussions, and expansion exercises. Answers to discrete point activities and cloze exercises are printed in their corresponding blanks in the text for the instructor's convenience.

Instructor's Resource Manual   In addition to sample syllabi and lesson plans, and the scripts for the audio and video programs, the Instructor's Resource Manual includes strategies for integrating all program components into the course.

Workbook/Lab Manual   The Workbook/Lab Manual provides further practice with the grammatical points and vocabulary that appear in the textbook. It presents writing and listening practice that reinforces what has been covered in class.

Answer Key   A separate optional Answer Key to the workbook activities is provided.

Audio Program   Recordings available on cassette or compact disc.

Testing Program   The Testing Program for *Atando cabos* uses a variety of techniques to evaluate students' skills in a manner consistent with the presentation of the materials in the *Atando cabos* text. Assessment of all skills— speaking, writing, reading, listening, and cultural awareness—is provided with each lesson. The program consists of alternative tests for each chapter, final examinations for semester and quarter schools, and oral proficiency tests. The Testing Program is available in paper, IBM, and Macintosh formats.

***Atando cabos* CD-ROM**   The *Atando cabos* Interactive CD-ROM includes task-based activities using authentic video material to further engage students in the topics of the text. This component helps students to develop their active and receptive skills while working at their own pace. The CD-ROM also contains games, grammar reference tools and links to the *Atando cabos* Website.

***Atando cabos* Website**   Each chapter in the website is built to correspond directly to each chapter in the main text, and includes grammar and vocabulary practice exercises, which can be graded automatically. Additionally, the *Atando cabos* Website provides link-based activities that offer opportunities for linguistic and cultural learning.

***Atando cabos* Video**   The *Atando cabos* Video presents authentic clips from Spain and Latin America. For each chapter, one or two interesting video segments expand on the chapter themes, providing authentic listening practice and a basis for class discussion. Activities based on the videoclips are included in the Instructor's Resource Manual and on the CD-ROM, and the complete videoscript is available in the IRM.

Spanish on the Internet: A Prentice Hall Guide, 2001.   This supplementary book is free to students when shrinkwrapped as a package with *any Spanish title.*

Acknowledgments

The *Atando cabos* project had the input and help of many good people, and we would like to take the opportunity to extend our thanks to them here. In the very beginning, this project was conceptualized with the help of **Dora Vásquez-Older**; she continued to lend us her strong moral support throughout. **Rosemary Bradley**, as editor-in-chief for Prentice Hall, took this book into its first formal stage by signing a contract with us as authors, and she was there for us at several other crucial stages. We want to acknowledge the invaluable guidance provided by **Mariam Rohlfing** as developmental editor and that of **Nancy Stevenson**, production editor. There has been a wonderful group of professional educators who have lent their support as well. In the first place we want to mention **Claudia Mejía**, who helped prepare some of the sections of *Atando cabos* and provided valuable feedback by testing the material in the classroom. **Lois Grossman** also offered very helpful suggestions and brought her editorial experience to assist with the compilation of the glossary. **Jaime Fatás** and **Conchita Lagunas-Davis** gave us a great deal of feedback.

Special thanks to our friends and colleagues **Ricardo Bastos**, **Silvia Cerdeira**, **Patricia García Ríos**, **Angeles González-Aguilar**, **Sandra Mayo**, **María Persino**, **Marcos Radicella**, and **Beatriz Santiago** for their permanent support and for providing and suggesting to us articles, music, and appropriate authentic materials from all over the Hispanic world. Thanks also to **Mercè Pujol** and **José Antonio Pascual**, from the Instituto Cervantes in Paris, for giving María the time to prepare this manuscript. A very special thanks goes to all the students who shared with us their enthusiasm, criticism, and support and for whom this textbook is intended; without them this textbook would not exist.

Marta Rosso-O'Laughlin also wants to acknowledge the patience, tolerance, and good-spirited support of her husband, **Michael**, and her sons, **Andrés** and **Nicolás**. They have generously given her the space to write this book.

María González-Aguilar wants to give a very special thanks to **Pablo** and **Lucas Radicella**, for providing love, patience, time, and support in each of the stages of the creation of **Atando cabos**.

Textbooks depend on reviewers, and we would like to sincerely thank and acknowledge our reviewers:

Mary Frances Castro, *University of North Carolina at Charlotte*; Carmen P. Eblen, *Oxnard College of California*; María F. Grana, *Houston Community College*; Roland Hamilton, *San Jose State University*; Michele Hester-Reyes, *College of the Sequoias*; Patricia Houston, *Pima Community College*; Wanda Kauffman, *University of Texas at San Antonio*; Nieves Knapp, *Brigham Young University*; Judith E. Liskin-Gasparro, *University of Iowa*; Delmarie Martínez, *University of Central Florida*; Carlos Monsanto, *University of Houston*; Teresa Pérez-Gamboa, *University of Pittsburgh*; Erich Pollack, *Clovis Community College*; Catherine Rodgers, *Wake Forest University*; Joseph Schraibman, *Washington University at St. Louis*; and Gayle Vierma, *University of Southern California*.

We are very grateful to all those who have contributed to the success of this project.

Unique online study resource . . . the *Companion Website*™
http://www.prenhall.com/atando

Prentice Hall's exclusive *Companion Website*™ that accompanies ***Atando cabos*** offers unique tools and support that make it easy for students and instructors to integrate the website materials with the text.   The site is a comprehensive resource that is organized according to the chapters within the text and features a variety of learning and teaching modules:

For students:

- **Study Guide Modules** that contain a variety of exercises and features designed to help students with self-study. These modules include:

  —*chapter objectives* that help students organize key concepts to be learned

  —*activities* based on carefully selected Spanish-speaking websites give students the opportunity to perform a variety of tasks that strengthen their reading and writing skills and improve their proficiency in language and culture.

  —*web destinations-modules* that provide web links and guidance on Spanish search engines to support the *Cartelera* and *Boletín* features found in each chapter.

  —*tutorial* modules that test the grammar and vocabulary of each chapter with instant scoring and feedback.

  —*built-in e-mail* routing option that gives students the ability to forward essay responses and graded quizzes to their instructors.

  —*"key-pal"* section where students can select a pen-pal from the Spanish-speaking country of their choice and enjoy exchanging e-mail with them.

- **Reference Modules** contain *Web Destinations* and *Net Search* options that provide the opportunity to expand upon the information presented in the text. Whether through a directory of websites relevant to the subject matter of a chapter or by simplifying key-term searching by automatically inserting terms from the chapter into major search engines, these reference features enable students to quickly reach related information on the web.

- **Communication Modules** include tools such as *Live Chat* and *Message Boards* to facilitate online collaboration and communication.

- **Personalization Modules** include our enhanced **Help** feature that contains a test page for browsers and plug-ins.

For instructors:

- **The Faculty Module** includes resources for teaching. This may include links to sites that provide professional resources for language teachers, additional cultural resources, and graphics from the text, all coordinated to each chapter. This module is accessed via a password provided by your local Prentice Hall representative.

- **Syllabus Manager**™ tool provides an easy-to-follow process for creating, posting, and revising a syllabus online that is accessible from any point within the companion website. This resource allows instructors and students to communicate both inside and outside of the classroom at the click of a button.

The *Companion Website*™ makes integrating the Internet into your course exciting and easy. Join us online at **http://www.prenhall.com/atando** and enter a new world of teaching and learning possibilities and opportunities.

Capítulo uno

La identidad

Suggestion: Introduce the title as follows: *Este refrán quiere decir que el hijo o la hija se parecen a los padres. ¿Conocen algún refrán similar en inglés?*

"De tal palo, tal astilla."

Tema cultural:

La familia hispana

Objetivos comunicativos:

Talking about the family and the extended family

Greetings and introductions

Describing people

Discussing daily activities

Describing conditions, characteristics, and location

Expressing equality and inequality

Suggestion: Introduce the chapter by telling students in Spanish what they will learn: *En este capítulo van a conocerse mejor. Uds. van a aprender a saludar a otras personas según las costumbres hispanas. También van a aprender a describir personas, lugares y cosas; a hacer comparaciones y a hablar sobre sus actividades diarias.*

¿Qué significa para ti la palabra familia?

En marcha

Vocabulario en contexto

Una pareja convencional

Ana y Luis van a **casarse** el mes próximo. Ana es una joven que tiene un **carácter tímido** y es un poco **callada**. Tal vez sea así por ser **hija única** y haber pasado toda su **infancia** en un **mundo** de adultos. Físicamente Ana tiene un atractivo singular, tiene un hermoso cabello **pelirrojo** y **rizado** que atrae la mirada de todos. Luis es un muchacho **sencillo, trabajador** y **apasionado**. Él es muy **cariñoso** con ella. Los padres de Luis son peruanos y están encantados con la futura **nuera**. La **mayoría** de la **familia política** de Ana, **primos** y tíos de Luis, vive en Perú, por eso la pareja va a tener una **boda** pequeña. Ana no tiene muchos **parientes** cercanos, sólo sus padres y su **abuelo**. El abuelo de Ana quiere mucho a su **nieta** y le regaló a la pareja un viaje al Perú. Él es un hombre **calvo** con **barba canosa** y **bigotes**. Es **conservador** y tiene una **personalidad** muy **agradable**; **sobre todo** él y Ana tienen una linda **amistad**. Ana y Luis quieren tener un **bebé**, pero Ana va a esperar un poco antes de **quedar embarazada**.

Ana y Luis están **enamorados** y van a casarse.

Una familia complicada

Mi **bisabuelo** era millonario y muy **orgulloso**. Eso le trajo muchos problemas a mi familia porque él **desheredó** a dos de sus hijos por no hacer lo que él quería. El **mayor**, que es mi abuelo, es un excelente pintor. El **mediano**, mi **tío abuelo**, es un escritor famoso. El **menor** era el favorito y **heredó** toda la fortuna, pues trabajó en el negocio del bisabuelo. Él es **soltero** y es una persona muy **egoísta**. Mi abuelo y mi tío abuelo no recibieron nada de la **herencia**. **A causa de eso** mis **padres se separaron** y luego **se divorciaron**. Mi mamá se volvió a **casar** con un hombre de negocios y tuvo un hijo que es mi **medio hermano** Antonio. El **esposo de mi madre** no **se lleva bien** con su **suegro**, mi abuelo, pero **se toleran**. **Según** mi abuelo, su **yerno** no aprecia el **valor** de su arte. Yo ahora vivo con mi **papá**. Él se llama Roberto igual que yo.

Roberto Salazar

Palabras conocidas

La familia; Palabras descriptivas

Repasa estas palabras que deben ser parte de tu vocabulario básico.

La familia		Cognados
el/la cuñado/a	enfermo/a	atlético/a
el/la esposo/a	feliz	agresivo/a
el/la novio/a	feo/a	atractivo/a
el/la sobrino/a	flaco/a	autoritario/a
el/la tío/a	fuerte	competir
	guapo/a	complicado/a
	largo/a	creativo/a
Palabras descriptivas	lindo/a	extrovertido/a
aburrido/a	moreno/a	generoso/a
bonito/a	perezoso/a	independiente
cansado/a	rubio/a	introvertido/a
castaño/a	triste	obeso/a
corto/a		protestar
delgado/a		reciente
divertido/a		revolucionario/a

Expresiones útiles

a causa de eso	*for that reason*	por lo general	*as a general thing*
a la larga	*in the long run*	según	*according to*
de acuerdo a/con	*in accordance with*	sobre todo	*above all*
en el caso de + inf.	*in the case of*		

Yo heredé un dinero de mi abuelo. **A causa de eso** no necesito trabajar para pagar mis estudios.

I inherited some money from my grandfather. For that reason, I don't need to work to pay for my studies.

A la larga ellos olvidaron sus diferencias y se volvieron buenos amigos.

In the long run they forgot their differences and became good friends.

Mi madre no está **de acuerdo con** mis ideas liberales.

My mother does not agree with my liberal ideas.

En caso de estar aburrido, llámame por teléfono para salir.

In case you are bored, call me to go out.

Por lo general me llevo bien con todos mis parientes.

In general I get along well with all my relatives.

La personalidad de los hijos tiene diferentes características **según** el orden del nacimiento.

Children's personalities have different characteristics according to the order of birth.

Mi pareja ideal tiene que ser **sobre todo** una persona trabajadora y cariñosa.

My ideal partner has to be above all a hard-working and loving person.

Práctica y comunicación

1-1 **Descripciones**. Usa dos adjetivos para completar las siguientes oraciones. Puedes usar las palabras del Vocabulario en contexto o de la lista de Palabras conocidas.

1. Yo soy _____ y _____.
2. Mi cabello es _____ y _____.
3. Mi pareja es _____ y _____.
4. Mi pariente favorito es _____ y _____.
5. Mi infancia fue _____ y _____.
6. Mi boda va a ser _____ y _____.

1-2 **Una persona querida.** Lee otra vez la descripción de Ana en la sección de **Vocabulario en contexto**. Luego usa esta guía para describir a una persona querida.

_____ es un/a _____ que tiene un carácter _____ y es _____. Tal vez es así porque _____. Pero _____ tiene un atractivo singular, tiene _____.

1-3 **Una familia complicada.** Éste es el árbol genealógico de la familia de Roberto Salazar. Explícale a tu compañero/a la relación entre las personas utilizando la información de la sección de **Vocabulario en contexto**.

> **Modelo:** *El hijo mediano y el hijo menor son los tíos abuelos de Antonio y Roberto.*

Notes for 1-3: *¿Cuál es la relación entre Antonio y Roberto? ¿Quien es el padre de Roberto/Antonio? ¿Qué relación tiene el bisabuelo con la madre? ¿Qué relación hay entre el hijo mayor y Antonio y Roberto? ¿Qué relación hay entre el hijo mediano y la madre?*

1-4 **Preguntas personales.** En parejas contesten las siguientes preguntas. Luego presenten a la clase lo que saben de su compañero/a.

1. ¿Conoces a tu bisabuelo/a? ¿De dónde es?
2. ¿Qué características heredaste tú de tus padres? ¿de tus abuelos?
3. ¿Tus padres viven juntos? ¿Están separados? ¿divorciados?
4. ¿Tienes un/a medio/a hermano/a? ¿Cuántos/as?

1-5 Definiciones. Empareja las frases de acuerdo con su significado. Luego usa tres de estas palabras en oraciones completas. Compara tus oraciones con las de otro/a estudiante.

1. lo más importante   a. a la larga
2. según   b. sobre todo
3. por lo general   c. a causa de eso
4. por eso   d. de acuerdo a
5. con el paso del tiempo   e. generalmente

Warm-up: Ask students to answer the title question before reading the **Cartelera**. Ask: *¿Creen Uds. que hay una familia típica estadounidense? ¿Cómo es? ¿Qué hace? ¿Qué bienes materiales tiene generalmente? ¿Conocen algunas estadísticas de divorcio en los Estados Unidos? ¿Estadísticas de hogares con un sólo adulto que cuida a los niños?*

Cartelera

¿La familia típica?

¿Existe una familia típica norteamericana, hispana, rusa, china? No. Afirmar lo contrario es caer en los estereotipos. Pero por otro lado hay ciertas características que parecen darse más en una cultura que en otras. Por ejemplo, el concepto de familia entre los hispanos incluye a más miembros que los que incluye normalmente en los Estados Unidos. En general cuando un hispano habla de la familia, piensa en los padres, los abuelos, los tíos y los primos. Además, como la gente no cambia tanto de lugar de residencia, el contacto con todos los miembros de la familia suele ser más frecuente. No es extraño oír que la familia, padres, abuelos, tíos, sobrinos, primos, etc., se reúne una vez por semana para comer o cenar.

¿Hay una familia típica?

Boletín

Refrán: "Dime con quién andas, y te diré quién eres."

Note: Ask students to find the English equivalent to this *refrán, Dime…* "Birds of a feather flock together." Then ask them to explain its meaning.

1-6 ¿Y tú qué piensas? ¿Qué es para ti una familia típica? ¿Cuándo te reúnes tú con tus abuelos, tíos y primos?

¡Sin duda!

parecer – parecerse

The verbs **parecer** and **parecerse** have slightly different meanings in Spanish. Study the use of each one in the chart below.

Palabra		Ejemplo
parecer	*to seem*	**Parece** que ellos se llevan bien. *It seems that they get along.*
		A mí **me parece** que Ana y Luis son felices. *It seems to me that Ana and Luis are happy.*
parecerse (*reflexive verb*)	*to resemble, to look like, to look alike*	Yo **me parezco** a mi madre. *I look like my mother.*
		El padre y el hijo **se parecen**. *Father and son look alike.*

Práctica y comunicación

1-7 **"De tal palo tal astilla."** El título de esta actividad es un refrán popular. ¿Qué creen que significa? Comenten el refrán y su significado en parejas. Intenten utilizar los verbos **parecer** y **parecerse** en sus comentarios.

1-8 **Entrevista.** Pregúntales a tres o cuatro compañeros/as a quiénes se parecen ellos. Después, comparte sus respuestas con el resto de la clase.

1-9 **Encuesta.** Formen grupos de cuatro estudiantes. Cada estudiante primero encuesta a tres compañeros/as sobre los siguientes temas y escribe el nombre del encuestado en el casillero correspondiente. Luego, en grupos, comenten los resultados de esta encuesta.

Modelo: E1: *¿Qué te parece visitar a tus padres todos los fines de semana?*

E2: *A mí me parece bien visitar a mis padres todos los fines de semana.*

Tema	Le parece bien.	Le parece mal.
visitar a los padres todos los fines de semana		
visitar a los abuelos una vez al año		
tener que asistir a las mismas fiestas que los hermanos		
llevar a los hermanos menores al cine		
llevar a los abuelos a una residencia para ancianos		
cuidar de los hermanos sin recibir dinero		

Note for ¡Sin duda!: Point out to students that *parecer* can also be used to give an opinion. It emphasizes the person who gives the opinion. ¡OJO! In this case the verb needs to be in the subjunctive. Example: *A mi madre **le parece** mal que yo gaste mucho dinero.* (*It seems wrong to my mother that I spend so much money*).

 **Boletín**

En general, saludar a los amigos y a los miembros de la familia con un beso en la mejilla es costumbre entre mujeres y también entre hombres y mujeres. Pero, por lo general, los hombres se dan la mano o un abrazo al saludarse.

 Así se dice

Saludos y presentaciones

Hola. ¿Cómo andan?	*Hello. How is it going?*
¿Qué tal?	*How are things?*
¿Cómo estás/n?	*How are you?*
Hola. ¡Tanto tiempo sin verte!	*Hello. Long time no see.*
¿Qué hay de nuevo?	*What's new?*
¿Cómo te va?	*How is it going?*

Para presentar a una persona o para presentarnos usamos las siguientes expresiones:

Le (Te) presento a _____.	*Let me introduce you to _____.*
Permítame que me presente. Yo soy _____.	*Allow me to introduce myself. I am _____.*

Posibles contestaciones :

Mucho gusto.	*Nice to meet you.*
Encantado/a.	*Delighted to meet you.*
(Mucho) Gusto en conocerlo/a.	*(Very) Nice to meet you.*
Es un placer conocerlo/a.	*It's a pleasure to meet you.*

Suggestion for 1-10: Ask students to switch roles and take turns doing the introductions in the group. Then ask each person to introduce their classmates to the class. Explain that it is customary to say a few things about the person introduced. They should have asked a couple of questions to get to know something about each person.

1-10 **Presentaciones**. Formen grupos de tres personas. Una persona presenta a las otras dos. Las otras dos deben responder con la frase apropiada. Hagan un par de preguntas para conocerse mejor. Luego presenten a sus compañeros/as a la clase.

1-11 **¿Cómo saludamos?** En grupos de tres, ustedes se van a presentar delante de la clase. Primero, deben decidir si lo van a hacer de la manera estadounidense o de la manera hispana. Después, la clase debe identificar qué cultura representa cada saludo.

Note: You may want to
review the formation and
position of adjectives on
pp. 382–383 of the **Cabos
sueltos** section. Lack of
agreement is a common
mistake for English speakers.
Reinforce this point by
asking students to write out
some of the exercises and
turn them in.

Referencia gramatical 1
Describing people and things: Adjective agreement

Before doing the following activities review this structure in the **Cabos sueltos**
section, p. 382.

Práctica y comunicación

1-12 ¿Cómo son? En parejas, una persona elige uno de los sustantivos de la lista a
continuación y la otra debe dar dos o tres adjetivos para describir ese sustantivo. Alternen sus roles.

Modelo: E1: Los abuelos

E2: *viejos, simpáticos y generosos*

primos	bebé	nuera	tías
hermana	suegras	parientes lejanos	abuelo

Suggestion for 1-12:
To avoid the use of the
same adjectives, direct the
students to the vocabulary
list at the end of the
chapter or the list of
adjectives in exercise **1-13**.

1-13 Lo mejor, lo peor y lo que son. En parejas, cada estudiante escoge las
mejores características que debe tener cada una de las personas de la lista; luego escoge las
peores y finalmente las características que tienen en realidad. Después, cada estudiante
debe explicarle su elección a su compañero/a.

Modelo: *Para mí una madre debe ser generosa y optimista. No debe ser
aburrida o egoísta. Mi madre es generosa, callada y muy abierta.*

abierto/a	débil	generoso/a	liberal	sencillo/a
aburrido/a	deshonesto/a	hablador/a	listo/a	sensato/a
apasionado/a	despierto/a	honesto/a	loco/a	sumiso/a
callado/a	dominante	impuntual	malo/a	tímido/a
complejo/a	eficiente	ineficiente	optimista	trabajador/a
cómplice	frío/a	insensato/a	perezoso/a	vago/a
conservador/a	fuerte	leal	puntual	vivo/a

Persona	Las mejores características	Las peores características	Las características que poseen
una madre			
un padre			
un/a amigo/a			
los padres			
la pareja			
los abuelos			
los hermanos			

Note: Before doing exercises **1-14** to **1-16** you may want to review the irregular verbs on pp. 384–385 of the **Cabos sueltos** section.

Referencia gramatical 2

Discussing daily activities: Present tense indicative of regular and irregular verbs.
Before doing the following activities review this structure in the **Cabos sueltos** section, pp. 384–385.

Práctica y comunicación

1-14A. **El consejero.** Uno/a de Uds. tiene que ayudar a un familiar, su primo, con su horario. Trabajen juntos para completar el horario semanal. Aquí tienen las actividades que debe hacer su familiar. Pueden agregar otras actividades.

Modelo: estudiar en la biblioteca

E1: *¿Cuándo estudio en la biblioteca?*

E2: *Los martes y los jueves de las nueve a las diez estudias en la biblioteca.*

ir al supermercado dos veces por semana

visitar a un pariente enfermo todas las tardes

practicar en el laboratorio de lenguas dos veces por semana

llevar a su hermanito al cine

asistir a la clase todas las mañanas

estudiar en su cuarto

tomar el desayuno o comer el almuerzo y la cena con sus abuelos

¿actividades recreativas?

Horario semanal

Horas/días	lunes	martes	miércoles	jueves	viernes
9:00					
10:00					
11:00					
12:00					
1:00					
2:00					
3:00					
4:00					
5:00					
6:00					
7:00					
8:00					

B. Ahora deben encontrar un momento libre para verse. Cada uno/a de Uds. debe preguntar sobre el horario de la otra persona hasta que los/las dos encuentren una hora apropiada.

Modelo: E1: *¿Qué haces el jueves a las dos de la tarde?*

E2: *Juego al tenis.*

1–15 **Encuesta.** Tú tienes que hacerles preguntas a diferentes personas de tu clase basándote en la información de las casillas (*boxes*). Si alguien contesta que sí a alguna pregunta, escribe su nombre en la casilla correspondiente.

tener una madre doctora	los abuelos vivir en la Florida
ser el/la hijo/a menor	hacer la tarea de español
desear ser abogado/a	vivir con sus abuelos
leer novelas de misterio	ser hijo/a único/a
conocer a una persona importante	darles dinero a sus amigos
salir con su madre los fines de semana	estar muy cansado/a
el padre trabajar en una oficina pública	perder sus cosas fácilmente
escribir cartas a primos o tíos	pensar mucho en su familia
su apellido empezar con una "P"	no recordar el nombre de todos sus primos
ver a sus abuelos frecuentemente	saber hablar cuatro idiomas
creer que sus padres son geniales	cantar ópera
tener tres hermanos	tocar un instrumento

Diario

Escribe una lista de todas las actividades que tienes que hacer esta semana. Incluye tantos detalles como sea posible.

1-16   **¿Quién hace qué en este momento?** Para cada una de las acciones siguientes, imagina quién la hace y explícale por qué a otro/a estudiante. Escoge diez verbos de la lista. Alterna tu rol con tu compañero/a.

Modelo: hablar
Mi padre habla por teléfono en este momento, porque a esta hora está en su oficina y siempre recibe muchas llamadas.

1. conversar	6. divertirse	11. comer
2. construir	7. dormir	12. conducir
3. corregir	8. encontrarse	13. repetir
4. despertarse	9. jugar	14. salir
5. discutir	10. perderse	15. vestirse

Suggestion for 1-17:
The first student writes a sentence. The second student reads it and writes the sentence, then folds the first sentence out of view so the third student can see only the last sentence written. Continue in this manner with each student being able to read only the last sentence written.

1-17   **Cuento sorpresa.** En grupos pequeños, inventen una historia. Cada uno/a debe escribir en un papel una frase en el presente de más de cinco palabras y luego su compañero/a la debe continuar pero sin leer lo que la otra persona escribió antes. Al final léanle todo el cuento al resto de la clase. La historia comienza así:

Son las doce de la noche y estamos en el bosque cerca de casa...

Referencia gramatical 3

Describing conditions and characteristics: Uses of ser and estar
To review the basic uses of **ser** and **estar**, review these structures in the **Cabos sueltos** section, pp. 390–391.

Conexiones

Note: The explanation for the specific uses of **ser** and **estar** appears on pp. 390–391 in the **Cabos sueltos** section. Review the use of each one briefly with the whole class.

Describing conditions and characteristics: ser and estar

Both **ser** and **estar** can be used to describe people and things.

• Use **ser** to describe the physical characteristics of a thing or the physical, mental, and emotional characteristics associated with a person.

La boda va a **ser** pequeña.	*The wedding is going to be small.*
Ana **es** pelirroja. **Es** tímida y callada.	*Ana is red-haired. She is shy and quiet.*
El abuelo **es** una persona agradable.	*The grandfather is a nice person.*

• Use **estar** to describe the condition of a person, thing, or place.

Nosotros **estamos** tristes.	*We are sad.*
Este cuarto **está** desordenado.	*This room is untidy.*
Madrid **está** lleno de turistas en el verano.	*Madrid is full of tourists in the summer.*

• **Ser** and **estar** change the meaning of a word when used with these adjectives:

Adjective	Ser	Estar
aburrido/a	*boring*	*bored*
despierto/a	*alert, lively*	*awake*
listo/a	*clever, smart*	*ready*
malo/a	*bad, evil*	*sick*
vivo/a	*sharp, lively*	*alive*

Luis **es** un muchacho **despierto,** pero
hoy **está aburrido** porque **está malo.**

Luis is a lively young man, but today
he is bored because he is sick.

Práctica y comunicación

1-18 **¿Cómo eres?** Entrevista a un/a compañero/a utilizando el verbo **ser** en tus preguntas y algunos de los siguientes adjetivos. Guarda las respuestas para hacer un informe al final de la clase.

Modelo: prudente – imprudente

E1: *¿Eres prudente o imprudente?*

E2: *Soy _____.*

apasionado/a – frío/a	fuerte – débil	puntual – impuntual
conservador/a – liberal	hablador/a – callado/a	tímido/a – abierto/a
dominante – sumiso/a	honesto/a – deshonesto/a	vago/a – trabajador/a
eficiente – ineficiente	perezoso/a – activo/a	tolerante – intolerante

1-19 **¿Cómo estás?** Entrevista a un/a compañero/a utilizando el verbo **estar** en tus preguntas y los siguientes adjetivos. Tu compañero/a debe explicar por qué se siente así. Guarda las respuestas para hacer un informe al final de la clase.

> **aburrido/a, cansado/a, triste, contento/a, nervioso/a,**
> **enfermo/a, bien, mal, sano/a**

Modelo: E1: *¿Estás contento/a? ¿Por qué?*

E2: *Sí, estoy contento/a porque este fin de semana voy a ver a mi familia.*

1-20   Descripción. Piensa en una persona de tu familia. Haz una lista que describa su aspecto físico, su personalidad, qué estudia o en qué trabaja, sus preferencias personales, etc. Comparte tu descripción con un/a compañero/a.

1-21   La foto. Trae a clase una foto (de quien tú quieras) que a tu criterio refleje la personalidad de las personas retratadas. Explícale a tu compañero/a quiénes son las personas de la foto, y qué detalles denotan la personalidad de cada una.

Note for 1-22: Collect the papers and when everyone finishes give them back to the class for activity **1-23**. Make sure that the same description is not given to the person who wrote it.

1-22   ¿Conociéndote? Escribe en un papel una oración para cada una de estas categorías con tu información personal. Luego entrégale tu descripción a tu profesor/a sin escribir tu nombre. Usa los verbos **ser** y **estar** siempre que puedas en tu descripción.

Aspecto físico (ojos, cabello, estatura)

Nacionalidad

Familia

Personalidad

Estado de ánimo

Actividades favoritas

Note for 1-23: Instruct students to stand up and circulate, looking for the right match to their description.

1-23   ¿Quién será? Tu profesor/a va a distribuir la información del ejercicio anterior. Lee el papel que te corresponda y luego circula por la clase y habla con tus compañeros hasta encontrar a la persona que escribió la información. Usa preguntas como:

¿Cómo estás?
¿De dónde eres?
¿Cómo eres?
¿Cómo es tu familia?
¿Qué te gusta hacer?
¿De qué color son tus ojos?

1-24   Juego. La clase se dividirá en dos equipos. Un equipo es **ser** y el otro **estar**. Cada equipo estudia los usos de su verbo. Luego se escoge un personaje famoso o imaginario para describirlo. El primer miembro de un equipo debe crear una oración describiendo a este personaje con el verbo asignado en 20 segundos máximo. Al terminar cada frase se pasa al otro equipo. Cada oración correcta tiene un punto. Al cabo de tres minutos se cuentan los puntos y el equipo con el mayor número gana.

Cartelera

Pesos y medidas

En Latinoamérica y en España se usa el sistema métrico decimal para medir cantidades. El sistema métrico está basado en el sistema decimal. Estas medidas son importantes para comprar comestibles y para entender la distancia de un lugar a otro.

• Para medir distancias largas se usa el kilómetro (1km = 1.000 m)

• Para medir altura o distancias cortas se usa el metro (1m = 100 cm)

• Para calcular peso se usa el kilogramo (kilo es la abreviatura) o gramo (1kg = 1.000 g)

Una forma fácil de convertir las medidas del sistema inglés es acordarse de estas equivalencias aproximadas:

1 milla = 1,5 km   1 libra = 0,5 kg   1 yarda = 1 m   1 pulgada = 2,5 cm

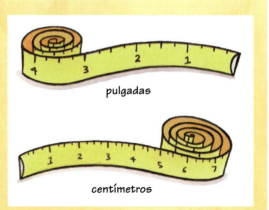

pulgadas

centímetros

1–25 **El sistema métrico decimal.** Usa las equivalencias aproximadas para contestar estas preguntas.

1. ¿Cuánto pesas en kilos?

2. ¿A cuántos kilómetros está tu casa de la universidad?

3. ¿Cuánto mides de alto?

4. ¿Cuánto pesa tu mochila?

5. ¿Cuánto caminas todos los días?

Expressing equality and inequality: Comparison

1. Comparaciones de desigualdad

A. When you want to compare people or things that are not equal, use the following:

$$\left.\begin{array}{l} \textbf{más} \\ \textbf{menos} \end{array}\right\} \; + \; \left\{\begin{array}{l} \text{adjective} \\ \text{noun} \\ \text{adverb} \end{array}\right\} \; + \; \textbf{que}$$

Alicia es **más independiente que** su hermana mayor.	*Alicia is more independent than her older sister.*
Mis primos tienen **más videos que** nosotros.	*My cousins have more videos than we do.*
Yo corro **más lentamente que** mi esposo.	*I run slower than my husband.*

B. When comparing unequal actions and ways of doing things, use the following structure:

> verb + **más/menos** + **que**

Andrés **come menos que** Nicolás; por eso es **más delgado que** su hermano.   *Andrés eats less than Nicolás; that is why he is thinner than his brother.*

C. A few adjectives have irregular comparative forms that change their meaning. Remember that they are always followed by **que**.

más bueno/a	*nicer, kinder*	**mejor**	*better*
más malo/a	*behaves badly*	**peor**	*worse*
más viejo/a	*older* (things)	**mayor**	*older* (person)
más pequeño/a	*smaller*, *younger*	**menor**	*younger* (person)

La boda de Antonia es **mejor que** la de Hilda porque tiene más invitados.   *Antonia's wedding is better than Hilda's because it has more guests.*

When used alone, **el mayor/el menor** are translated as *the oldest* and *the youngest* in a family.

El hijo **menor** es **más bueno** que **el mayor**.   *The youngest son is nicer than the oldest.*

Yo soy **la menor** y tengo dos hermanas.   *I am the youngest and I have two sisters.*

D. With numbers and quantities use **más/menos de**.

Ellos mandaron **menos de cien** invitaciones para la boda.   *They sent fewer than one hundred invitations to the wedding.*

Creo que tiene **más de cuarenta** años.   *I think he is older than forty.*

2. Comparaciones de igualdad

A. To compare people, things, or actions that are the same, use this structure:

tan	+	adjectives/adverbs	+	**como**
tanto/a/os/as	+	noun	+	**como**
		verb	+	**tanto como**
tanto/tanta = *much*		**tantos/tantas** = *many*		

Remember that **tanto** agrees in gender/number with the noun that follows.

El tío es **tan agradable como** su sobrina.   *The uncle is as nice as his niece.*

Todos en la familia hablan **tan rápidamente como** ella.   *Everyone in the family talks as fast as she does.*

El abuelo no heredó **tanto dinero como** su hermano.	*The grandfather did not inherit as much money as his brother.*
Laura camina **tantas millas por día como** Isabel.	*Laura walks as many miles a day as Isabel.*
La madre quiere al niño **tanto como** el padre.	*The mother loves the boy as much as the father does.*

B. To express equality between two nouns this expression is also used:

> **el/la mismo/a** + noun + **que**

Remember to make the agreement with the noun modified.

Roberto tiene **el mismo** nombre que su padre.	*Roberto has the same name as his father.*
Nosotros compramos **la misma** revista que tú.	*We bought the same magazine as you.*

Práctica y comunicación

1-26 **Las características personales.** Según tu opinión, ¿qué características tienen más o menos importancia en una persona? Marca con un círculo el número correspondiente en la lista a continuación. Luego compara tus respuestas con las de otro/a compañero/a. Usa las comparaciones: **más…que; menos…que; tan…como**.

Modelo: *Para mí el aspecto físico es menos importante que para mi compañero/a.*

Característica	Poco importante			Muy importante	
aspecto físico	1	2	3	4	5
opiniones políticas	1	2	3	4	5
origen étnico o religioso	1	2	3	4	5
forma de vestir	1	2	3	4	5
el ser conservador	1	2	3	4	5
el ser independiente	1	2	3	4	5
el ser revolucionario	1	2	3	4	5
el ser dominante	1	2	3	4	5
el ser sumiso	1	2	3	4	5
los intereses	1	2	3	4	5
la forma de tratar a los amigos	1	2	3	4	5
¿otras?	1	2	3	4	5

1-27 **Las familias.** Completa el cuadro con tu información personal. Luego hazle preguntas a tu compañero/a para completar su información. Después, comparen la información obtenida usando los comparativos cuando sea posible.

	Yo	Compañero/a	Comparación
Número de hermanos			
Número de primos			
Número de tíos			
Número de sobrinos			
Edad de los padres			
Edad de los hermanos			
Edad de los abuelos			
Edad de los tíos			
Edad de los primos			

1-28 **Los parientes.** Primero, comparen los siguientes pares de personas individualmente. Luego compartan sus oraciones con las de su pareja y comenten las diferencias y similitudes.

Modelo: *Mi familia es más grande que la familia Kennedy.*
La familia Kennedy es más famosa que mi familia.

tu familia	→	la familia Kennedy
tu padre	→	tu abuelo
tu hermano/a	→	tú
tu novio/a	→	tu madre
tu primo/a	→	tu tío/a
tu sobrina	→	Britney Spears
tu abuela paterna	→	tu abuela materna

1-29 **¿De qué hablamos?** En parejas, lean la información presentada y luego comparen con qué frecuencia se discuten estos temas.

Follow-up for 1-29:
You may want to discuss in groups what they talk about in their own families.

Modelo: *Los españoles hablan de drogas con sus hijos tanto como hablan de trabajo.*

El sexo, un tabú...

Los padres españoles no se diferencian de los del resto del mundo en cuanto a los temas de los que hablan con sus hijos. Por ejemplo, sobre sexo apenas se conversa.

Padres que hablan a menudo con sus hijos de...

... Estudios 25%
... Amigos 19%
... Drogas 13%
... Trabajo 13%
... Dinero 13%
... Problemas
     familiares 12%
... Religión 9%
... Sexo 6%
... Política 5%

Diario

Todos tenemos una parte linda y una parte fea en nuestra personalidad. Describe cuál es tu parte linda y cuál es tu parte fea. ¿Hay algo que quieres cambiar en tu personalidad? ¿Por qué?

Manos a la obra

Así se lee

Predicting and guessing

Before you start reading a passage take a few minutes to look at the title, any sentence that may precede it, subtitles, and the illustrations that accompany it. These will give you clues to the content of the passage and will help you to form an idea of what to expect in the reading selection. As you read the first paragraph your idea may be confirmed or you may need to modify or discard it. Repeat the same process as you read through the passage. This active reading is like a dialogue between the writer and the reader.

Práctica

1–30 **¿Cuáles son tus ideas?** La selección siguiente es la introducción a la lectura. ¿Qué te sugieren el título y la oración que lo precede? Escribe una oración que explique lo que esperas encontrar en esta lectura.

> Cómo nos afecta ser hermano mayor, menor o hijo único.
>
> **El bueno, el feo y el malo**
>
> Por lo general los primogénitos son más conservadores y dominantes, los medianos celosos e independientes y los pequeños creativos y revolucionarios.... Un reciente estudio psicológico afirma que el orden de nacimiento en una familia es determinante en la formación de la personalidad del ser humano.

Cognates

There are many words that look very similar in both Spanish and English. Words like **revolucionario** and *revolutionary* are called *cognates*. These words can help you understand a reading passage without looking up every word in the dictionary.

1–31 **Cognados.** Lee el primer párrafo de la lectura *El bueno, el feo y el malo* y haz una lista de los cognados que encuentres.

Antes de leer

Estudia estas palabras para comprender mejor el texto.

Note: All readings are preceded by a list of vocabulary words that will help in the understanding of the text. These words are considered active vocabulary, so they will be used in other chapters without explanation. The words are placed in the context of a sentence that presents a similar use to the one in the reading selection.

Vocabulario		Palabra en uso
celoso/a	*jealous*	El hermano mediano es **celoso**.
el comportamiento	*behavior*	El buen **comportamiento** del niño sorprendió a los adultos.
comportarse	*to behave*	**¡Compórtate** bien en la mesa!
crecer	*to grow*	Los niños **crecen** rápido.
el derecho	*right*	Todos tienen **derecho** a opinar.
dominante	*domineering*	El hermano mayor es el más **dominante**.
maduro/a	*mature*	Esta niña es muy **madura** para su edad.
la minoría	*minority*	Los niños que aprenden a tocar el piano son una **minoría**.
el nacimiento	*birth*	El orden del **nacimiento** determina la personalidad.
predecir	*to predict*	¿Crees que se puede **predecir** el futuro?
el/la primogénito/a	*firstborn*	El **primogénito** es el hermano mayor.
probar	*to try*	Algún día quisiera **probar** la comida india.
el resultado	*result*	Ya tenemos el **resultado** de las encuestas.
el ser humano	*human being*	El **ser humano** es un animal complejo.
el/la vecino/a	*neighbor*	El **vecino** vive al lado de tu casa.

1-32 **¿Qué palabra es?** Escoge cinco palabras del vocabulario y forma cinco preguntas. Luego, hazle las preguntas a tu compañero/a.

Práctica y comunicación

1-33 **El comportamiento y la personalidad.** La manera en que un ser humano se comporta en diferentes situaciones refleja su personalidad. Lee las situaciones presentadas a continuación y escoge la respuesta correspondiente de acuerdo a cómo te comportas tú en cada situación. Luego lee el resultado de tus respuestas. Habla con tu compañero/a y decide si estás de acuerdo con la descripción de tu personalidad. ¿Por qué sí o por qué no?

1. Tu vecino te pide que lo lleves al aeropuerto.
   a. Eres amable y lo llevas aunque te cause problemas.
   b. Le das una excusa para no llevarlo porque es una incomodidad para ti.

2. Tu novio/a va al cine con sus amigos/as.
   a. Estás celoso/a y te enojas.
   b. Actúas de una manera madura y haces planes para salir con otra persona.

3. Estás en un festival al aire libre y una mujer te ofrece predecirte el futuro.
   a. Tienes miedo y te apartas de ella. No quieres saber el futuro.
   b. Tienes curiosidad y le permites que te lea las líneas de la mano.

4. Tú observas que los hijos primogénitos de tus hermanos son maleducados.
   a. Crees que es mejor esperar a que crezcan y aprendan solos.
   b. Crees que tienes el derecho a corregirlos.

5. Tienes un/a amigo/a con una personalidad dominante.
   a. Siempre haces lo que él/ella dice para no discutir o pelear.
   b. Lo/La enfrentas cuando no estás de acuerdo aunque pongas en peligro tu amistad.

Resultados según tu comportamiento:

Note for 1-33: Point out that the word *sensible* is a false cognate. It means *sensitive*, whereas *sensato* means *sensible, judicious.*

4–5   **Si escogiste la opción B cuatro o cinco veces:** Tú eres una persona madura que sabe lo que quiere y no tiene miedo de expresar lo que piensa y siente.

2–3   **Si escogiste la opción B dos o tres veces:** Tú eres una persona sensible que piensa en los sentimientos de los otros antes de expresar los suyos.

0–1   **Si escogiste la opción B menos de una vez:** Tú eres una persona generosa, no eres agresiva y no te gustan los enfrentamientos. Ante una controversia prefieres darle al otro el beneficio de la duda.

1-34 **Mis reacciones.** En parejas, cada estudiante debe explicarle a su compañero/a cómo se siente frente a estas situaciones. Tomen turnos para hablar.

Modelo: frente a una situación inesperada

E1: *Me siento nervioso/a y empiezo a hablar descontroladamente.*

1. frente al nacimiento de un bebé
2. cuando en un grupo eres parte de la minoría
3. cuando tienes que probar algo nuevo
4. frente a una persona con una personalidad dominante
5. frente a un problema que parece que no tiene solución
6. frente a una persona a quien siempre todo le sale bien

1-35 **Las características.** En grupos de tres estudiantes, hagan una lista de las diferentes características que tienen los distintos hermanos en una familia. ¿Cómo son el hermano mayor, el mediano y el menor? Después, comparen sus resultados con los de otros grupos.

Note for 1-35: This exercise is an introduction to the reading. There are no right or wrong answers. It serves as a brainstorm to get the students thinking about the theme of the reading. After they work with the reading you may want to ask them whether their ideas coincided with those of the experts.

Introducción a la lectura

En esta lectura vas a informarte acerca de algunos estudios psicológicos sobre la personalidad de los hijos según el orden de su nacimiento. Vas a descubrir el papel que juega cada hermano dentro de la familia y cómo ese papel determina su personalidad.

El bueno, el feo y el malo

"Parece mentira que sean hermanos."
Esta frase tan repetida tiene, según la psicóloga Lucila Andrés, una explicación muy sencilla: el orden del nacimiento es uno de los factores determinantes de la formación del carácter. Los padres educan a los hijos de acuerdo a unos roles establecidos. Por ejemplo, el hermano mayor tiene la responsabilidad de ser un guía° para sus hermanos, algo que marca su futuro comportamiento.

guide

Lectura

Note: Remind students that it is not necessary to understand every word in the text. But rather, it is important to find the main ideas and their supporting elements. This strategy will be presented and practiced later on.

Introvertido y extrovertido

El historiador científico Frank Sulloway, profesor del Instituto de Tecnología de Massachusetts, afirma que los hermanos benjamines°[1] son dieciocho veces más propensos a dirigir° revoluciones de izquierda, mientras que los primogénitos se inclinan más por defender las causas conservadoras. El orden del nacimiento es también un factor para predecir la extroversión. Un estudio de la universidad de Tennessee demuestra que los hijos únicos son veinte veces más introvertidos que los benjamines.

menores
to have the tendency to lead

"Aquí mando yo°"

Los múltiples estudios psicológicos sobre hermanos mayores dan resultados comunes: generalmente, dentro del grupo familiar son los más autoritarios y agresivos. Según Frank Sulloway, los primogénitos crecen sabiendo que son más fuertes y grandes que el resto de sus hermanos, lo que les permite ser más dominantes. Aceptan los valores por los que se guían sus padres, rechazando° las ideas nuevas.

Normalmente, a los primogénitos se les pide más que a sus hermanos mientras crecen; desarrollando° en ellos mayor responsabilidad y más fuerza de voluntad°.

I'm the boss
rejecting
developing
will power

"Eso no es justo"

Protestar por todo es una máxima que usan buena parte de los hermanos pequeños; no en vano, la mayoría de los revolucionarios en la historia del mundo ocupa este lugar en sus familias. "Se rebelan contra las normas porque todo el mundo cree que tiene derecho a darles órdenes, los padres, el hermano mayor, el abuelo, hasta el vecino le dice lo que es mejor para él", explica Lucila Andrés. Por lo general son más sociables, están abiertos a innovaciones y en contra del autoritarismo de los mayores.

"Nadie me quiere"

Generalmente se piensa que los hermanos medianos son los menos favorecidos "y en el caso de que sean sólo tres y del mismo sexo, es así, porque no tienen los derechos del mayor ni los privilegios del pequeño", afirma el doctor Ronald Richardson del Centro North Shore de Vancouver.

Durante su infancia, los hermanos del medio se muestran° más celosos, pero también más independientes y, sobre todo, acostumbrados a comportarse como un puente° entre todos sus hermanos, tienen una importante capacidad° de negociación.

appear to be
bridge
ability

[1]Benjamín se refiere al hijo menor y generalmente al más querido de sus padres. Proviene de la historia bíblica del menor de los hijos de Jacob y su esposa Raquel.

"Qué solo estoy"

Los hijos únicos, cada vez más numerosos en nuestra sociedad, tienden a identificarse con la autoridad paterna y en general son bastante conservadores. Los especialistas creen que al no tener que competir con hermanos, a la larga son más volubles en intereses, personalidad y actitudes sociales. En su vida adulta prueban varias alternativas — laborales, afectivas...— hasta elegir una.

Generalmente, el hijo único tiende a adoptar los roles de sus padres: si es mujer se identificará con su madre, y si es hombre con su padre. "Maduran pronto, son independientes y no dedican mucho tiempo a jugar", explica el doctor Richardson.

El orden no lo es todo

Estos estudios estadísticos también son criticados. Sulloway afirma que existen otros muchos factores que pueden modificar la influencia del orden del nacimiento:

- Según el sexo, los padres educan a sus hijos de una u otra forma.
- La timidez minimiza las características de nacimiento y la extroversión las exagera.
- Los conflictos familiares pueden alterar el comportamiento de los hijos.
- Si hay más de cinco años entre los hermanos, tienen las características del orden que ocupan y además muchas de las del hijo único.

Eva Calvo, "Quo, el saber actual"

Práctica y comunicación

1-36 **¿Cierto o falso?** Señala si las siguientes afirmaciones son ciertas o falsas según la lectura. Corrige las falsas y encuentra en el texto la justificación para tus respuestas. Luego compara tus respuestas con un/a compañero/a.

Answers for 1-36: 1) *C* 2) *C* 3) *C* 4) *F* 5) *F* 6) *C* 7) *F* 8) *C* 9) *C* 10) *F*

1. F   C   El orden del nacimiento determina la personalidad.
2. F   C   El mayor es más conservador que el menor.
3. F   C   Los hijos únicos son más introvertidos que los que tienen hermanos.
4. F   C   Los hermanos mayores rechazan los valores de los padres.
5. F   C   Los menores son dominantes y agresivos.
6. F   C   Los menores son más sociables que los medianos.
7. F   C   Los hermanos medianos no saben negociar.
8. F   C   Los medianos son más independientes que los otros.
9. F   C   Los hijos únicos cambian de intereses con frecuencia.
10. F   C   No hay otros factores que determinen la personalidad.

1-37   **Orden del nacimiento.** Completa la siguiente tabla con la información de la lectura.

Orden del nacimiento	Características generales
Hijo mayor	
Hijo mediano	
Hijo menor	
Hijo único	

1-38   **Paso 1: Encuesta.** Completa la tabla siguiente con tu información y la de otros/as tres estudiantes de tu clase. Pregúntales sobre las siguientes características y anótalas en el espacio correspondiente.

Modelo: E1:   *¿Eres agresivo/a?*

E2:   *Sí/No, (no) soy agresivo/a.*

	Yo	Estudiante 1	Estudiante 2	Estudiante 3
abierto/a				
autoritario/a				
buen negociador/a				
celoso/a				
conservador/a				
creativo/a				
dominante				
extrovertido/a				
independiente				
innovador/a				
introvertido/a				
responsable				
revolucionario/a				
sociable				
hijo/a único/a				
hijo/a mayor				
hijo/a mediano/a				
hijo/a menor				

1-39 Paso 2: Estadística casera. En grupos, comenten y comparen los resultados de la encuesta del ejercicio anterior. ¿Qué relación hay entre el orden del nacimiento y la personalidad de los encuestados? ¿Coinciden sus resultados con lo que dice el artículo sobre el tema? Preparen un informe para la clase.

1-40 Debate. Preparen argumentos a favor y en contra de la siguiente afirmación: "El orden del nacimiento es un factor determinante de la personalidad de los hijos". Luego la clase se dividirá en dos grupos para debatir a favor y en contra.

1-41 En la tele. Piensen en una escena de algún programa de televisión o de una película que refleje la teoría de que el orden del nacimiento marca la personalidad de las personas. Preparen un informe oral demostrando su teoría y preséntenselo a la clase. Pueden traer el ejemplo en video para mostrarlo en clase.

Poema

Gloria Fuertes (1918–1998)

Poeta española contemporánea que, como otros escritores que vivieron en España durante la guerra civil y la dictadura franquista, tuvo que superar la pobreza y su condición de mujer. Su lenguaje es directo, coloquial y espontáneo. En estos dos ejemplos de su antología, *Historia de Gloria* y *Amor, humor y desamor*, nos presenta poemas sobre temas familiares.

Note for Poema: Every chapter contains a poem that is related to the theme of the chapter. It is recommended to do the poem and the reading selection on different days.

Lectura

Un niño dentro de su madre

Un niño dentro de su madre
es, hasta ahora, el único
trasplante con éxito.

El divorcio no es cosa de tres

El divorcio no es cosa de tres,
es cosa de dos
que no aciertan° a ser uno.   *succeed*

Práctica y comunicación

1–42 **¿Cuál es el tema?** Elige la palabra de la lista que mejor describa el tema de cada uno de los poemas. Luego explica por qué seleccionaste esa palabra.

Un niño dentro de su madre

madre

hijo

embarazo

nacer

aborto

El divorcio no es cosa de tres

matrimonio

amor

divorcio

esposos

amantes

1–43 **Amor, humor o desamor.** En parejas, comenten estos dos poemas y decidan si son poemas de amor, humor o desamor. Luego explíquenles a otras parejas de la clase lo que ustedes piensan y por qué.

1–44 **El matrimonio no es cosa de tres.** Inventa un poema que hable sobre el matrimonio usando la misma idea que usa Fuertes en su poema "El divorcio no es cosa de tres". Comienza tu poema así:

El matrimonio no es cosa de tres

Al fin y al cabo

Proyecto: ¡Gran fiesta!

En este capítulo vas a trabajar en un proyecto
para preparar una gran fiesta para un miembro
de tu familia.

1-45   **Fiesta sorpresa.** Es el cumpleaños
número cincuenta de uno de tus padres. Has
decidido darle una fiesta sorpresa. Tienes que hacer una lista
de los invitados a la fiesta familiar y explicar por qué invitas a cada persona y cuál
es la relación de los invitados contigo. Puedes invitar hasta quince personas. Tiene que
haber hombres, mujeres, niños y ancianos.

Las cuatro generaciones familiares.

1-46   **Un regalo muy particular.** Uno de los invitados a la fiesta trajo esta foto
como regalo. Él asegura que hay una relación familiar entre los personajes de esta familia y
sus respectivas familias. Como expertos investigadores Uds. tienen que descubrir cuál es
su relación con la familia de la foto y cuáles son las relaciones entre las distintas personas
de la foto.

1-47 **Los ídolos familiares.** La fiesta los ha hecho pensar mucho en sus familias. Ahora les gustaría compartir sus experiencias con otros estudiantes de la clase. En grupos de cuatro, utilicen las preguntas siguientes para preparar un informe sobre sus respectivas familias.

1. ¿A qué mujer de tu familia admiras más? ¿Por qué?
2. ¿A qué hombre de tu familia admiras más? ¿Por qué?
3. ¿Hay algún niño preferido en tu familia? ¿Quién? ¿Por qué?
4. ¿Para ti es mejor ser hijo único, mayor, mediano o menor? ¿Por qué?

✳ Diario

Piensa en la mejor fiesta de cumpleaños que podrías tener y descríbela en tu diario. ¿Cómo es? ¿Quiénes están? ¿Qué regalos recibes? ¿Cómo te sientes? ¿Dónde es la fiesta? ¿Qué decoraciones hay?

A escribir

Retrato: Carta de recomendación

Every time that you sit down to write there are two important questions that must be answered before starting. The way you write, the words you choose, and the tone you use are going to be determined by how you answer these questions.

- **What is the purpose of your writing? What do you want to accomplish with it?**
- **Who is your audience? Who is the writing directed to? Who is the reader?**

You should ask these questions when you plan your work in every A escribir section. It is the first step to get you started. The second step is to explore the characteristic elements that go into the different types of writing. For example, the elements that are included in a business letter are very different from what is included in a letter of recommendation. In this chapter we will start with the latter.

In a letter of recommendation you are painting a picture of a person and you want to make the reader agree with you. To share your views on a particular person with someone else, you need to select the details that will convey your impression of that person. These are some general points that are used to describe a person:

- physical appearance
- personality/temperament
- particular characteristics and behaviors

You may begin the letter with one of these greetings. Notice the use of a colon after the opening.

Estimados Señores:
Tengo el agrado de escribir esta carta para recomendarles al Sr., a la Srta. …

Muy Srs. míos:
Por la presente tengo el agrado de recomendarles al Sr., a la Srta. …

Práctica y comunicación

1-48 **Todo depende del ángulo con que se mire.** En pares describan esta cara usando los adjetivos correspondientes. Consideren: la frente – el pelo – las cejas – los ojos – los labios – la nariz y las emociones que refleja la cara. Luego denle la vuelta al libro y miren la cara otra vez. Describan lo que ven.

Estos son algunos adjetivos para describir la cara:

FRENTE: ancha, angosta

BOCA: de labios carnosos/finos

CARA: redonda, larga, ovalada

CABELLO/PELO: ondulado, rizado, calvo, pelado, lacio

NARIZ: grande, pequeña, bien perfilada

1-49 **Anuncio.** Tú buscas un/a compañero/a de casa y vas a poner un anuncio en el periódico. Describe cómo debe ser la personalidad y el carácter de la persona que buscas.

La persona que busco tiene que ser…

1-50 **Una familia para un estudiante de intercambio.** Tú vas a estudiar en el extranjero el semestre próximo. Como parte de la solicitud tienes que escribir una descripción de ti mismo para que tu nueva familia te conozca. Además de tu aspecto físico incluye datos sobre tu personalidad, tus hábitos y tu carácter.

1-51 **La carta de recomendación.** Tu mejor amigo también va a estudiar en el extranjero y necesita que tú le escribas una carta de recomendación. Describe su apariencia física, su personalidad, carácter y características personales. Usa las palabras descriptivas del vocabulario básico y del vocabulario de este capítulo para ayudarte.

Vocabulario

La familia

el/la abuelo/a	grandfather, grandmother	la nuera	daughter-in-law
el/la bisabuelo/a	great-grandfather/mother	el/la nieto/a	grandson, granddaughter
el/la cuñado/a	brother-/sister-in-law	el/la pariente	relative
el/la esposo/a de mi madre/padre	stepfather/mother	la pareja	couple
		los padres	parents
la familia política	extended family (in-laws)	el/los papá/s	dad(dy)/parents
el/la hijo/a único/a	only child	el/la primo/a	cousin
el/la mayor	the oldest	el/la suegro/a	father-/mother-in-law
el/la mediano/a	middle child	los suegros	in-laws
el/la medio/a hermano/a	stepbrother/sister	el/la tío/a abuelo/a	great-uncle/aunt
el/la menor	the youngest	el yerno	son-in-law

Sustantivos

la altura	height	la estatura	height
la amistad	friendship	la herencia	inheritance
el amor	love	la infancia	childhood
el/la anciano/a	old man/woman	la mayoría	majority
la barba	beard	la minoría	minority
el/la bebé	baby	el mundo	world
el/los bigote/s	mustache	el peso	weight
la boda	wedding	la personalidad	personality
el carácter	temperament	la timidez	shyness
el embarazo	pregnancy	el valor	value

Adjetivos

ancho/a	wide	canoso/a	gray-haired
angosto/a	narrow	cariñoso/a	affectionate
agotado/a	exhausted	casado/a	married
agradable/desagradable	pleasant/unpleasant	cómplice	accomplice
amoroso/a	loving, affectionate	conservador/a	conservative
apasionado/a	passionate	cuerdo/a	sane, prudent
callado/a	silent, quiet	débil	weak
calvo/a	bald	egoísta	selfish

enamorado/a	*in love*	**pelirrojo/a**	*red-haired*
envidioso/a	*envious*	**rizado/a**	*curly*
insensato/a	*foolish*	**sencillo/a**	*simple*
justo/a	*fair*	**sensato/a**	*sensible*
lacio/a	*straight (hair)*	**serio/a**	*serious*
leal	*loyal*	**soltero/a**	*single*
mediano/a	*medium, moderate*	**sumiso/a**	*submissive*
musculoso/a	*muscular*	**tímido/a**	*shy*
ondulado/a	*wavy*	**trabajador/a**	*hard-working*
orgulloso/a	*proud*	**vago/a**	*lazy*
ovalado/a	*oval*	**vivo/a**	*sharp/lively*
pelado/a	*bald*		

Verbos

agradecer	*to thank*	**mentir (ie)**	*to lie*
ahorrar	*to save*	**mimar**	*to pet, indulge*
amar	*to love*	**mostrar (ue)**	*to show*
cambiar	*to change*	**odiar**	*to hate*
cuidar	*to take care of*	**parecer (zc)**	*to seem*
casarse	*to get married*	**parecerse a (zc)**	*to resemble*
compartir	*to share*	**pelearse**	*to fight*
contar (ue)	*to count*	**permitir**	*to allow*
desheredar	*to disinherit*	**pesar**	*to weigh*
divorciarse	*to divorce*	**quedar embarazada**	*to get pregnant*
elegir (i)	*to choose*	**quejarse**	*to complain*
gastar	*to spend*	**rebelarse**	*to rebel*
heredar	*to inherit*	**separarse**	*to separate*
llevarse bien/mal	*to get along well/badly*	**soñar (ue)**	*to dream*
madurar	*to mature*	**tolerarse**	*to tolerate*
medir (i)	*to measure*		

Expresiones idiomáticas

a causa de eso	*for that reason*	**por lo general**	*as a general thing*
a la larga	*in the long run*	**según**	*according to*
de acuerdo a/con	*in accordance with*	**sobre todo**	*above all*
en el caso de + inf.	*in the case of*		

Note: The vocabulary in **Manos a la obra** on page 21 is also considered active vocabulary.

Capítulo dos

Relaciones interculturales

"Dame tu mano, hermano."

Warm-up: Ask these questions to get students into the theme of the chapter: *¿Qué contacto tienen Uds. con otra cultura? ¿Escuchan algún programa de radio en español? ¿Miran algún canal de televisión en español? ¿En otra lengua? ¿Van a restaurantes hispanos? ¿Tienen amigos hispanos?*

Tema cultural:

Los hispanos en los Estados Unidos

Objetivos comunicativos:

Talking about Hispanics and migrant workers

Talking about probability and obligation

Asking polite questions

Asking for clarification

Discussing unexpected events

Expressing likes and dislikes

Describing daily routine

Warm-up: *¿Has estado en una celebración o festival hispano alguna vez? ¿Cómo era?*

Suggestion: Introduce what they will learn in this chapter: *En este capítulo vamos a hablar de la cultura hispana en este país…*

En marcha

Vocabulario en contexto: Dos reseñas cinematográficas

Estas son dos películas sobre los hispanos en los Estados Unidos.

En el cine

El norte ★★★
Gregory Nava,
EEUU/México/Guatemala. 1983. 93 min.

Esta importante película narra la vida de dos hermanos guatemaltecos, Rosa y Enrique, que **emigran** a los Estados Unidos, con el deseo de **establecerse** allí para obtener el **bienestar** económico. En su país de origen, **cultivan** la tierra, pero la **violencia** y el **racismo** que sufren por ser **indígenas**, los **obligan** a salir de Guatemala.

Primero van a México, y luego, con la ayuda de un **coyote**, cruzan la **frontera** estadounidense, pero su situación de **indocumentados** no les permite **adaptarse** a su nuevo mundo ni **tener el éxito** que desean.

Para **ganarse la vida** tienen que conseguir **trabajos temporales**, que **pagan** menos que **el salario mínimo** y que no son suficiente para **mantener a una familia**.

Además siempre **tienen miedo** de que **la migra** pueda encontrarlos y no pueden comunicarse porque el inglés no es su **lengua materna**. Al final de la película, ellos no **logran** alcanzar su sueño. Simbólicamente, Rosa vuelve a reunirse con sus **antepasados** en Guatemala, y no sabemos qué va a pasar con Enrique, porque sin la **tarjeta de residente** que le permita trabajar es muy difícil que pueda **integrarse** en esa nueva sociedad.

En el cine

Y no se lo tragó la tierra ★★★
Severo Pérez,
EEUU. 1994, 99 min.

Basada en la novela de Tomás Rivera, esta película es la historia de una familia de **obreros migratorios** de Texas. El narrador, Marcos, recuerda el **maltrato** y las **injusticias** que tuvo que **soportar** cuando era niño. El **oficio** de sus padres consistía en **piscar**[1] fruta en los estados del Midwest. Cada año, ellos viajaban entre Texas y Minnesota, **recogiendo** las **cosechas**. Su trabajo como **mano de obra** barata, no les permitía **ganar** un buen **sueldo**, y por lo tanto, no podían **mejorar** su **nivel de vida**. Esta película muestra la **lucha** de un niño por **asimilarse** a una cultura a la que no pertenece, sufriendo los **prejuicios** sociales y la explotación económica. Además, es la historia de los **braceros** que tienen que pasar su vida en los **cultivos**, recibiendo una **paga** insuficiente para vivir y siendo **rechazados** por un gran **porcentaje** de la **población**.

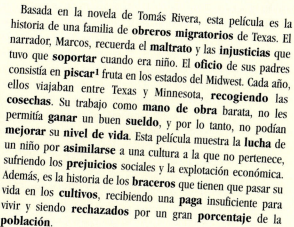

[1] The word **piscar** is used only by migrant workers. It is an Anglicism from the English word *pick*. The correct Spanish word is **recoger**.

Suggestion: You may want to show the beginning of one of the movies and ask the students to imagine how the story continues.

Check comprehension: *¿Qué esperanza tienen Rosa y Enrique cuando emigran a los Estados Unidos? ¿Por qué tienen que salir de su país? ¿Cómo cruzan la frontera? ¿Por qué no se pueden adaptar a su nuevo país? ¿A qué le tienen miedo? ¿Qué pasa al final de la película?*

Check comprehension: *¿De qué trata la película? ¿Qué recuerda Marcos? ¿Cuál es el oficio de la familia? ¿Por qué no pueden mejorar su nivel de vida? ¿Qué sufre Marcos en su lucha? ¿Cómo es la vida de los braceros?*

Suggestion for Vocabulario en contexto: Assign the movies to be seen outside of class. Organize a discussion about the movies. Divide the class in two. One half watches "El norte", the other half watches "Y no se lo tragó la tierra". In class pair students up to tell each other the plot of the movie each one saw.

Suggestion for Palabras conocidas: Tell students that they need to be familiar with these words because they will need them to do the activities in this chapter.

Palabras conocidas

Los hispanos

Repasa estas palabras que deben ser parte de tu vocabulario básico.

América Central	el/la nicaragüense	la discriminación
América del Sur	el/la costarricense	la discriminación racial
el barrio	el/la panameño/a	el/la emigrante
el/la chicano/a	el/la dominicano/a	emigrar
el/la cubano/a		el estereotipo
el/la guatemalteco/a	**Cognados**	la explotación
el/la hispanohablante	el abuso	la inmigración
el/la mexicano/a	el anglo	el/la inmigrante
el/la puertorriqueño/a	bilingüe	inmigrar
el/la salvadoreño/a	el bilingüismo	el machismo
el/la hondureño/a	la deportación	monolingüe

Expresiones útiles

Lo que is used to introduce an idea that is explained next.

lo que + verbo + ser (que)   *What + verb + to be (that)*

Lo que pasa es que no puedo ayudarlo.   *What happens is that I can't help you.*

Lo que dijo fue que tienes que volver a tu país.   *What he said was that you have to go back to your country.*

Lo que sentía era miedo.   *What I felt was fear.*

Cartelera

La migra

La **migra** es una abreviatura para el departamento de inmigración. Los agentes de este departamento buscan a las personas indocumentadas para mandarlas de regreso a su país de origen. A causa de esto los inmigrantes indocumentados detestan a los agentes de inmigración, pues ellos pueden cambiar el curso de sus vidas de una manera radical e inesperada (*unexpected*).

Práctica y comunicación

2-1A. **Asociaciones.** ¿Qué palabras asocias con…?

1. el obrero migratorio
2. tener éxito
3. el racismo
4. la frontera
5. los hispanos
6. emigrar

B. Ahora compara tus respuestas de la sección **A** con las de tu compañero/a. ¿Son similares? ¿En qué se diferencian? ¿Son asociaciones positivas o negativas? ¿Por qué?

C. ¿Qué crees que se debe hacer con los inmigrantes que no tienen los documentos en regla?

2-2 **Invitación.** Escoge una de las películas anteriores y llama a tu compañero/a por teléfono para invitarlo/a a ver la película. Explícale cuál es el tema de la película y trata de convencerlo/a para que te acompañe.

2-3 **¡Ahora ustedes son los actores!** Imaginen que van a hacer una película sobre los hispanos en los Estados Unidos. Preparen una lista sobre los temas que tratará la película y luego preséntenla a la clase.

2-4 **Los obreros migratorios.** Uno/a de Uds. va a explicarle a su compañero/a la forma de vida de los obreros migratorios según la reseña "Y no se lo tragó la tierra". El/la otro/a estudiante va a hacer las preguntas indicadas abajo para ayudarle. Utilicen la expresión **lo que** en sus respuestas cuando sea necesario.

Modelo: E1: ¿Qué recuerda Marcos?

E2: *Lo que recuerda es el maltrato y las injusticias.*

1. ¿Qué piscan (recogen) los obreros migratorios?
2. ¿Qué no pueden mejorar con el sueldo que ganan?
3. ¿Qué muestra la película "Y no se lo tragó la tierra"?
4. ¿Qué tipo de paga reciben los braceros por su trabajo?
5. ¿Qué necesitan los indocumentados para trabajar legalmente?

2-5   El arte. Comenta esta obra de Carmen Lomas Garza que representa el cumpleaños de una niña hispana. Describe el cuadro completando las oraciones.

Carmen Lomas Garza, **Barbacoa para Cumpleaños** (Birthday Party Barbecue). Alkyds on canvas, 36x48". ©1993 Carmen Lomas Garza (reg. 1994). Photo credit: M. Lee Fatherree. Collection of Federal Reserve Bank of Dallas.

1. Lo que esta pintura representa es _____.

2. Lo que vemos es _____.

3. Lo que está haciendo la niña con la venda en los ojos es _____.

4. Lo que van a comer es _____.

5. ¿_____?

2-6   Debate. En grupos de cuatro, escojan uno de los siguientes temas. Luego discutan el tema y presenten sus conclusiones al resto de la clase. Dos estudiantes van a estar a favor y dos en contra.

• Estados Unidos debe cerrar sus fronteras para que no entren más inmigrantes.

• Sólo debe existir una lengua oficial en los Estados Unidos: el inglés.

• Estados Unidos debe tener mejores políticas para proteger a los inmigrantes.

Cartelera

El coyote

El **coyote** es el nombre que se le da a una persona que vive en la frontera entre los Estados Unidos y México, cuyo trabajo es ayudar a quienes quieren cruzar la frontera y no tienen visa. Las personas que cruzan la frontera les pagan a los coyotes cientos de dólares para que los guíen en la noche por lugares seguros donde no se encontrarán con la policía. Muchas veces los coyotes tienen a alguien al otro lado de la frontera que espera a los inmigrantes clandestinos y los lleva a su destino final.

 2-7 Imaginen. Cruzar la frontera de esta manera es muy arriesgado. ¿Cuáles pueden ser las causas que hagan que estas personas arriesguen tanto para salir de su país y entrar a los Estados Unidos? ¿Qué opinan del coyote? Presenten sus opiniones a la clase.

✴ ¡Sin duda!

hacer – haber – tener

To review expressions with **tener** and **hacer**, refer to page 392 of the **Cabos sueltos** section. Study the chart below to determine how these verbs can be used to express fact, obligation, or probability in different instances.

Verbo	Existencia	Obligación	Probabilidad
Hacer			Futuro **Harán** una fiesta.
Haber	Impersonal **3ra persona sing.** **Hay** = *There is / are* **Hay** muchos hispanos en todo el país.	Impersonal **3ra persona sing. + que + inf.** **Hay que trabajar** mucho.	Impersonal 1. Futuro **Habrá** = *There will be* **Habrá** miles de indocumentados. 2. **Haber** + **de** + **inf.** = *to be expected* **Ha de crecer** el porcentaje de hispanos. 3. **Debe haber** + **cantidad** = *There must be* **Debe haber 3.000** estudiantes latinos.
Tener	**Tener** + **nombre** = *to have* **Tenemos** tortillas y guacamole.	**Tener** + **que** + **inf.** = *to have to* **Tienen que** pasar su vida en los cultivos.	**Tendrán** = *will have* **Tendrán** más oportunidades aquí.

Práctica y comunicación

Note for 2-8: Habrá has only one form when it means *there will be. Habrá treinta profesores latinos. Habrá una profesora latina.*

2-8 **¿Cuántos habrá?** Hagan una estimación de la comunidad latina en su universidad con ayuda de las preguntas indicadas. Preparen un informe y compárenlo con el de otras parejas. Utilicen los verbos **haber** y **tener** para expresar probabilidad.

Modelo: E1: ¿Cuántos profesores latinos habrá en la universidad?

E2: *Habrá aproximadamente treinta profesores latinos.*

1. ¿Cuántos estudiantes latinos habrá?
2. ¿Cuántos estudiantes habrá de origen puertorriqueño, centroamericano, mexicano, cubano?
3. ¿Cuántas asociaciones de estudiantes latinos habrá?
4. ¿Cuántos estudiantes bilingües tendrá la universidad?
5. ¿Cuántos empleados latinos tendrá la universidad?

Note for 2-9: Assign this exercise for homework. Students need to do some research to find the answers.

2-9 **¿Cuántos hay?** Hagan una investigación para saber cuál es la población latina de su institución y compárenla con la estimación que hicieron en el ejercicio anterior. Preparen un informe para la clase.

Modelo: *En nuestra universidad hay 1.000 latinos. Hay 350 mexicanos. Hay una asociación de mujeres latinas, etc.*

2-10 **¿Qué hay que hacer?** En el centro de estudiantes ha aparecido una pintada (*graffiti*) que dice *English only*. Planeen qué hay que hacer para mejorar las relaciones interculturales en su institución. Hagan una lista de por lo menos ocho acciones concretas. Utilicen la estructura **haber + que + inf.** para expresar obligación impersonal cuando sea necesario.

2-11 **¿Y nosotros?** Ahora, decidan quién va a realizar cada una de las actividades del ejercicio anterior. Utilicen el verbo **tener + que** para expresar obligación personal.

Cartelera

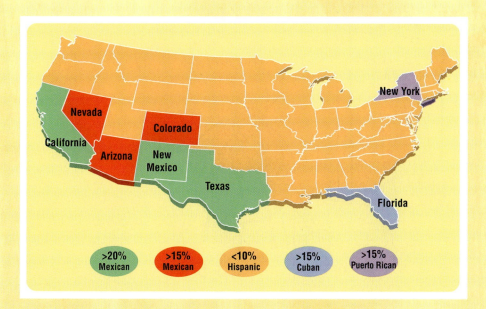

Estadísticas demográficas

Hay apromixadamente más de 29 millones de personas de origen hispano viven en los Estados Unidos. El grupo hispano está compuesto de diferentes grupos nacionales que se concentran en varios estados. Por ejemplo, alrededor de doce millones de mexicanos están concentrados en el suroeste del país; los puertorriqueños cuentan con dos millones y medio de personas cuya gran mayoría se centra en Nueva York; aproximadamente un millón de cubanos vive en Florida y el resto está compuesto de centroamericanos, sudamericanos y españoles.

2-12 **¿Cuántos somos?** Analiza la información presentada en la Cartelera y coméntala con un/a compañero/a.

1. ¿Hay muchos hispanos en tu estado?
2. ¿Cuál es el origen de la mayoría de los hispanos?
3. ¿Por qué crees que hay más hispanos en la zona sur del país?
4. ¿De dónde son los hispanos que viven en Florida/Nueva York/Texas/California/ Nuevo México/Arizona?

Boletín

*En el discurso diario cuando se pide un favor de otra persona la palabra **por favor** no se usa con la misma frecuencia que en inglés. En su lugar se usan las preguntas corteses.*

> Anita, chica, no tengo cómo llegar a la universidad ahora. ¿Podrías llevarme en tu coche?

> ¿Cómo dices? No te escuché bien. Estaba distraída.

Así se dice

Para hacer preguntas cortésmente

*To review formation of yes/no questions refer to page 393 in the **Cabos sueltos** section.

Las preguntas corteses son una forma menos directa de hacer preguntas y tienden a presentarse con la entonación de pedir un favor. Se usan con mucha frecuencia en el habla de todos los días. Generalmente estas preguntas empiezan con las palabras **puede(s)**, **podría(s)**, **quisiera(s)**, y **me gustaría**:

¿Podrías ayudarme con mi trabajo?	*Could you help me with my work?*
¿Quisieras ir conmigo al cine?	*Would you want to go to the movies with me?*
¿Puedes darme una mano con este problema?	*Can you give me a hand with this problem?*
Me gustaría saber cuántos hispanos viven en esta ciudad.	*I'd like to know how many Hispanics live in this city.*
¿Podría decirme dónde están dando la película "La familia"?	*Could you tell me where the movie "La familia" is showing?*

Para pedir aclaraciones

Cuando no comprendas lo que alguien dice, pídele que lo aclare usando las siguientes expresiones.

¿Cómo dice(s)?	*What did you say?*
¿Qué quiere decir _____?	*What does _____ mean?*
¿Qué es lo que quiere(s) decir?	*What is it that you want to say?*
No sé si comprendo bien.	*I don't know if I understand correctly.*
¿Quiere(s) decir que...?	*Do you mean to say that...?*
No entendí bien.	*I didn't understand very well.*
No entiendo. ¿Puede(s) repetir, por favor?	*I don't understand. Can you repeat it, please?*

Práctica y comunicación

2-13 **El /La periodista.** Lee el artículo sobre los cubanos deportados. Luego, escribe cinco preguntas corteses que les harías a los inmigrantes frustrados. Comparte tus preguntas con la clase.

Suggestion for 2-13: Ask students to share their questions with the class.

Modelo: *Me gustaría saber por qué decidieron salir de Cuba.*

Martes, 8 de febrero, 2000 **Noticias del día**

Estados Unidos deportó a 936 cubanos ilegales en dos años

Una nueva deportación de 18 emigrantes ilegales aumentó a 936 el número de cubanos repatriados por Estados Unidos desde mayo de 1995 a mayo de 1998, informó la Agencia Estatal de Información Nacional (AIN).

La devolución de los 18 indocumentados por parte de Estados Unidos coincidió el pasado lunes con la deportación de otros 65 frustrados emigrantes por parte de las Bahamas. Cuba mantiene acuerdos migratorios con ambos países, según los cuales los cubanos interceptados en intentos de emigración ilegal deben ser deportados a la isla.

Estados Unidos devolvió a Cuba este lunes a 15 hombres y tres mujeres. Del grupo, ocho personas procedían de la ciudad de La Habana y las 10 restantes eran de la provincia de Camagüey.

2-14 **No entiendo bien.** En esta actividad, un empleado de una agencia de trabajo entrevista a una inmigrante cubana que busca un empleo. En parejas, completen el siguiente diálogo según el sentido. Usen las expresiones para pedir clarificación donde sea posible.

AGENTE: ¿De dónde es Ud.?

SEÑORA: No escucho bien. ¿_____?

AGENTE: ¿De qué país es Ud.?

SEÑORA: Ah, sí. Yo soy de Cuba.

AGENTE: ¿Tiene permiso de trabajo?

SEÑORA: Yo no sé lo que _____.

AGENTE: Es un papel que dice que Ud. puede trabajar en este país. Sin él no podemos darle trabajo.

SEÑORA: _____. Quiere decir que me falta un papel para poder trabajar.

AGENTE: Sí, señora. Exactamente.

Boletín

**Amor 77,
"Un tal Lucas"
Julio Cortázar,**

Y después de hacer todo lo que hacen, se levantan, se bañan, se entalcan, se perfuman, se peinan, se visten, y así progresivamente van volviendo a ser lo que no son.

Note for Boletín: This is an example of the use of reflexive verbs. Explain that Cortázar is a famous Latin American writer. They will read one of his writings in Chapter 3.

Suggestion for 2-16: Make sure that the meaning of the sentence is clear: *dedicarse a* = to devote oneself to.

Referencia gramatical 1

Describing daily routines: Reflexive verbs

Before doing the following activities review this structure in the **Cabos sueltos** section, pp. 395–396.

Práctica y comunicación

2-15 **Amor 77.** Lee el boletín "Un tal Lucas". ¿Qué querrá decir entalcarse y perfumarse? Trata de deducirlo por el contexto. ¿Por qué dice "y así progresivamente van volviendo a ser lo que no son"?

2-16 **¿Quiénes somos?** En parejas, miren estas fotografías. Después, expliquen a qué se dedica cada una de estas personas.

> **Modelo:** *Sandra Cisneros se dedica a escribir.*

Carolina Herrera

Edward James Olmos

Henry Cisneros

Juan Luis Guerra

Gloria Estefan

Rubén Blades

Judy Baca

Answers for 2-16:
1) *d* 2) *e* 3) *a* 4) *b* 5) *b*
6) *b* 7) *c*

1. Carolina Herrera
2. Edward James Olmos
3. Henry Cisneros
4. Juan Luis Guerra
5. Gloria Estefan
6. Rubén Blades
7. Judy Baca

a. a la política
b. a cantar
c. a la pintura y al arte
d. a la moda
e. al cine

Referencia gramatical 2

Describing reciprocal actions: Reciprocal verbs
Before doing the following activities review this structure in the **Cabos sueltos** section, p. 397.

2-17 **¿Cómo se llevan?** Entrevista a un/a compañero/a para saber cómo se lleva con las distintas personas de su residencia y/o de su familia. Utiliza algunos de los verbos de la lista. Luego prepara un informe para la clase con toda la información que tengas.

ayudarse	comunicarse	conocerse	contarse todo	criticarse	detestarse
entenderse	hacerse amigo/a	llevarse bien/mal	pelearse	saludarse	

Conexiones

Expressing unintentional or accidental events: Reflexive for unplanned occurrences

It is very common in Spanish not to assign responsibility when something accidental or unintentional happens. In this case, use the following construction in the past tense:

se + indirect object pronoun + verb in the third person + noun

| Se | me | perdieron (plural) | los pasaportes. |
| Se | le | perdió (singular) | el permiso de trabajo. |

Note: Point out that this structure is very common in Spanish and they should use it every time they forget, lose, break, or run out of something, in addition to all the other instances specified here.

1. The verb agrees with the noun that follows (the subject). It may be in the third person singular or plural according to the subject.

2. The indirect object pronoun (**me, te, le, nos, os, les**) refers to the person(s) involved in the action. To clarify who the pronoun refers to, the phrase **a** + noun may be used.

   A mi padre se **le** venció la visa.   *My father's visa ran out.*

3. This list presents some verbs commonly used with this construction:

acabar	*to finish, run out*	**olvidar**	*to forget*
caer	*to fall, slip away*	**perder**	*to lose*
descomponer	*to break down*	**quedar**	*to remain*
escapar	*to escape*	**quemar**	*to burn*
ir	*to go, run away*	**romper**	*to break*
morir	*to die*	**vencer** (la visa)	*to expire*
ocurrir	*to occur*		

2-18   **¿Quién es quién?** Miren los siguientes dibujos y lean las pistas para decidir quién es cada persona. Expliquen lo que le ha ocurrido a cada persona y luego, comparen sus respuestas con las de otros/as estudiantes. Los nombres son: Ana, Inés, Marta, Mario, Juan y Esther.

1. _____

2. _____

3. _____

4. _____

5. _____

6. _____

a. A Juan se le acabó el dinero.

b. A Esther se le perdió un documento importante entre los papeles.

c. A Mario se le olvidó una cita importante.

d. A Ana se le ocurrió una gran idea.

e. A Inés se le venció la visa.

f. A Marta se le perdió el pasaporte.

2-19 **Competencia.** En grupos de cuatro tienen tres minutos para explicar lo que les pasó a las personas de la primera columna. Escriban el mayor número posible de oraciones combinando los elementos de las tres columnas. Pueden utilizar otras palabras si es necesario. El grupo con el mayor número de oraciones correctas gana.

A mí	acabarse	el pasaporte
A ti	vencerse	el permiso de trabajo
A ella	caerse	la visa
A él	olvidarse	la autorización
A usted	perderse	los formularios
A nosotras	quedarse	las tarjetas verdes
A ellas	romperse	el dinero
A ustedes		

2-20 **Dígalo con mímica.** Formen dos equipos y escriban diferentes oraciones con estos verbos. Luego léanle la oración a un/a compañero/a del equipo contrario. Esta persona debe comunicar la oración a través de la mímica a los otros miembros del equipo para que ellos la adivinen.

> **acabarse   caerse   descomponerse   escaparse   irse   morirse   ocurrirse**
> **olvidarse   perderse   quedarse   quemarse   romperse**

2-21 **En el consulado de Costa Rica.** Tú has decidido emigrar a Costa Rica y tienes una cita en el consulado pero llegas tarde. Tienes dos minutos para explicarle al cónsul lo que te pasó. Haz una lista de ideas usando los verbos que expresan accidentes. Luego, prepara un minidrama con otro/a estudiante.

Expressing likes and dislikes: Verbs like **gustar**

The verb **gustar** has a different grammatical structure in Spanish than its English counterpart. Study the following constructions:

Spanish pattern:	indirect object	+	verb	+	subject
	Me		**gusta**		**la comida puertorriqueña.**
English pattern:	subject	+	verb	+	direct object
	I		*like*		*Puerto Rican food.*

Note: This list is active vocabulary.

These verbs follow the same pattern as **gustar**.

caer bien/mal	*to suit/not to suit*	**fastidiar**	*to vex, disappoint*
disgustar	*to annoy, displease*	**importar**	*to matter, to be important*
encantar	*to delight, love*	**interesar**	*to interest*
entusiasmar	*to enthuse*	**molestar**	*to bother*
faltar	*to be missing, lacking*	**parecer**	*to seem*
fascinar	*to fascinate*	**quedar**	*to remain, have left*

1. In Spanish the subject generally comes after the verb. It indicates the person or thing affecting the recipient of the action.

2. The recipient of the action is indicated by the indirect object.

   Le encanta el ron cubano.   *He loves Cuban rum.*

3. In this structure the verb is in the third person either singular or plural according to the subject. When followed by an infinitive or series of infinitives, the verb is singular.

   Nos interesa la arquitectura de las misiones.
   We are interested in the architecture of the missions.

   Me interesan las ideas políticas de Henry Cisneros.
   I am interested in the political ideas of Henry Cisneros.

   ¿**Te gusta bailar** salsa?
   Do you like to dance salsa?

4. A prepositional phrase **a** + noun or prepositional pronoun is used to clarify or emphasize the indirect object.

   A mi abuela le gusta hablar sobre su juventud en Puerto Rico.
   My grandmother likes to talk about her youth in Puerto Rico.

Práctica y comunicación

2-22 **Entrevista.** Interroga a tus compañeros/as hasta encontrar a cinco personas que respondan afirmativamente a estas ideas.

1. encantar la música latina
2. importar los problemas raciales
3. disgustar las leyes de inmigración
4. fascinar otras culturas
5. interesar los programas hispanos de televisión

2-23 **¿Qué gustos tienen?** Tú quieres saber cómo son los amigos de tu compañero/a. Pregúntale qué piensan sus amigos sobre los siguientes puntos. Después, contesta las preguntas de tu compañero/a sobre tus amigos.

Modelo: disgustarle las personas racistas

E1: *¿A quién le disgustan las personas racistas?*

E2: *A mi hermana le disgustan las personas racistas.*

1. gustarle la comida tejano-mexicana
2. molestarle la injusticia social
3. interesarle la literatura chicana
4. importarle la situación de los ilegales
5. disgustarle el bilingüismo

2-24 **Pronósticos.** Debes escribir tres cosas que tú crees que a otros/as compañeros/as (no) les gustan, les encantan, les interesan, etc. Luego vas a leerle tu pronóstico al resto de la clase y los estudiantes mencionados deberán confirmar tus pronósticos o corregirlos.

Modelo: E1: *Yo creo que a E2 le molestan las personas intolerantes.*

E2: *Sí, a mí me molestan las personas intolerantes.*

  2-25 **¿Te gusta lo latino?** En parejas, deben averiguar tres cosas que a ambos les gustan, les interesan, etc. y tres cosas que a uno/a le gustan, interesan, etc. y al/a la otro/a no. Luego deben informar a la clase de sus resultados. Usen estos temas como guía.

Modelo: una película latina

E1: *¿Qué película latina te gusta más?*

E2: *Me encanta la película de Almodóvar "Todo sobre mi madre". ¿Y a ti?*

E1: *A mí también me gusta Almodóvar. Sobre todo la película "La flor de mi secreto". (A mí no me gusta Almodóvar. Me gusta más Buñuel.)*

1. un restaurante latino
2. un programa de televisión latino
3. un grupo musical latino
4. una comida latina
5. un/a escritor/a latino/a

✳ Diario

Escribe un párrafo honesto sobre las cosas o actividades de tu vida diaria que te encantan y las cosas que detestas. Explica tus razones con claridad.

Manos a la obra

Así se lee

Scanning

Scanning is the strategy used when we want to find specific information in a passage without reading the entire text. We practice scanning when we highlight parts of a reading passage to which we want to pay special attention.

Práctica

2-26 **El mural.** Estudia los elementos en el mural de la Cartelera cultural. Luego lee la información sobre los chicanos y encuentra los valores de la cultura chicana que se ven reflejados en el mural. Para esto tendrás que seleccionar las oraciones que hablan específicamente de los valores culturales.

Boletín

Conjunto de mariachis

Suggestion for Cartelera:
Ask students what the term *chicano* means to them. Then ask them to read the paragraph and follow up with comprehension questions. *¿Cuál es el origen de los chicanos? ¿Cuántos años hace que los chicanos viven en los Estados Unidos? ¿Cuál es la relación del chicano con su comunidad? ¿Qué tradiciones se mezclan en la cultura chicana? ¿Cómo se llama el idioma que hablan los chicanos?*

Cartelera

Los chicanos

Los chicanos son personas de origen mexicano que se han establecido en el suroeste de los Estados Unidos. Algunas familias se establecieron allí hace muchos años, cuando esos estados eran parte de México. Otras familias descienden de inmigrantes más recientes. La cultura chicana, **la raza**, se caracteriza por la lealtad (*loyalty*) a su comunidad: **el compadrazgo**; por la lucha por la autodeterminación; y por un gran orgullo (*pride*) por su herencia cultural. Ésta es una combinación de la cultura indígena y la española a la que se le suma la experiencia de vivir en un país de habla inglesa. Este grupo tiene su propia lengua que también es una mezcla de inglés y español llamada **pocho** o **caló** en círculos académicos. Algunas expresiones de la cultura chicana son los murales de Los Ángeles, la literatura bilingüe, la música de los mariachis y las comidas tales como el burrito, la tortilla, el pozole, el mole, el menudo y otras.

Cartelera

El pocho

Ejemplo de pocho escrito por Jorge Ulica.

La Sra. Pellejón me ha enviado esta carta:
"Le mando esta por 'especial de liver'. Quiero 'reportarle' que voy a cambiar mi 'second neim' que no suena 'veri güel' por su 'translécion' en 'inglés'. En vez de Pellejón voy a 'nominarme' Skinejón, que es casi 'di seim'. Así, mi difunto, a quien Dios tenga en el 'jiven', no cogerá 'truble' ni se pondrá 'yelous' ."
"Eulalia Skinejón"

¿Cuántas palabras en Spanglish hay en este párrafo? ¿Qué quieren decir en inglés?

Antes de leer

Estudia estas palabras para comprender mejor el texto.

Vocabulario		Palabra en uso
el algodón	*cotton*	Piscar (Recoger) **algodón** es un trabajo duro.
bonita	*pretty*	¡Qué **bonita** te ves con ese vestido rosa!
cruzar	*to cross*	Muchos **cruzan** la frontera ilegalmente.
de súbito	*all of a sudden*	Nos sorprendió cuando **de súbito** habló en inglés.
empujar	*to push*	Tuvimos que **empujar** el coche cuando se descompuso.
gritar	*to scream, shout*	El niño **grita** sin razón.
grueso/a	*thick*	La mujer tiene unos dedos **gruesos**.
hartarse	*to be fed up*	Los braceros **se hartaron** de trabajar por poco dinero.
hogar	*home*	No hay ningún lugar como tu propio **hogar**.
jalar (**halar**)	*to pull*	**Jale** (**Hale**) la puerta para abrirla.
llorar	*to cry*	¡No **llores** más mi niña!
solo/a	*alone*	Ella está **sola** en este país. No tiene a nadie.
suave	*soft*	La mujer tiene una voz **suave**.
suspirar	*to sigh*	**Suspira** cada vez que habla de su país.

Práctica y comunicación

2-27 **Relaciones.** Escoje la palabra de la lista **A** que se relaciona con cada oración de la lista **B**.

A

1. _____ bonita
2. _____ jalar (halar)
3. _____ de súbito
4. _____ hartarse
5. _____ solo
6. _____ llorar
7. _____ hogar

B

a. **De pronto** entendí que no iba a volver a verla.
b. La mujer es gorda pero **linda**.
c. Es lo opuesto de **empujar**.
d. Una persona que **no tiene a nadie**.
e. Estoy muy **cansada** de este trabajo. Voy a dejarlo.
f. El lugar donde está tu **casa**.
g. Hago esto cuando estoy muy **triste**.

2-28 **¿Y tú qué dices?** Escoje la palabra de la lista que mejor complete las oraciones. Haz los cambios necesarios.

algodón	cruzar	gritar	grueso	suave	suspirar

1. Cuando alguien habla en voz muy alta, _____.
2. Tienes que esperar para _____ la calle cuando el semáforo esté verde.
3. Este vestido es de _____.
4. La niña tiene unas manitas muy _____.
5. Está enamorada de un muchacho extranjero, ella _____ porque no se ven mucho.
6. Tiene una boca _____.

2-29A. **Las cosas pequeñas y queridas.** Para expresar que algo es muy pequeño o querido usamos los diminutivos (palabras que terminan en **-ito/a** o **-cito/a**). Estas palabras aparecen en la lectura. ¿Cuál es la forma neutra?

1. mamacita _____
2. zapatito _____
3. tempranito _____
4. suavecito _____
5. puntita _____
6. niñito _____

B. Ahora escribe el diminutivo de estas palabras basándote en el paso anterior.

1. brazo _____
2. mesa _____
3. sola _____
4. casa _____

5. mujer _____
6. hombre _____
7. sombrero _____
8. ojo _____

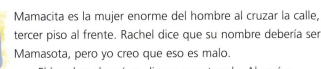 **2-30** **Lejos de mi hogar.** ¿Cómo se sienten Uds. cuando están lejos de sus seres queridos, de sus amigos, de su casa? En parejas, escriban diez adjetivos que describan cómo se sienten en esas ocasiones.

Modelo: *Yo me siento triste.*

Introducción a la lectura

Sandra Cisneros (1954–)

Sandra Cisneros nació en Chicago y vive en San Antonio, Texas. Es una de las voces chicanas que ha ganado numerosos premios por su poesía y sus obras de ficción. Esta selección es un capítulo del libro *La casa en Mango Street* traducido por Elena Poniatowska. En este capítulo la protagonista de la novela, Esperanza Cordero, describe a su nueva vecina Mamacita y a su esposo.

No Speak English

Mamacita es la mujer enorme del hombre al cruzar la calle, tercer piso al frente. Rachel dice que su nombre debería ser Mamasota, pero yo creo que eso es malo.

El hombre ahorró su dinero para traerla. Ahorró y ahorró porque ella estaba sola con el nene-niño en aquel país. Él trabajó en dos trabajos. Llegó de noche a casa y salió tempranito. Todos los días.

Y luego un día Mamacita y el nene-niño llegaron en un taxi amarillo. La puerta del taxi se abrió como el brazo de un mesero. Y va saliendo un zapatito color de rosa, un pie suavecito como la oreja de un conejo°, luego el tobillo° grueso, una agitación de caderas°, unas rosas fucsia y un perfume verde. El hombre tuvo que jalarla, el chofer del taxi empujarla. Empuja, jala. Empuja, jala. ¡Puf!

Floreció de súbito°. Inmensa, enorme, bonita de ver desde la puntita rosa salmón de la pluma° de su sombrero hasta los botones de rosa de sus dedos del pie. No podía quitarle los ojos a sus zapatitos.

rabbit / ankle / hips

She came out all of a sudden.

feather

Arriba, arriba, arriba subió con su nene-niño en una cobija azul, el hombre cargándole° las maletas, sus sombrereras color lavanda, una docena de cajas de zapatos de satín de tacón alto. Y luego ya no la vimos.

hauling

Alguien dijo que era porque ella es muy gorda, alguien que por los tres tramos° de escaleras, pero yo creo que ella no sale porque tiene miedo de hablar inglés, sí, puede ser eso, porque sólo conoce ocho palabras: sabe decir *He not here* cuando llega el propietario°, *No speak English* cuando llega cualquier otro y *Holy smokes*. No sé dónde aprendió eso, pero una vez oí que lo dijo y me sorprendió.

flight of stairs

owner

Dice mi padre que cuando él llegó a este país comió *jamanegs* durante tres meses. Desayuno, almuerzo y cena. *Jamanegs*. Era la única palabra que se sabía. Ya nunca come jamón con huevos.

Cualesquiera° sean sus razones, si porque es gorda, o no puede subir las escaleras, o tiene miedo al idioma, ella no baja. Todo el día se sienta junto° a la ventana y sintoniza el radio en un programa en español y canta todas las canciones nostálgicas de su tierra con su voz que suena a gaviota°.

whatever

by

seagull

Hogar. Hogar. Hogar es una casa en una fotografía, una casa color de rosa, rosa como geranio con un chorro de luz azorada°. El hombre pinta de color de rosa las paredes de su departamento, pero no es lo mismo, sabes. Todavía suspira por su casa color de rosa y entonces, creo, se pone a chillar°. Yo también lloraría.

brillante

gritar, llorar

Algunas veces el hombre se harta. Comienza a gritar y puede uno oírlo calle abajo.

Ay, dice ella, ella está triste.

Oh, no, dice él, no otra vez.

¿Cuándo, cuándo, cuándo?, pregunta ella.

¡Ay, caray! Estamos *en* casa. Esta *es* la casa. Aquí estoy y aquí me quedo. ¡Habla inglés!, *speak English*, ¡por Dios!

¡Ay!, Mamacita, que no es de aquí, de vez en cuando deja salir un grito, alto, histérico, como si él hubiera roto° el delgado hilito° que la mantiene viva°, el único camino de regreso a aquel país.

had broken / small thread
keeps her alive

Y entonces, para romper su corazón para siempre, el nene-niño que ha comenzado a hablar, empieza a cantar el comercial de la Pepsi que aprendió de la tele. *No speak English*, le dice ella al nene-niño que canta en un idioma que suena a hoja de lata°. *No speak English, no speak English*. No, no, no. Y rompe a llorar.

tin

Práctica y comunicación

2-31 **¿Quién es?** Escoge el personaje que corresponde a cada una de estas oraciones según la lectura. ¿Mamacita o el hombre?

Modelo: Escucha en el radio un programa en español. _Mamacita_

Pinta las paredes de rosa. _El hombre_

1. Ahorró su dinero. _____
2. Es muy gorda. _____
3. No habla inglés. _____
4. Grita cuando está harto. _____
5. Se sienta junto a la ventana. _____
6. Trabajó en dos trabajos. _____
7. Canta canciones de su país. _____
8. No sale de su casa. _____

2-32 **¿Qué les pasa?** En parejas, expliquen lo que pasa en la vida de los personajes. ¿Cómo se sienten y qué hacen?

Modelo: El hombre se siente cansado porque _____.

El hombre se siente cansado porque trabaja día y noche en dos trabajos.

1. El hombre trabaja mucho porque _____.
2. Mamacita no sale de su apartamento porque _____.
3. Mamacita siente nostalgia por su país por eso _____.
4. Pintan de color rosa las paredes del apartamento porque _____.
5. El hombre se siente frustrado porque _____.
6. Mamacita no quiere que el nene-niño cante en inglés porque _____.

2-33 **¿Qué o a quién extrañas** *(miss)* **tú?** Todos tenemos nostalgia de algo. Haz una lista de lugares, cosas, personas o animales que tú extrañas. Luego explícale a tu compañero/a lo que extrañas y por qué.

Modelo: **Animales** *Yo extraño a mi perrita porque ella me despertaba todas las mañanas y ahora tengo que poner el reloj despertador.*

	Razones
Lugares	
Personas	
Cosas	
Animales	

 Lectura

Poema

Octavio I. Romano-V. (1923–)

Octavio I. Romano-V. nació en la ciudad de México y estudió en los Estados Unidos donde consiguió su doctorado en antropología de la Universidad de Berkeley. Enseñó en la universidad de Arizona, desde donde escribió cuentos cortos, ensayos y poesía. Esta poesía apareció en el libro de literatura chicana *El espejo–The mirror*. A través de la repetición el poema transmite el duro trabajo de los que cosechan el algodón bajo el sol ardiente del verano.

Plegaria

Al amanecer° salieron todos a la pisca de algodón   *dawn*
                     el padre
                     la madre
sol que quema   los hijos
                     las hijas
                     y la abuela también
Al amanecer salieron todos vestidos de ropa de algodón
                     las camisas
                     los pantalones
sol que quema   las blusas
                     las enaguas°   *petticoats*
                     calcetines
                     calzoncillos°   *underwear*
                     y faldillas también
Horas después, al bajar el sol, regresaron todos del algodón
                     con caras de algodón
sol que quema   brazos de algodón
                     manos de algodón
                     aliento° de algodón   *breath*
                     pulmones° de algodón   *lungs*
                     riñones° de algodón   *kidneys*
                     algodonosos y algodonados
                     volvieron todos así

El día siguiente salieron todos a la pisca otra vez
              sol que quema
El día siguiente salieron todos a la pisca otra vez
              sol que quema
El día siguiente salieron todos a la pisca otra vez
              sol que quema
              quémame a mí
En lugar de los niños que nada te han hecho
              quémame a mí
En lugar de los padres que nada te han hecho
              quémame a mí

En lugar de los abuelos que nada te han hecho

> quémame a mí
>
> sol que quema
>
> quémame a mí

Práctica y comunicación

2-34 **¿Qué dice el poema?** En parejas, contesten las siguientes preguntas según el poema.

1. ¿Quiénes van a piscar (recoger) algodón?

2. ¿A qué hora salen a piscar? ¿A qué hora vuelven?

3. ¿Por qué es un trabajo duro? ¿Qué nos da la idea de que es un trabajo difícil?

4. ¿Qué quiere el poeta?

5. ¿Cuál es el tono del poema? ¿feliz, triste, cansado, agobiante?

6. ¿Cuáles son los sentimientos del poeta?

2-35 **Te ganarás el pan con el sudor (*sweat*) de tu frente.** Lean esta estrofa y expliquen lo que el poeta les quiere decir. ¿Qué significa para Uds.?

> Horas después, al bajar el sol, regresaron todos del algodón
>
> con caras de algodón
>
> sol que quema   brazos de algodón
>
> manos de algodón
>
> aliento de algodón
>
> pulmones de algodón
>
> riñones de algodón
>
> algodonosos y algodonados
>
> volvieron todos así

2-36 **¡Qué difícil!** Piensa en una actividad que tuviste que hacer y que fue muy dura para ti y cuéntasela a tu compañero/a. Usa estas preguntas como guía.

1. ¿A qué hora empezó? ¿A qué hora terminó?

2. ¿Dónde tuvo lugar?

3. ¿Qué tenías que hacer?

4. ¿Con quién hiciste la actividad?

5. ¿Cómo estabas vestido/a?

6. ¿Qué aprendiste?

7. ¿Te gustaría volver a hacerlo aunque fuera difícil?

Warm-up for Proyecto:
Ask students to define what "stereotype" is for them and how it is different from "characteristic." Basically, stereotype is very close to prejudice. An individual is judged solely because he/she is a member of a certain group. It is also the result of a superficial assessment of the other person. It is a sweeping generalization. A characteristic, on the other hand, is a more deductive consideration based on interaction and dialogue. It is a perception of the other's reality from their perspective. It is an assertion based on facts.

Al fin y al cabo

Proyecto: ¡Viva la diferencia!

En esta parte del capítulo vas a realizar actividades para desarrollar una campaña contra la discriminación.

Calle Ocho en Miami

Barrio puertorriqueño de Nueva York

Follow-up for 2-37: Ask students to think about the stereotypes that they have regarding other groups. For example, students that go to X university are Y. Science students are X. Liberal art students are Y, etc.

Answers for 2-37:
1) *Mexicanos* 2) *Cubanos*
3) *Puertorriqueños*
4) *Mexicanos* 5) *Cubanos*
6) *Puertorriqueños/Cubanos*
7) *Mexicanos*
8) *Puertorriqueños/Cubanos*
9) *Puertorriqueños*
10) *Mexicanos*

2-37 **¡Estereotipos!** Algunas de estas oraciones reflejan estereotipos de los tres grupos hispano más numerosos en Estados Unidos. ¿A qué grupo identifica cada estereotipo? ¿puertorriqueños? ¿cubanos? ¿mexicanos? Expliquen por qué las oraciones son estereotípicas y luego piensen en tres estereotipos sobre el grupo al que Uds. pertenecen. Comparen sus respuestas con las de otros/as estudiantes de la clase.

_____ 1. A ellos les encanta la música de los mariachis.

_____ 2. A ellos les disgusta la política de Fidel Castro.

_____ 3. Ellos se llaman nuyorrican porque viven en Nueva York.

_____ 4. A ellos les gusta beber margaritas, que es una bebida con tequila.

_____ 5. Les encanta Miami para vivir.

_____ 6. A ellos les encanta fumar puros y beber ron.

_____ 7. Ellos se establecieron principalmente en Texas, Nuevo México y California.

_____ 8. A ellos les gusta bailar salsa.

_____ 9. Ellos creen que Roberto Clemente fue más que un jugador de béisbol, fue un héroe.

_____ 10. Ellos siempre entran en EE.UU. ilegalmente.

2-38 **¿Quién será?** En una hoja escribe cinco cosas sobre la cultura hispana usando los siguientes verbos: **gustar, encantar, molestar, fastidiar, repugnar.** Luego, dobla el papel y dáselo a tu profesor/a. Tu profesor/a los va a mezclar y va a distribuirlos otra vez. Ahora, con la información en el papel, tienes que hacerles preguntas a otros/as estudiantes hasta encontrar a la persona que escribió esas cinco cosas.

2-39 **Encuesta.** Tienes que hacerles preguntas a diferentes personas de tu clase para averiguar si están de acuerdo con la información de las casillas. Si alguien contesta que sí, escribe su nombre en la casilla correspondiente. La persona que complete primero la encuesta es la ganadora.

ENCUESTA

llevarse mal con sus padres	preocuparse por los inmigrantes
desear ser abogado/a	tener problemas con inmigración
conocer las canciones de Juan Luis Guerra	apoyar el bilingüismo
tener un apellido latino	luchar contra la discriminación
tener antepasados mexicanos	trabajar en una organización latina
discriminar	vivir en una ciudad con nombre hispano
ser hijo/a de inmigrantes	recibir el sueldo mínimo
querer la tarjeta verde	ser pro "English only"
necesitar permiso para trabajar en EE.UU.	necesitar pedir visa

2-40 **Campaña antidiscriminatoria.** En grupos pequeños, piensen en una campaña para terminar con la discriminación. Hablen sobre cuál es el problema de discriminación más grave de su ciudad. Piensen en posibles maneras de solucionarlo. Después, elijan dos actividades para promocionar la aceptación de las minorías en su comunidad.

Boletín

La salsa
¿Sabías que en Estados Unidos se vende más salsa que ketchup cada año?

2-41 **Problema generacional, problema bicultural.** El problema generacional es más agudo en las familias hispanas donde los hijos son parte de la cultura del país adoptivo mientras que los padres no están completamente adaptados. Lee el poema siguiente y contesta las preguntas con un/a compañero/a.

M'ijo no mira nada

-Mira, m'ijo, qué rascacielo.
"Does it reach the sky and heaven?"
-Mira, m'ijo, qué carrazo.
"Can it get to the end of the world?"
-Mira, m'ijo, ese soldado.
"¿Por qué pelea?"
-Mira, m'ijo, qué bonita fuente.

"Yes, but I want to go to the restroom."
-Mira, m'ijo, qué tiendota de J. C. Penney,
allí trabajarás un día.
"Do you know the people there, daddy?"
-No, vámonos a casa,
tú no miras nada.

Tomás Rivera

1. ¿Qué cosas le enseña el padre al hijo?
2. ¿En qué lengua habla el padre?
3. ¿En qué lengua le contesta el hijo?
4. ¿Por qué el padre le dice "tú no miras nada"?
5. Expliquen el conflicto que presenta el poema.
6. Propongan algunas soluciones.

2-42 **¿Por qué emigran de su país?** Hay muchas razones por las cuales los hispanos dejan su país para venir a vivir en los Estados Unidos. ¿Qué razones tendrían estas personas para establecerse en los Estados Unidos? En parejas, escriban para cada persona tantas razones como se les ocurran.

1. un campesino mexicano pobre
2. un científico argentino
3. un doctor peruano
4. un disidente político salvadoreño
5. una mujer indígena guatemalteca
6. una familia puertorriqueña
7. una profesora cubana
8. un ingeniero electrónico venezolano

2-43 **¿Le das la visa?** Según este artículo, ¿cuáles son las personas de la actividad 2-42 que van a recibir visas sin problemas? Explica si estás de acuerdo con esta política. ¿Por qué?

La Prensa Hispana ■ Martes, 8 de mayo, 2000

El Senado aprueba más visas de trabajo para extranjeros

El Senado aprobó una reforma a la ley de inmigración para elevar de 65,000 a 95,000 las visas que se van a conceder este año a trabajadores extranjeros especializados. Establece también una nueva categoría de visa, la H-1C, para profesionales especializados en el cuidado de la salud, con una cuota de 10,000 anuales.

Durante meses, las empresas que se precian de trabajadores altamente cualificados, especialmente las compañías de computación asentadas en el californiano Silicon Valley, han presionado para que se aprobara esta ley.

Según las empresas del sector de la informática, la demanda para ese tipo de profesionales es superior a la oferta local.

2-44 **Las cuotas.** En parejas, hagan una lista de tres ventajas y tres desventajas de quitar las cuotas de inmigración. Luego comparen y comenten su lista con las de otras parejas de la clase.

A escribir

Escribir un diario

Keeping a journal or diary in Spanish will help you improve your writing skills. The more you write, the better your Spanish will be. It is a good idea to get into the habit of writing a short entry every day or so, but make sure that you write at least three times a week.

There are some basic points to remember when making an entry in your journal or diary: First, write the date. Second, you may start by saying "Querido diario" or you may plunge directly into the subject. Third, at the beginning don't worry about spelling or grammar, you are trying to develop fluency and to find your own simple style in Spanish. Later on as you review different grammar points and expand your vocabulary, try to incorporate them into your writing. If you don't know a word, paraphrase it to explain what you want to say. You will find that the more you write, the easier it becomes.

Práctica

2-45A. **La influencia de la cultura hispana.** La presencia hispana está en todas partes, desde la arquitectura colonial de la ciudad de San Agustín, la más antigua de los Estados Unidos, hasta la música de Rubén Blades. Con un/a compañero/a, haz una lista sobre dónde encuentran Uds. la cultura hispana en su barrio o ciudad.

B. **Mi lista.** Después de hacer una lluvia de ideas con tu compañero/a, escribe una lista en tu diario sobre cómo y dónde encuentras tú la cultura hispana, ¿en la arquitectura? ¿en la comida? ¿en la bebida? ¿en el cine? ¿en las tiendas? ¿en personas conocidas? ¿en amigos/as? ¿en la política? ¿en programas de radio o televisión? ¿en otros?

2-46 **¡Qué día!** Comienza tu diario escribiendo tu rutina diaria. ¿Qué haces todas las mañanas? ¿Cómo te sientes generalmente cuando haces esta rutina? Luego escribe si te ocurrió algo inesperado algún día en el transcurso de tu rutina.

Suggestion for A escribir: Ask students to get a special notebook to use as a diary in Spanish and to write in it at least three times a week. You may collect their diaries on a rotating basis. At the end of every week collect five diaries. Bring them back promptly at the beginning of the following week. In a class of twenty students, you will read the same student's diary every four weeks. Do not make grammar corrections in it. You may respond with a note of encouragement. Make clear to them that their grade depends on the number of entries they have and the content. Instruct them to use simple language and to use circumlocutions or paraphrasing when they do not know a word or want to express a complicated idea.

Vocabulario

Los hispanos

la asimilación	assimilation	el maltrato	abuse
el bienestar	welfare	la mano de obra	labor force, manpower
el/la borinqueño/a	person from Puerto Rico	la migra	immigration agents
el bracero	person working in the fields	el/la obrero/a migratorio/a	migrant worker
la cosecha	harvest		
el cultivo	crops, farming	el permiso de trabajo	work permit
el/la descendiente	descendant	el pocho	Chicano slang
el/la emigrante	emigrant	la raza	race
el formulario	form	el/la refugiado/a	refugee
la frontera	border	la residencia	permanent residence
la herencia cultural	cultural heritage	el/la residente permanente	permanent resident
el/la indocumentado/a	person without legal documents	la tarjeta de residente	residence card (green card)
		el trabajo manual	manual work
la lucha	struggle, fight	el trabajo temporal	seasonal work

Sustantivos

el/la antepasado/a	ancestor	el nivel de vida	standard of living
el coyote	smuggler	el oficio	trade
la desigualdad	inequality	la paga	pay
la igualdad	equality	la población	population
el idioma oficial	official language	el porcentaje	percentage
el/la indígena	native person	el prejuicio	prejudice
la influencia	influence	el racismo	racism
la injusticia	injustice	el salario mínimo	minimum wage
la justicia	justice	el sueldo	salary
la lengua materna	mother tongue	la violencia	violence

Verbos

adaptarse	*to adapt*	**inmigrar**	*to immigrate*
alcanzar su sueño	*to fulfill one's dream*	**integrarse**	*to become part of*
asimilarse	*to assimilate*	**lograr**	*to attain*
caer bien/mal	*to suit/not to suit*	**mantener (una familia)**	*to support (a family)*
conseguir (i)	*to get, obtain*	**mejorar**	*to improve*
contarse (ue)	*to tell each other*	**molestar**	*to bother*
cultivar	*to cultivate*	**mudarse**	*to move (address)*
cruzar	*to cross*	**obligar**	*to force*
dedicarse a	*to devote oneself to*	**pagar**	*to pay*
detestar	*to hate*	**pertenecer (zc)**	*to belong*
disgustar	*to annoy, displease*	**piscar[1] (recoger)**	*to pick*
emigrar	*to emigrate*	**quedar**	*to remain, have left*
encantar	*to delight, love*	**quemar**	*to burn*
entenderse (ie)	*to understand each other*	**rechazar**	*to reject*
entusiasmar	*to enthuse*	**recoger**	*to gather*
establecer (zc)	*to establish*	**saludar**	*to greet*
extrañar	*to miss (feeling)*	**soportar**	*to bear, to stand a person*
faltar	*to be missing, lacking*	**sudar**	*to sweat*
fascinar	*to fascinate*	**tener éxito**	*to succeed*
fastidiar	*to annoy*	**tener miedo**	*to be afraid*
ganar	*to earn, win*	**vencerse (la visa)**	*to run out*
ganarse la vida	*to earn one's living*		

Adjetivos

bilingüe	*bilingual*	**racista**	*racist*
monolingüe	*monolingual*		

Note: The vocabulary in **Manos a la obra** on page 51 is also considered active vocabulary.

[1]**Piscar** is an anglicism from the English word *pick*. The correct Spanish word is **recoger**.

Capítulo tres

Trotamundos

Introduction: This is a verse in a poem by Machado that students will read in this chapter. Ask students: *¿Qué creen que significa este verso? Es una metáfora de la vida. Cada día elegimos cómo vamos a vivir nuestra vida. Creamos nuestro camino cada día, al andar. No hay una senda predeterminada para cada persona.*

*"Caminante no hay camino,
se hace camino al andar."*
—Antonio Machado

Machu Picchu es una fortaleza inca en Perú que fue descubierta a principios del siglo XX.

Tema cultural:

La belleza natural de América Latina

Glaciar Perito Moreno, cordillera de los Andes, Argentina. Paredes de hielo de hasta cien metros de altura forman este inmenso glaciar.

Objetivos comunicativos:

Talking about traveling

Making reservations

Asking for information at the airport

Talking about past activities

Telling how long ago something happened

Describing how life used to be

Narrating in the past

Talking about sports

Miles de personas llegan cada año a la Península de Valdés en la Patagonia argentina para ver las colonias de elefantes marinos, pingüinos y ballenas.

Warm-up: Questions: *¿Te gusta viajar? ¿Viajaste al extranjero? ¿A un país hispanohablante? ¿Adónde te gustaría viajar? ¿Qué país de Latinoamérica quieres conocer?*

Las cataratas del Salto del Ángel son las más altas en todo el mundo.

Suggestion: Introduce the chapter by telling the students that in this unit they are going to go on an imaginary tour of Latin America. These photos show some of the places they are going to visit.

Tikal, en Guatemala, es uno de los sitios arqueológicos más importantes del mundo. Está situado en medio de un bosque tropical.

En marcha

Vocabulario en contexto: Un viaje por América Latina

Note: The vocabulary that is highlighted is active vocabulary. Direct students to find the meaning in the vocabulary list at the end of the chapter.

El diario de Manuel

2 de junio
Ayer empezó mi viaje por Latinoamérica. Por la mañana **abordé el avión** que me trajo a México. Tenía todo listo en mi equipaje: muy poca ropa, mi **videocámara** y muchos **folletos** con información sobre los **países** que pienso visitar. Además traje mi **saco de dormir** y mi **tienda de campaña** porque quiero **acampar**. Cuando el avión **despegó**, ¡comenzó mi gran aventura!

4 de junio
El lunes estuve en Playa Encantada, Acapulco, **tomando el sol** (claro, con mucho **bloqueador solar** para no **quemarme**) y **disfrutando** de todos los deportes que se pueden practicar allí: hice **windsurf**, **esquí acuático** y **navegué**

El acantilado de la Quebrada, Acapulco

en velero. Ayer fui a ver **lanzarse** a los **clavadistas** del **acantilado** de la Quebrada. ¡Qué valientes! **Escalan** una **montaña** de 50 metros de **altura** y luego **se arrojan** a las grandes **olas** del mar.

10 de junio
Mi última **escala** en México fue Cancún en la **costa** atlántica. Este es un lugar ideal para practicar **buceo** por los bellos **arrecifes de coral** que hay. Además se puede hacer un corto viaje por **carretera** para ver las espectaculares ruinas mayas en Chichén Itzá. Ayer fui en **yate** a Cozumel, una hermosa isla en el mar Caribe. Para terminar de **broncearme**, dormí una siesta en sus blancas **arenas**.

Cozumel, México

Boletín

América del Sur

Boletín

México

Boletín

Caracas

San Cristóbal

Venezuela

Venezuela

Point out: The seasons are the opposite to the south of the Equator. When it is winter in the Northern Hemisphere, it is summer in the Southern Hemisphere.

Suggestion: Ask students to locate the different countries in South America and their capitals. *¿Dónde está Buenos Aires? ¿Cuál es la capital de Perú? ¿Dónde está Bolivia? ¿Qué país está al norte de Uruguay? ¿Cuál es la capital de Paraguay? ¿de Colombia? ¿Dónde está Quito? ¿Qué país está al oeste de Argentina? ¿Qué países están en el mar Caribe?*

Check comprehension: *¿Qué país visitó primero? ¿Qué ciudades visitó? ¿Qué hizo en la isla de Cozumel? ¿Qué quiere hacer en Costa Rica? ¿Dónde está el río Orinoco? ¿Qué hizo en Venezuela? ¿Qué lugares de Argentina visitó? ¿Cómo llegó a Tierra del Fuego? ¿En qué volvió al norte? ¿Por qué no fue a la Antártida? ¿Qué estación del año es en Argentina cuando en los Estados Unidos es verano?*

14 de junio
Hoy empiezo otra gran aventura: voy a hacer ecoturismo en Costa Rica. Este país es perfecto para esto porque tiene gran variedad de **paisajes**, plantas y animales. Voy a estar tres días en un **campamento** en la **selva**. También, voy a **dar un paseo** por el parque nacional Tortuguero, una de las tantas reservas naturales que hay en esta región. Por la cantidad de **bosques** que existen, el **aire** allí es **húmedo** y puro.

22 de junio
Ahora escribo desde América del Sur. ¡Estoy en Venezuela! **Volé** sobre la **cordillera** de Mérida para **aterrizar** luego en el centro del **país** en la zona llamada los **Llanos**. Este es un vasto territorio **lleno** de **ríos**, entre ellos el gran Orinoco. Ayer tomé una **lancha** y **recorrí** parte de sus aguas. ¡Lo **pasé muy bien**! Pude ver muchas **aves** exóticas y los hermosos **delfines** de agua **dulce**. Intenté **pescar** en el río, pero no tuve mucho éxito.

El río Orinoco

2 de julio
Acabo de llegar al otro extremo de América Latina: estoy en la cordillera de los Andes, en Chile. En este lugar hay muchos **lagos** y la vista desde las **montañas** es espectacular. Ahora están en invierno, así que voy a **aprovechar** para esquiar. La próxima semana voy a **hacer dedo** a Tierra del Fuego con un amigo que conocí en Santiago. Desde allí vamos a tomar un **barco** para volver al **norte**. El barco **hace escala** en Buenos Aires donde voy a **quedarme** unos días. Será una **estadía** corta para conocer un poco esa famosa ciudad. ¡Es una lástima no poder ir más al **sur** hasta la Antártida! Según la **guía turística** sólo se puede llegar allí en verano.

15 de julio
Hoy termina mi viaje y estoy muy satisfecho porque pude aprender y **divertirme** en cada momento. Además disfruté **plenamente** de la diversidad geográfica y cultural de Latinoamérica. ¡Voy a **extrañar** la vida de **viajero** pero **saqué muchas fotos** para tener como **recuerdo**!

Cerro Fitz Roy, Santa Cruz, Argentina

Palabras conocidas

En el hotel; De viaje

Repasa estas palabras que deben ser parte de tu vocabulario básico.

En el hotel
el/la botones
el/la conserje
la habitación doble / individual / sencilla
la maleta / la valija
la piscina / la pileta / la alberca
la propina

Cognados
la cámara de fotos
cancelar
la clase turista / primera clase
confirmar
filmar
el parque nacional
el piloto
la reserva
el volcán

De viaje
la aduana
el/la asistente de vuelo / la azafata,
  el/la aeromozo/a
el billete / el boleto / el pasaje de ida y vuelta
el equipaje
(no) fumadores
hacer las maletas / el equipaje / las valijas
la línea aérea
la lista de espera
la llegada
la mochila
el pasajero
la puerta de salida / de llegada /
  de embarque
la salida (de emergencia)
la (tarjeta) postal
el vuelo

Note for Palabras conocidas: Point out that the words *azafata* and *aeromozo/a* are used, but *asistente de vuelo* is preferred.

Note: In general, *una postal* is the preferred use over *tarjeta postal*.

Expresiones útiles

acabar de + inf.	*Refers to an action that has just happened.*
pasarlo bien/mal	*to have a good/bad time*
pasar(se) (el tiempo) + iendo/ando	*to spend the time doing something*

Acabo de llegar a los Andes.

I have just arrived to the Andes.

¡Lo pasé muy bien en mi viaje!

I had a good time on my trip.

(Me) Pasé el tiempo tomando el sol.

I spent the time sunbathing.

Práctica y comunicación

3-1 **¿Qué necesitas? ¿Qué haces?** Imagina que vas a hacer un viaje a la playa o a las montañas. Escribe en la lista el nombre de cuatro objetos que necesitas llevar y de cuatro actividades que puedes hacer allí.

	Objetos	**Actividades**
La playa	_____	_____
	_____	_____
	_____	_____
	_____	_____
La montaña	_____	_____
	_____	_____
	_____	_____
	_____	_____

3-2A. **Encuesta.** Pregúntales a cuatro compañeros/as diferentes cuáles de estas cosas prefieren hacer y por qué. Escribe su nombre junto al viaje correspondiente.

tomar el sol en las playas de México _____

hacer ecoturismo en Costa Rica _____

viajar por el río Orinoco _____

esquiar en las montañas de Chile _____

hacer dedo a Tierra del Fuego _____

B. Ahora compara tus respuestas con las que recibió un/a compañero/a. ¿Cuál es el viaje preferido? ¿Por qué?

3-3 **Mi próximo viaje.** Imaginen que uno/a de ustedes quiere planear sus próximas vacaciones y que el/la otro/a trabaja en una agencia de viajes. Uno/a es el/la viajero/a y otro/a el/la agente. Lean las instrucciones y recuerden que tienen que concluir con el itinerario del viaje.

VIAJERO: Dile a tu compañero/a qué tipo de viaje quieres hacer y él/ella te va a dar algunas opciones.

AGENTE: Puedes utilizar las fotografías de la primera página del capítulo y la información que hay en el diario de Manuel para ayudarte a crear opciones para el viajero.

3-4 Mis vacaciones pasadas. Cuéntale a tu compañero/a algo sobre tus últimas vacaciones: ¿Adónde fuiste? ¿Qué hiciste allí? ¿Cómo lo pasaste? Después pídele a tu compañero/a que te cuente sobre sus últimas vacaciones.

3-5 Para saber más. Busca información en Internet, en la biblioteca o en una agencia de viajes, sobre un sitio turístico en Hispanoamérica. Para la próxima clase haz un folleto turístico sobre ese lugar. Sé creativo/a e incluye todos los datos necesarios para explicar por qué te parece interesante este sitio.

✳ ¡Sin duda!

irse – salir – partir – dejar

All these words may be translated as *to leave* but in Spanish they have different shades of meaning. Study the table below.

Palabra		Ejemplo
irse (marcharse)	*to leave a place, especially when the destination is not mentioned*	**Se van hoy y vuelven el mes que viene.** *They leave today and come back next month.*
salir de	*to leave, go out of a place, to exit, to leave from, to go away*	**Salgo de mi casa temprano. Salgo de viaje mañana.** *I leave my house early. I leave on a trip tomorrow.*
salir para	*to go to a specific place*	**Salgo para México la semana que viene.** *I leave for Mexico next week.*
partir	*to leave in general in relation to travel situations, to depart*	**El tren parte de la estación central en quince minutos.** *The train leaves the main station in fifteen minutes.*
dejar	*to leave something or someone behind, to abandon, to leave out, to omit*	**Dejamos las montañas y vamos al mar.** *We leave the mountains and go to the sea.*

3-6 Entrevista. En parejas, háganse las siguientes preguntas sobre sus vacaciones del último verano. Luego compartan sus respuestas con otras parejas.

1. ¿Adónde te fuiste de vacaciones?
2. ¿Partiste en tren? ¿avión? ¿auto? ¿…?
3. Si tienes perro o gato, ¿con quién o dónde lo dejaste?
4. ¿A qué hora saliste de tu ciudad?
5. Al llegar, ¿fuiste directamente a un hotel o dejaste tus maletas en depósito?

Note for 3-6: Challenge students to decipher the meaning of *depósito.*

3-7 Ficha personal. Completa esta ficha creando una pregunta con cada verbo. Luego interroga a tu compañero/a para ver si él/ella ha hecho estas acciones y anota sus respuestas junto a cada pregunta.

	Pregunta	**Respuesta**
irse		
salir		
partir		
dejar		

El Hotel Nacional de La Habana, Cuba, es uno de los monumentos arquitectónicos más bellos de esta ciudad.

Así se dice

Para hacer reservas

Estas son algunas frases útiles para reservar un cuarto en un hotel:

Quisiera hacer una reserva para la Sra. Martínez.	*I would like to make a reservation for Mrs. Martínez.*
Me gustaría una habitación doble/sencilla.	*I would like a double/single room.*
Quiero una habitación con baño privado.	*I want a room with a private bathroom.*
Quisiera una habitación con vista al mar.	*I would like a room with a view of the sea.*
Me gustaría alojarme en una pensión/un hotel de lujo.	*I would like to stay in a bed and breakfast/a luxury hotel.*
¿Está incluido el desayuno?	*Is breakfast included?*
¿Hay ascensor?	*Is there an elevator?*
¿A qué hora hay que dejar la habitación?	*At what time do we have to leave the room?*
¿Se puede pagar con cheques de viajero/tarjeta de crédito?	*Is it possible to pay with travelers' checks/credit card?*

Para pedir información en el aeropuerto

¿Cuál es la puerta de embarque?	*What number is the boarding gate?*
¿Tiene la tarjeta de embarque/su pasaporte?	*Do you have the boarding pass/your passport?*
¿Hace escalas este vuelo o es un vuelo directo?	*Does this flight make stops or is it a direct flight?*
¿Prefiere ventanilla, pasillo o en el medio?	*Do you prefer the window, the aisle, or the middle?*
¿Prefiere la sección de fumadores o de no fumadores?	*Do you prefer the smoking or nonsmoking section?*
¿Quiere un pasaje de ida y vuelta?	*Do you want a round-trip ticket?*

Práctica y comunicación

3-8 **En el hotel.** Uno/a de Uds. llama por teléfono desde el aeropuerto para hacer una reserva en un hotel. El/La otro/a es el/la conserje del hotel. Cada persona debe hacer un mínimo de tres preguntas.

Note for 3-8: Tell students to use the expressions from **Así se dice** and the words from **Palabras conocidas: En el hotel** on page 67.

HUÉSPED: Habla con el conserje para hacer la reserva.

CONSERJE: Contesta las preguntas del huésped y hazle las preguntas necesarias para completar la reserva.

Modelo: E1: *Buenos días. ¿Tiene una habitación doble/sencilla/con baño privado?*

E2: *Sí/No, señor (, lo siento). Tenemos una habitación doble sin baño privado, pero con vista al mar.*

E1: *¿Cuánto cuesta?*

E2: …

3-9 **En el aeropuerto.** En parejas, hagan los papeles de viajero/a y agente de viajes. Usen las expresiones de **Así se dice** para pedir información en el aeropuerto.

VIAJERO/A: Tú tienes que hacer un viaje de emergencia y vas al aeropuerto para tomar el primer vuelo. Explícale al/a la agente de viajes adónde quieres ir y cómo quieres viajar.

AGENTE DE VIAJES: Ayuda al/a la viajero/a a conseguir el vuelo que necesita.

Modelo: E1: *¿Hay un vuelo a California?*

E2: *Sí, cómo no. Hay uno esta tarde, hace dos escalas.*

E1: …

Referencia gramatical 1

Talking about past activities: The preterite
Before doing the following activities review this structure in the **Cabos sueltos** section, pp. 398–401.

Warm-up: See **Cabos sueltos** exercises on pp. 401–402 for practice with the verb forms.

Práctica y comunicación

Suggestion: After students match the postcard with the photo, ask students to explain the travelers' activities. *¿Qué hicieron los Pérez García en Santo Domingo? ¿Qué hizo Mauricio en Argentina? ¿Qué hizo Antonia en Venezuela?*

3-10 **Las tarjetas postales.** En parejas, lean las tarjetas que estos viajeros les mandaron a sus amigos. Compárenlas con las fotos que mandaron y decidan qué foto mandó cada uno.

Santo Domingo

> Querida Ana:
> Llegué a un puerto libre de impuestos así que pude comprar muchas cosas exóticas. Tomé el sol en playas paradisíacas. Aquí tienen una infraestructura turística increíble. Ayer hice una excursión con quince personas para ir a observar la naturaleza. La flora y la fauna de este lugar son fascinantes. También volé a una isla donde hice natación. Como te darás cuenta lo estoy pasando de maravilla.
>   Besos,
>   Antonia

Argentina

> Queridos amigos:
>   Estamos disfrutando unas hermosas vacaciones. Nos alojamos en un hotel muy céntrico. Ayer visitamos el centro histórico de la ciudad. Anteayer viajamos a una playa a 30 kilómetros de la capital. Hoy descansamos en las montañas con vista a uno de los picos más altos del país. Lo estamos pasando muy bien.
>   Cariños a todos.
>   Los Pérez García

Queridos compañeros de trabajo:
Estoy en el segundo país más grande de Latinoamérica. Siento que estoy en el fin del mundo. Estos últimos días hizo mucho frío pero estuvo perfecto para los deportes de invierno. ¡Puedo decir que esquié en la Suiza de América!

Saludos de
Mauricio

Venezuela

Warm-up: See the **Cabos sueltos** section, p. 402, for practice.

Referencia gramatical 2
Telling how long ago something happened: *Hace* + time expressions
Before doing the following activities review this structure in the **Cabos sueltos** section, p. 402.

Práctica y comunicación

3-11 ¿Cuánto tiempo hace? Pregúntale a un/a compañero/a cuánto tiempo hace que hizo estas acciones. Cada persona debe escoger cuatro puntos de la lista para hacer sus preguntas.

Note for 3–11: Tell students that they may also use the words *horas*, *meses*, *días*, *años*, *semanas*, etc., instead of *tiempo*. Remind them to pay attention to agreement rules with the word *cuanto*.

Modelo: E1: *¿Cuánto tiempo hace que hablaste con tu familia?*

E2: *Hace tres días que hablé con mi madre.*

1. visitar a sus amigos
2. ir de paseo por el centro de la ciudad
3. salir de vacaciones
4. tomar el sol en la playa
5. estar en un hotel
6. viajar en avión
7. esquiar en las montañas
8. nadar en un río

Cartelera

Los códices incas

Los códices nos ayudan a viajar en el tiempo.

A través de la historia se han utilizado muchas formas de narrar, por ejemplo, las crónicas de los viajeros y las pinturas. Una de las formas utilizadas desde la antigüedad son los códices. Un códice es un manuscrito antiguo de importancia artística, literaria o histórica. Se llama códices americanos a una serie de documentos del más alto valor como fuente para la historia de la América indígena.

1. De un mes, niño de cuna, no sirve para nada.

2. De un año, gateando. No hace nada.

3. De cinco años, sirve a sus padres en tareas propias de su edad (en la estampa juega al trompo).

4. De nueve años sirve a su padre y ahuyenta a las aves dañinas del campo.

5. De doce años, al cuidado de las llamas y dedicado a la captura de pájaros mediante redes, para extraerles las plumas y tributarlas.

6. De dieciocho años, el joven debe pagar media tasa de tributo y trabajar en actividades tales como llevar mensajes (chasqui).

7. De treinta años hasta los cincuenta se es tributario, y se es guerrero.

8. De sesenta años, el individuo queda libre de tributos. Ayuda en el campo y limpia las casas de los nobles.

9. De ochenta años, la persona se torna decrépita y se dedica a consumir y a dormir.

Los códices incas: El curso de la vida

"Introducción al Perú Antiguo," Federico Kauffmann Doig, p.177, 1992.

3-12 ¿Veo, veo? Escoge una de las figuras del códice. Descríbesela a tu compañero/a. Tu compañero/a debe adivinar cuál es la figura que describes. Tomen turnos haciendo las descripciones.

Modelo: E1: *Veo a un niño con…*

E2: *¿Es la figura número 3?*

Warm-up: See the **Cabos sueltos** section, p. 405, for individual practice with the verb forms of the imperfect.

> ### Referencia gramatical 3
>
> **Describing how life used to be: The imperfect**
> Before doing the following activities review this structure in the **Cabos sueltos** section, pp. 403–404.

3-13 ¿Cómo era la vida de los incas? Con la información del códice, comenten las similitudes y diferencias entre la infancia de ustedes y la de los niños incas. Comparen las actividades, la ropa, la relación con los otros miembros de la familia, etc.

Modelo: E1: *Cuando los niños incas tenían un mes dormían en su cuna.*

E2: *Cuando yo tenía un mes también dormía en mi cuna.*

3-14 Un códice. En grupos pequeños, diseñen un códice que narre un acontecimiento importante en la vida de su comunidad, estado o país. Luego compartan su códice con los de otros grupos de la clase.

Conexiones

Narrating in the past: Preterite and imperfect

When you tell a story or narrate an event that happened in the past, you need to use both aspects of the past tense: the preterite and the imperfect. Each one plays a different role in the narration.

 The imperfect

1. Sets the scene.
   - Establishes the time of the action.
   - Describes the weather.
   - Describes the age of the participants.

   Era un día de verano a las tres de la tarde.
   Llovía.
   Yo **tenía** 22 años y empezaba mi gran aventura.

2. Describes the background.
   - Describes appearance of people, places, and things.

   Tenía aspecto de extranjero. **Era** alto y rubio y **llevaba** una camiseta blanca y unos pantalones cortos. **Había** dos o tres viajeros en la estación de trenes.

   - Describes a state of mind.
   - Describes emotions.

   Estaba cansado.
   Ese día **extrañaba** a mis amigos y mi país.

3. Describes repeated or continuing actions in the past.
   - Describes what was going on.
   - Describes what used to happen.

   Estaba esperando el tren para Tilkal.
   Yo **soñaba** con este viaje.

⋆ The preterite

1. Moves the action along.
2. Relates the plot. Tells what happened.

Finalmente **llegó** el tren y todos **subimos** a bordo.

El tren **llegó** a Tikal según el horario.

Práctica y comunicación

3-15 **Los clavadistas.** Lee este párrafo y explica por qué se usa el imperfecto o el pretérito.

Eran (1._____) las dos de la tarde cuando mi hermana y yo fuimos (2._____) a ver a los clavadistas de la Quebrada. Eran (3._____) unos muchachos jóvenes que tenían (4._____) entre 15 y 20 años. Subían (5._____) unos 50 metros por un acantilado. Ellos parecían (6._____) muy tranquilos, pero yo estaba (7._____) muy nerviosa cada vez que uno se arrojaba (8._____) al mar. Pronto mi hermana se cansó (9._____) de verlos y volvimos (10._____) al coche. Una hora más tarde estábamos (11._____) otra vez en el hotel.

3-16 **El invierno pasado.** En grupos pequeños, cada persona va a formar una oración sobre lo que hizo en sus últimas vacaciones, incluyendo sólo acciones. Escojan un/a secretario/a que debe escribir las oraciones de todo el grupo.

> **Modelo:** *Mis amigos, mi novia y yo fuimos a esquiar a las montañas.*

3-17 **¿Cómo era?** Ahora cada miembro del grupo debe agregar a las oraciones del ejercicio 3-16 una oración que describa la escena, el estado mental o la apariencia de algo relacionado con la oración que formó antes. Luego el/la secretario/a debe informar a la clase de sus resultados.

> **Modelo:** E1: *Mis amigos, mi novia y yo fuimos a esquiar a las montañas. Hacía muy buen tiempo y había mucha nieve.*
>
> Secretario/a: *Los amigos de … , su novia y … fueron a esquiar a las montañas.*

3-18 En México. Miren la lista de viajeros: una pareja de 50 años, un mochilero de 20 años, una pareja de 35 años y una antropóloga de 27 años que visitaron México de distintas maneras. Elijan uno/a de los/as viajeros/as y en base a la información dada narren su viaje. Luego compartan su narración con la de las otras parejas.

Note for 3-18: See the Cabos sueltos section, pp. 398–399 and pp. 403–404, for specific uses of the preterite and the imperfect.

Lugares	Pareja de 50 años	Mochilero de 20 años	Pareja de 35 años	Antropóloga de 27 años
El Paseo de la Reforma	Protestar por la contaminación.	Comer en un restaurante barato. Estar nublado.	Ir de compras. Hacer sol.	Investigar la historia de los edificios. Llover.
Parque del Chapultepec	Admirar el jardín botánico. Hacer sol.	Escuchar a los mariachis. Estar nublado.	Navegar por el lago. Hacer sol.	Visitar el Museo Antropológico.
Palacio Nacional, mural de Rivera	Cansarse de subir las escaleras.	Sacar fotos y escribir una postal para enviar a sus amigos.	Comprar un afiche con la reproducción del mural.	Analizar la comida y los trajes del mural.
Palacio de Bellas Artes, Ballet Folklórico de México	Pedir entradas con descuento.		Sacar una platea para la función de gala.	
Pirámide del Mago en Uxmal	Charlar con la pareja de 35 años. Estar nublado.	Conocer a la antropóloga. Hacer sol.	Llegar en helicóptero. Estar nublado.	Pedir permiso para visitar las salas privadas. Hacer sol.
Mercado de Tlacolula, Oaxaca	Perder la cámara de fotos. Hacer sol.	Comprar un bolso. Hacer sol.	Gastar mucho. Hacer sol.	Hablar con la gente. Hacer sol.
Playa de Akumal	Tomar el sol. Comer muchos mariscos.	Nadar y hacer windsurf. Hacer sol.	Protestar por el tamaño de la habitación. Llover.	Leer y hacer windsurf. Hacer sol.
Cementerio de Patzcuaro, Michoacán		Tomar fotos. Estar feliz. Hacer fresco.		Besar al mochilero. Escribir en su diario. Hacer fresco.

3-19 Mi primer viaje desde la universidad. Cuéntenle a un/a compañero/a el primer viaje que hicieron con amigos de la universidad. Hablen de sus emociones y sentimientos, las personas, los medios de transporte, el clima, los lugares, las compras, sus impresiones en general.

More uses of the preterite and imperfect

1. The imperfect and the preterite are used in the same sentence when an ongoing action is interrupted by another action. **Cuando** is the key word in this instance.

   Corría por el parque cuando **vi** a Alicia.   *I was running in the park when I saw Alice.*

   Ongoing action: imperfect   Interruption: preterite

2. You have studied the rules that determine the use of the preterite or imperfect. However, the choice of one or the other depends on the meaning that you want to convey. The preterite is used when you view the action as completed, or you want to emphasize the beginning or end of the event. The imperfect is used when you view the action as ongoing, or as a habitual condition.

El verano pasado **comimos** tapas todas las noches.	*Last summer we ate tapas every night. (Views the action as an event that is finished.)*
El verano pasado **comíamos** tapas todas las noches.	*Last summer we ate tapas every night. (Views the action as repeated.)*
Ana **estuvo** contenta en la fiesta anoche.	*Ana was happy at the party last night. (Emphasizes the time limit of the party. It is contained to that event.)*
Ana **estaba** contenta en la fiesta anoche.	*Ana was happy at the party last night. (Emphasizes the state of mind she was in during the party.)*

3. Notice the use of **anoche** and **el verano pasado**. You have learned that specific time in the past requires the preterite and most of the time this will be a very helpful rule. However, the choice of preterite or imperfect is determined by the sense of the whole sentence or paragraph.

Práctica y comunicación

3-20 Cuéntame un cuento. En parejas, escriban un cuento de hadas (*fairy tale*) que tuvo lugar en Centroamérica usando algunas de estas palabras.

princesa	reino (*kingdom*)	barco	mar	aventura	ave (*bird*)	montaña
llano	río	arrecife de coral	navegar	dormir una siesta		recorrer

Sigan estos pasos:

1. Describan a la princesa y su reino.

2. Hay un problema difícil que la princesa debe resolver. Expliquen cuál es el problema.

3. Para solucionarlo la princesa tiene que viajar a un país en América del Sur. Describan algunas características de ese país.

4. Hay una intervención mágica. Expliquen qué, cómo y cuándo ocurre esta intervención.

5. Hay un final feliz.

Talking about past activities: Verbs that change meaning in the preterite

There are a few verbs that change their meaning when they are used in the preterite or the imperfect. The best way to remember their correct use is to study them as lexical items.

Infinitivo	Pretérito	Imperfecto
conocer	**conocí** = *met*	**conocía** = *knew (a person or place); was acquainted with*

Ernesto **conoció** a Lucía en la playa.   *Ernesto met Lucía on the beach.*
Luis **conocía** Bariloche porque había   *Luis knew Bariloche because he had been*
   estado allí antes.   *there before.*

saber	**supe** = *found out*	**sabía** = *knew*

Ayer **supimos** que Ana estaba en Quito.   *Yesterday we found out that Ana was in Quito.*
No **sabíamos** que Uds. llegaban hoy.   *We did not know that you arrived today.*

querer	**quise** = *tried*	**quería** = *wanted to*

Quisimos tomar el vuelo de noche   *We tried to take the night flight to save money.*
   para ahorrar dinero.

Todos **querían** parar en un hostal.   *Everyone wanted to stay in a youth hostel.*

no querer	**no quise** = *refused*	**no quería** = *did not want to*

Elisa **no quiso** aceptar la invitación de   *Elisa refused to accept Luis's invitation*
   Luis porque **no quería** ofender a su novio.   *because she did not want to offend her boyfriend.*

poder	**pude** = *managed, was able*	**podía** = *was capable*

Sólo después de recibir un permiso   *Only after getting a written permit were*
   escrito ellos **pudieron** acampar en   *they able to camp on the plains.*
   los llanos.

Estela **podía** esquiar cuando tenía   *Estela was able to ski when she was three*
   tres años.   *years old.*

no poder	**no pude** = *failed*	**no podía** = *was not able*

No pude llamar a mi familia porque los   *I couldn't call my family because the telephones*
   teléfonos estaban rotos y **no podíamos**   *were down and we were not able to use them.*
   usarlos.

tener que	**tuve que** = *had to and did do something*	**tenía que** = *had to do something; was supposed to*

Tuve que hacer las maletas rápidamente   *I had to pack the bags quickly (and I did)*
   porque **tenía que** estar en el aeropuerto   *because I had to be (was supposed to be)*
   temprano.   *at the airport early.*

Práctica y comunicación

3-21 Cuántos problemas. ¿Tuviste que resolver muchos problemas en tu último viaje? Explica lo que trataste de hacer, por qué no pudiste hacerlo y cómo solucionaste el problema.

> **Modelo:** *Quise viajar en tren pero no pude porque no había boletos; entonces, tuve que viajar en autobús.*

1. Quise hacer una excursión pero no pude porque…
2. Mi compañero/a y yo quisimos alojarnos en una pensión pero no pudimos porque…
3. Mi compañero/a quiso hacer dedo pero no pudo porque…
4. Yo quise acampar en el bosque pero no pude porque…
5. El botones quiso llevar las maletas a la habitación pero no pudo porque…
6. El agente de viajes quiso reservar un boleto en avión pero no pudo porque…

 3-22 Un viaje inolvidable. En parejas, utilicen los verbos de la lista para contar un viaje imaginario que hicieron juntos. Usen el pretérito o el imperfecto según el contexto. Luego compartan su relato con los de otra pareja.

conocer	pensar	poder	(no) querer	saber	tener	tener que

✳ Diario

¿Cuál es el tipo de vacaciones de que tú disfrutas más? ¿Te gusta viajar de un lugar a otro y visitar lugares diferentes cada día? ¿Prefieres ir siempre al mismo lugar y pasar el tiempo tranquilo/a sin hacer nada? Describe tus preferencias por escrito.

Manos a la obra

Así se lee

Skimming

Skimming is a reading technique that is used when one wants to find out quickly what type of information a reading selection contains. By moving the eyes quickly over the text, one gets the general idea of it without being concerned with details, but rather with getting an overview.

Práctica

3-23 **La isla, metáfora del paraíso** *(paradise)*. Lee este párrafo rápidamente y decide a qué categoría pertenece.

Answer for 3-23: b) *una descripción*

Este párrafo presenta …

a. un problema   b. una descripción   c. personas   d. un suceso

Cartelera

La isla de la felicidad

La isla se ha convertido en una obsesiva idea de felicidad para la mayoría de los mortales: paisajes espectaculares habitados por gente amable. Escenarios perfectos para el paraíso. Son lugares aislados que tienen un microclima ideal en el que siempre es primavera. En la isla de nuestra imaginación hay senderos° secretos, escarpados caminos de montañas que llevan a un "lugar alto", un espacio místico. La isla sería de este modo, un arquetipo del refugio, un espejo° de nuestros mejores sueños. "Contra las olas del océano—escribe el poeta—se busca el socorro° de la roca."

paths
mirror
aid, help

3-24 **Los ríos.** Lee rápidamente este poema y contesta esta pregunta. ¿A qué categoría pertenece este poema? ¿Problema, descripción, suceso, personas?

Los ríos, de Claribel Alegría

Los ríos llevan al mar
toda la sal de la tierra
son las raíces° del mar   *roots*
son los brazos de la tierra.

Antes de leer

Estudia estas palabras para comprender mejor el texto.

Vocabulario		Palabra en uso
averiguar	*to inquire, find out*	El pasajero **averigua** los horarios de los vuelos.
cautelosamente	*cautiously*	Debes caminar **cautelosamente** cerca de las vías del tren.
cobrar	*to charge*	Al turista le **cobraron** dos dólares por un café.
marcharse	*to leave*	Ana **se marcha** de vacaciones el lunes.
quedarse	*to remain, stay*	**Nos quedamos** en un hotel sencillo.
reunirse	*to get together, meet*	Para el día de Acción de Gracias **nos reunimos** en casa de mis abuelos.
la sábana	*sheet*	Las **sábanas** de un hotel deben estar muy limpias.
soñar con	*to dream*	Cuando estoy de vacaciones duermo bien y **sueño con** lugares maravillosos.
trasladarse	*to move, transfer*	Es muy difícil **trasladarse** con muchas maletas.

Práctica y comunicación

Answers for 3-25: 1)b 2)b 3)c 4)c 5)a

3-25 **¿Cuál no corresponde?** Escoge la palabra de la derecha que no se asocia con la palabra de la izquierda. Luego escribe una oración con cada palabra de la izquierda.

1. **cautelosamente:** a. con mucho cuidado   b. libremente   c. con precaución
2. **trasladarse:** a. irse   b. dormirse   c. moverse
3. **soñar:** a. dormir   b. despertar   c. comer
4. **sábana:** a. cama   b. habitación   c. baño
5. **reunirse:** a. despedirse   b. encontrarse   c. verse

3-26 El juego de las preguntas. En grupos pequeños, preparen una definición simple para cada una de estas palabras. Luego presenten sus definiciones a otro grupo. Ellos deben responder en forma de pregunta utilizando la palabra que Uds. definieron.

| averiguar | cobrar | marcharse | reunirse | la sábana | soñar | trasladarse |

Modelo: GRUPO 1: *Caminar con mucho cuidado.*

GRUPO 2: *¿Qué quiere decir **cautelosamente**?*

3-27 Los preparativos del viaje. Uds. dos han ganado un viaje gratis a México. Hagan una lista de las cosas que deben hacer antes de partir. Comparen su lista con las de sus compañeros/as. ¿Hay muchas diferencias/similitudes en sus preparaciones para el viaje?

3-28 Personajes. Cada persona tiene una personalidad diferente y esto se puede ver en su manera de viajar. Imagina cómo viajan las siguientes personas y escribe en casillas correspondientes lo que tú crees que hace cada una al viajar. Luego compara tus ideas con las de otros/as estudiantes de la clase.

Una persona:	pesimista	optimista	obsesiva con la limpieza	con mucha mala suerte	con mucha buena suerte
(No) Reserva hoteles antes de viajar.					
(No) Pierde el avión.					
(No) Va a la estación o al aeropuerto en metro.					
(No) Revisa las cuentas.					
(No) Viaja en grupo.					
(No) Come comida típica.					
(No) Visita sólo los lugares recomendados.					
(No) Está siempre contenta cuando vuelve al hotel.					

3-29 **Viajes.** Lee el cuento de Cortázar rápidamente y decide a qué categoría pertenece.

a. un problema   b. una descripción   c. personas   d. un suceso

Introducción a la lectura

Julio Cortázar (1914–1984)

Julio Cortázar nació en Bruselas (1914), de padres argentinos. Se crió en la Argentina hasta que se fue a vivir a Francia donde murió en 1984. Publicó varias novelas y libros de cuentos surrealistas donde se mezclan lo fantástico y lo real. *Viajes* es parte de la colección *Historia de cronopios y de famas* (1962). En este libro, Cortázar inventa unos personajes fantásticos, los famas, los cronopios y las esperanzas, que entran en la realidad de todos los días. En *Viajes* vemos cómo viajan estos personajes.

 Lectura

Viajes

Cuando los famas salen de viaje, sus costumbres al pernoctar° en una ciudad son las siguientes: un fama va al hotel y averigua cautelosamente los precios, la calidad de las sábanas y el color de las alfombras. El segundo se traslada a la comisaría y labra un acta° declarando los muebles e inmuebles° de los tres, así como el inventario del contenido de sus valijas. El tercer fama va al hospital y copia las listas de los médicos de guardia y sus especialidades.

    Terminadas estas diligencias, los viajeros se reúnen en la plaza mayor de la ciudad, se comunican sus observaciones, y entran en el café a beber un aperitivo. Pero antes se toman de las manos y danzan en ronda°. Esta danza recibe el nombre de *Alegría de los famas*.

    Cuando los cronopios van de viaje, encuentran los hoteles llenos, los trenes ya se han marchado, llueve a gritos°, y los taxis no quieren llevarlos o les cobran precios altísimos. Los cronopios no se desaniman° porque creen firmemente que estas cosas les ocurren a todos, y a la hora de dormir se dicen unos a otros: "La hermosa ciudad, la hermosísima ciudad". Y sueñan toda la noche que en la ciudad hay grandes fiestas y que ellos están invitados. Al otro día se levantan contentísimos, y así es cómo viajan los cronopios.

    Las esperanzas, sedentarias, se dejan viajar por las cosas y los hombres, y son como las estatuas que hay que ir a ver porque ellas no se molestan.

to spend the night

to make a record
real estate property

round

scream

discourage

Práctica y comunicación

3-30 **¿Cómo viajan?** Marca en el cuento el párrafo que describe a cada uno de los personajes fantásticos: los famas, los cronopios y las esperanzas. Luego contesta las preguntas.

1. ¿Qué costumbres tienen los famas al viajar?
2. ¿Para qué se reúnen en la plaza de la ciudad los famas?
3. ¿Qué hacen antes de tomar un aperitivo?
4. ¿Qué les pasa a los cronopios cuando van de viaje?
5. ¿Cómo reaccionan los cronopios al final del día? ¿Cómo se sienten?
6. ¿Las esperanzas viajan de manera independiente? Explica.

3-31 **¿Cuál prefieres?** En parejas, combinen el modo de viajar de cada personaje con el adjetivo correspondiente. ¿Qué tipo de viajeros son los famas, los cronopios y las esperanzas?

Answers for **3-31:** 1) *b* 2) *c* 3) *a*

1. ____ los famas
2. ____ los cronopios
3. ____ las esperanzas

a. indiferentes
b. cautelosos
c. optimistas

3-32 **¿Cómo viajas tú?** Háganse las siguientes preguntas entre sí y luego informen a la clase. Pídanles a sus compañeros/as que los/as clasifiquen como famas, cronopios o esperanzas y que justifiquen su opinión.

Cuando te vas de viaje…

1. ¿Averiguas los precios de los hoteles antes de marcharte?
2. ¿Cómo te trasladas de la estación o aeropuerto al hotel?
3. ¿Miras la habitación, las camas y las sábanas antes de decidir sobre un hotel?
4. ¿Revisas las cuentas para estar seguro/a de que te cobran el precio correcto?
5. ¿Visitas cautelosamente todos los barrios o no vas a los lugares no recomendados?
6. ¿Comes comidas típicas y bebes los aperitivos del lugar?
7. ¿Te reúnes con gente nueva o prefieres estar con tu grupo?

Note for Poema: This poem has been set to music by Joan Manuel Serrat. You may want to play this recording to your class if you have the music.

Poema

Antonio Machado (1875–1939)

Machado fue un poeta español que es muy admirado por los jóvenes de hoy. Su poesía habla de temas esenciales: el tiempo y las cosas cotidianas; la naturaleza, el hombre y Dios. El poema *Cantares* es una alegoría de la vida y de las elecciones que cada individuo debe hacer a cada paso. Compara la vida con un camino por recorrer y nos explica que las elecciones de cada día son las que forman el camino de nuestra vida. Estos fragmentos son una adaptación de los versos de Machado hecha por el cantante Joan Manuel Serrat.

 Lectura

Cantares (Fragmento)

Todo pasa y todo queda
pero lo nuestro es pasar
Pasar haciendo caminos
caminos sobre la mar.
Caminante son tus huellas°   *tracks*
el camino y nada más
Caminante no hay camino,
Se hace camino al andar.

Al andar se hace camino
y al volver la vista atrás
Se ve la senda° que nunca   *path*
Se ha de volver a pisar°.   *to step on*
Caminante no hay camino,
sino estelas° en la mar.   *wake*

Caminante no hay camino
Se hace camino al andar
Golpe° a golpe, verso a verso.   *blow*

Práctica y comunicación

Answers for 3-33: 1)e 2)a 3)b 4)c 5)d

3-33 ¿Qué nos dice el poema? Este poema tiene muchas metáforas. Empareja cada metáfora de la lista de la izquierda con su significado en la lista de la derecha.

1. ____ Caminante no hay camino.

2. ____ Se hace camino al andar.

3. ____ Golpe a golpe, verso a verso

4. ____ Caminante son tus huellas el camino y nada más.

5. ____ Caminante no hay camino, sino estelas en la mar.

a. Hacemos camino cada vez que elegimos algo.

b. Las experiencias de la vida a veces son difíciles, otras veces son más fáciles.

c. No hay una ruta marcada para cada persona.

d. Todo camino desaparece.

e. Cada persona tiene un camino individual, único.

3-34 Aclaremos. ¿Qué significan estas cosas? En parejas traten de contestar las siguientes preguntas sobre el poema.

1. ¿Quién es el caminante?

2. ¿Qué es el camino?

3. ¿Qué quiere decir el primer verso, "Todo pasa y todo queda"?

4. ¿Por qué dice el poeta que hacemos caminos sobre la mar?

5. ¿En qué versos dice el poeta que no podemos vivir dos veces la misma experiencia?

Suggestion for 3-34: Each one of these questions could be used for a round table discussion. Each group prepares one question and presents it for discussion to the entire class.

3-35 Caminos. En pequeños grupos, hablen sobre las siguientes preguntas. Luego compartan con la clase algunas de las ideas que surjan en su grupo.

1. ¿Quién marca tu camino? ¿tus padres? ¿tus amigos? ¿tú mismo/a? ¿la sociedad?

2. ¿Es posible elegir tu camino libremente o todos estamos condicionados?

3. ¿Estás de acuerdo con la filosofía del poeta? Explica.

4. Algunos creen que hay un sólo camino. ¿A qué se refieren?

3-36 Mi vida. Escribe una estrofa de cuatro versos sobre tu visión de la vida. Puedes inventar tu propio formato o seguir éste:

Primer verso: sustantivo + adjetivo
Segundo verso: dos sustantivos
Tercer verso: una pregunta

Modelo: *Vida hermosa*

Vida bella

Sueños y alegrías

¿Adónde me llevas?

Diario

Escribe un párrafo comentando tus impresiones sobre la poesía de Machado. ¿Qué ideas te sugiere? ¿Cuál crees que era el objetivo del escritor al escribir este poema?

Al fin y al cabo

Proyecto: ¡Buen viaje!

Warm-up: Instruct students on how to deal with the realia.

En esta parte del capítulo vas a realizar una serie de actividades para hacer un viaje por el mundo hispano.

3-37 ¿Cuál prefieres? Lean las opciones que se ofrecen a continuación para viajar por Colombia y decidan cuál es la mejor para ustedes. Comenten por qué y luego compartan su decisión con otras parejas de la clase.

UN ENCUENTRO MÁGICO CON LA NATURALEZA ES LO QUE USTED Y SU FAMILIA VIVIRÁN EN SU

Hotel Las Lomas Forum

1. Excursiones ecológicas: Tours por hermosos senderos ecológicos del oriente antioqueño.

2. Un programa monumental: Paseo por la represa de Guatapé con un fantástico programa de actividades acuáticas, esquí, windsurf, etc.

3. Cabalgatas por el oriente: Paseos a caballo por los caminos coloniales de esta bella región antioqueña, con paradas en las fondas del oriente.

Follow-up for 3-38: First, students work in pairs to decide in what tours they spent the 10.000 pesetas and why they chose them. Then they tell other pairs about their trip.

3-38 Vacaciones deportivas. Ustedes regresaron de unas vacaciones extraordinarias en la República Dominicana donde gastaron 10.000 pesetas por persona en excursiones en las que practicaron diferentes deportes. Cuéntenles a sus amigos qué deportes hicieron y expliquen por qué escogieron esas excursiones deportivas.

Precio aproximado
7.800 pts.

Precio aproximado
700 pts./1 h.

Precio aproximado
8.700 pts.

Diario

Escribe un párrafo sobre los deportes que practicas. ¿Dónde los practicas?

¿Con quién? ¿Cuándo? etc.

3-39 Diferentes modos de viajar. Escojan el medio de transporte que prefieren, digan por qué e inventen otro medio de transporte alternativo y no convencional. Luego compartan su selección con las de otras parejas de la clase.

Viaje en avión

Viaje en cisterna lechera

Viaje en globo

Viaje en bicicleta

3-40 ¿Pasaste un verano sano y ecológico? Individualmente, encuesten a algunos estudiantes de la clase y luego en grupos, decidan si en general Uds. son un grupo que respeta la naturaleza o no. Compartan sus resultados con el resto de la clase.

Modelo: E1: *Antes de hacer un viaje a un país exótico, ¿te informaste sobre su cultura y costumbres y las respetaste cuando estuviste allí?*

E2: *Sí/No, (no) me informé…*

1. consumir los productos del lugar ricos en agua, como frutas y verduras
2. no comprar plumas de pájaros exóticos, conchas, coral, etc.
3. interesarse por su cultura e historia y visitar los lugares de interés
4. alojarse en hoteles y casas rurales
5. no hacer ostentación de lujo con la forma de vestir, cámara, joyas, actitud, etc.
6. no malgastar recursos, como el agua y la electricidad porque tú no los pagas
7. grabar los sonidos de la naturaleza
8. pasear por la orilla del mar y tomar baños

3-41 De viaje. En grupos de tres, preparen unas vacaciones de quince días por el mundo hispano. Para su investigación pueden usar información que encuentren en Internet. Luego cada grupo presentará su plan a toda la clase y se hará una votación para elegir las mejores vacaciones. El plan debe incluir:

- las fechas
- los medios de transporte
- los lugares a visitar
- los precios de pasajes y excursiones
- las comidas
- toda otra información que el grupo considere importante

Diario

¿Qué haces tú cuando vuelves de vacaciones? ¿Cómo te sientes?

3-42 La vuelta al trabajo. Lean estos consejos para volver al trabajo y decidan cuáles son los mejores, expliquen por qué y piensen en otros consejos. Luego compartan sus opiniones con las de otros grupos.

La vuelta al trabajo

Volver a casa unos días antes de terminar las vacaciones y dar paseos al aire libre ayuda a superar la angustia del regreso.

1. Reserva vacaciones para estar en casa. Si vuelves a tu casa unos días antes de empezar a trabajar para readaptarte poco a poco a tu vida cotidiana, te será más fácil acostumbrarte a la rutina.

2. Conserva algunos hábitos vacacionales. Para que te cueste menos volver a trabajar, intenta dormir una pequeña siesta—si es posible, de 20 a 30 minutos.

3. Planifica tu tiempo. Calcula el tiempo que te ocupará cada tarea que debas hacer—añade un 20% más para imprevistos—y deja tiempo libre para ti cada día.

4. Evita el exceso de trabajo. Acostúmbrate a delegar parte de tus tareas y a pedir ayuda cuando la necesites.

5. Aprovecha las primeras horas de luz. Da largos paseos o realiza actividades al aire libre, ya que está demostrado que la luz natural disminuye la secreción de melatonina, evitando cuadros de somnolencia diurna.

6. Proponte nuevas metas en el trabajo como pedir un aumento de sueldo, la asignación de una tarea que siempre has querido hacer, el traslado a un departamento en el que tienes mejores amigos, etc.

A escribir

Carta para hacer reservas

To make reservations in a hotel or bed and breakfast, you will need to send a letter or a fax stating clearly what you want. The tone of this letter is usually polite and formal. As in all letters there is a salutation followed by an opening statement. Then comes the body of the letter explaining what you want, and finally a closing statement. The salutation and closing are more formulaic.

1. **Salutation and opening statement**

   Notice the use of colons instead of a comma.

   - De mi mayor consideración:

     Me dirijo a Uds. a fin de…

   - Muy señores míos:

     Tengo el agrado de dirigirme a Uds. con el fin de… + inf.

   - Estimado Sr./Sra.:

     Quisiera informarme sobre…

2. **Body of the letter**

   State what you want: the type of room, single or double, with or without private bathroom, TV, view, air conditioning, heating, telephone, smoking or nonsmoking, etc.

   State for how long you will stay and give specific dates of arrival and departure.

   State how many people are going to be in your party.

   State any special needs: babies, children, etc.

3. **Closing statement**

   - Sin más, les queda muy agradecido/a,

     Firma

   - Sin más, le saluda atentamente,

     Firma

   - Quedo a la espera de su confirmación,

     Atte., (atentamente)

     Firma

Práctica

3-43 ¿Cómo empezamos? Uds. quieren saber quién tiene mejores precios y escriben a tres hoteles diferentes. Escriban tres tipos de introducciones pidiendo información. Completen las oraciones.

1. …solicitar información sobre…

2. …hacer una reserva para…

3. …saber cuánto cuesta…

Note for 3-43: Students need to start the letter with the salutation, then use the opening statement followed by the phrases in the exercise. They need to decide what kind of information they want.

3-44 ¿Cómo terminamos? ¿Cuáles son las formas de terminar esta carta? Escriban por lo menos dos posibilidades diferentes para concluir la carta.

Muy Sres. míos:

Me dirijo a Uds. a fin de confirmar la reserva que hice por teléfono. El número de la reserva es el 145, para el 5 de abril. Aquí incluyo un cheque de viajero en dólares como pago inicial.

3-45 Necesitamos un cuarto. Durante las vacaciones de invierno Uds. van a estar una semana en Teotihuacán, México, en el Hotel Las Villas. Miren lo que ofrece y escriban una carta solicitando alojamiento.

Vocabulario

La naturaleza

el acantilado	cliff	el delfín	dolphin
el aire	air	la isla	island
la arena	sand	el lago	lake
el arrecife de coral	coral reefs	el llano	plains
el ave (fem.)	bird	la montaña	mountain
el bosque	forest	la ola	wave
la cordillera	mountain range	el río	river
la costa	coast	la selva	jungle

Sustantivos

la altura	height	el norte	north
el barco	boat	el país	country
el bloqueador solar	sunscreen	el paisaje	view
el buceo	scuba diving	el/la pasajero/a	passenger
el campamento	campground	el recuerdo	souvenir
la carretera	highway	el saco de dormir	sleeping bag
el/la clavadista	diver	el sur	south
la escala	stop	la tabla de windsurf	windsurfing board
la estadía	stay	la tienda de campaña	tent
la excursión	tour	el velero	sailboat
el folleto	brochure	el/la viajero/a	traveler
la guía turística	tourist guide	la vista	view
la lancha	speedboat, powerboat	el yate	yacht

Verbos

abordar el avión	to board a plane	bucear	to scuba dive
acampar	to camp	dar un paseo	to go for a walk
aprovechar	to take advantage of	despegar	to take off
arrojarse	to throw oneself	disfrutar de	to enjoy
aterrizar	to land	divertirse (ie,i)	to have a good time
broncearse	to get a tan	dormir una siesta (ue)	to take a nap

escalar (montañas)	*to climb a mountain*	**navegar**	*to sail*
esquiar	*to ski*	**pescar**	*to fish*
extrañar	*to miss (feeling)*	**quedarse**	*to remain*
hacer dedo	*to hitchhike*	**quemarse**	*to sunburn*
hacer ecoturismo	*to take an ecological vacation*	**recorrer**	*to go around a place*
hacer escala	*to stop over*	**sacar fotos**	*to take pictures*
hacer esquí nórdico/ alpino/acuático	*to cross country/downhill/ water ski*	**tomar el sol**	*to sunbathe*
hacer windsurf	*to windsurf*	**viajar a dedo**	*to hitchhike*
lanzarse	*to throw oneself*	**volar (ue)**	*to fly*

Adjetivos

atrasado/a	*late*	**lleno/a**	*full*
dulce	*sweet*	**seco/a**	*dry*
húmedo/a	*humid, moist*	**vacío/a**	*empty*
puro/a	*pure*		

Adverbios

plenamente	*fully*	**rápidamente**	*quickly*

Expresiones útiles

pasarlo bien/mal	*to have a good/bad time*

Note: The vocabulary in **Manos a la obra** on page 82 is also considered active vocabulary.

Capítulo cuatro

Salud y nutrición

Suggestion: *"En mente sana, cuerpo sano."* = In sound mind, healthy body. Ask students for the equivalent saying in English. Explain it.

"En mente sana, cuerpo sano."

Ask them to explain the saying with examples. Do they know a person that by having a positive attitude could change the course of an illness? Is this possible?

Tema cultural:

La medicina alternativa

Objetivos comunicativos:

Talking about health and nutrition

Talking about other types of medicine

Describing physical conditions

Making recommendations and giving suggestions

Indicating location, purpose, and cause

Telling people what to do; suggesting group activities

Warm-up: Ask students: *¿Conocen a alguien que cambió el curso de su enfermedad con una actitud positiva? ¿Cómo lo hizo?*

En marcha

Vocabulario en contexto:
Cuidemos nuestro cuerpo

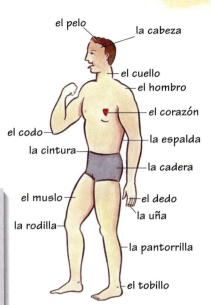

el pelo
la cabeza
el cuello
el hombro
el corazón
el codo
la espalda
la cintura
la cadera
el muslo
el dedo
la uña
la rodilla
la pantorrilla
el tobillo

Consejos del médico

Para gozar de buena salud:

1. Haga ejercicio un mínimo de **tres veces** por semana. El ejercicio le va a ayudar a **sentirse** bien. ¡Además es bueno para su figura!

2. Antes de hacer ejercicio, compre unos buenos zapatos tenis. Unos zapatos apropiados reducen la posibilidad de que se le **tuerza** un **tobillo** o de que se le **quiebre** un hueso.

3. Mantenga una **dieta equilibrada** y **sana**. Evite los **alimentos** con mucha **grasa** y coma muchas frutas y **verduras** cada día. Coma **pan y arroz integral.**

4. Controle su **peso**. No **adelgace** ni **engorde** más de lo adecuado según su **estatura** y complexión física. Tenga cuidado cuando hace **régimen.**

5. Duerma entre seis y ocho horas diarias. Lo mejor para **evitar** el **insomnio** y pasar una buena noche es controlar la cafeína.

6. Haga una lista de todos los **medicamentos** a los que usted es alérgico/a (por ejemplo, penicilina).

7. **Cuide** su **tensión arterial**. No se exceda en la sal y **tómese la presión** con regularidad. La tensión alta puede afectarle al **corazón**.

Para combatir
el resfriado y la gripe:

Tome aspirina o cualquier otro tipo de **pastilla** para **aliviar el dolor** del cuerpo. **Suénese la nariz** con pañuelos **desechables** y **tápese** la boca y la nariz cuando **estornude** para evitar **contagiarles** la infección a otros.

Compre un **jarabe** para la tos si tiene mucho **catarro**. Hay mucha variedad en las farmacias y no se necesita **receta** médica. Cuide sus **pulmones**.

Tómese la temperatura y si **tiene una fiebre** muy alta o dificultades al **respirar**, pida una **cita** con su médico.

Si tiene **dolor de oído**, use **gotas** para los oídos.

Si **tiene náuseas, vómitos, o mareos** por más de seis horas, visite a su médico inmediatamente. Los mareos pueden causar **desmayos**.

No tome antibióticos hasta que el médico se los **recete**. Dígale a su médico si está **embarazada**. Algunos antibióticos pueden ser malos para el **embarazo** porque afectan al bebé.

Beba mucha agua y descanse.

la ceja
las pestañas
el labio
la lengua
el mentón
la mejilla
la garganta

Suggestion: Play "Simon says" with the new vocabulary words. Model it for students and then ask several students to be Simon in front of the class: *Simón dice: tócate las pestañas.*

Note: Clarify *la garganta* = throat.

Note: Point out the difference between *oído* and *oreja*. *Oído* is the inner part of the ear. It is used in the expressions *dolor de oído; me duele el oído*. *Oreja* is the outer part of the ear. *Tiene orejas grandes.*

Check comprehension: Divide the class in half. One group works on advice for good health, the other on how to cure a cold. First half: *En pares, hagan una lista de lo que se recomienda en la lectura para tener buena salud. Luego compártanla con la clase.* Second half: *Hagan una lista de remedios para curar el resfriado.*

Palabras conocidas

El cuerpo humano
Repasa estas palabras que deben ser parte de tu vocabulario básico.

La cara	El cuerpo
la boca	el brazo
el diente	el estómago
la frente	la mano
la muela	el pecho
la nariz	el pie
el ojo	la pierna
la oreja	

Expresiones útiles

caer mal	*not to agree with, to sit badly*
doler (ue)	*to hurt*
molestar	*to bother*
sentar (ie) mal	*not to agree with*
tener dolor de...	*to have a/an ... ache*

El pescado de anoche me **cayó mal**.	*Last night's fish did not agree with me.*
Me **duele** el oído.	*I have an earache.*
Me **molesta** la muela.	*My molar bothers me.*
La carne de vaca me **sienta mal** al estómago.	*Beef doesn't agree with my stomach.*
Tengo dolor de cabeza.	*I have a headache.*

Note: The verb **doler** follows the same pattern as **gustar**. (See pp. 47–48 for verbs like **gustar**.)

A Teresa le **duelen los huesos**.	*Teresa's bones hurt.*
A mí me **duele la espalda**.	*My back hurts.*

Remember to use the definite article with parts of the body.

Práctica y comunicación

4-1 Asociaciones. ¿Qué partes del cuerpo relacionas con las siguientes actividades?

bailar salsa

tocar la guitarra

nadar

comer tacos

4-2 ¿Qué palabra sobra? Identifica la palabra que no pertenece a cada grupo y explica por qué no pertenece.

Answers for 4-2: 1) *cintura*
2) *pestaña* 3) *hombro*
4) *espalda* 5) *aliviar*
6) *muela* 7) *gotas*

1. mejilla	mentón	cintura
2. tobillo	pestaña	muñeca
3. pulmón	corazón	hombro
4. pantorrilla	rodilla	espalda
5. aliviar	doler	marearse
6. oído	muela	oreja
7. embarazo	bebé	gotas

4-3 ¿Qué haces tú? Escribe una lista de cinco cosas que tú haces para cuidar tu cuerpo. Luego compara tu lista con la de tu compañero/a. ¿Son similares? ¿Qué aprendiste de la lista de tu compañero/a? ¿Hay algo que puedan añadir a sus listas?

4-4 Cuestionario médico. En su primera visita al centro de salud de la universidad necesitan llenar una ficha médica. Háganse y contesten estas preguntas.

Modelo: Tiene buena salud.

E1: *¿Tienes buena salud?*

E2: *Sí/No, (no) tengo buena salud.*

Pregúntale a tu compañero/a si…

1. …es alérgico/a a alguna comida.

2. …se desmayó alguna vez.

3. …hace un régimen.

4. …se quebró algún hueso.

5. …es alérgico/a a la penicilina o a otro remedio.

6. …sufre de insomnio.

4–5 **Una cita médica.** Imaginen que Uds. son un/a doctor/a y un/a paciente.

PACIENTE: Explícale a tu compañero/a qué te pasa. Escoge una de las siguientes posibilidades: tener gripe, quebrarse un brazo, tener vómitos, estar embarazada.

DOCTOR/A: Dale el diagnóstico al/a la paciente e indícale qué debe hacer para curarse o cuidarse.

Note for 4-6: Monitor that students formulate the question using the present tense throughout.

4–6 **¿Qué te duele?** En parejas, describan la parte o partes del cuerpo que les duelen en estas situaciones.

Modelo: E1: *¿Qué te duele cuando tienes gripe?*

E2: *Me duele todo el cuerpo.*

¿Qué te duele cuando…

1. …no puedes hablar porque no tienes voz?
2. …toses toda la noche?
3. …corres 15 millas?
4. …te caes de la bicicleta?
5. …juegas al tenis por cinco horas?
6. …te comes una torta de chocolate tú solo/a?

El vino

Los expertos dicen que el vino tiene efectos beneficiosos porque ayuda a controlar el colesterol y regula el organismo. En muchas casas del mundo hispano nunca falta el vino con cada comida. ¡OJO! Debe tomarse con moderación.

Cartelera

Medicina alternativa

Es un hecho que España está atravesando por un momento crucial, y no precisamente fácil, con respecto a la aceptación de las llamadas *medicinas alternativas* y sus productos asociados. Pero también es verdad que los franceses y alemanes las están incluyendo  en el servicio asistencial sanitario nacional o Seguridad Social. Esto se debe a la evidente y creciente información positiva sobre disciplinas como la acupuntura, la homeopatía, la medicina tradicional china, la relajación profunda y la psicología transpersonal. Esta información se basa principalmente en nuevas investigaciones y en los óptimos resultados terapéuticos obtenidos con miles de pacientes.

4-7 **¿Y en tu comunidad?** Averigua qué tiendas, hospitales o farmacias de tu comunidad permiten a sus pacientes/clientes seguir tratamientos de medicina no tradicional como la acupuntura, la homeopatía u otras. Luego comparte el resultado de tu investigación con el resto de la clase.

¡Sin duda!

sentir – sentirse; hacer caso – prestar atención

Although **sentir** and **sentirse** both translate into English as *to feel*, they have different uses in Spanish. The same is true of **hacer caso** y **prestar atención**, both of which can be translated in English as *to mind*. Study the chart below to see how these verbs are used.

Palabra		Ejemplo
sentir	to feel, perceive by the senses, to express an opinion	**Siento un olor extraño.** *I sense a strange odor.*
sentirse	to feel (well, bad, sad)	**Me siento bien.** *I feel well.*
hacer caso	to mind, to pay attention, to heed	**Les hago caso a los médicos.** *I pay attention to doctors.*
prestar atención	to pay attention to, to focus on	**Presto atención cuando el enfermero explica el tratamiento.** *I pay attention when the nurse explains the treatment.*

Práctica y comunicación

 4-8 ¿Cómo te sientes? Dile a otro/a estudiante cómo te sientes o qué sientes en estas situaciones. Tu compañero/a va a leer la situación y tú debes reaccionar. Usa la forma correcta de **sentir** o **sentirse**.

Modelo: E1 lee: Estás siempre cansado y no tienes energía.

E2 dice: *No me siento bien.*

1. Tienes dolor de garganta y de cabeza.
2. Hay olor a remedio en tu cuarto.
3. Haces mucho ejercicio y adelgazas cinco libras.
4. No te parece bien lo que hace tu mejor amigo.
5. Tienes catarro.

Answers for 4-8: Possible answers to this exercise: 1) *Me siento mal.* 2) *Siento olor a remedio.* 3) *Me siento muy bien.* 4) *Siento que mi amigo no actúa bien.* 5) *Me siento enfermo.*

Note for 4-9: Remind students to add the question *¿Qué haces tú?* at the end of the sentence.

 4-9 **Recomendaciones.** ¿Les prestan atención a estas personas o no les hacen caso?

Modelo: Los expertos recomiendan hacer ejercicios de relajación. ¿Qué haces tú?

E1: *Yo les presto atención. Hago yoga todos los días. ¿Y tú?*

E2: *Yo no les hago caso. No tengo tiempo para esas cosas.*

1. Los dietistas aconsejan comer cinco porciones de vegetales por día.
2. Los doctores recomiendan no fumar.
3. Los doctores recomiendan usar protección solar aún en invierno.
4. Los nutricionistas aconsejan tomar ocho vasos de agua por día.
5. Los entrenadores recomiendan hacer ejercicio cuatro veces por semana.
6. Los expertos recomiendan tomar un vaso de vino por día.

4-10 **Situaciones.** En parejas, inventen una situación para cada uno de los verbos o expresiones de la sección ¡Sin duda! Pueden hacer un dibujo para cada situación incluyendo una escena apropiada para utilizar cada uno de los verbos. Luego compartan sus situaciones con otros grupos de la clase.

Cartelera

La medicina cuántica

Probablemente algunos de ustedes ya habrán escuchado este término, *medicina cuántica*. Lo interesante es que no implica una sola técnica. Son una serie de alternativas que nos pueden ayudar a mejorar nuestros niveles físicos y mentales. La medicina cuántica es una oportunidad de dar al ser humano herramientas *(tools)* para que se conozca más a sí mismo, a través de técnicas como: la visualización, el manejo de energía, la relajación profunda y muchas otras.

4-11 **¿Y ustedes qué opinan?** ¿Creen que estas técnicas nos ayudan a conocernos mejor? Comenten sus opiniones en pequeños grupos y expliquen sus respuestas. Luego compártanlas con el resto de la clase.

✳ Así se dice

Para recomendar y hacer sugerencias

Para recomendar o sugerir algo usa las siguientes expresiones.

(No) Es importante...	*It's important...*
(No) Es mejor...	*It's better...*
(No) Es bueno/malo...	*It's good/bad...*
(No) Es necesario...	*It's necessary...*
(No) Deber...	*Should...*
(No) Tener que...	*Have to...*

Es importante hacer ejercicio.	*It's important to exercise.*
Es mejor no comer grasas.	*It's better not to eat fat.*
Es necesario aceptar la medicina alternativa.	*It's necessary to accept alternative medicine.*
No debes ponerle mucha sal a la comida.	*You mustn't add too much salt to food.*
No es bueno para la salud.	*It's not good for your health.*
Tienes que hacer ejercicio aeróbico tres veces por semana.	*You have to do aerobic exercise three times a week.*

Práctica y comunicación

4-12 Adelgazar es fácil. Un amigo quiere perder peso. Sugiérele qué debe hacer para adelgazar. Usa las expresiones de la sección Así se dice.

Modelo: comer moderadamente

Es importante/Debes comer moderadamente.

1. no consumir más del 30% de calorías diarias de grasa
2. comer pescado magro, como lenguado y bacalao
3. quitarle la grasa al pollo o a la carne roja
4. eliminar las salchichas, el salame, el jamón
5. comer frijoles porque tienen mucha proteína
6. usar poco aceite en las ensaladas
7. no freír la comida sino asarla
8. ¿otras sugerencias?

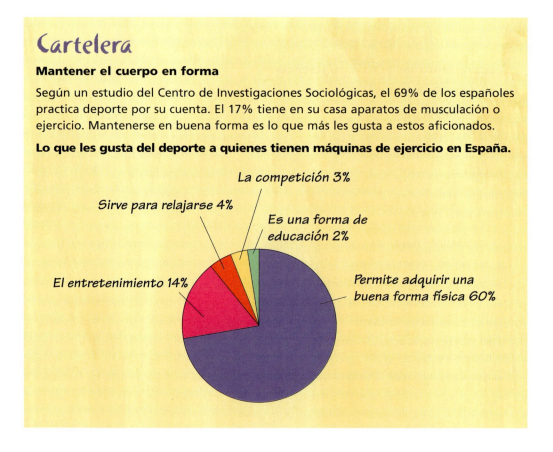

Cartelera

Mantener el cuerpo en forma

Según un estudio del Centro de Investigaciones Sociológicas, el 69% de los españoles practica deporte por su cuenta. El 17% tiene en su casa aparatos de musculación o ejercicio. Mantenerse en buena forma es lo que más les gusta a estos aficionados.

Lo que les gusta del deporte a quienes tienen máquinas de ejercicio en España.

- La competición 3%
- Sirve para relajarse 4%
- Es una forma de educación 2%
- El entretenimiento 14%
- Permite adquirir una buena forma física 60%

4-13 Tiempo para el ejercicio. Busca en Internet el porcentaje de personas que hace ejercicio entre los estadounidenses. Luego compáralo con la información de la Cartelera e informa a la clase de tus resultados. ¿Hay muchas diferencias?

> **Modelo:**   El porcentaje de estadounidenses que hace ejercicios tres veces por semana es…

Comparándolos con los españoles, los estadounidenses hacen más/menos ejercicios que los españoles.

Warm-up: See the **Cabos sueltos** section for more practice with *por* and *para*.

Referencia gramatical 1

Indicating location, purpose, and cause: *Por* vs. *para*

Before doing the following activities review this structure in the **Cabos sueltos** section, p. 406.

Práctica y comunicación

4-14 La salud. En grupos pequeños, combinen las siguientes frases utilizando la preposición **por** o **para**, según corresponda, para formar oraciones en el pretérito.

1. anoche no poder dormir	el dolor de estómago
2. esta mañana no despertarme	ir a la universidad
3. llamar a la enfermería	hablar con un médico
4. darme una cita	las dos de la tarde
5. ir al centro médico	ver a la Dra. Vidal
6. salir a las dos menos diez	no llegar tarde
7. pasar por varios consultorios	que me hicieran un examen
8. recetarme unas pastillas	el dolor de cabeza

4-15 En el consultorio. Ustedes son un/a paciente y un/a doctor/a. Preparen un minidrama en el que utilicen algunas de las siguientes expresiones con **por** y **para** y el vocabulario de este capítulo.

para bien o para mal	por ahora	por demás
para colmo	por último	por un lado/ por el otro
para mejor/peor	por eso	por de pronto
para variar	por cierto	por si acaso
para siempre	por casualidad	por lo tanto
por fin	por lo general	por supuesto
por ejemplo	por lo menos	

Suggestion for 4-14: You may divide the class in groups and do this activity on the blackboard so you can explain and correct the mistakes. Give one point for each correct sentence and minus one for each incorrect.

Answers for 4-14: 1) *Anoche no pude dormir por el dolor de estómago.* 2) *Esta mañana no pude despertarme para ir a la universidad.* 3) *Llamé a la enfermería para hablar con un médico.* 4) *Me dio una cita para las dos de la tarde.* 5) *Fui al centro médico para ver a la Dra. Vidal.* 6) *Salí a las dos menos diez para no llegar tarde.* 7) *Pasé por varios consultorios para que me hicieran un examen.* 8) *Me recetó/recetaron unas pastillas para el dolor de cabeza.*

Cartelera

Las vitaminas antioxidantes

Las vitaminas C y E y la provitamina Beta Caroteno son antioxidantes que protegen las células del cuerpo de los radicales libres que las atacan. Los radicales libres son producidos por el cuerpo y también por fuentes externas a él, tales como el humo del tabaco y la contaminación del aire y del agua. Muchos científicos creen que los radicales libres son uno de los factores que aceleran el proceso de envejecimiento y causan enfermedades del corazón, cáncer y cataratas.

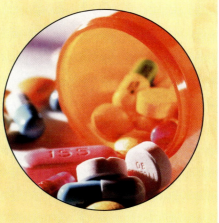

¿Crees tú que es importante tomar suplementos vitamínicos? ¿Por qué?

Referencia gramatical 2

Talking to and about people and things: Uses of the definite article
Before doing the following activities review this structure in the **Cabos sueltos** section, pp. 409–410.

Práctica y comunicación

4-16 **Las vitaminas.** Completa las oraciones según la información de la **Cartelera** y el conocimiento que tú tienes del cuidado del cuerpo.

1. Los antioxidantes son _____.
2. Los antioxidantes protegen estas partes del cuerpo: _____.
3. Los antioxidantes combaten _____.
4. Una buena dieta debe incluir frutas y vegetales ricos en _____.
5. Los radicales libres se encuentran en _____.

4-17 **Entrevista.** Averigua los hábitos alimenticios de la familia de otro/a estudiante y luego informa a la clase de tus resultados. Presta especial atención al uso de los artículos.

Modelo: Encuesta: *¿Qué prefiere tu papá, el pan integral o las galletas?*

Informe: *El papá de X prefiere el pan integral.*

LAS TAPAS PREFERIDAS POR LOS ESPAÑOLES (%)

Tortilla	16	Patatas bravas 13
Frutos secos	3	Calamares 8
Gambas	3	Aceitunas 8
Boquerones	4	Jamón 7
Sepia	5	Queso 6

Conexiones

Telling people what to do: Formal and informal commands

In order to tell someone what to do or to give directions, you may use the direct commands.

A. Formal commands

The command form of **usted/ustedes** is formed by dropping the **o** from the first-person singular of the present tense and adding the following endings:

Yo	-ar respiro	-er toso	-ir recibo
	+ e / en	**+ a / an**	**+ a / an**
Usted	respir**e**	tos**a**	recib**a**
Ustedes	respir**en**	tos**an**	recib**an**

Note: This is the same form as the third person singular and plural of the present subjunctive, for both the affirmative and the negative.

Irregular verbs follow the same rule:

hacer	hag**o**	hag**a/an**
poner	pong**o**	pong**a/an**
salir	salg**o**	salg**a/an**
decir	dig**o**	dig**a/an**

Respire hondo, dice la doctora cuando me examina.	*Breathe deeply, the doctor tells me when she examines me.*
Tómese la temperatura cada cuatro horas.	*Take your temperature every four hours.*
Póngase una inyección en el muslo.	*Have an injection on your thigh.*

B. Informal commands

The informal (**tú**) commands have different forms in the affirmative and the negative. Regular affirmative commands are formed with the third-person singular of the present indicative:

-ar cuidar   **-er** comer   **-ir** prescribir

Cuida tu salud.   **Come** muchas verduras.   **Prescribe** un jarabe.

The negative informal (**tú**) commands add these endings after dropping the **o** from the first-person singular of the present tense:

Verb endings	→	-ar → add -es	-er and -ir → add -as
First-person sing.	→	estornud**o**	hag**o**
Neg. command	→	No estornud**es** aquí.	No hag**as** régimen.

✳ Irregular informal commands

decir	di	no **digas**
hacer	haz	no **hagas**
ir	ve	no **vayas**
poner	pon	no **pongas**
salir	sal	no **salgas**
ser	sé	no **seas**
tener	ten	no **tengas**
venir	ven	no **vengas**

C. Nosotros commands

When you want to get one or more people to do things with you, the **nosotros** command is used. It is the English equivalent to *Let's do something together*. The **nosotros** command is formed by dropping the **o** in the first person singular of the present tense and adding -**emos** or -**amos**. It is the same form as the first-person plural of the present subjunctive.

¡Bebamos a tu salud!	*Let's drink to your health!*
Digamos la verdad.	*Let's tell the truth.*

D. Object pronouns and commands

Object pronouns are attached to the affirmative commands but precede the negative commands.

Suéna**te** la nariz con pañuelos desechables.	*Blow your nose with paper hankies.*
Tomémos**le** la fiebre.	*Let's take his temperature.*
Tápe**se** la boca cuando tose.	*Cover your mouth when you cough.*
No **se** ponga la inyección.	*Don't have the injection.*

E. Verbs with spelling changes and commands

Expansion for E: Other verbs that follow this pattern are *buscar, sacar,* and *llegar.*

Verbs that end in -**car**, -**gar** change to -**que**, -**gue** to preserve the hard sound of the **c** and **g** in the **Ud./Uds.** command, negative **tú** command, and the **nosotros** command.

Paguen Uds. por los remedios.	*Pay for the medicine.*
No **toques** los remedios.	*Don't touch the medicine.*
Practiquemos yoga.	*Let's practice yoga!*

Verbs that end in -**zar** change the **z** to **c** in the **Ud./Uds.** command, negative **tú** command, and the **nosotros** command.

No **almuerce** Ud. antes de hacer ejercicio.	*Don't have lunch before exercising.*
No **comiences** un régimen sin consultar con el doctor primero.	*Don't start a diet without checking with the doctor first.*
¡Gocemos de la vida!	*Let's enjoy life!*
¡Empecemos una dieta sana!	*Let's start a healthy diet!*

Práctica y comunicación

4-18 **En situaciones difíciles.** Estos son consejos de una psicóloga para enfrentar las situaciones difíciles y mantener una vida sana. Cambia cada consejo como sea necesario para convertirlo en un mandato informal.

Modelo: ser optimista; no ser pesimista

Sé optimista. No seas pesimista.

1. ser objetivo y mantener la calma frente a situaciones de emergencia
2. mantener una dieta balanceada y sana
3. quererse
4. no sentirse víctima
5. aprender de los errores
6. conservar el buen humor
7. hacer ejercicios de relajación
8. dormir ocho horas por noche
9. mantener un círculo de amigos
10. ¿Tus consejos?

4-19 **Consejos de un nutricionista.** Ahora presta atención a la nutrición. Elige uno de los sustantivos de la lista y tu compañero/a te dará una orden y un consejo. Luego, alternen los roles.

Modelo: E1: ¿el aceite de soja?   ser bueno para la salud

E2: *Úsalo. Es bueno para la salud.*

E1: ¿las papas fritas?   no ser saludable

E2: *No las comas. No son saludables.*

1. ¿los huevos?   aumentar el colesterol
2. ¿las frutas?   tener vitaminas
3. ¿la leche?   ayudar al crecimiento
4. ¿el azúcar?   engordar
5. ¿la sacarina?   no ser natural
6. ¿el agua mineral?   mantener la piel sana
7. ¿las verduras?   proveer fibra
8. ¿la sal?   afectar la tensión
9. ¿el pan?   contener carbohidratos
10. ¿la carne?   tener proteína

4-20 Ejercicios de relajación. Ustedes decidieron hacerle caso a la psicóloga y van a hacer ejercicios de relajación. Preparen una clase de gimnasia con los dibujos siguientes, luego pónganlos en práctica con un grupo de sus compañeros.

levantar el brazo / la pierna   tocarse los pies   doblarse *(bend over)* **acostarse en el suelo**

4-21 Recetas sanas. Ustedes también van a seguir el consejo de mantener una dieta balanceada y sana. Lean el ejemplo de la receta para los ajíes rellenos y decidan si es un plato sano. Luego, escojan su receta preferida y compártanla con sus compañeros/as. Indíquenles lo que necesitan comprar y cómo se prepara.

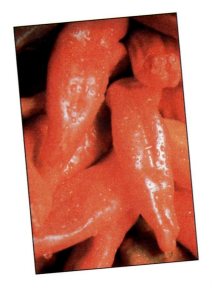

Los chiles son una de las especias más utilizadas en la cocina mexicana. Son la base de la condimentación y hay hasta setenta especies diferentes.

Note: Direct student to the vocabulary on cooking at the end of the chapter.

Suggestion: Ask students to make the *Ajíes rellenos* recipe at home and then report to the class.

Ajíes rellenos: receta

- **6 ajíes poblanos en lata**
- **3 huevos**
- **1/2 cucharadita de sal**
- **harina**
- **aceite vegetal**
- **queso Monterey Jack**

Separe los huevos y bata las claras *(egg whites)* **hasta formar una crema.**

Bata las yemas *(egg yolks)* **con sal y pimienta y mézclelas con las claras batidas.**

Corte el queso en tiras largas y póngalo dentro de los ajíes.

Pase cada ají por la harina y luego por la mezcla de huevos.

Cocínelos en una sartén con aceite caliente. Ponga el resto de la mezcla de huevos sobre los ajíes en la sartén.

Fríalos hasta que estén dorados y sírvalos con salsa de tomate.

 4-22 **En caso de accidente.** Un consejo de la psicóloga es mantener la calma frente a una situación de emergencia. En grupos, piensen en cinco situaciones de urgencia y preséntenselas a los otros grupos. Ellos tienen que dar mandatos con la forma **nosotros** para resolver la situación y mantener la calma.

Note for 4-22: Give the groups a few minutes to think of an emergency situation and the reaction to it. After they have presented the situation to the class, an alternative could be to represent the situation and have them respond on the spot.

Modelo:	GRUPO 1 DICE:	*Hubo un accidente de coche.*
	GRUPO 2 RESPONDE:	*Llamemos a la ambulancia.*
		No movamos al herido (wounded).
		Démosle los primeros auxilios (first aid).

Diario

¿Recuerdas cuando eras niño/a y te enfermabas? ¿Quién te curaba y te atendía? ¿Qué hacías tú? ¿Te gustaban los remedios que tenías que tomar? Cuenta una enfermedad que tuviste.

Manos a la obra

Así se lee

Getting the gist

Getting the gist means getting the general idea of the passage without paying attention to details. When you want to get the gist of the passage, you quickly skim over it to get a sense of the topic presented in the text. Skimming is the actual action of moving your eyes through the page. The end result of skimming is getting the gist of the passage. This method can also be applied to listening. In both cases you do not need to comprehend every word; instead, you try to get a general idea of what's been said.

Práctica

Answer for 4-23: 3) *Las crisis nos ayudan a crecer.*

Boletín

Huir de la compasión

La primera tentación que tenemos cuando llegan los malos tiempos es compadecernos y quejarnos de lo mal que nos va. Sin embargo, los psicólogos dicen que este recurso es como una droga dulce que sólo sirve para engañarnos (to deceive) a nosotros mismos, disminuir nuestras energías y evitar que reaccionemos con eficacia ante las situaciones difíciles.

4-23 Las crisis. Lee rápidamente el siguiente párrafo para encontrar la idea general. Luego decide cuál de las siguientes oraciones sintetiza el párrafo.

Bienvenidas (welcome) sean las crisis

Una crisis tiene numerosos aspectos positivos. Según los psicólogos, debemos dar la bienvenida a las crisis, porque sin ellas no existiría la posibilidad de mejorar ni de crecer. Las crisis siempre traen consigo un gran poder de transformación. Hay que tener la seguridad de que, cuando todo pase, nacerá algo hermoso.

1. Es importante pasar por crisis en la vida.
2. Las crisis son malas para la salud.
3. Las crisis nos ayudan a crecer.
4. No hay nada que se pueda hacer ante una crisis.

 4-24 ¿Te gusta quejarte? Lee el boletín. Comenta con otro/a estudiante la idea principal. ¿Están de acuerdo con lo que dicen los psicólogos o creen que quejarse ayuda a clarificar los problemas? ¿Cuál es su actitud frente a las situaciones difíciles? Presenten a la clase sus conclusiones.

Diario

Piensa en una crisis y en cómo reaccionaste a ella. ¿Qué vas a hacer la próxima vez que tengas una crisis? ¿Hay algo que quieres cambiar?

Antes de leer

Estudia estas palabras para comprender mejor el texto.

Expansion: Have students play hangman with the vocabulary words.

Vocabulario		Palabra en uso
afilar	*to sharpen*	Yo estaba **afilando** el cuchillo.
angustia	*anguish*	Tengo una **angustia** que me deprime mucho.
batata	*sweet potato*	Me gustan las **batatas** al horno.
cocinero/a	*cook*	El **cocinero** escogió la mejor batata.
colita	*little tail*	El gatito tiene una **colita** blanca.
dañar	*to hurt, damage*	El estrés **daña** las defensas del sistema inmunológico.
empeorar	*to get worse*	Si no tomas el remedio vas a **empeorar**.
influir	*to influence*	Tu actitud puede **influir** en la cura de tu enfermedad.
lucha	*fight*	Mucha gente contribuye a la **lucha** contra el cáncer.
malestar	*discomfort*	Tiene un problema, un pequeño **malestar** en la pierna.
mejorar	*to get better*	Su optimismo **mejoró** la situación.
muerte	*death*	La **muerte** es siempre triste.
prevenir	*to prevent*	Para **prevenir** la gripe debes tomar vitamina C.
reina	*queen*	La **reina** batata es un cuento de niños.
SIDA	*AIDS*	Ana cuida a los pacientes con **SIDA**.

Práctica y comunicación

4-25 ¿Cuáles se relacionan? Escoge la palabra de la lista B que se relaciona con cada palabra de la lista A.

Answers for 4-25: 1) *c* 2) *f* 3) *e* 4) *a* 5) *g* 6) *d* 7) *b*

A

1. _____ afilar
2. _____ hacer mal
3. _____ prevenir
4. _____ cocinero
5. _____ empeorar
6. _____ malestar
7. _____ reina

B

a. cocinar
b. gobernar
c. cortar
d. estar mal
e. evitar
f. dañar
g. mejorar

4-26 Las causas del estrés. Aquí tienes algunas situaciones que causan estrés e información para combatirlo. Completa las oraciones con la palabra correspondiente. Haz los cambios necesarios. Después, cuéntale a otro/a estudiante qué situaciones son estresantes para ti y cómo las combates.

angustia	luchar	influir	malestar	muerte	batata

Causas

1. La _____ de un familiar cercano es una de las causas de estrés más altas.

2. Las personas pesimistas que sienten mucha _____ en situaciones difíciles viven estresadas.

3. Cuando trabajo mucho y no hago ejercicio, siento un _____ general en mi cuerpo que me causa estrés.

4. ¿?

Información

5. La piel de la _____ es rica en vitaminas que fortalecen el sistema nervioso.

6. La actitud mental _____ en la cura del estrés.

7. Para fortalecer el sistema inmunológico, es importante _____ contra las enfermedades.

8. ¿?

4-27 ¿Cuidas tu inmunidad? Hay una forma de ser que propicia un buen sistema inmunológico. Estas preguntas fueron formuladas por la revista **Cuerpomente**. Contesta estas preguntas con tu compañero/a y luego informa a la clase del resultado.

1. ¿Estás contento/a con tu trabajo, tu familia y tus relaciones sociales?

2. ¿Sabes expresar tu enojo *(anger)* en defensa de ti mismo/a?

3. ¿Pides ayuda a amigos o familiares cuando estás preocupado/a?

4. ¿Pides favores a amigos o familiares cuando los necesitas?

5. ¿Te niegas a hacer un favor si no te sientes con ganas?

6. ¿Tienes un estilo de vida que incluye una dieta saludable y ejercicio?

7. ¿Hay suficiente espacio para la diversión en tu vida?

8. ¿Te sientes deprimido/a frecuentemente e impotente para evitar la depresión?

Resultado: Si contestas no a las primeras siete preguntas y sí a la última, necesitas cambiar estas áreas para mantener un sistema inmunológico saludable.

Introducción a la lectura

El artículo que vas a leer sostiene que las defensas mentales pueden ayudar a mejorar a las personas enfermas.

La actitud mental: un arma contra la enfermedad

Lectura

La primera arma° en la lucha contra la enfermedad es una buena actitud mental. El estado psicológico de la persona y su forma de responder al estrés pueden influir directamente en el desarrollo de varias enfermedades de carácter inmunológico e infeccioso, como las alergias y el SIDA, e incluso en el de otros tipos de dolencias, como el cáncer.

weapon

La influencia de la mente sobre el cuerpo y del cuerpo sobre la mente no es cuestión de fe°. Todos estamos conscientes de que los dolores físicos pueden causar depresión y de que por su lado, el malestar psíquico puede también empeorar las enfermedades orgánicas.

matter of faith

Aparte de esto°, el pesimismo no aporta ningún beneficio en cuanto a la curación de enfermedades, mientras que el optimismo puede ser muy efectivo tanto previniendo como combatiendo muchas de ellas.

besides this

Una de las investigaciones más prometedoras sobre la relación entre el cuerpo y la mente es el estudio de cómo la personalidad y el estado psicológico de cada persona afectan la capacidad defensiva del sistema inmunológico. El estudio de la influencia del estrés en el sistema inmunitario ha creado, recientemente, una nueva disciplina conocida como la psiconeuroinmunología.

La revista *The New England Journal of Medicine* afirma que "la influencia del sistema nervioso central sobre el sistema inmunológico está bien documentada y admite que el estado emocional puede influir en las enfermedades en las que está implicada la inmunidad". Otro estudio hecho por la Comunidad Europea mostró° que en el 50 por ciento de las enfermedades físicas existe un factor mental, psicológico y emocional.

showed

Otras investigaciones presentan evidencia de que el estrés daña las defensas naturales del organismo, como ocurre en el caso de los parientes de enfermos de Alzheimer, en el de los estudiantes en la época de exámenes o en el de las personas afectadas por la muerte de un ser querido. En estas investigaciones se puede observar que el sistema inmunológico de las personas estudiadas funcionaba peor a consecuencia tanto del estrés como de la angustia.

Por esta razón, algunos centros médicos, como el Hospital Real Marsden de Londres, o el Instituto de Inmunología de Colonia, Alemania, mantienen programas de tratamiento psicológico y de acondicionamiento físico para pacientes con cáncer de mama, con la intención de estimular sus defensas orgánicas.

Estos estudios parecen prometedores, ya que las pacientes que prestan atención a su bienestar psíquico y físico promueven° la esperanza y el espíritu de lucha en su propio organismo y tienden a disfrutar de una vida más larga.

promote

"La psicoterapia, el consejo y el trabajo de grupo han demostrado que mejoran los resultados terapéuticos en pacientes con cáncer. Estos tratamientos han prolongado la supervivencia° de pacientes que sufren cáncer de mama metastatizado y melanoma maligno", se comenta en el *New England Journal of Medicine*.

survival

Aún así no se puede afirmar con certeza que las personas con síntomas depresivos tengan una tasa de mortalidad° superior a la de otros grupos, ni tampoco que un tipo específico de personalidad propicie el cáncer.

mortality rate

Sin embargo, la puerta a la esperanza está abierta: las defensas mentales pueden ayudar a combatir alergias, el cáncer y las enfermedades infecciosas e inmunitarias.

Answers for 4-28: 1) *C* 2) *C* 3) *F* 4) *C* 5) *F* 6) *C*

4-28 ¿Qué piensas? Decide si estas afirmaciones son ciertas o falsas según la lectura. Explica por qué y luego compara tus respuestas con las de otro/a estudiante.

1. _____ La mente influye sobre el cuerpo.
2. _____ El cuerpo influye sobre la mente.
3. _____ La depresión nunca ayuda a desarrollar enfermedades orgánicas.
4. _____ El optimismo previene las enfermedades.
5. _____ El estrés no contribuye a que la gente se enferme.
6. _____ Una actitud positiva puede contribuir a curar a un enfermo de cáncer.

4-29 Resumen colectivo. Escriban una oración que sintetice cada párrafo de la lectura. Luego compartan el resumen con los otros grupos de la clase y seleccionen el mejor.

Modelo: PÁRRAFO 1: El cuerpo influye sobre la mente y viceversa.

4-30 De la vida real. Encuentren en la lectura ejemplos que demuestren que la actitud mental influye en las enfermedades. Luego presenten ejemplos que Uds. conozcan en donde la actitud mental (no) ayudó al paciente. Compártanlos con su grupo.

4-31 Encuesta. Pregúntales a varios estudiantes si creen que la actitud mental influye en las enfermedades orgánicas como el cáncer y por qué. Luego comparte tus resultados con el resto de la clase.

Poema

María Elena Walsh (1930–   )

María Elena Walsh escribe y canta cuentos y poesías para
niños en Buenos Aires, Argentina. Su poesía es sencilla e
imaginativa. En ella sujetos como la naranja, el cocodrilo o
el mono tienen aventuras increíbles. Ésta es una poesía para
niños muy popular que también apareció en disco en forma
de canción. Es un cuento de cómo la reina batata se salva
del cuchillo del cocinero gracias a la nena de la casa.

Note for Poema: This is a
nursery rhyme which has
music that goes with it. If
you find the CD, play it for
students in class. Nursery
rhyme: *canción para niños o
canción infantil;* lullaby:
canción de cuna.

La Reina Batata

Estaba la Reina Batata
sentada en un plato de plata.
El cocinero la miró
y la Reina se abatató°.   *was embarrassed*

La Reina temblaba° de miedo,   *was shaking*
el cocinero con el dedo
—que no que sí, que sí que no—
de mal humor la amenazó°.   *threatened*

Pensaba la Reina Batata:
—Ahora me pincha° y me mata.   *to stab with a fork*
Y el cocinero murmuró:
con ésta sí me quedo° yo.   *escojo*

La Reina vio por el rabillo°   *lado del ojo*
que estaba afilando el cuchillo.
Y tanto, tanto se asustó°   *tuvo miedo*
que rodó al suelo y se escondió°.   *hid*

Entonces llegó de la plaza
la nena menor de la casa.
Cuando buscaba su yo-yó
en un rincón° la descubrió.   *corner*

La nena en un trono de lata°   *tin throne*
la puso a la Reina Batata.
Colita verde le brotó°   *sprouted*
(a la Reina Batata, a la nena no).

Y esta canción se terminó.

Práctica y comunicación

4–32 **La Reina Batata.** ¿Qué cuenta cada estrofa? Escoge la idea principal que aparece en cada estrofa.

1. En la estrofa número uno la idea principal es _____.

   a. el lugar donde se encuentra la reina batata.

   b. la situación de la reina batata.

   c. cómo se siente la reina batata.

2. En la estrofa número dos la idea principal es _____.

   a. el enfrentamiento de la reina batata con el cocinero.

   b. que la reina tiene mucho miedo.

   c. que el cocinero está de mal humor.

3. En la estrofa número tres la idea principal es _____.

   a. que el cocinero mata a la reina.

   b. el pensamiento de la reina batata.

   c. la decisión del cocinero.

4. En la estrofa número cuatro la idea principal es _____.

   a. que el cocinero afila el cuchillo.

   b. cómo se escapa la reina del cocinero.

   c. que la reina y el cocinero se preparan para pelear.

5. En la estrofa número cinco la idea principal es _____.

   a. la intervención de la nena de la casa.

   b. que la nena pierde su yo-yó.

   c. que la reina batata va de paseo a la plaza.

6. En la estrofa número seis la idea principal es _____.

   a. que la nena se hace reina.

   b. que la reina batata termina en un trono de plata.

   c. cuál es el final de la reina batata.

4-33 **El ritmo del poema.** Como en todo poema infantil el ritmo es lo que hace que las estrofas sean fáciles de recordar. El ritmo lo establece el número de sílabas en cada verso (9, 9, 8 y 8 en la Reina Batata) y la rima de las palabras. Encuentren las palabras que riman en cada estrofa.

Modelo: Estaba la Reina **Batata**

sentada en un plato de **plata.**

El cocinero la **miró**

y la Reina se **abatató.**

4-34 **Mi poema o canción infantil preferida.** Escoge un poema o canción infantil que fue importante para ti cuando eras niño/a. Explícales en español a tus compañeros de lo que trata y ellos deben adivinar cuál es. Luego canten la canción o reciten el poema.

Diario

¿Qué recuerdos evoca en ti tu canción de cuna o infantil preferida? Describe los sentimientos que despierta en ti: ¿tristeza? ¿alegría? ¿nostalgia? ¿Por qué?

Al fin y al cabo

Proyecto: En la variedad está el gusto

En esta parte del capítulo vas a realizar una serie de actividades para promover una vida saludable y vas a reflexionar sobre el problema del hambre.

4-35 ¿Eres una persona sana? Contesta **Sí** o **No** a cada una de las preguntas. Luego entrevista a otro/a estudiante y juntos lean los resultados. ¡Suerte!

1. _____   ¿Haces ejercicio durante 20 minutos tres veces por semana o más?
2. _____   ¿Terminas tu día sin estar demasiado cansado/a?
3. _____   ¿Tienes tiempo libre para ti y para tus amigos?
4. _____   ¿Manejas positivamente las situaciones estresantes de tu vida?
5. _____   ¿Te haces un examen médico anual?
6. _____   ¿Fumas?
7. _____   ¿Mantienes tu peso estable sin bajar y subir constantemente?
8. _____   ¿Lees las etiquetas de los alimentos para seleccionar los que tienen poca grasa, sodio, etc.?
9. _____   ¿Tomas una sola copa de alcohol por día o menos?
10. _____   ¿Consumes pocos helados, bebidas gaseosas y dulces?
11. _____   ¿Comes alimentos con poca sal?
12. _____   ¿Tomas por lo menos 8 vasos de agua por día?

Resultados:

Si contestas **Sí** a la mayoría de las preguntas (menos la 6), te felicitamos. Tienes muy buena salud mental y física.

Si contestas **No** a la mayoría de las preguntas, ¡OJO! no estás en muy buen estado, ni físico ni mental. Haz algo para cambiar las respuestas negativas a afirmativas. Pide ayuda.

4–36 Una campaña para la buena salud. Los resultados de la encuesta anterior demuestran que hay que hacer algo para mantener a la gente consciente de su salud. Preparen un cartel *(poster)* que promueva la buena salud física o mental. Usen alguna de las formas del imperativo al escribir su mensaje.

4–37 Otras formas de medicina. En los últimos tiempos se aceptan técnicas de medicina no tradicional. Averigua en qué consisten las siguientes formas de medicina alternativa y presenta un breve informe oral para la próxima clase:

Note for 4-37: Assign this activity as homework to allow students to find the information that they need.

Medicinas alternativas

la acupuntura

la homeopatía

la medicina tradicional china

la psicología transpersonal

la medicina cuántica

otras…

4–38 ¿Y tú qué piensas? Entrevista a tres estudiantes para saber si están de acuerdo con las siguientes afirmaciones y por qué. Luego informa a la clase sobre los resultados de tu encuesta.

	Estudiante 1	Estudiante 2	Estudiante 3
La medicina alternativa es una forma de ganar dinero fácil.			
Los seguros de salud no deben pagar por los remedios homeopáticos.			
Todos los que hacen acupuntura son unos charlatanes.			
Las técnicas de relajación no sirven para nada.			

Note for 4-39: Divide the class in two groups. Give them five minutes to decide on arguments for or against alternative medicine.

4-39 **La medicina alternativa.** Preparen un debate a favor y en contra de la medicina alternativa. Cuando sea posible, usen las expresiones para hacer sugerencias de la sección Así se dice.

4-40 **Para el periódico.** El debate sobre la medicina alternativa ha sido muy interesante y el periódico de la universidad les pide una nota sobre el mismo. En grupos escriban un informe de no más de 100 palabras sobre el debate e incluyan algunas recomendaciones como conclusión. Usen las expresiones para recomendar de la sección Así se dice.

A escribir

Para dar instrucciones

Many times it is necessary to write down instructions to tell others how to do certain things. For instance, cooking recipes, how to use a computer, or lists of chores for each member of the family.

The tone of the instructions may be formal or informal. A note to your roommate will have a more informal tone than a note to the postman. In giving instructions, it is common to use commands with **tú** or **Ud** as well as the infinitive in some instances. It is also common to use suggestions which add courtesy to the command. (Refer to the section **Así se dice** on page 103).

Study the following examples. For other examples, refer to the instructions of the Vocabulario en Contexto: Consejos médicos.

Nota formal:
Sr. cartero:
Si no hay nadie en casa, por favor no deje el paquete en la puerta del frente. Le agradecería que lo pusiera en la puerta de detrás de la casa.
Muchas gracias.

Uso del infinitivo:
Receta para la tortilla de patatas
Pelar dos patatas y cortarlas en círculos finos
Freírlas en aceite bien caliente sin dorarlas
Agregar una cebolla cortada en rodajas
Agregar seis huevos batidos
Cocinar a fuego lento
Dar la vuelta a la tortilla y cocinar del otro lado

Práctica

4-41 **La dieta de un ciclista.** Uds. son entrenadores de un grupo de ciclistas que necesita tener un óptimo nivel de salud para sus carreras. Díganles a estos ciclistas lo que deben comer antes, durante y después de la carrera según esta información.

Modelo: E1:   *Para ganar tienen que comer huevos en el desayuno.*

E2:   *Beban mucho líquido antes de empezar y durante la carrera.*

Boletín

Refrán: Al pan, pan y al vino, vino.

Suggestion: Ask students to try to explain this saying. Is there an English equivalent?

La dieta de un ciclista

Desayuno: Tres horas antes de la salida. Es la comida más fuerte del día.

En ruta: Alimentos que pueden comer mientras están en la bicicleta o hacen una breve parada.

Inmediatamente después de la carrera: Una ligera comida a base de cereales.

Cena: La última comida del día con hidratos de carbono y proteínas.

4-42 **¿Hay soluciones para el hambre mundial?** Uds. son parte de un comité que debe encontrar soluciones al hambre mundial. Se calcula que en el mundo existen 800 millones de personas a punto de morir de hambre. También hay un exceso de producción de alimentos en algunos países desarrollados. Sigan estos pasos para encontrar una solución.

a. Busquen en Internet o en la biblioteca cuáles son los lugares donde hay más problemas de hambre y malnutrición. ¿Cuáles son las causas?

b. Busquen información sobre la producción excesiva de alimentos. ¿Qué se hace con ellos?

c. ¿Qué proponen Uds. para solucionar este problema? Escriban una lista de lo que se podría hacer. Compartan sus soluciones con la clase.

d. Escriban un informe incluyendo la información obtenida y las soluciones propuestas.

Vocabulario

El cuerpo humano

la cabeza	head	la mejilla	cheek
el cabello	hair	la mente	mind
la cadera	hip	el mentón	chin
la ceja	eyebrow	la muela	molar
la cintura	waist	la muñeca	wrist
el codo	elbow	el muslo	thigh
el corazón	heart	la pantorrilla	calf
el cuello	neck	el pelo	hair
el dedo	finger	las pestañas	eyelashes
la espalda	back	los pulmones	lungs
la garganta	throat	la rodilla	knee
el hombro	shoulder	el tobillo	ankle
el labio	lip	la uña	nail
la lengua	tongue		

Enfermedades

el catarro	head cold	la gripe	flu
el desmayo	fainting spell	el mareo	dizziness
el dolor de oído	earache	el resfriado	cold

Remedios

las gotas	drops	la pastilla	pill
el jarabe para la tos	cough syrup	la receta	prescription, recipe
el medicamento	medicine		

Para cocinar

el alimento	food	la harina	flour
el arroz integral	brown rice	mezclar	to mix
asar	to roast	la olla	pan
batir	to whip	el pan integral	whole wheat bread
cocinar	to cook	el/la sartén	frying pan
cortar	to cut	tapar	to cover
dorar	to sauté	la verdura	vegetable
freír(i)	to fry		

Sustantivos

la cita	*appointment*	**el insomnio**	*insomnia*
la dieta equilibrada	*balanced diet*	**el peso**	*weight*
el embarazo	*pregnancy*	**la tensión arterial**	*blood pressure*
la estatura	*height*	**la/s vez/veces**	*times (number of)*
la grasa	*fat*		

Verbos

adelgazar	*to lose weight*	**quebrarse (ie)**	
aliviar el dolor	*to alleviate the pain*	**(una pierna / un brazo)**	*to break (a leg / an arm)*
caer mal	*to not agree with one's stomach*	**recetar**	*to prescribe*
		respirar	*to breathe*
contagiar	*to be contagious*	**sentar mal (ie)**	*to disagree with one's stomach*
cuidar	*to take care of*		
desmayarse	*to faint*	**sentir (ie)**	*to feel*
doblarse	*to bend down*	**sentirse (ie) bien / mal**	*to feel good / bad*
doler (ue)	*to hurt*	**ser alérgico/a**	*to be allergic*
engordar	*to gain weight*	**sonarse (ue) la nariz**	*to blow one's nose*
estar embarazada	*to be pregnant*	**taparse la boca**	*to cover one's mouth*
estornudar	*to sneeze*	**tener fiebre**	*to have a fever*
evitar	*to avoid*	**tener náusea**	*to be nauseous*
gozar de buena salud	*to enjoy good health*	**tomar la presión arterial**	*to measure the blood pressure*
hacer caso	*to follow someone's advice*		
hacer régimen	*to be on a diet*	**tomar la temperatura**	*to take one's temperature*
marearse	*to be dizzy*	**torcerse (ue) el tobillo**	*to twist one's ankle*
molestar	*to bother*	**toser**	*to cough*
poner una inyección	*to give an injection*	**vomitar**	*to vomit*
prestar atención	*to pay attention to*		

Adjetivos

sano/a	*healthy*	**desechable**	*disposable*

Note: The vocabulary in **Manos a la obra** on page 113 is also considered active vocabulary.

Capítulo cinco

El medio ambiente

Warm-up: *¿Qué quiere decir Octavio Paz en esta oración? ¿Por qué tenemos que tener un sentimiento de hermandad con la naturaleza? ¿Qué ha hecho el hombre con la naturaleza?*

"Sólo si renace entre nosotros el sentimiento de hermandad con la naturaleza, podremos defender a la vida."

—Octavio Paz

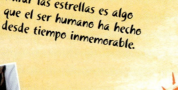

Mirar las estrellas es algo que el ser humano ha hecho desde tiempo inmemorable.

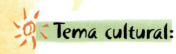

Tema cultural:

Problemas ecológicos

Objetivos comunicativos:

Talking about the environment

Talking about where we live

Influencing others

Asking for opinion

Distinguishing between people and things

Avoiding repetition of nouns

Indicating to whom or for whom actions are done

Preservación de los bosques en Costa Rica.

Warm-up: Introduce the theme by telling students: *En este capítulo vamos a hablar de la ecología. ¿Cuáles son los problemas ecológicos más importante de este momento?* etc.

El equipo de Greenpeace en Argentina trabaja para parar la contaminación de las aguas de un riachuelo en Buenos Aires.

En marcha

ahorrar	to save
guardar	to put away, keep
reaprovechar	to reuse
reciclar	to recycle
reducir	to reduce
reutilizar	to reuse

botar/tirar	to throw away
derrochar	to waste
desechar	to throw out, reject, dispose of
desperdiciar	to waste
rechazar	to reject

basura
residuos
desechos

cubo de basura

Vocabulario en contexto: Tres alternativas ecológicas

Querido James,

Hace varios días que viajo por este hermoso país y me doy cuenta de que Colombia tiene una gran variedad de **recursos naturales**, pero también tiene **demasiados** problemas ecológicos. Afortunadamente, se están **creando** muchos programas para **proteger** la **naturaleza**. Por ejemplo, en el primer **municipio** que visité, Cundinamarca, hay una **innovadora** solución para el problema de la **basura**. En la capital, Bogotá, no había un programa de **reciclaje** como el que existe en los Estados Unidos, sino que las personas **desempleadas** buscaban y clasificaban **vidrio**, **cartón** y otros **materiales reutilizables** en la basura. Finalmente, estas personas decidieron **unirse** en grupos y, **de esta manera**, se creó una gran empresa que **evita** que se **malgasten** los recursos y, además, **genera** empleo.

Después fui a Medellín, una ciudad muy industrializada, que tiene un hermoso río. **Desafortunadamente, a causa de** su **desarrollo**, el río está muy **contaminado** porque **a menudo** las **fábricas** de la zona **tiraban** su **material de desecho** allí. Ahora se formó un programa para **limpiar** el agua del río y **sembrar** árboles a su alrededor, pero sobre todo, para enseñar a la gente a querer y no destruir el río Medellín.

Bueno, ahora me despido y luego te voy a escribir con una sorpresa.
Un abrazo,

Catalina

Check comprehension:
¿Qué hace Colombia para resolver sus problemas ecológicos? ¿Existe el reciclaje en Colombia como existe en los Estados Unidos? ¿Qué hacía la gente desempleada? ¿Qué clase de empresa crearon? ¿Qué problemas hay en Medellín? ¿Qué soluciones le dieron? ¿Pueden pensar en otras ciudades industrializadas que tengan el mismo problema con la contaminación de sus ríos? ¿Qué es el ecoturismo? ¿Es caro? ¿Por qué no es bueno talar los árboles?

Hola James,

Hoy te escribo desde Nuquí, una bella playa del Pacífico colombiano. Estoy en un paseo de ecoturismo, otro **modo** muy interesante de cuidar el **medio ambiente**. Este programa consiste en educar a la gente para prevenir un desastre ecológico mientras se disfruta viajando. Ayer, por ejemplo, caminamos por la selva y allí aprendimos la importancia de no **talar** árboles para poder conservar el aire puro y **evitar** el **calentamiento global**. Esta es **una forma** muy divertida de aprender. ¡Además los viajes no son **costosos**!

No puedo escribirte más porque me voy a nadar al mar.

Te recuerdo mucho,
Catalina

COLOMBIA 01
1.000 Aéreo
IV Exposición Bolivariana de Filatelia
Santafé de Bogotá
22 IV - 4 V

James Wilkins
24 Mt. Auburn St.
Sacramento, CA 95608
U.S.A.

Palabras conocidas

Donde vivimos

Repasa estas palabras que deben ser parte de tu vocabulario básico.

La casa
la escalera
el lavabo
la llave
la pared
el piso
el sótano
el techo

La ciudad
la acera
las afueras
la autopista
la bocacalle
la calle

el centro comercial
el cine
el correo
la esquina
la estación
el metro
el transporte público

Los muebles
la cama
la cómoda
el espejo
el estante
la lámpara
el sillón

Los electrodomésticos
el microondas
la nevera/el refrigerador
la videocasetera

Cognados
desastre
la ecología
el/la ecólogo/a
el pesticida
la preservación
preservar

Expresiones útiles

a causa de	because of
a menudo	often
aparte de	aside from
de esta manera	in this way
modo de	way, manner

A causa de los materiales de desecho que las fábricas tiran al río, las aguas están contaminadas.

En la selva tropical talan los árboles muy **a menudo**.

Aparte de proteger el medio ambiente los viajes ecoturísticos crean empleo para las personas del lugar.

De esta manera crearon una gran empresa para reciclar papel y vidrio.

El guía tiene un **modo de** explicar las cosas muy agradable.

Because of the waste that the factories throw into the river, the waters are polluted.

In the rain forest the trees are cut very often.

Aside from protecting the environment, ecotourism creates employment for the people in the area.

In this way they created a great business for recycling paper and glass.

The guide has a very nice manner of explaining things.

Práctica y comunicación

5-1 ¿Qué es? Defínele las palabras de la columna A a tu compañero/a sin utilizar la palabra en la definición. Tu compañero/a debe adivinar cuál es la palabra. Luego, tu compañero/a va a definirte las palabras de la lista B y tú debes adivinar. Cubran con un papel la palabra de la columna que adivinan.

Note for 5-1: Before doing this exercise divide the class into A's and B's. Then ask the A's to cover column B with a piece of paper and ask the B's to do the same for column A.

A	B
talar	los recursos naturales
la contaminación	generar
el reciclaje	el calentamiento global
costoso	destruir
proteger	malgastar

5-2 ¿Qué haces tú? Escribe una lista de cinco cosas que tú haces para cuidar el medio ambiente. Luego compara tu lista con la de tu compañero/a. ¿Son similares? ¿Qué aprendiste de su lista? ¿Hay algo más que puedan escribir en sus listas?

5-3 **En tu comunidad.** Imagínense que Uds. son un/a ecologista y un/a líder de la comunidad. El/La líder de la comunidad debe describir el problema ecológico que ocurre en su comunidad. El/La ecologista debe dar soluciones para el problema.

Modelo: E1:   *En nuestra ciudad hay mucho ruido.*

E2:   *Hagan una campaña que establezca horas de silencio.*

5-4A. **Para discutir.** En pequeños grupos, escojan uno de los siguientes temas y luego hablen sobre él. Presenten sus conclusiones a la clase.

• El ecoturismo es una manera efectiva de educar a la gente para proteger la naturaleza.

• Las sociedades más desarrolladas son las que más malgastan los recursos naturales.

• Una sociedad industrializada es necesariamente una sociedad que destruye el medio ambiente.

• Una sola persona no puede hacer nada para prevenir un desastre ecológico.

Follow-up for 5-4B: Have some volunteers read their reports to the class. Then collect them all.

B. **Para saber más.** Busca información en Internet o en la biblioteca sobre un programa de protección del medio ambiente. Haz un breve resumen para la próxima clase.

Cartelera

Con las pilas a otra parte

Relojes, radios, cámaras de fotos y de video, calculadoras, agendas electrónicas, teléfonos inalámbricos, juguetes, control remoto... Cada vez hay un mayor número de productos que funcionan a pilas. Una pila es un objeto que cuando se arroja a la basura puede resultar muy peligroso ya que una sóla pila puede contaminar hasta 600.000 litros de agua.

Las pilas son enviadas al depósito de alta seguridad de San Fernando de Henares (Madrid), el único en España.

5-5 ¿Sabes qué pilas hay que evitar tirar? En tu comunidad, ¿adónde se pueden llevar las pilas usadas? ¿Hay alternativas al uso de pilas contaminantes?

¡Sin duda!

alcanzar – conseguir – lograr – obtener

All these verbs could be translated into English as *to obtain*. Study the chart below to better understand the use of these verbs in Spanish.

Palabra		Ejemplo
alcanzar	*to attain*	**Los programas ecológicos no alcanzaron la meta que esperaban.** *The ecological programs didn't attain the expected goal.*
conseguir	*to get, to obtain*	**Debes conseguir un permiso para reciclar el papel en tu residencia.** *You must obtain a permit to recycle paper in your residence.*
lograr	*to succeed in, to manage*	**De esta manera lograremos salvar el planeta.** *In this way we'll be able to save the planet.*
obtener	*to get, to obtain*	**Es difícil obtener el apoyo de las autoridades.** *It's difficult to get the support of the authorities.*

5–6 **El automóvil y la ciudad de México.** El índice de contaminación en el Distrito Federal de México es uno de los más elevados del mundo. Completa las oraciones con la palabra apropiada. Haz los cambios necesarios.

Answers for 5-6: 1) *lograr/ conseguir* 2) *conseguir/lograr* 3) *consiguió/logró/alcanzó a* 4) *obtener/conseguir* 5) *alcanzar*

| alcanzar | conseguir | lograr | obtener |

1. Para _____ controlar la contaminación del aire en la ciudad de México, el uso del coche está limitado según el número de la patente del automóvil.

2. Pero todavía hay mucho por hacer para _____ tener aire saludable en la ciudad de México.

3. Algunos proponen eliminar el acceso de coches al centro de la ciudad como se _____ hacer en algunas ciudades europeas en el pasado.

4. Además se pueden _____ boletos para el metro a muy bajo costo.

5. Se necesita el esfuerzo de todos los habitantes para _____ las metas propuestas.

 **5-7 Hay que salvar el planeta.** En parejas, piensen en tres objetivos ecológicos para salvar el planeta. Completen el siguiente esquema. Luego comparen sus planes con los de otras parejas de la clase.

Estos son los tres objetivos:

1. _____
2. _____
3. _____

Para lograr estos objetivos tenemos que:

Obtener

1. _____
2. _____

Conseguir

3. _____
4. _____

Lograr

5. _____
6. _____

☼ Boletín

Millones de años de vida

La capa de ozono existe desde hace 420 millones de años. Hasta entonces la vida sólo era posible unos metros por debajo de la superficie marina. Gracias a la protección de la capa de ozono, después de tres millones de años se llevó a cabo el paso de la vida del mar hasta la tierra firme. En ese entonces toda España estaba sumergida bajo el mar.

Follow-up for 5-8: If students cannot come up with ideas of their own, present these possibilities to them: *La industria, el tráfico, la calefacción. Emiten contaminantes la quema de combustibles fósiles que produce CO_2, la destrucción de la selva tropical, etc.*

Cartelera

La capa de ozono

Las últimas observaciones de la NASA han detectado un notable incremento del agujero de la capa de ozono sobre la Antártida. La destrucción de la capa de ozono está producida en parte por la naturaleza y en parte por el hombre. Algunas de las causas son las erupciones volcánicas y el uso masivo de CFC (clorofluorocarbonos), gases empleados en la fabricación de aerosoles, refrigeradores y acondicionadores de aire. Esto produce el calentamiento global y afecta gravemente a los países del cono sur como Argentina y Chile.

El satélite Nimbus-7, "el espía del ozono", transmitió a la Tierra las primeras fotografías de la destrucción de la capa de ozono sobre la Antártida.

5-8 La capa de ozono. ¿Cuáles son las causas de la destrucción de la capa de ozono? Puedes dar otros ejemplos además de los mencionados anteriormente.

Así se dice

Para influir y tratar de convencer a otros

Usa estas expresiones para que otras personas acepten tu punto de vista.

Debe(s) pensar que…	*You have to think that…*
Es importante pensar en…	*It's important to think about…*
Hay que tener en cuenta que…	*One has to take into account that…*
Tenemos que darnos cuenta de que…	*We have to realize that…*
Hay que considerar que…	*One has to consider that…*
Por un lado…	*On one hand…*
Por otro (lado)…	*On the other hand…*

Práctica y comunicación

5-9 **Parar el calentamiento.** En parejas, propongan soluciones a los problemas que dañan la capa de ozono. Luego presenten las soluciones a la clase usando las expresiones de influencia.

Modelo: *Tenemos que darnos cuenta de que hay que hacer algo para parar el calentamiento global.*

Problema	Solución
La densidad de la capa de ozono es afectada por…	
1. los aviones supersónicos que ponen en la atmósfera gases residuales de óxidos nitrosos	
2. los aerosoles con CFC (clorofluorocarbonos) que se usan en los países en desarrollo	
3. los aparatos de aire acondicionado que usan CFC	
4. la refrigeración que usa CFC	
5. el uso de gases nocivos en los plaguicidas para la agricultura	
6. la vivienda estadounidense que produce cerca de 3.000 kilos de CO_2 (dióxido de carbono) en el uso de los servicios públicos (agua caliente, electricidad, calefacción, etc.)	
7. las emisiones de carbono de los automóviles	

 **Boletín**

El nivel del mar en España subió seis centímetros en los últimos quince años. España se encuentra en una de las áreas geográficas del mundo con mayor riesgo de calentamiento.

Para expresar opinión

Estas expresiones se usan para expresar opinión.

(Yo) opino que...	*My opinion is...*
A mí me parece que...	*It seems to me that...*
(Yo) pienso que...	*I think that...*
(Yo) creo que...	*I believe that...*
Estoy seguro/a de que...	*I'm sure that...*
Es importante saber que...	*It's important to know that...*
A mí me gusta...	*I like...*
Yo detesto/odio...	*I hate...*

Boletín

El aluminio
Cuando en 1820 se descubrió el aluminio, valía más que el oro. Es uno de los metales más abundantes de la tierra. Pero para extraer el mineral hay que talar selvas, desalojar comunidades indígenas y contaminar el suelo derrochando además gran cantidad de energía. España gasta muchas toneladas de aluminio al año.

Práctica y comunicación

 **5–10 El envase ideal.** Los envases son la causa principal del crecimiento de las basuras domésticas. Observen los envases de estos productos y den su opinión sobre cada uno. Luego decidan cuál es el mejor envase para proteger el medio ambiente. Expliquen por qué lo eligieron. Usen las expresiones de opinión.

Modelo: E1: *A mí me parece que X es mejor para el medio ambiente porque…*

E2: *Yo opino que X no es bueno para el medio ambiente porque…*

1.

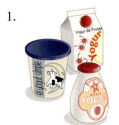

Yogur en vidrio, en plástico o en cartón.

2.

Anillas de plástico de las latas de refresco o cerveza.

3.

Latas de refrescos y cerveza.

4.

Leche en bric, botella de vidrio y bolsa.

5.

Garbanzos en tarro de cristal y en lata.

Referencia gramatical 1

Distinguishing between people and things: The personal *a*
Before doing the following activities review this structure in the **Cabos sueltos**
section, p. 411.

5-11 Presentaciones. La Comisión del Medio Ambiente de la ciudad y un
grupo de ciudadanos preocupados van a reunirse en su oficina. Preséntenlos. Alternen el
rol de presentador y presentado.

Modelo: Ingeniera Peña/Dr. Iturralde

E1: *Ingeniera Peña, le presento al Dr. Iturralde.*

E2: *Mucho gusto, Dr. Iturralde.*

1. Señor Pérez/Doctora López
2. Señor y señora Arrazábal/Arquitecto Jacobs
3. Arquitecta Bastos/Señoras Matellán y Solanas
4. Señores Rivas y Gómez/Doctores López y Larralde

5-12 Para el periódico. Aquí están las notas de la reunión entre los
miembros de la Comisión del Medio Ambiente y los ciudadanos. Escriban un informe
para el periódico local con la información de las notas.

Modelo: *Esta tarde hubo una reunión entre algunos ciudadanos preocupados y la*
*Comisión del Medio Ambiente. La alcaldesa de la ciudad presentó **a** las*
*diferentes personas presentes. El señor Solanas le pidió **a** la Dra. López la*
exposición de las preocupaciones de los…

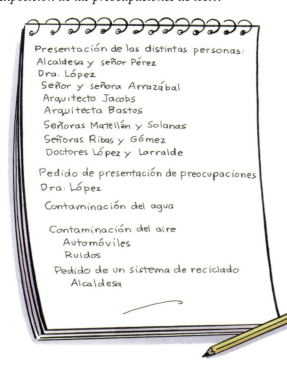

Presentación de las distintas personas:
Alcaldesa y señor Pérez
Dra. López
Señor y señora Arrazábal
Arquitecto Jacobs
Arquitecta Bastos
Señoras Matellán y Solanas
Señoras Ribas y Gómez
Doctores López y Larralde

Pedido de presentación de preocupaciones
Dra. López

Contaminación del agua

Contaminación del aire
  Automóviles
  Ruidos
Pedido de un sistema de reciclado
  Alcaldesa

Conexiones

Avoiding repetition of nouns: Direct object pronouns

In order to find the direct object in a sentence, the question **what?** or **whom?** is asked with the verb.

Alicia recicla **las latas de aluminio**.	*Alicia recycles aluminum cans.*
¿Qué recicla Alicia?	*What does Alicia recycle?*
Las latas de aluminio.	*Aluminum cans.*

In order to avoid repetition, the direct object may be replaced with the corresponding direct object pronoun.

Note: Point out to students that in the last two examples in the chart there is the option of placing the direct object pronoun before the conjugated verb or after and attached to the infinitive or the gerund.

me	nos
te	os
lo, la	los, las

 Placement of the direct object pronoun

Before the conjugated verb	–¿Aceptan **las pilas** para reciclar?	*Do you accept batteries for recycling?*
	–No, no **las** podemos reciclar aquí.	*No, we can't recycle them here.*
Before the negative command	–¿Pongo **los residuos** en el cubo de la basura?	*Do I put the garbage in the trash can?*
	–No **los** pongas en el cubo, **los** usamos en el jardín.	*No, don't put it in the trash can, we use it in the garden.*
After and attached to the affirmative command	–¿Qué hago con **estas pilas**?	*What do I do with these batteries?*
	–Bóta**las**. No las pueden reciclar.	*Throw them away. They can't recycle them.*
After and attached to the infinitive	–¿Vas a usar **la bolsa de plástico**?	*Are you going to use the plastic bag?*
	–Sí, voy a usar**la**.	*Yes, I'm going to use it.*
After and attached to the gerund (**–ando, -iendo** form)	–No creo que estén talando **el bosque**.	*I don't believe they are cutting down the forest.*
	–Sí, te aseguro que están talándo**lo**.	*Yes, I assure you they are cutting it down.*

Práctica y comunicación

5-13 Dime qué tiras y te diré cuánto contaminas. Pregúntale a tu compañero/a lo que tira a la basura y márcalo en la columna apropiada. Suma el tiempo que tarda en descomponerse el producto y léele el resultado. ¡OJO! Usa el pronombre correspondiente en la respuesta.

Modelo: E1: *¿Tiras el chicle a la basura?*

E2: *Sí/No, (no) lo tiro.*

Productos	Tiempo de descomposición	Sí	No
los periódicos	10 años		
un pañuelo de papel	3 meses		
un billete de metro	3–4 meses		
un fósforo	6 meses		
el corazón de una manzana	6–12 meses		
el filtro de un cigarrillo	1–2 años		
las cartas de propaganda	5 años		
una lata de acero *(tin)*	10 años		
las revistas	10 años		

Resultados:

30–20 años	¡OJO! Contaminas mucho. Busca un centro de reciclaje en tu ciudad.
5–19 años	Muy bien. Haces un esfuerzo por reducir la basura. Trata de encontrar nuevas maneras de reciclar tus desechos.
3–18 meses	Excelente. Cuidas muy bien el medio ambiente.

5-14 ¿Qué reciclan en tu ciudad? Pregúntale a un/a compañero/a lo que es posible reciclar en su ciudad. Usa el pronombre correspondiente en la respuesta.

Modelo: E1: *¿Es posible reciclar el vidrio en tu ciudad?*

E2: *Sí/No, (no) es posible reciclarlo.*

1. las latas de aluminio
2. las botellas de agua
3. el cartón
4. el papel
5. los envases de plástico
6. los aceites
7. las pilas
8. las bolsas de plástico

Note: For more practice with the direct object pronoun in the first and second person as well as the pronoun with the gerund, see the section **Cabos sueltos**, pp. 412–413.

5-15 En la ciudad. Tú has ido a visitar a tu amigo/a que vive en otra ciudad y quieres saber dónde puedes hacer estas actividades. Uno/a de ustedes hace el papel de invitado/a y otro/a el de dueño/a de casa. Pregúntale a tu compañero/a y él/ella debe contestar usando los pronombres y los mandatos.

Modelo: cambiar dinero/banco/casa de cambio

E1: *¿Dónde puedo cambiar el dinero?*

E2: *Cámbialo en el banco. No lo cambies en la casa de cambio.*

1. tomar el autobús/la esquina/delante de la residencia
2. depositar unos cheques/banco/caja de ahorros
3. comprar un billete de tren/la estación/el tren
4. mandar cartas/el correo/el buzón
5. mirar una película/el cine/la televisión
6. hacer ejercicio/el gimnasio/el parque

Referencia gramatical 2

For further review of the use of direct and indirect objects please see the **Cabos sueltos** section, pp. 412–414.

Indicating to whom or for whom actions are done: Indirect object pronouns

In order to find the indirect object in a sentence, we ask the question **to** or **for whom** something is done.

Ramón **les** manda mensajes electrónicos **a los grupos ecologistas.**	*Ramón sends e-mails to the ecological groups.*
¿A quién **les** manda mensajes electrónicos Ramón?	*To whom does Ramón send the e-mail?*
A los grupos ecologistas.	*To the ecological groups.*

The indirect object is introduced by the prepositional phrase **a** + noun(s). The indirect object may be replaced with the corresponding indirect object pronoun. However, every time the indirect object noun is present in a sentence, you must have the indirect object pronoun also.

me	nos
te	os
le	les

Luis **le** pidió una beca **al director.**	*Luis asked the director for a scholarship.*
Luis **le** pidió una beca.	*Luis asked him for a scholarship.*

Placement of the indirect object pronoun is the same as with the direct object.

✳ Placement of the indirect object pronoun

Before the conjugated verb	**Le** prestamos un envase de vidrio.	*We loaned him a glass container.*
Before the negative command	No **nos** digas mentiras.	*Don't tell us lies.*
After and attached to the affirmative command	Da**me** ese cartón, por favor.	*Give me that cardboard, please.*
After and attached to the infinitive	Voy a dar**les** una sorpresa.	*I'm going to give you a surprise.*
After and attached to the gerund (-**ando**, -**iendo** form)	Están regalándo**les** latas de comida.	*They are giving them canned food.*

Note: Point out to students that in the last two examples in the chart there is the option of placing the indirect object pronoun before the conjugated verb or after and attached to the infinitive or the gerund.

Práctica y comunicación

 5-16 **Programa para descontaminar el río.** Estas son las medidas que va a tomar la Comisión del Medio Ambiente para limpiar el río que pasa por la ciudad. En parejas, expliquen por qué van a hacer estas cosas.

Modelo: presentar una propuesta a una fundación

E1: *Van a presentarle una propuesta a una fundación para conseguir dinero.*

1. pedir dinero/al gobierno
2. escribir carta/a las autoridades
3. explicar los problemas/a la gente de la ciudad
4. enviar un informe/a la radio
5. preparar una campaña publicitaria/al municipio
6. pedir una cita/al gobernador

5-17 **El medio ambiente y yo.** ¿Qué reacción tienen Uds. ante los problemas en el medio ambiente? Háganse las siguientes preguntas y expliquen sus respuestas. Después, informen a la clase sobre lo que les hace mal a Uds.

Modelo: E1: *¿Te hace mal la contaminación del aire?*

E2: *Sí, a mí me hace mal. Me da alergia.*

1. ¿Te hace mal si alguien fuma delante tuyo?
2. ¿Te hace mal el frío del aire acondicionado?
3. ¿Te hace mal la calefacción en un cuarto cerrado?
4. ¿Te hace mal el polen de los árboles?
5. ¿Te hace mal el polvo *(dust)* en un cuarto?
6. ¿?

Suggestion: Review placement of the object pronouns. Ask students to provide the rule and an example.

Avoiding repetition of nouns: Double object pronouns

In order to avoid repetition, the direct and indirect object pronoun may be used with the same verb. In this case the indirect object precedes the direct object. They follow the same placement rules as the single object pronouns.

–¿**Le** explicaste **los problemas** a la compañía?

–Sí, **se los** expliqué.

The pronouns **le** and **les** become **se** when they precede the third person direct objects **lo, los, la,** and **las.**

Práctica y comunicación

5-18 Respuesta a los ciudadanos. Tú trabajas para la Comisión del Medio Ambiente y un/a periodista quiere saber qué pasó con los pedidos de los ciudadanos. Contesta las preguntas del/de la periodista y utiliza los pronombres siempre que puedas.

Modelo: E1: *¿Les van a crear a los ciudadanos un programa de conservación de la energía eléctrica?*

E2: *Sí, se lo vamos a crear.*

1. ¿Le van a enseñar a la gente a querer la naturaleza?
2. ¿Les darán conferencias a los ciudadanos sobre cómo proteger la naturaleza?
3. ¿Les pondrán cubos de reciclado en las calles?
4. ¿Les van a limpiar el agua del río?
5. ¿Les van a conservar los recursos naturales?

Note for 5-19: Point out to students that both *concienciar* and *concientizar* are used in speech, although *concienciar* is the preferred expression.

5-19 Educación ecológica. Tú eres parte de un grupo de educación para la comunidad. Debes hacer una encuesta en tu vecindario para concientizar *(make aware)* a la gente. En pares hagan y contesten las preguntas.

Modelo: dar/las bolsas de plástico/a tu compañero/a de cuarto.

E1: *¿Le diste las bolsas de plástico a tu compañero/a de cuarto?*

E2: *Sí, se las di.*

1. cambiar/las pilas/a los juguetes de los niños
2. reciclar/los periódicos/a los vecinos
3. regar/el jardín con poca agua/a tus padres
4. cuidar/el perro/a tus abuelos
5. ahorrar/electricidad/a tu jefa
6. regalar/un árbol/a tu amigo

Manos a la obra

Así se lee

Background information

The reading process is like a dialogue with a person that is not present. The reader approaches the text with some questions in mind that may or may not be answered. For example, when you receive a letter from a friend, before you start to read it, you already have some ideas of what might be in the letter because you know your friend. This knowledge that you have about your friend's life is called background knowledge. Before you read a text, it is very helpful to look at the cues that the text provides, such as title, illustrations, and format, and tap into the knowledge that you already have of the topic. Then you can relate the new knowledge to something that is already familiar to you.

Práctica y comunicación

5-20 **El gasto de energía.** Hagan un lista de cómo usan Uds. la energía eléctrica desde la mañana hasta la noche. Compártanla con la clase.

> **Modelo:** *Durante el día consumimos electricidad con: el despertador, la máquina de afeitar, …*

5-21 **Los nuevos edificios ecológicos.** Según las fotos de la Cartelera y el título, ¿qué alternativa presentan al problema del gasto de energía eléctrica? ¿Conocen Uds. proyectos como los edificios de las fotografías?

Cartelera

La vivienda ecológica

La mitad de la energía del mundo la consume el funcionamiento de viviendas y edificios. El tráfico representa otra cuarta parte del pastel. Se puede decir que la arquitectura y el urbanismo provocan el 75% del gasto energético planetario. Reducir ese porcentaje a la mitad no es difícil. Algunos arquitectos ya están construyendo edificios que son plantas productoras de electricidad que generan mucha más energía de la que consumen. La biblioteca Pompeu Fabra, cerca de Barcelona, es el primer edificio que tiene integrado en la fachada módulos fotovoltaicos.

Biblioteca Pompeu Fabra en Mataró.

El edificio "Nexus" de la Universidad Politécnica de Barcelona.

5-22 Gasto energético planetario. Completa las oraciones con la información de la Cartelera de la página 141.

1. La energía que se gasta en la vivienda es _____.
2. La energía que se gasta en el transporte es _____.
3. Una solución al gasto de energía en la vivienda es _____.
4. Esta solución reduce el gasto al _____.
5. El uso de energía solar no es una utopía porque _____.

Antes de leer

Estudia estas palabras para comprender mejor el texto.

Vocabulario		Palabra en uso
el aerosol	*spray*	**Los aerosoles** dañan la capa de ozono.
el buzón	*mailbox*	Todos los días hay catálogos en mi **buzón**.
el cesto	*basket*	Cuando compro en el supermercado no pongo productos desechables en mi **cesto**.
los cosméticos	*make-up*	Sólo uso **cosméticos** de compañías que no utilizan a los animales en sus laboratorios.
los desechos	*trash*	En mi casa guardamos los **desechos** de comida para usarlos como fertilizantes en el jardín.
el envoltorio	*wrapping*	Usa las tiras cómicas del periódico como **envoltorio** para regalos.
el jabón	*soap*	Yo me lavo con **jabón** de glicerina.
el montón	*heap*	En el planeta se genera un **montón** de basura.
el rascacielos	*skyscraper*	No me gustaría vivir en un **rascacielos**; prefiero una casa.
el recipiente	*container*	Uso los **recipientes** de vidrio siempre que puedo.
la recogida	*pickup*	La **recogida** de la basura la hacen los jueves.
el residuo	*garbage*	El reciclaje de **residuos** es un problema global.
la tela	*cloth*	Usa las bolsas de **tela** para hacer las compras.

Práctica y comunicación

5-23 Adivina cuál es la palabra. Una persona piensa en una palabra del vocabulario. La otra debe hacer preguntas hasta adivinar cuál es la palabra. La respuesta debe ser sólo sí o no. Tomen turnos para hacer las preguntas.

Modelo: *¿Lo puedes comer/beber/reciclar?*

¿Lo usas en la calle/en casa?

 **5-24A.** **¿Y yo qué puedo hacer?** Piensen qué pueden hacer Uds. en su casa para ayudar a proteger el medio ambiente. Usen estas preguntas como guía.

¿Qué puedes hacer con …

…los productos de limpieza?   …la basura?

…el consumo del agua?   …la compra del supermercado?

…el consumo de la electricidad?   …el uso del coche?

…el uso de los electrodomésticos?   …los restos de comida?

B. ¿Qué se puede hacer para producir menos residuos? Hagan una lista de ideas.

Introducción a la lectura

En esta lectura se encuentran algunas sugerencias para producir menos desechos.

Preciclar, un nuevo verbo que conjugar

Lectura

¿Qué podemos hacer nosotros, como individuos, para combatir los problemas del medio ambiente? Los ciudadanos que se plantean° "ser parte de la solución antes que ser parte del problema" van a encontrar acá sugerencias para generar la menor cantidad de residuos posible. Para lograr este fin, hay que seguir un proceso que tiene las tres erres en este orden: reducir, reutilizar y reciclar. El mejor residuo es aquel que no se crea.

to tackle a problem

Preciclar. Este nuevo verbo indica el deseo de no comprar residuos y evitar las bolsas de plástico, los envases de un sólo uso, las bandejas de corcho blanco°, los envoltorios superfluos, los aerosoles y el papel innecesario. Es decir, tomar conciencia° de que nuestros hábitos de compra tienen una gran influencia en nuestra capacidad de evitar más residuos de los imprescindibles. Si vamos al supermercado con una bolsa de tela evitamos comprar plástico o papel. En algunas localidades, grupos ecologistas ponen a disposición de los ciudadanos platos, vasos, copas, bandejas y cubiertos para alquilar. Así, las fiestas sociales y familiares no producen grandes acumulaciones de basura y su presentación es más agradable.

Styrofoam trays
to become aware

En la cocina. Aquí se genera la mayoría de los residuos domésticos. Por un lado, los desechos alimenticios y por otro los de la limpieza. Lo primero que hacemos al guardar la compra es llenar el cubo de la basura con cartones protectores, sobres y envoltorios inútiles. Para mejorar la vida en la cocina podemos añadir° recipientes de vidrio al cesto de la compra o al carrito del supermercado para ir poniendo aceitunas a granel°, cereales, frutos secos… Los productos de limpieza también producen muchos sobrantes° plásticos. Por esta razón, es aconsejable usar recipientes de vidrio u otros envases que podamos rellenar y comprar productos con más contenido y menos envoltorio. Los aceites usados en la cocina tampoco deben tirarse por el desagüe°. Algunas ciudades recogen ya los aceites de cocina para reaprovecharlos y utilizarlos como material para hacer jabón.

to add

bulk

leftovers

drain

En el cuarto de baño. Tanto los cosméticos como los productos de higiene que utilizamos en el baño generan gran cantidad de basura en envases. Hay que evitar tirar basura en el retrete°, sobre todo si queremos encontrar los ríos y las playas limpias y somos conscientes del alto costo de depurar° las aguas residuales.

toilet

to purify

En el buzón. Con frecuencia al llegar a casa encontramos nuestro buzón lleno de propagandas y papeles que van directamente a la basura. La forma más sencilla de evitar esto, es poner una etiqueta° en el buzón diciendo que no deseamos recibir publicidad.

sign

En el trabajo. Al final de un día de trabajo, las papeleras están llenas de sobres reutilizables y papel reciclable mezclados con restos plásticos, vasos de cartón y otros tantos desechos que ocupan mucho espacio a pesar de su bajo peso. Sencillos hábitos pueden facilitar el reciclaje en el trabajo. Separar el papel del resto de la basura y usar tazas de cerámica y vasos de vidrio para el agua y el café, son algunas de estas posibles soluciones.

En la escuela. Algunas escuelas y universidades han implementado programas de recogida selectiva que, además de educar, permiten ahorros considerables en gastos relacionados con el papel. Otras instituciones promueven la recogida selectiva de envases e incluso otras van más allá y rechazan la instalación, dentro de sus recintos, de máquinas de bebidas con envases no retornables. Nuestro planeta tiene demasiado valor para dejar que sólo los empresarios° y los políticos se ocupen de estos problemas. Todos tenemos cierta responsabilidad que no podemos ni debemos ignorar.

businessmen

Práctica y comunicación

5-25 **¿Qué podemos hacer para reducir, reutilizar y reciclar?** Según las sugerencias de este artículo, en cada columna escribe lo que se puede hacer para mejorar el medio ambiente.

reducir	reutilizar	reciclar

5-26 **Para evitar muchos residuos.** ¿Qué se debe hacer en estas situaciones para evitar residuos? Puede haber más de una respuesta correcta para cada una.

1. Cuando vamos de compras podemos…

2. Cuando tenemos una fiesta es posible…

3. En el baño no debemos…

4. Los envases de vidrio son preferibles a…

5. Es bueno si los aceites de cocina…

6. En la oficina y en la universidad debemos…

7. Hay que rechazar…

5-27 **Comparaciones.** Compara las ideas que Uds. generaron en la actividad 5-24B con las sugerencias del artículo que leíste.

Poema

Federico García Lorca (1898–1936)

Poeta y dramaturgo español que vivió parte de su corta vida en Nueva York. Con estilo metafórico el poeta hace eco de la alienación y soledad de los hombres en el mundo extraño y pesimista de la gran ciudad que se mueve a pasos acelerados. El poeta siente esta alienación en la combinación de la realidad neoyorquina con la naturaleza.

Vivir en la ciudad tiene ventajas y desventajas. ¿Cuál es tu opinión sobre esto?

Lectura

Iré a Santiago (Fragmento)

Arquitectura extrahumana y ritmo° furioso,	*pace*
geometría y angustia… Nada más poético y	
terrible que la lucha de los rascacielos con el cielo	
que lo cubre°.	*cover*
Nieves, lluvias y nieblas subrayan, mojan°,	*get wet*
tapan las inmensas torres°.	*towers*
Ejército° de ventanas, donde ni una sola persona	*army*
tiene tiempo de mirar una nube o dialogar	
con una de las delicadas brisas que tercamente°	*obstinately*
envía el mar, sin tener jamás respuesta.	

 5-28 Comprensión del texto. En parejas, contesten las siguientes preguntas.

1. ¿Cuáles son los elementos típicos de una ciudad que se mencionan en el poema?
2. ¿Cuáles son los elementos de la naturaleza?
3. ¿Por qué dice "arquitectura extrahumana"?
4. ¿A qué se refiere la metáfora "ritmo furioso"?
5. ¿Cómo sabemos que el poeta se siente deprimido y solo en esta ciudad?
6. ¿Qué papel juega la naturaleza en el poema?

5-29 Interpretación personal. Contesta las siguientes preguntas personales.

1. ¿Conoces Nueva York u otra ciudad grande?
2. ¿Cómo te sientes cuando visitas esta ciudad? ¿Por qué?
3. ¿Compartes la idea de García Lorca sobre Nueva York? Explica.
4. ¿Prefieres la vida en la gran ciudad o en el campo? ¿Por qué?

5-30 Mesa redonda: La vida en la ciudad. ¿Cómo se puede mejorar la vida en las grandes ciudades? Preparen en pares sus ideas y luego preséntenlas para su discusión en clase.

5-31 Nuestra vivienda ecológica. En pequeños grupos, diseñen una casa ecológica. ¿Dónde va a estar situada? ¿Qué materiales van a utilizar? ¿Qué energía van a utilizar? ¿Cómo va a ser la vida en esta vivienda?

Al fin y al cabo

Proyecto: Salvemos el planeta

En esta parte del capítulo vas a realizar una serie de actividades que te harán reflexionar sobre la ecología y el medio ambiente.

Boletín

Aproximadamente un 50% de todo el bosque tropical ha sido destruido desde 1900. En los últimos 10 años se ha talado un 0,7% de los bosques tropicales en Latinoamérica.

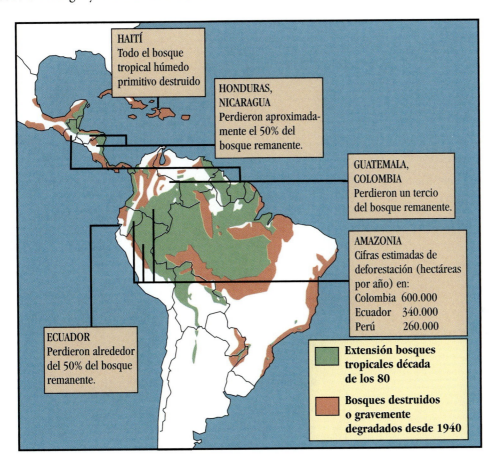

HAITÍ
Todo el bosque tropical húmedo primitivo destruido

HONDURAS, NICARAGUA
Perdieron aproximadamente el 50% del bosque remanente.

GUATEMALA, COLOMBIA
Perdieron un tercio del bosque remanente.

AMAZONIA
Cifras estimadas de deforestación (hectáreas por año) en:
Colombia 600.000
Ecuador 340.000
Perú 260.000

ECUADOR
Perdieron alrededor del 50% del bosque remanente.

Extensión bosques tropicales década de los 80

Bosques destruidos o gravemente degradados desde 1940

Bosques destruidos o grávemente degradados desde 1940. Frente a este problema sólo cabe una posibilidad: detener la deforestación y plantar más árboles de los que se destruyen.

5-32 Problemas ambientales. En grupos de cuatro, dos personas representan a los ciudadanos y las otras dos a la Comisión del Medio Ambiente.

Ciudadanos: Ustedes son un grupo de ciudadanos preocupados por los problemas medioambientales de la ciudad. Preparen una lista de ellos para presentarla ante la Comisión del Medio Ambiente. Deben expresar su opinión sobre los mismos y convencer a la Comisión de su gravedad.

Comisión del Medio Ambiente: Uds. no pueden solucionar todos los problemas de la lista que los ciudadanos les presentan. Tienen que escoger dos y encontrar soluciones. Convenzan a los ciudadanos de que sus soluciones son lo mejor para la ciudad.

5-33 **Nota radial sobre el ozono.** Ustedes son periodistas de la radio local y tienen que hacer una nota de dos minutos sobre el problema de la capa de ozono o sobre otro problema presentado por los ciudadanos. Escriban un informe corto y preséntenlo a la clase. Usen algunas de las siguientes palabras.

alarma	cáncer	consumidor	daños	filtrar	nociva	rayos	incentivar	restringir

5-34 **¿Qué hay en tu basura?** Completa la siguiente tabla según tu propio cálculo sobre el contenido de tu bolsa de basura. Luego compárala con la bolsa de basura española.

Materia orgánica	_____ %
Metales	_____ %
Papel y cartón	_____ %
Plástico	_____ %
Sin clasificar	_____ %
Vidrio	_____ %
Total	100 %

¿Qué hay en una bolsa de basura en España?

- 60% materia orgánica
- 16,5% papel y cartón
- 8% sin clasificar
- 5,5% plástico
- 4,5% vidrio
- 4% metales
- 1,5% trapos

Suggestion for 5-35: This activity should be given ahead of time so the students can prepare it as homework. It could be done in groups or individually.

5-35 **Concurso de aparatos ecológicos.** En pequeños grupos, inventen algún aparato que utilice energía alternativa. Por ejemplo, una aspiradora a pedal, que además de ahorrar energía eléctrica permite que uno haga ejercicio mientras limpia la casa o la oficina. Deben explicar su funcionamiento, hacer un dibujo y estar listos para presentarlo oralmente al jurado del concurso.

5-36 La fábrica de alimentos congelados. En tu ciudad piensan instalar una nueva fábrica de alimentos congelados. Imagínate que tú eres uno de estos personajes y que un/a periodista quiere saber tu opinión sobre la instalación de la fábrica. Expresa tu opinión y los efectos que la fábrica va a tener en la ciudad.

1. Ingeniero/a agrónomo/a especialista en cultivo de alimentos orgánicos: piensa que la nueva fábrica le puede dar trabajo como asesor/a.

2. Periodista del diario más progresista de la ciudad: cree que la fábrica traerá mucha contaminación a la región.

3. Accionista principal de la fábrica: es muy conservador/a.

4. Profesor/a universitario que investiga la capa de ozono: conoce los problemas que el sistema de refrigeración representa para la capa de ozono.

5. Profesor/a de biología: su objetivo es enseñarles a sus estudiantes el respeto por el ecosistema.

6. Especialista en la comercialización de productos manufacturados: trabaja en una fábrica lejos de la ciudad.

7. Estudiante de la clase de biología: siente mucho respeto por el ecosistema.

5-37 Reunión en el ayuntamiento. Elijan uno de los personajes del ejercicio anterior y prepárense para defender su postura ante la comisión de la ciudad, que debe decidir si se va a permitir que se abra la fábrica de productos congelados. Usen las expresiones para influir y convencer.

5-38 Energía alternativa. Debemos pensar en alternativas para producir energía. ¿Qué posibles soluciones proponen Uds. para producir o conservar energía? ¿Qué formas hay de energía alternativa? Busquen información en Internet o en la biblioteca sobre los tipos de energía alternativa y preséntenlos a la clase. Sus compañeros deben juzgar las alternativas propuestas.

Se puede tener vivienda solar.

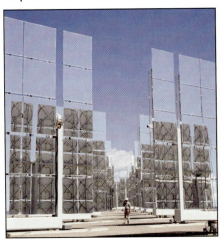

En España el 3% de la energía procede de la naturaleza.

Suggestion for 5-36: Assign one character to each student and give them 2–3 minutes to prepare a speech according to the character description. Then ask them to present their point of view to the class. Have the class comment on each proposal.

Suggestion for 5-37: Divide the class into seven groups. Each group presents their argument in front of the class. The rest of the students act as the **Comisión del ayuntamiento** and have to decide whether the presenters have a valid argument to grant them permission to open the factory or not.

Note for 5-38: Assign this exercise several days before the debate so students have time to prepare and do some research on alternative energy, such as solar energy, hydraulic energy, etc. The report may be judged according to which method is the most cost effective and least destructive to the environment.

Boletín

Paisaje

Los insectos atareados,
los caballos color de sol,
los burros color de nube,
las nubes, rocas enormes
que no pesan,
los montes como cielos
desplomados,
la manada de árboles
bebiendo en el arroyo,
todos están ahí, dichosos
de su estar,
frente a nosotros que no
estamos,
comidos por la rabia, por
el odio,
por el amor comidos, por
la muerte.
—Octavio Paz

Suggestion for Boletín:
Ask students *¿Cómo interpretan este poema? ¿Por qué dice "todos están ahí, dichosos de su estar, frente a nosotros que no estamos"? ¿A quién se refiere el "nosotros"? ¿Por qué dice que "no estamos"?*

5-39 La naturaleza. El escritor mexicano y premio Nobel de literatura Octavio Paz habla en defensa de la naturaleza. Tiene una visión conmovedora y profunda de la naturaleza que se ve en muchas de sus poesías y ensayos. Antes de leer, escribe tres oraciones que describan tu visión personal de la naturaleza. ¿Qué es para ti? Compártela con otro/a compañero/a.

1.

2.

3.

Cartelera

"La cadena del ser"

"Al finalizar el siglo hemos descubierto que somos parte de un inmenso sistema —o conjunto de sistemas— que va de las plantas y los animales a las células, las moléculas, los átomos y las estrellas. Somos un eslabón° de la "cadena° del ser", como llamaban los antiguos filósofos al universo. Uno de los gestos° más antiguos del hombre —un gesto que, desde el comienzo, repetimos diariamente— es alzar° la cabeza y contemplar, con asombro, el cielo estrellado. Casi siempre esta contemplación termina con un sentimiento de fraternidad con el universo. (…).Sólo si renace° entre nosotros el sentimiento de hermandad con la naturaleza, podremos defender a la vida."

—Octavio Paz

link
chain

gesture

to lift

reborn

5-40 La cadena del ser. Explica la idea de Octavio Paz "La cadena del ser". ¿Estás de acuerdo con su idea o es la especie humana algo separado dentro de la naturaleza? Explica tu posición.

Diario

Las estrellas. Esta noche o esta semana contempla las estrellas y escribe tus sentimientos en tu diario. ¿Puedes ver muchas estrellas desde donde vives?

¿Por qué crees que se pueden ver más estrellas desde unos sitios que desde otros?

Razona tus respuestas.

A escribir

El resumen

A summary is a short description of a written or oral text. The summary presents the reader with a briefer version of a text, a TV program, an article, a movie, or other materials. A good summary describes the main idea along with the key details included in the original version. It is shorter than the original text and should be written in your own words. As a preliminary step to writing a summary, focus on the key words in the text. Then, use them in your summary. A summary can serve two different purposes: to inform and to evaluate.

Práctica y comunicación

5-41A. **El reto** *(challenge)* **de la basura.** El párrafo a continuación presenta un problema y una solución. Subraya las palabras clave. Luego encuentra la contestación a estas preguntas:

- ¿Cuál es la idea principal?
- ¿Cuáles son las ideas que apoyan la idea principal?
- ¿Qué solución se propone?
- ¿Qué título se le puede dar?

Llega la hora de cerrar la bolsa de la basura. La hemos ido llenando de restos de comida y otros desechos orgánicos, pero más de la mitad de su contenido corresponde a plásticos, envases y envoltorios que más que proteger los productos, los hacían más llamativos y atractivos. Una vez en el bote de la basura, los camiones de recogida harán desaparecer la basura de nuestra vista, pero el problema seguirá existiendo. Los residuos domésticos, lejos de ser eliminados, serán puestos en un vertedero o incinerados. Uno de los grandes retos de las sociedades industriales consiste en gestionar racional y ecológicamente el problema de las basuras. Lo mejor sería generar el mínimo de residuos. ¡Es posible!

B. Ahora escribe un resumen de tres o cuatro líneas usando la contestación a las preguntas y las palabras claves donde sea posible.

5-42 Reseña. Siguiendo los pasos del ejercicio 5-41, escribe un resumen de la lectura **Preciclar** on pages 143–144.

Vocabulario

La ecología

el aerosol	*spray*	**la fábrica**	*factory*
la basura	*garbage*	**el material de desecho**	*disposable material*
el calentamiento	*warming*	**el medio ambiente**	*environment*
la capa de ozono	*ozone layer*	**la naturaleza**	*nature*
la contaminación	*pollution*	**el reciclaje**	*recycling*
el desarrollo	*development*	**los recursos naturales**	*natural resources*

Sustantivos

el alquiler	*rent*	**el material reutilizable**	*reusable material*
el cartón	*cardboard*	**el municipio**	*municipality, town hall*
el cubo de la basura	*trash can*	**la pila**	*battery*
el desecho	*rubbish, scrap*	**el resto**	*leftover*
el envase	*container*	**el residuo**	*waste, residue*
la lata	*can*	**el vidrio**	*glass*

Verbos

ahorrar	*to save*	**limpiar**	*to clean*
alquilar	*to rent*	**malgastar**	*to waste*
botar	*to throw away*	**proteger**	*to protect*
contaminar	*to pollute*	**reaprovechar**	*to reuse*
crear	*to create*	**rechazar**	*to reject*
derrochar	*to waste*	**reciclar**	*to recycle*
desechar	*to reject, dispose of*	**reducir(zc)**	*to reduce*
desperdiciar	*to waste*	**reutilizar**	*to reuse*
destruir	*to destroy*	**sembrar(ie)**	*to sow*
evitar	*to avoid*	**talar**	*to cut down trees*
generar	*to generate*	**tirar**	*to throw away*
guardar	*to put away, keep*	**unirse**	*to join*

Adjetivos

contaminado/a	*contaminated*	**desempleado/a**	*unemployed*
costoso/a	*expensive*	**innovador/a**	*innovative*
demasiado/a	*too much*	**reutilizable**	*reusable*

Adverbio

desafortunadamente	*unfortunately*

Expresiones útiles

a causa de	*because of*	**de esta manera**	*in this way*
a menudo	*often*	**modo de**	*way, manner*
aparte de	*aside from*	**una forma**	*one way*

Note: The vocabulary in **Manos a la obra** on page 142 is also considered active vocabulary.

Capítulo seis

Los derechos humanos

"Todo individuo tiene derecho a la vida, a la libertad y a la seguridad de su persona."
–Artículo 3 del preámbulo de la Declaración Universal
de los Derechos Humanos

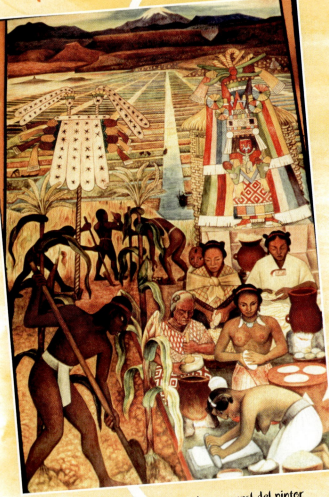

Panel de la Dinastía Tolteca de un mural del pintor mexicano Diego Rivera (1886–1957). Sus pinturas sobre las culturas maya y tolteca influyeron en el reconocimiento de los derechos de los indígenas en el siglo XX.
Palacio Nacional, México, ©2000 Banco de México, Diego Rivera & Frida Kahlo Museums Trust. Av. Cinco de Mayo No. 2, Col. Centro, Del. Cuauhtémoc, 06059, México, D.F. Bridgeman Art Library, London/Superstock.

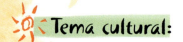

Tema cultural:

El mundo indígena

Objetivos comunicativos:

Expressing opinion

Expressing obligation and necessity

Expressing hope and desire

Expressing judgment and uncertainty

Suggesting

Giving advice

Expressing doubt and denial

Warm-up: Ask a student to read the quotation and then ask these questions: *¿De dónde viene esta cita? ¿Qué son los derechos humanos? ¿Qué derechos humanos conocen? ¿Conocen alguna parte del mundo donde no se respeten los derechos humanos? ¿Cuáles no se respetan? ¿Por qué? ¿Conocen alguna organización que luche por los derechos humanos? ¿Qué hace esta organización para proteger los derechos humanos? ¿Qué hechos históricos pueden mencionar donde se violaron los derechos humanos?*

En marcha

Vocabulario en contexto: La importancia de la tierra

Los campesinos latinoamericanos dependen de la tierra para vivir.

Más de cinco **siglos** después de la **conquista** de América las comunidades **indígenas**, —hasta ahora **oprimidas** y **desheredadas** de su patrimonio ancestral—, están en busca de un futuro propio. Los **pueblos** indígenas **pelean** por **salvar** su identidad contra el **poder** de la uniformidad y la globalización. La **tierra** es un elemento esencial en esta **lucha**. "Sin la tierra no somos nada", se escucha de una parte del continente a la otra.

La tierra es una **fuente** de **alimentación**, y **a su vez**, la **generadora** de la identidad cultural de todos los pueblos indígenas. El culto y la veneración a la madre tierra, la "Pachamama", son una **seña** de esta identidad.

Rigoberta Menchú, una india quiché y premio Nobel de la **paz**, dice, "Nosotros los indígenas tenemos más contacto con la naturaleza… porque es nuestra cultura y nuestra **costumbre**…La tierra es la madre del hombre porque es la que le da de comer al hombre…por eso le pedimos a la tierra una buena **cosecha**. Y **de hecho,** nuestros padres nos enseñan a respetar esa tierra".

Desafortunadamente, la tierra es también la causa de mucho dolor para estos pueblos. Los **conquistadores** de ayer y de hoy, fueron y son el origen de innumerables conflictos. Los grupos de poder, como las fuerzas armadas o las multinacionales, **atacan** con **armas desiguales** a todo grupo indígena o **campesino** que **intente impedir** su avance. En el pasado, los conquistadores españoles y portugueses **destruyeron** civilizaciones **enteras apresando**, **esclavizando** y **matando** desde **caciques, guerreros** y **sacerdotes** hasta niños, con el fin de dominar la tierra. En el presente, los **ejércitos** en Centro América con frecuencia **violan los derechos humanos** más fundamentales y los grandes capitalistas **explotan** y **oprimen** al campesino.

Un **jefe** del pueblo mapuche, que habita en el sur de Chile y Argentina, dice: "Para nosotros la tierra nunca puede ser algo que se compra y se vende. Es nuestra fuente de vida y nuestra **razón de ser**; la **cultivamos** y la respetamos."

Check comprehension: *¿Qué quieren salvar las comunidades indígenas? ¿Por qué es importante la tierra para los pueblos indios? ¿Cuál es el nombre que le dan a la madre tierra?¿Quién es Rigoberta Menchú? ¿Cuál es la relación que los indígenas tienen con la tierra según Menchú? ¿Qué hicieron los conquistadores españoles para dominar la tierra? ¿Por qué dice el jefe mapuche que la tierra no se vende ni se compra? ¿Conocen Uds. otros problemas de los pueblos indígenas de los Estados Unidos o Canadá?*

Warm-up for Rivera's mural: Introduce the theme of the chapter by reminding students that one of the biggest violations of human rights happened with the indigenous people of the Americas. Throughout history many people protested in writing and in the arts against the way the Indians were treated. This mural was one of the works of art that exposed the fate of the Mexican Indians. Ask students: *¿Quién pintó este mural? ¿Qué representa el mural? ¿Qué hacen los indios en el mural?*

Palabras conocidas

La conquista

Repasa estas palabras que deben ser parte de tu vocabulario básico.

el bronce	capturar	pacífico/a
construir	colaborar	precolombino/a
la creencia popular	colonizar	respetar
creer	conquistar	las ruinas
el oro	cooperar	el templo
la plata	el desastre	el territorio
	explorar	la tortura
Cognados	invadir	la violencia
el abuso	la miseria	
atacar	la opresión	

Expresiones útiles

de hecho	*in fact, as a matter of fact*
a su vez	*in turn*
desafortunadamente	*unfortunately*

De hecho, nuestros padres nos enseñan a respetar la tierra.

In fact, our parents teach us to respect the land.

La tierra es una fuente de alimentación y **a su vez**, les da su identidad.

The land is a source of food and, in turn, it gives them their identity.

Desafortunadamente la tierra es también causa de mucho dolor para estos pueblos.

Unfortunately, the land is also the cause of much pain for these peoples.

Práctica y comunicación

Answers for 6-1: 1) c 2) a 3) d 4) g 5) b 6) e 7) f

6-1 Opuestos. Encuentra en la columna B las palabras opuestas a las de la columna A.

A	B
1. _____ igual	a. guerra
2. _____ paz	b. construir
3. _____ apresar	c. desigual/diferente
4. _____ atacar	d. liberar
5. _____ destruir	e. violar
6. _____ respetar	f. dar vida
7. _____ matar	g. defender

6-2 Familia de palabras. Agrupa las palabras de la lista que pertenecen a cada categoría. Explica por qué pertenecen a esa categoría.

paz	arma	cacique	campesino	guerrero	lucha	poder	pueblo	sacerdote
	cosecha	matar	esclavizar	explotar	oprimir	costumbre	cultivar	

Categoría	Palabras
ejército	
indígena	
tierra	
conquistador	

Cartelera

La esclavitud de los indígenas

Colón fue el primero en usar a los indígenas como esclavos. Al principio, la idea no fue aceptada por la reina Isabel. Pero sus consejeros le describían a los indígenas como caníbales que no merecían piedad y pronto la esclavitud de los indígenas se hizo una práctica común con el nombre de Encomienda. El sufrimiento de los indígenas aparece en este poema del salvadoreño Joaquín Aragón sobre Tecum-Umán, un príncipe del pueblo quiché en Centroamérica.

Hernán Cortés con su ejército destruyó el imperio azteca en México.

Hernán Cortés en la Batalla de Otumba. Anónimo. Museo del Ejército, Madrid. ©A.G.E. FotoStock.

Tecum-Umán (Fragmento)

Vivíamos tranquilos recogiendo
el fruto de la paz, nuestras esposas
vivían nuestras túnicas tejiendo[1]
y amamantando[2] tiernas y amorosas[3]
a nuestros tiernos hijos, bendiciendo
a los dioses del cielo y a las diosas;
pero vinisteis vos…

Vos habéis nuestro lecho[4] profanado,
robado nuestro pan, habéis vendido
como esclavos al niño, al encorvado
anciano, al sacerdote bendecido
y a la doncella[5]; en fin, habéis quemado
nuestros templos y hogares; y habéis hecho
muchos males ¿y aún no estáis satisfecho?

[1]*weaving*   [2]*nursing*   [3]*loving*   [4]*cama*   [5]*virgin*

Note: This is a reflection on the feelings of some Spaniards confronted with the past of a nation.
La culpa inmemorial, by Antonio Muñoz Molina
"Alguna vez, en alguna universidad norteamericana, me he dado cuenta de que me miraban de pronto como a un presunto genocida. En las universidades americanas los españoles no acabamos de encontrar nunca una posición estable, porque no se nos concede el rango supremo de europeos, reservado a alemanes, franceses e italianos, y el de latinoamericanos nos está igualmente vedado, ya que, además de no pertenecer a la alta cultura europea, representamos lo peor de Europa, el colonialismo, el genocidio de los pueblos indígenas, los crímenes de Hernán Cortés, el machismo. . . .En algún departamento americano de literatura he observado que sin yo hacer nada me iban desplazando hacia una posición de basto y dogmático Pizarro mientras mi interlocutor, latinoamericano profesional, se instalaba no sin confort, en el bando de los justos, de los indígenas, de los maltratados. Que él mismo fuera descendiente no de los colonizados sino de los colonizadores, y que viviera tan regaladamente en el campus de una universidad anglosajona, no eran circunstancias que debilitaran su quejumbrosa superioridad, su derecho a mirarme como a un sospechoso."
¿Crees que todos los españoles se sienten en Estados Unidos como Muñoz Molina? ¿Cuál crees que es la razón de esta discriminación? ¿Pasó lo mismo con la gente de otras nacionalidades, o en otras culturas?

Boletín

**Pueblos
pre-colombinos**

- *Los incas tenían
conocimientos
avanzados de medicina.
Podían operar en el
cráneo de las personas.
Además eran muy
buenos arquitectos como
es evidente en Macchu
Pichu.*

- *Los mayas tenían una
forma avanzada de
escritura.*

- *Los aztecas construyeron
grandes ciudades. Una
de ellas es Tenochtitlán
donde ahora está la
Ciudad de México.*

- *Los chibchas de
Colombia usaban el oro
para hacer objetos de
uso personal y práctico
como, entre otras cosas,
aretes, collares, anillos
para la nariz, agujas y
vasijas.*

6–3 La vida indígena. En parejas, describan cómo vivían los indígenas antes de la llegada de los españoles según el poema presentado en la Cartelera anterior.

6–4 Los conquistadores. Comparen las acciones de los conquistadores en la América hispana y la América anglosajona.

1. ¿Qué hicieron los conquistadores con los pueblos indígenas de Centro y Sud América? ¿Conocen algunos hechos concretos? (Refiéranse a la Cartelera.)

2. ¿Qué hicieron los europeos en los Estados Unidos con los pueblos indígenas? Mencionen algunas acciones concretas.

3. ¿En qué contribuyeron los conquistadores a las civilizaciones indígenas?

4. ¿En qué contribuyeron los pueblos indígenas a la civilización europea?

6–5 Para discutir. En pequeños grupos, hagan una lista de los valores de su propia cultura. Luego lean los valores de las culturas indígenas y comparen las dos listas. ¿Qué similitudes y/o diferencias hay? Presenten sus conclusiones a la clase.

A. Estos son algunos valores de las culturas indígenas. ¿Pueden pensar en otros más?

1. Tienen una relación especial con la tierra donde habitan.

2. Valoran sus tradiciones y costumbres.

3. Tienen una vida comunitaria donde los lazos *(ties)* familiares son muy importantes.

4. Valoran el uso de su propia lengua.

5. Valoran su patrimonio arqueológico e histórico.

6. Su vestimenta diferente es parte de su identidad como pueblo.

7. Respetan los sitios sagrados donde están enterrados sus antepasados.

8. ¿?

B. ¿Qué conclusiones sacan Uds. comparando los dos pueblos?

6–6 Para saber más. Busquen información sobre una de las siguientes civilizaciones precolombinas. Averigüen cómo eran en el siglo XVI y cuál es su situación hoy. Después, hagan un breve resumen para presentar en la próxima clase.

- Los incas de Colombia, Perú, Bolivia, Argentina y Chile
- Los chibchas de Colombia
- Los mayas de Centro América
- Los aztecas de Centro América
- Los moches de Perú y Bolivia
- Otros

✳ ¡Sin duda!

época – hora

rato – ratito – ratico

tiempo – vez

The words **época**, **hora**, **rato**, **tiempo**, and **vez** can be translated as *time* in English in the following contexts.

Palabra		Ejemplo
época	*historical time* *time in a season*	la **época** de la conquista de América / la **época** de las vacaciones *The period of America's conquest / the vacation period*
hora	*time of the day*	¿Qué **hora** es? *What time is it?*
rato/ratito/ratico	*a while / little while*	Pasamos un **rato** largo delante del mural de Rivera. Te veo en un **ratito**. *We spent a long time in front of Rivera's mural. I'll see you in a little while.*
tiempo	*time in abstract / a period of duration of an action*	El **tiempo** pasa. Bartolomé de las Casas vivió en América por mucho **tiempo**. *Time passes. Bartolomé de las Casas lived in America for a long time.*
una vez (X veces) **a veces / otra vez** **muchas veces / cada vez**	*once (X times)* *sometimes / another time* *many times / each time*	Cuando Hernán Cortés vio Tenochtitlán por primera **vez** se quedó muy impresionado. **A veces** los españoles hablaban quechua con los indígenas, **otras veces** no. **Muchas veces** necesitaban intérpretes, pero no **cada vez** que se encontraban. *When Hernán Cortés saw Tenochtitlán for the first time he was impressed. Sometimes the Spaniards spoke Quechua with the natives; other times they didn't. Many times they needed interpreters, but not every time they met.*

 **6–7 Los viajes de Colón.** En parejas, utilicen la cronología en la página 160 para hacer un informe de no más de cinco oraciones. Usen estas preguntas como guía.

1. ¿En qué época viajó Colón a América?

2. ¿Hizo otros viajes además del de 1492?

3. ¿Cuántas veces estuvo en América antes de 1500? ¿antes de morir?

4. ¿Cuánto tiempo pasó entre el segundo y el tercer viaje?

5. ¿Cuánto rato les tomó a ustedes hacer el informe?

 **Boletín**

Las lenguas indígenas
Cuando los españoles llegaron a México, allí se hablaban 150 lenguas; actualmente sólo sobreviven 50.

Suggestion: Review the subjunctive form before doing **Así se dice,** since some of these expressions require the subjunctive.

 Colón, Cristóbal, ¿Génova? 1451–Valladolid 1506

Portugal 1476–84

España 1484–1506

Primer viaje 1492–93: Cuba y Haití

Segundo viaje 1493–96: Dominica, Antigua, Guadalupe y Puerto Rico

Tercer viaje 1498–1500: Las islas Trinidad, Tobago, Granada y el continente americano

Cuarto viaje 1502–04: Dominica, Puerto Rico, Honduras y Panamá

 Así se dice

Para expresar opinión

En el capítulo cinco Uds. vieron algunas expresiones para expresar opinión. Aquí van a ver otras más. ¡Atención! Estas expresiones van seguidas del verbo en el subjuntivo cuando expresan algo negativo.

(No) Es cierto que…	*It is (not) certain that…*
(No) Es evidente que…	*It is (not) evident that…*
(No) Estar de acuerdo con…	*To agree or disagree with…*
(No) Creo que…	*I (don't) believe that…*
(No) Es verdad que…	*It is (not) true that…*
(No) Me parece que…	*It (doesn't) seem(s) to me that…*
No hay duda de que…	*There is no doubt that…*
Opino que…	*I think that…*
Pienso que…	*I think that…*
No es cierto que sea así.	*It's not true that it is that way.*

—**Me parece que** los indígenas no vivían siempre pacíficamente antes de la llegada de Colón. También había guerras entre los diferentes pueblos.

—Sí, es verdad. Pero también **es verdad** que los conquistadores los maltrataron.

Para expresar obligación y necesidad

Es necesario + inf.…	*It is necessary to…*
Tener que + inf.…	*To have to…*
Hay que + inf.…	*To have to…*
Deber + inf.…	*Ought to / should*

Práctica y comunicación

6-8 ¿Qué piensan Uds.? La vida de los indígenas fue interrumpida por la llegada de los españoles. Expresen su opinión sobre cómo vivían los indígenas y el tratamiento que los españoles les dieron. Usen las frases para expresar opiniones.

Modelo: esclavizar a los indígenas

Es evidente que esclavizar a los indígenas fue un abuso.

Los conquistadores:

1. quemar los templos
2. robar el pan
3. vender a los niños

Los indígenas:

1. vivir tranquilos
2. bendecir a los dioses
3. tener paz

6-9 Hay que actuar. ¿Qué se puede hacer en las situaciones en las que no se respetan los derechos humanos? Hagan una lluvia de ideas e inventen posibles soluciones a estos problemas. Usen las expresiones para expresar obligación y necesidad de la sección **Así se dice.**

Modelo: ¿Qué se puede hacer…

…cuando no se respeta la tierra de los pueblos indígenas?

Hay que enseñar a respetar la tierra.

Es necesario establecer el diálogo con los pueblos indígenas y escucharlos.

¿Que se puede hacer…

1. …cuando no entendemos las ideas de otros pueblos?
2. …por las personas oprimidas por la pobreza?
3. …cuando no conocemos los problemas de nuestra comunidad?
4. …por los presos políticos en otros países?
5. …por los niños que sufren hambre?

6-10 Mesa redonda. Hay un problema perenne entre los que piensan que no se debe interferir con la cultura de los pueblos indígenas aunque tengan ritos que parezcan inhumanos y los que piensan que antropólogos y misioneros pueden aportar algo significativo para el desarrollo de estos pueblos. ¿Qué opinan Uds.? Den sus opiniones al respecto.

Cartelera

Bartolomé de las Casas

Fray Bartolomé de las Casas fue el primer defensor de los indígenas. Algunos lo consideran como el precursor de los defensores de los derechos humanos. Nació en Sevilla, España, en 1474, se educó en Salamanca y a los 38 años se hizo sacerdote de la orden de los dominicos. Su lugar de acción fue Santo Domingo y luego Chiapas, en México, donde fue nombrado primer obispo de las Américas. Con sus escritos defendió a los indígenas frente a la corona española y logró la proclamación de las Leyes Nuevas (1542) que eliminaban la esclavitud de los indígenas. Sus obras más importantes fueron *Historia general de las Indias*, *Brevísima relación de la destrucción de las Indias* y *Apologética histórica*. Murió en España en 1566.

"En todas las naciones del mundo hay hombres y la definición de cada uno de ellos es que son racionales, todos tienen su entendimiento y su voluntad y su libre albedrío *(free will)* como que son formados a imagen y semejanza de Dios."

Bartolomé de las Casas, *Apologética histórica*.

6-11 Bartolomé de las Casas. Hagan un cuadro cronológico con los datos sobre la vida de Bartolomé de las Casas según la Cartelera. Luego busquen otras ideas que él defendió y preséntenlas a la clase.

6-12 Voces en contra de la opresión. Fray Bartolomé de las Casas fue una de las voces a favor de los indígenas. Busca información sobre otras personas de nuestro tiempo que hablen sobre la opresión indígena y tráela a clase para compartirla con tus compañeros/as.

Referencia gramatical 1

Expressing hope and desire: Present subjunctive of regular and irregular verbs
Before doing the following activities review this structure in the **Cabos sueltos** section, pp. 415–417.

Práctica y comunicación

6-13 ¿Qué desean los pueblos indígenas? Las poblaciones indígenas sufrieron muchos abusos por parte de gobiernos, instituciones e individuos que los llevaron a las condiciones de vida actual. Para mejorar su situación, la Comisión Inter-Americana de Derechos Humanos redactó una declaración sobre los derechos de los pueblos indígenas. Ésta es una lista de sus problemas. Expliquen qué es lo que los indígenas quieren, esperan o desean.

Modelo: Problemas:

Sus lenguas están desapareciendo porque tienen que hablar la lengua oficial del país.

Derechos:

Los indígenas quieren que el gobierno respete sus lenguas.

Los indígenas desean que haya programas radiales en su lengua.

Los indígenas esperan que haya educación bilingüe.

Problemas:

1. En muchas regiones de las Américas las poblaciones indígenas sufren mucha pobreza.
2. Sufren discriminación racial.
3. En algunas zonas el ejército ocupa parte de su territorio y oprime a las comunidades indígenas.
4. No se respeta su historia, la cual preexiste a la conquista y colonización europea.
5. No se considera su derecho a gobernarse según sus costumbres y tradiciones.
6. Se les fuerza a integrarse en la cultura dominante, lo cual destruye su propia cultura.
7. No tienen la posibilidad de educar a sus hijos en su propia lengua y de acuerdo a sus creencias, tradiciones y cultura.
8. Se les quiere convertir a religiones nuevas sin respetar su libertad de expresión espiritual.

6-14 La radio. Todos formamos parte de un grupo y a veces somos parte de una minoría (hispanos, indígenas, estudiantes, estudiantes de español, mujeres, hombres, hijos, afroamericanos, religiosos, rubios, chicanos, homosexuales, solteros, casados, etc.) La radio de su universidad les ha dado unos minutos para presentar su grupo minoritario y hablar de sus deseos. Preparen el informe en grupos de 3 ó 4 y preséntenlo en clase.

Modelo: *Nosotros somos parte de un grupo minoritario en esta comunidad y queremos que nos escuchen. Nuestro grupo es…, deseamos… , etc.*

Warm-up for 6-13: Ask the following questions: *¿Desean Uds. que haya justicia en el mundo? ¿Creen Uds. que hay justicia en el mundo? ¿Es posible que haya justicia en todas partes? ¿Quieres tú que el gobierno mejore la situación de los indígenas? ¿Es importante que los indios trabajen la tierra? ¿Por qué?* etc.

Suggestion for 6-13: Practice the conjugation of the present subjunctive. If students are not very familiar with the forms, review the formation of the subjunctive on pages 416–417 of **Cabos sueltos.** **Yo:** *bailar, cantar, bañarse, estudiar, peinarse, beber, aprender, leer, escribir, recibir, vivir.* **Tú:** *practicar, hacer, salir, tener, comenzar, corregir.* **El/Ella:** *pensar, recordar, querer, pedir, poder.* **Nosotros:** *preferir, dormir, servir, divertirse, acostarse, dar.* **Uds.:** *ser, saber, ir, estar.*

Referencia gramatical 2

Expressing judgment and feelings: Impersonal expressions with the subjunctive
Before doing the following activities review this structure in the **Cabos sueltos** section, p. 419.

Follow-up: Advances have been made in the peace negotiations in Guatemala. Have students find out the current state of affairs of the indigenous people of Guatemala.

 6-15 ¿Y ustedes qué opinan? Lean la siguiente información y digan qué opinan. Luego comparen sus opiniones con las de otras parejas de la clase.

Modelo: *Es sorprendente que vivan tantas personas en la selva guatemalteca.*

La paz no llega

Más de 25.000 indígenas habitan la región Quiché en Guatemala y forman las Comunidades de Población en Resistencia (CPR). Viven escondidos en las montañas desde hace más de veinte años a causa de las masacres cometidas por el ejército. Son perseguidos por grupos militares que los acusan de ser guerrilleros. Sin embargo, en las listas de muertos figuran personas de 70, 40, 6 años y recién nacidos. Las CPR organizan su vida para protegerse de estos ataques y tienen un sistema de vigilancia muy complejo.

Conexiones

Giving advice, suggesting, and requesting: Noun clauses

1. Remember that the subjunctive is used to express subjectivity. In situations when you want to give advice or suggestions, there is a strong element of subjectivity. They are not factual statements. Therefore, use the subjunctive.

    Verbs used to give advice or suggest: **aconsejar   proponer   recomendar   sugerir**

    Te aconsejo que **leas** sobre Fray Bartolomé   *I advise you to read about Fray*
    de las Casas.   *Bartolomé de las Casas.*

2. The subjunctive is also used when you want to get someone to do something. You may request or command that something be done.

    Verbs used to request: **decir   insistir en   preferir   pedir   rogar**
    Verbs used to command: **exigir   mandar   ordenar   permitir   prohibir**

    Exigimos que **se respeten** sus derechos.   *We demand that their rights be respected.*

Note: The verb **decir** requires the subjunctive when it is used in giving a suggestion or command; however, when reporting what someone said, it is followed by the indicative.

El jefe les dice a los artesanos que **vendan**   (Suggestion) *The chief tells the artisans*
sus artesanías por un precio justo.   *to sell their wares for a fair price.*

Fray Bartolomé de las Casas dijo que los   (Reporting) *Fray Bartolomé de las Casas*
colonizadores **abusaban** de los indígenas.   *said that the colonists abused the natives.*

Práctica y comunicación

6-16 En la comunidad universitaria. Tu compañero/a y tú son parte de un comité para mejorar las relaciones entre los diferentes grupos universitarios. Juntos/as hagan una lista de las cosas que el comité (no) les exige, pide, prohíbe, ordena, manda etc. a los diferentes grupos. Preparen un informe para toda la clase y tomen notas de los informes de las otras parejas.

Modelo: *Nosotros pedimos que todos respeten a todas las personas.*

6-17 ¿Cómo mejorar las relaciones? En su comunidad ha habido varios enfrentamientos entre grupos de jóvenes adolescentes. Preparen cinco sugerencias para evitar las peleas. Usen algunos de estos verbos.

| aconsejar | proponer | recomendar | sugerir | decir | insistir en | preferir |

Modelo: *Les recomendamos que organicen charlas sobre el respeto a la diversidad.*

6-18 Calle César Chávez. Lean la información sobre el conflicto que tiene esta comunidad. Infórmense sobre qué dice la noticia y luego tomen una postura a favor o en contra y defiéndanla frente a los otros grupos.

La noticia dice que…

César Chávez, el Bartolomé de las Casas del siglo XX.

AUSTIN, Tejas, 31 de agosto 1999

Líderes políticos y sindicales reavivaron hoy el debate sobre una propuesta para rebautizar una calle en Corpus Christi (Tejas) con el nombre del reconocido defensor de los derechos civiles de los hispanos, César Chávez.

El senador estatal Carlos Truan, quien encabeza el movimiento a favor de cambiar la calle Agnes a Chávez, se reunió hoy en el ayuntamiento de Corpus Christi con 217 comerciantes de la zona, de los cuales poco más de 100 se oponen al cambio.

"Nos va a suponer muchos gastos; tendríamos que cambiar la publicidad y la gente se confundiría a la hora de encontrar la calle," dijo el empresario Ted Estrada.

Sin embargo, para el senador demócrata, "Corpus Christi tiene que reconocer la figura de un líder hispano como Chávez." El 60 por ciento de la población de Corpus Christi, en el sureste de Tejas, es de origen mexico-americano.

Truan ya había logrado que en la anterior sesión legislativa de Texas se declarara como festivo el día del nacimiento de César Chávez. Pero su idea de rebautizar la calle se enfrenta a la oposición de la mayoría de los miembros del ayuntamiento, quienes sostienen que el nombramiento de la calle le costaría a la ciudad alrededor de 191.000 dólares.

"Dicen que ya no existe una historia de racismo en el sur de Tejas, pero cada vez que se plantea esta cuestión surge la polémica", opinó el senador Truan.

En otras ciudades de Tejas, como San Antonio y McAllen, se produjo una controversia similar para cambiar el nombre de una calle al de César Chávez.

Note for 6–18: There are two parts to this exercise. In the first part the indicative is used to report what the article says. In the second part the subjunctive has to be used to express the students' opinions on the matter. Remind students to use the subjunctive with these verbs: *recomendar, sugerir, aconsejar, proponer, insistir,* etc.

6–19 ¿Cómo conseguir el dinero? La propuesta para nombrar la calle César Chávez ha sido aprobada y ustedes tienen que encontrar la manera de obtener los 191.000 dólares para cubrir los gastos. Formen oraciones para expresar sus deseos. Pueden usar algunos de estos verbos.

aconsejar	proponer	recomendar	sugerir	exigir
mandar	ordenar	permitir	prohibir	decir

Modelo: *Nosotros exigimos que el ayuntamiento pague 30.000 dólares.*

Nosotros sugerimos que se vendan cupones a los ciudadanos.

Note: Point out that *creer* and *pensar* do not require the subjunctive in the affirmative form because there is no doubt implied: *Yo creo que los campesinos son explotados. Nosotros pensamos que las comunidades indígenas necesitan ayuda.* The subjunctive is used only in the negative and the interrogative forms.

Expressing doubt, denial, and uncertainty: Subjunctive in noun clauses

1. The subjunctive is used when there is doubt, uncertainty, or denial in the mind of the speaker. Study these verbs and expressions:

    Verbs of doubt and denial: **dudar   negar   no creer   no pensar   ¿creer?   ¿pensar?**

    Expressions of uncertainty: **acaso   quizás   tal vez**

    Dudo que Uds. **conozcan** la leyenda maya de la creación del mundo.   *I doubt that you know the Mayan legend of the creation of the world.*

    No creo que ellos **sepan** la verdad.   *I don't think that they know the truth.*

    Note: Use the indicative if there is no doubt in your mind.

    No hay duda de que la civilización azteca **construyó** grandes ciudades.   *There is no doubt that the Aztec civilization built great cities.*

    ¿Pensar? and **¿creer?** can also be followed by the indicative if there is no doubt in the mind of the speaker. They are used in rhetorical questions.

    ¿Piensas que esto **está** bien?   *Do you think this is right?*

    ¿Crees que **hay** tiempo para hacer todo?   *Do you think there is time to do everything?*

2. The subjunctive is used when the expressions of uncertainty—**tal vez**, **quizá**, and **acaso** meaning *maybe* or *perhaps*—express doubt. But if there is certainty, the indicative is used.

    Quizás venga, pero no sé. (doubt)   *Perhaps he'll come, but I don't know.*

    Tal vez viene porque me dijo que quería verte. (certainty)   *Maybe he's coming because he told me he wanted to see you. (You can see the person walking toward you.)*

The same is true for **probablemente** and **posiblemente**. They may be used with the indicative or the subjunctive according to the degree of certainty or uncertainty that there is in the mind of the speaker.

Probablemente **venga** porque dijo que quería verte.

(Doubt: He may or may not come)

Probablemente **viene** porque me dijo que quería verte.

(Certainty: The speaker can see him coming to the door.)

Cartelera

Mesoamérica: un espacio y una cultura común

Mesoamérica era un área geográfico-cultural muy delimitada en el momento de la conquista española. Estaba formada por América central, las Antillas y México. En Mesoamérica se destacaron importantes culturas, como las de los olmecas, toltecas, aztecas y mayas. Estos pueblos tenían elementos culturales comunes. Los principales elementos comunes eran: las pirámides, el calendario, el quetzal, la teogonía, la cosmogonía, los sacrificios humanos y el cacao como moneda. Había también similitudes en la comida, la escritura, las formas de cultivo y la formación política y militar.

El quetzal es el símbolo de la cultura de Mesoamérica.

Note for Cartelera:
Teogonía and *cosmogonía* are cognates. However, you may want to clarify the meaning of these words. *Teogonía: explicación del origen de los dioses paganos. Cosmogonía: ciencia o sistema de la formación del universo.*

 **Boletín**

Las plumas del quetzal eran un tributo muy preciado por los jefes mayas y aztecas. Las usaban para adornar su cabeza como símbolo de riqueza, clase social y abundancia agrícola.

6-20 **Mesoamérica** ¿Puedes encontrar en un mapa la región correspondiente a Mesoamérica? Luego indica si estas oraciones son ciertas (**C**) o falsas (**F**). Corrige las falsas.

Answers for 6-20: 1) *F* 2) *C* 3) *F* 4) *F* 5) *F* 6) *C*

1. _____ Los incas vivían in Mesoamérica.

2. _____ Los pueblos de Mesoamérica tenían un calendario.

3. _____ Estos pueblos construyeron Machu Picchu.

4. _____ No tenían un sistema monetario.

5. _____ Cada pueblo tenía un sistema político y militar diferente.

6. _____ Tenían una creencia sobre el origen del universo y de sus dioses.

Práctica y comunicación

6-21 ¿Qué pasa ahora en Mesoamérica? Uno/a de ustedes sabe un poco sobre esta región pero su compañero/a no le cree, porque siempre duda lo que dicen otras personas. Formen nuevas afirmaciones con las expresiones de duda o certeza. Tomen turnos para asegurar y dudar.

Modelo: La iglesia defiende a las minorías indígenas de esta región.

E1: *Es cierto que la iglesia defiende a las minorías indígenas.*

E2: *No es cierto que la iglesia defienda a las minorías indígenas.*

1. El índice de analfabetismo de Mesoamérica es muy alto.
2. Las Comunidades de Población en Resistencia cultivan la tierra.
3. Los mestizos tienen los mismos derechos que los blancos.
4. Rigoberta Menchú defiende los intereses de esta región.
5. Las ruinas permiten conocer mejor otras civilizaciones.
6. Todavía hoy se ofrecen sacrificios a los dioses.

6-22 ¿Ustedes qué creen? Con otros/as dos compañeros/as conversen hasta llegar a un acuerdo sobre las siguientes afirmaciones. Pueden usar algunos de estos verbos. Tomen nota de la conversación para poder informar al resto de la clase.

(no) dudar	negar	creer	pensar	saber	ser cierto

Modelo: Los aztecas hacen sacrificios humanos.

E1: *Creo que hoy en día los descendientes de los aztecas hacen sacrificios.*

E2: *No creo que los descendientes de los aztecas hagan sacrificios humanos.*

E3: *Creo que todos estamos de acuerdo en que hoy los descendientes de los aztecas no hacen sacrificios humanos.*

1. Los indígenas ganan grandes riquezas con los casinos.
2. La tierra tiene un valor muy importante para los pueblos indígenas.
3. En México se hablan más de 150 lenguas indígenas.
4. En nuestro país no existen minorías indígenas.
5. En nuestro país respetamos a todos los grupos minoritarios.
6. ¿?

6-23 Los reporteros. Ustedes son reporteros de un periódico local y van a escribir un artículo sobre las minorías de su región. Todavía no saben bien sobre qué escribir y están reunidos para hacer una lluvia de ideas. Formen el mayor número de frases posibles con los elementos de las tres columnas y agreguen sus propias ideas. Luego compártanlas con los otros grupos. Escojan el subjuntivo o el indicativo de acuerdo al grado de certidumbre que tengan.

Modelo: *Quizás las minorías de la región viven con sus propias tradiciones porque vivimos en una región multicultural.*

acaso	(no) hablar sus lenguas	los padres (no) querer…
posiblemente	(no) haber diferentes grupos	el gobierno (no) apoyar…
probablemente	(no) tener diferentes religiones	la población (no) interesarse…
quizás	(no) haber programas educativos bilingües	la comunidad (no) desear…
tal vez	(no) vivir con sus propias tradiciones	los ciudadanos (no) respetar…

 6-24 ¿Qué pasa en esta región? Ahora ustedes tienen que hacer una investigación para saber qué es lo que realmente pasa en su región. Preparen un informe para la clase que diga si en su comunidad existen estos grupos.

Modelo: Grupos que hablan otras lenguas.
  No es cierto que en nuestra región haya grupos que hablen diferentes lenguas.

1. Grupos que hacen sacrificios religiosos.
2. Grupos que tienen diferentes religiones.
3. Grupos que participan en programas educativos bilingües.
4. Grupos que viven con sus propias tradiciones.
5. …

Diario

¿Alguna vez te has sentido discriminado/a o marginado/a? ¿Dónde fue? ¿Cuándo? ¿Cómo reaccionaste entonces? ¿Qué piensas ahora sobre esto? Escribe en tu diario tu experiencia.

Manos a la obra

Así se lee

Main idea and supporting elements

When you read it is important to be able to differentiate the main idea from the details that support or develop it further. Generally you can find the main idea stated at the beginning of the paragraph. It is stated in the topic sentence. The sentences that follow it expand or develop the topic sentence.

Práctica

Answers for 6-25:
Párrafo uno: *b*;
Párrafo dos: *a*

6–25 La formación de la tierra. El *Popol Vuh* es el libro sagrado de los maya-quichés que describe la creación de la tierra. En parejas, escojan la idea principal en cada uno de los dos párrafos del *Popol Vuh* de la Cartelera a continuación. ¿Cuáles son los detalles que apoyan la idea principal?

Note for Cartelera: Los maya-quichés vivían en lo que hoy es Guatemala. En el *Popol Vuh* se describe la creación del mundo y de los seres que habitan la tierra según la mitología maya.

Cartelera

El Popol Vuh

Primero se formaron la tierra, las montañas y los valles; se dividieron las corrientes de agua, los arroyos se fueron corriendo libremente entre los cerros y las aguas quedaron separadas cuando aparecieron las altas montañas.

Así la creación de la tierra fue formada por el Corazón del Cielo, el Corazón de la Tierra, que así son llamados los que primero la fecundaron, cuando el cielo estaba en suspenso y la tierra se hallaba sumergida dentro del agua.

El párrafo uno presenta:

a. La creación de los animales

b. La formación de la tierra

c. La división del agua

El párrafo dos presenta:

a. Quiénes crearon la tierra

b. Los nombres de los dioses más importantes

c. La creación del hombre y la mujer

6–26 La creación. ¿Qué otras historias de la creación de la tierra conoces? Descríbelas con tanto detalle como sea posible.

Antes de leer

Estudia estas palabras para comprender mejor el texto.

Vocabulario		Palabra en uso
aislado/a	*isolated*	Me siento **aislado** cuando no hablo con nadie.
confiar	*to trust*	Mis hermanos **confiaban** en mí cuando era pequeña.
el consejo	*council*	**El consejo** administrativo toma decisiones importantes.
engañar	*to deceive*	Dijo una mentira para **engañar** a los indígenas.
la muerte	*death*	Todos los seres vivos esperamos **la muerte**.
la piedra	*stone*	Los sacrificios se hacen sobre **piedras** sagradas.
rodear	*to surround*	Los indígenas **rodearon** al sacerdote.
el rostro	*face*	Ella tiene un **rostro** angosto y ojos expresivos.
salvar	*to save*	Corrió para **salvar** su vida.
el temor	*fear*	Nunca tiene miedo, para ella no existe el **temor**.

Práctica y comunicación

6-27 Los sacrificios. En este párrafo vas a encontrar información sobre los sacrificios humanos en la época de los mayas. Lee y completa el párrafo con la forma correcta de las palabras del vocabulario. Si te interesa busca en Internet más información sobre este tema; busca en http://udgftp.cencar.udg.mx/teteo/cacri/html.

Ofrecer sacrificios humanos a los dioses era una costumbre practicada por muchas religiones. Los mayas, en general, sacrificaban a sus prisioneros de guerra. Un (1) _____ de sacerdotes se reunía alrededor de una (2) _____ sagrada. Los prisioneros, llenos de (3) _____, intentaban (4) _____ sus vidas y (5) _____ a los indígenas para poder escapar. El sacrificio no era una actividad (6) _____; todo el pueblo participaba en la ceremonia. Los indígenas creían que los dioses serían siempre jóvenes si se les ofrecían estos sacrificios.

¿Sabes tú en qué otras religiones se ofrecían sacrificios humanos a los dioses?

6-28 ¿Quién engaña a quién? Piensa en una situación en la cual tú creías saber más que otra persona y no fue así. Luego comparte tu experiencia con otro/a compañero/a.

Modelo: *Creía que en mi universidad no había grupos minoritarios y resulta que más del 20% de los estudiantes son de grupos minoritarios.*

Warm-up for 6-27: Point out that the custom of offering humans to the gods as a sacrifice was widespread in ancient times in all places. Mention the biblical story of God asking Abraham to sacrifice his son.

Answers for 6-27:
1) *consejo* 2) *piedra*
3) *temor* 4) *salvar*
5) *engañar* 6) *aislada*

Cartelera

El calendario maya y sus astrónomos

Los mayas tenían conocimientos de astronomía tan avanzados que podían predecir los eclipses solares y lunares. Sus astrónomos también tenían un calendario mejor que el que existía en Europa en esos tiempos. Este calendario tiene 20 dibujos que representan los meses del año y corresponde con gran exactitud al año solar. Aquí tienes cuatro figuras que pertenecen al calendario maya.

Figuras del calendario azteca usado por los mayas.

6-29 Opiniones. El cuento *El eclipse* habla de la sabiduría de los pueblos indígenas. Antes de leer el cuento indica qué opinas sobre las siguientes afirmaciones. Escribe si estás de acuerdo o no con ellas y explica por qué. Comparte tus opiniones con las de otro/a compañero/a.

1. Los españoles sabían más de astronomía que los indígenas.
2. Los españoles aprendían las lenguas indígenas rápidamente.
3. Los españoles respetaban las costumbres y tradiciones indígenas.
4. Cuando llegaron los españoles, los indígenas de Mesoamérica sabían mucho de astronomía.
5. Los mayas eran más sabios en matemáticas que los españoles.

Introducción a la lectura

Augusto Monterroso (1921–)

Augusto Monterroso es guatemalteco pero vive exiliado en México desde hace muchos años. Escribe sobre todo cuentos cortos. "El eclipse" es parte de la colección *Obras completas y otros cuentos* de 1959. En este cuento, Monterroso narra el sacrificio de un sacerdote español que intenta engañar a los indígenas para salvar su vida.

El eclipse

Cuando fray Bartolomé Arrazola se sintió perdido aceptó que ya nada podría salvarlo. La selva poderosa de Guatemala lo había apresado, implacable y definitiva. Ante su ignorancia topográfica se sentó con tranquilidad a esperar la muerte. Quiso morir allí sin ninguna esperanza, aislado, con el pensamiento fijo en la España distante, particularmente en el convento de los Abrojos, donde Carlos V condescendiera una vez a bajar de su eminencia para decirle que confiaba en el celo religioso de su labor redentora°.   *redeeming work*

Al despertar se encontró rodeado por un grupo de indígenas de rostro impasible que se disponía° a sacrificarlo ante un altar, un altar que   *se preparaba* a Bartolomé le pareció como el lecho° en que descansaría, al fin, de sus   *la cama* temores, de su destino, de sí mismo.

Tres años en el país le habían conferido° un mediano dominio de las   *dado* lenguas nativas. Intentó algo. Dijo algunas palabras que fueron comprendidas.

Entonces floreció en él una idea que tuvo por digna de su talento y de su cultura universal y de su arduo° conocimiento de Aristóteles.   *difícil* Recordó que para ese día se esperaba un eclipse total de sol. Y dispuso°,   *decidió* en lo más íntimo, valerse de° aquel conocimiento para engañar a sus   *make use of* opresores y salvar su vida.

—Si me matáis —les dijo— puedo hacer que el sol se oscurezca en su altura°.   *darkens in the sky*

Los indígenas lo miraron fijamente y Bartolomé sorprendió la incredulidad en sus ojos. Vio que se produjo un pequeño consejo y esperó confiado, no sin cierto desdén.

Dos horas después el corazón de fray Bartolomé Arrazola chorreaba° su sangre vehemente sobre la piedra de los sacrificios   *was gushing* (brillante bajo la opaca luz de un sol eclipsado), mientras uno de los indígenas recitaba sin ninguna inflexión de voz, sin prisa, una por una, las infinitas fechas en que se producirían eclipses solares y lunares, que los astrónomos de la comunidad maya habían previsto y anotado en sus códices sin la valiosa ayuda de Aristóteles.

Lectura

Práctica y comunicación

6-30 En resumen. Cada una de las siguientes oraciones resume un párrafo del cuento. Léelas y di a qué párrafo corresponde cada una.

1. Descripción de la escena posterior al sacrificio del sacerdote y demostración de los conocimientos de astronomía de los indígenas.
2. Descripción del sacerdote español y de su situación en Guatemala.
3. Momento en que el sacerdote tiene la idea de engañar a los indígenas para salvar su vida.
4. El sacerdote se encuentra entre los indígenas que van a sacrificarlo.
5. Los indígenas se reúnen para decidir sobre el destino del sacerdote.
6. Bartolomé habla con los indígenas en su lengua.

 6-31 Cronología. Algunas acciones aparecen en el cuento y otras no. En parejas, seleccionen las acciones de la lista que corresponden al cuento y ordénenlas según el orden del cuento. Añadan las acciones que están en el texto y que no se mencionan en el ejercicio.

despertarse	dormirse	escapar	hablar en otra lengua
nadar en un río	perder la vida	recitar	rodear salvar la vida
	sentarse	sentirse perdido	traducir

6-32 ¿Y tú que opinas? En grupos pequeños, comenten una de las siguientes afirmaciones y luego expliquen sus conclusiones a la clase. Fundamenten sus opiniones y traten de encontrar ejemplos en la historia de sus pueblos.

1. Cuando un pueblo vence a otro es porque tiene mayores conocimientos.
2. Es lógico que los pueblos conquistadores se lleven los tesoros de los territorios conquistados.
3. Engañar es una práctica aceptable dentro de la política.

Diario

Escribe un breve comentario sobre la lectura explicando tu impresión. ¿Qué piensas?

Poema

En el siguiente romance anónimo el autor describe la historia de Atahualpa en el momento de ser apresado por el conquistador Francisco Pizarro.

Atahualpa, también llamado Atabaliba, fue el último emperador del Perú (1500–1533). Cuentan que el inca Atahualpa le prometió a Pizarro grandes tesoros para salvar su vida. Pizarro aceptó la propuesta y después de recibir los tesoros mandó matar al emperador sin cumplir su promesa.

Lectura

El rescate° de Atahualpa (Anónimo)   *ransom*

Atabaliba está preso
está preso en su prisión
juntando° está los tesoros   *assembling*
que ha de dar° al español.   *ha… tiene que*
No cuenta como el cristiano
sino en cuentas de algodón.
El algodón se le acaba
pero los tesoros, no.
Los indígenas que se los traen
le hacen la relación°   *le relatan, le narran*
"Este metal es la plata
que al Potosí se arrancó°.   *was extracted (here: stolen) from Potosí*
Este metal es el oro
del santo templo del sol.
Esas las perlas° que el mar   *pearls*
en la playa vomitó.
Estas las piedras, esmeraldas
que el reino° de Quito, dio.   *kingdom*
Estos bermejos° rubíes…"   *muy rojos*
"Estos no los quiero yo,
que son las gotas° de sangre   *drops*
que mi hermano derramó°".   *spilled*

Práctica y comunicación

Boletín

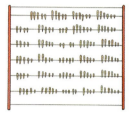

El quipu de los incas

El quipu es un objeto usado por la civilización inca (1100–1500) para contar la producción del oro que sacaban de las minas, el número de personas que trabajaba, la cantidad de tributos[1] que recibían y cuánto tenían en sus almacenes[2]. Estaba hecho de una cuerda[3] con nudos[4].

---

[1]*taxes*
[2]*storehouses*
[3]*cord*
[4]*knots*

6-33 Los tesoros. Busca en el poema los tesoros que Atahualpa le ofrece al español. En esta lista, ¿cuáles no corresponden?

1. bronce
2. chocolate
3. esmeraldas
4. maíz
5. oro
6. perlas
7. plata
8. rubíes
9. tabaco
10. templos

6-34 El destino de Atahualpa. Encuentra en el poema las frases que corresponden a las siguientes ideas.

1. Atahualpa fue apresado.
2. Los indígenas están buscando los tesoros para pagar el rescate.
3. Los indígenas le cuentan de dónde vienen los tesoros.
4. El tesoro es de plata, oro, perlas y esmeraldas.
5. Los rubíes representan la sangre derramada.

6-35 Ofrecimientos. Piensen en un evento histórico en el cual un grupo le ofrece a otro los tesoros de su cultura. Preparen un pequeño informe para presentar a la clase.

Modelo: *El día de Acción de Gracias los indígenas de Nueva Inglaterra les ofrecieron a los colonos…, etc.*

Al fin y al cabo

Proyecto: Trabajo comunitario

En esta parte del capítulo vas a llevar a cabo los pasos necesarios para completar un proyecto comunitario.

6-36 Planificación. Un gran proyecto exige mucha preparación. En pequeños grupos, decidan qué tipo de proyecto van a hacer. Hablen de los pros y los contras de cada idea. Expliquen sus razones. Nombren a un/a secretario/a que tome nota de las discusiones y estén listos para presentarlas a los otros grupos de la clase.

Algunas sugerencias para elegir el tipo de proyecto son:

- hacer un proyecto humanitario fuera del país
- hacer un programa de ayuda con la iglesia
- proponer un proyecto de alfabetización
- trabajar con los indígenas de Centro América
- trabajar con campesinos de su región
- colaborar en la construcción de una escuela, de un salón multiuso, de un templo, etc.
- ¿otro?

Modelo: E1: *Yo pienso que es bueno que vayamos a El Salvador porque...*

E2: *Es importante quedarse en los Estados Unidos porque...*

E3: *Yo prefiero que pensemos en una comunidad en esta ciudad porque…*

E4: *No creo que mis padres me dejen ir a otro país porque…*

6-37 Decisiones. Uds. van a partir a trabajar en una comunidad quiché para construir un salón comunitario multiuso. Ahora tienen que hacer una lista de todo lo que es importante, necesario, etc. antes de salir. Conversen con sus compañeros/as y hagan una lista de diez aspectos importantes.

Modelo: *Es necesario que tengamos información sobre la gente del lugar.*

6-38 Convencer a los padres. Algunos de ustedes temen que sus padres digan que no pueden participar en este proyecto y por lo tanto tienen que estar preparados para convencerlos. Entre todos busquen las razones para convencer a sus padres de que les permitan participar. Pueden usar verbos como saber, creer, exigir, negar, rogar, pedir, etc.

Modelo: *Creemos que será una experiencia enriquecedora (enriching).*

6-39A. **El salón comunitario multiuso.** Ustedes quieren convencer a los otros grupos de la clase de que su proyecto de salón multiuso es el mejor. Preparen una presentación del proyecto y estén listos para defenderlo delante de los otros grupos. Aquí tienen algunas ideas que los pueden orientar en la discusión. Además pueden preparar planos, folletos, estadísticas, etc.

1. ¿Para qué sirve el salón? ¿para conferencias?¿conciertos? ¿como consultorio médico? ¿biblioteca? ¿guardería de niños? ¿?

2. ¿Cómo es el salón? ¿medidas? ¿ventanas? ¿paredes? ¿puertas? ¿muebles?

3. ¿Quiénes van a ser responsables de su funcionamiento? ¿el gobierno? ¿la iglesia? ¿los campesinos? ¿las mujeres? ¿una cooperativa? ¿?

4. ¿Se paga para usarlo? ¿Es gratis? ¿Hay una cuota?

B. Después de oír las presentaciones de todos los proyectos deben votar por el mejor.

6-40 **Financiación.** Ya tienen autorización de sus padres y ya seleccionaron el mejor proyecto. Ahora hay que buscar dinero para llevarlo a cabo. Piensen en cinco formas de conseguir dinero para financiar el proyecto. Luego presenten sus ideas a la clase usando cuando puedan los siguientes verbos y expresiones.

dudar	negar	creer	pensar	saber	ser cierto	sugerir
creer	pensar	esperar	desear	aconsejar	acaso	posiblemente
		probablemente	quizás	tal vez	ojalá	

6-41 **Buenos deseos.** Aunque no todos pueden ir, todos le desean lo mejor al grupo que parte. Escriban una tarjeta con esta intención. Expresiones como ojalá, tal vez, esperamos, deseamos, etc., pueden ser útiles para escribir sus deseos.

Cartelera

Rigoberta Menchú: Polémica

1959—Rigoberta Menchú nace en San Miguel de Uspatán, Guatemala.

1983—Se publica el libro que la hace famosa, *Me llamo Rigoberta Menchú y así me nació la conciencia.* El libro es una autobiografía basada en una serie de entrevistas con la antropóloga venezolana, Elisabeth Burgos. En él se describe la realidad del pueblo quiché, llena de violencia, miseria y explotación.

1992—Menchú recibe el premio Nobel de la Paz (exactamente cinco siglos después del "descubrimiento" de América).

1998—David Stoll, antropólogo estadounidense, publica el libro, *Rigoberta Menchú y la historia de todos los pobres guatemaltecos.* Stoll llega a la conclusión de que episodios claves de la autobiografía de Menchú son inciertos ya que describen "experiencias que ella no vivió".

1999—Menchú reconoce que no todas las experiencias las vivió ella personalmente, pero que igualmente son válidas.

"No puede decirse que Rigoberta miente. Es una persona que pertenece a otra tradición cultural, a una tradición preliteraria, de oralidad, en la que la historia tiene un carácter colectivo, los hechos se almacenan *(store)* en esa memoria común y pertenecen a la comunidad. Todo ha sucedido aunque no le haya pasado necesariamente a ella…
…El libro ha servido para que la gente sepa lo que sucedía en Guatemala."
—Elisabeth Burgos

6-42 ¿Y ustedes qué opinan? ¿El fin justifica los medios? ¿Se trata de otro concepto de la verdad? ¿Les parece significativa la fecha en que Menchú recibe el Premio Nobel? ¿Por qué?

A escribir

Una entrevista

When you prepare to do an interview, there are two steps that you need to follow. First you need to decide the topic that you want to investigate and create a series of questions that will elicit the information that you want. In order to get detailed information, your questions have to be precise. Then you can use this information to write your report. When you write you will need to change from direct speech to indirect speech.

- Estoy muy contento con el nuevo descubrimiento, dijo el arqueólogo.
  (Estilo directo)

- El arqueólogo dice que está muy contento con el nuevo descubrimiento.
  (Estilo indirecto)

Here are some of the verbs that are used to report what someone said.

> dice que…   opina que…   cree que…   piensa que…   explica que…   afirma que…
>
> insiste en que…   replica que…   repite que…   contesta que…   observa que…   niega que…

Práctica

6-43A. **El día de la raza.** El doce de octubre es el día de la raza para los pueblos hispanos. Ese día se celebra la herencia indígena y española que forma la cultura hispanoamericana actual. Los personajes siguientes fueron claves en el desarrollo de esta herencia cultural. Escoge uno de ellos a quién te gustaría entrevistar y piensa en las preguntas que quieres hacerle. Luego compara tus preguntas con las de tus compañeros.

Fray Bartolomé de las Casas

El emperador Atahualpa

Cristóbal Colón

César Chávez

Rigoberta Menchú

Moctezuma (último emperador azteca)

La Malinche (mujer indígena que sirvió como traductora de Cortés)

B. El diario de la universidad te pide que escribas un artículo sobre el personaje que elegiste y tú has decidido presentarlo a través de una entrevista ficticia. Busca información sobre tu personaje en la biblioteca o en Internet y trata de contestar las preguntas formuladas en el paso anterior.

6–44 El informe. Ahora estás listo/a para escribir tu artículo. Según las respuestas que tengas, presenta las ideas de este personaje a la comunidad universitaria. Incluye lo siguiente:

a. la época en que vivió

b. el momento histórico

c. la situación social del momento

d. las ideas que representaba

e. las esperanzas que tenía

f. sus logros o fracasos

Vocabulario

Los pueblos indígenas

la aldea	village	la lucha	fight
el cacique	Indian chief	el/la mestizo/a	half Spanish, half Native American
la cosecha	harvest		
la costumbre	custom	el pueblo	people
el/la guerrero/a	warrior	el sacerdote	priest
el/la indígena	indigenous person	la tierra	land
el/la jefe/a	chief	la tribu	tribe

Sustantivos

la alfabetización	literacy	la guerra	war
el arma (*fem.*)	weapon	la igualdad	equality
el/la campesino/a	peasant	la paz	peace
la conquista	conquest	la piedra	rock, stone
el/la conquistador/a	conqueror	el poder	power
los derechos humanos	human rights	la razón de ser	reason for being
la desigualdad	inequality	la seña	sign
el ejército	army	el siglo	century
la evangelización	christianization	la tumba	tomb
la fuente	fountain, source		

Verbos

apresar	*to imprison*	**impedir (i)**	*to hinder, prevent*
asegurar	*to assure*	**intentar**	*to try*
atacar	*to attack*	**matar**	*to kill*
bendecir (i)	*to bless*	**oprimir**	*to oppress*
cultivar	*to cultivate*	**pelear**	*to fight*
destruir	*to destruct*	**salvar**	*to save*
esclavizar	*to enslave*	**vencer (z)**	*to defeat*
explotar	*to exploit*	**violar**	*to violate, rape*

Adjetivos

desheredado/a	*disinherited*	**igual**	*equal*
desigual	*unequal*	**oprimido/a**	*oppressed*
entero/a	*entire, whole*	**poderoso/a**	*powerful*
generador/a	*generator*	**seguro/a**	*sure*

Expresiones útiles

a su vez	*at the same time*	**desafortunadamente**	*unfortunately*
acaso	*maybe*	**tal vez**	*perhaps*
de hecho	*in fact, as a matter of fact*	**quizás**	*maybe, perhaps*

Note: The vocabulary in **Manos a la obra** on page 171 is also considered active vocabulary.

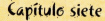

Capítulo siete

El mundo del trabajo

"Trabajo deprisa para vivir despacio."
—Monserrat Caballé

Note: Monserrat Caballé is a Spanish opera singer.

Tema cultural:

La búsqueda de trabajo en el mundo hispano

Objetivos comunicativos:

Talking about finding a job

Offering congratulations and encouragement

Talking about generalities and giving information

Describing general qualities

Denying and contradicting

Talking about unknown and nonexistent people and things

Warm-up: Ask the class: *¿Qué significado tiene este pensamiento para cada uno de Uds.? ¿Qué quiere decir la Sra. Caballé con esta oración? ¿Cómo vive ella su vida? ¿Qué hace una persona que vive la vida despacio? ¿Cómo viven su vida Uds., deprisa o despacio? ¿Qué lugar ocupa el trabajo en la vida de Uds.? ¿Y el tiempo libre?*

Alternative: Use these questions in groups of four.

En marcha

Vocabulario en contexto: Una entrevista de trabajo

JEFA DE PERSONAL: Buenos días. ¿Es usted la persona que **solicitó el trabajo**?

ANA: Sí, yo soy Ana Rodríguez. Tengo una entrevista a las diez.

JEFA DE PERSONAL: Sí, sí. Aquí tengo su **solicitud de empleo**. Pase a mi oficina por favor.

ANA: Gracias. Aquí tiene mi **currículum vitae**.

JEFA DE PERSONAL: Perfecto. Empecemos por sus estudios.

ANA: Estudié **mercadeo** en la Universidad Nacional. Soy **licenciada** en Administración de empresas. Además, hice un curso de **programación de computadoras**.

JEFA DE PERSONAL: Excelente. Nos interesa una persona que sepa de **informática**. ¿Podría hablarme ahora de su **experiencia laboral**?

ANA: Trabajé en una **empresa** de importación y exportación por dos años. **Estaba encargada de hacer la publicidad** para un nuevo producto que iban a sacar al mercado. Mi **campaña** fue todo un **éxito**, pero después dejé el trabajo porque conseguí un empleo en la **bolsa**. Fui **corredora de bolsa** por un año y medio.

JEFA DE PERSONAL: ¿Y tiene experiencia en **ventas**?

ANA: Sí. Trabajé en **bienes raíces** durante un verano, pero la verdad es que no me interesa mucho **atender al público** directamente, prefiero tener un trabajo en el área de la **administración**.

JEFA DE PERSONAL: ¿Cuáles son sus **destrezas**?

Note: The vocabulary that is highlighted is active vocabulary. Direct students to find the meaning in the vocabulary list at the end of the chapter.

Warm-up: *¿Qué está pasando en esta foto? ¿Tuviste una entrevista de trabajo tú? ¿Con qué compañía? ¿Quién condujo la entrevista? ¿Cómo ibas vestido/a? ¿Cómo te sentías? ¿Conseguiste el trabajo?*

Note: Point out the word *licenciado/a*. Explain that this is a university graduate with a degree that is higher than a B.A., but lower than an M.A. It usually takes five years of studies to get this degree. The course of studies is called *la licenciatura: Licenciatura en Bellas artes / Filosofía / Asistencia social, etc.*

Note: Point out the expression *alcanzar una meta* = to reach a goal.

Note: Point out that the word *aspirante* (applicant) is also commonly used instead of *postulante*.

Check comprehension: *¿Qué estudió Ana? ¿Sabe de informática? ¿Dónde trabajó? ¿Qué destrezas tiene? ¿Qué ventajas tiene este trabajo? ¿Ofrecen beneficios para los empleados en esta compañía? ¿Cuáles? ¿Qué tiene que hacer Ana si la contratan?*

ANA: Tengo mucha iniciativa y **afán de superación**. **Domino otros idiomas** y tengo **facilidad de palabra**. Además me interesa **resolver** problemas. Este puesto es un **reto** para mí. Y no **me cuesta tomar decisiones**. ¿Podría ahora hablarme un poco sobre el trabajo?

JEFA DE PERSONAL: Este **puesto** tiene muchas **ventajas**. Hay muchas posibilidades para **ascender** en esta compañía. Aquí **trabajamos en equipo** y hay un buen **ambiente de trabajo**. También pagamos **sueldos** muy altos que **aumentan** cada año de acuerdo con las **metas** que se **alcancen**. Por último, tenemos un **presupuesto** que **invertimos** en la **jubilación** de nuestros empleados.

ANA: Todo me parece maravilloso. ¿Cuándo van a tomar una decisión sobre el trabajo?

JEFA DE PERSONAL: Usted es una **postulante** con muchas posibilidades. Yo voy a **reunirme** con los **ejecutivos** de la compañía la semana próxima y si decidimos **contratarla**, la voy a llamar para que **firme** el **contrato** y para que hablemos de otros **asuntos**.

ANA: Muchas gracias. Espero que todo **funcione**. Tenga **confianza** en mí, soy una trabajadora excelente.

Suggestion: Review these words to make sure students understand them.

Check comprehension: *¿Qué hace un abogado? ¿un arquitecto? ¿un científico? ¿un contador? ¿un economista? ¿un gerente? ¿una mujer de negocios? ¿un ingeniero? ¿un vendedor? ¿Quiénes trabajan en una fábrica?*

Palabras conocidas

Las profesiones y el trabajo

Repasa estas palabras que deben ser parte de tu vocabulario básico.

Profesiones

el/la abogado/a
el/la arquitecto/a
el/la científico/a
el/la contador/a
el/la economista
el/la gerente
el/la hombre/mujer de negocios
el/la ingeniero/a
el/la vendedor/a

El trabajo

la buena presencia
la fábrica
el/la jefe/a
el mercado de trabajo
los negocios
el/la empleado/a
el empleo

Cognados

la camaradería
el contacto
desorganizado/a
la exportación
financiero/a
la imagen
imaginativo/a
la importación
el interés
negociar
organizado/a
preciso/a
el producto
responsable
el salario

Expresiones útiles

alcanzar una meta	to reach a goal
boca arriba/abajo	face up/down
conseguir una entrevista	to get an interview
solicitar un trabajo	to apply for a job
tener afán de superación	to expect a lot of oneself
tener dominio de otros idiomas	to be fluent in other languages
tener facilidad de palabra	to be articulate
tener iniciativa	to show initiative
tomar decisiones	to make decisions
trabajar en equipo	to work as a team

Juanita es muy perseverante, por eso siempre **alcanza las metas** que se propone.

Juanita is very persevering, that is why she always reaches the goals she sets for herself.

Para hacer las fotocopias tienes que poner el papel **boca abajo** sobre el vidrio.

In order to make copies you have to place the paper face down on the glass.

Para **conseguir esta entrevista** tuve que mandar cuatro cartas de recomendación.

In order to get this interview I had to send four letters of recommendation.

Voy a **solicitar este trabajo** que apareció en el diario de hoy.

I'm going to apply for this job that appeared in today's paper.

Margarita va a llegar lejos en su trabajo porque **tiene mucho afán de superación.**

Margarita will get far in her job because she expects a lot of herself.

En la entrevista me preguntaron si **tenía dominio de otros idiomas.**

At the interview they asked me if I was fluent in other languages.

Por **tener gran facilidad de palabra** pudo convencer a todos para que votaran por ella.

Because she is so articulate, she was able to convince everyone to vote for her.

El nuevo empleado **tiene mucha iniciativa**, propuso dos cambios muy productivos para la empresa.

The new employee shows great initiative; he proposed two very productive changes for the business.

Para mí es difícil **tomar decisiones.**

It is difficult for me to make decisions.

En este departamento se **trabaja en equipo.**

In this department we work as a team.

Práctica y comunicación

Suggestion for 7-1: In order for this information gap exercise to work well, tell students not to use the words in the order given and to cover up with a piece of paper their classmate's list so they don't see each other's words.

7-1 ¿Qué es...? Define las siguientes palabras en español sin usar la palabra. Tu compañero/a debe adivinar cuál es la palabra. Luego él/ella va a definir las palabras de su lista y tú debes adivinar cuáles son.

Modelo: corredor/a de bolsa

E1: *La persona que compra y vende acciones en la bolsa.*

E2: *¿Es el corredor de bolsa?*

E1	**E2**
firmar	ejecutivo
presupuesto	entrevistar
publicidad	invertir
importar	fábrica
bienes raíces	postulante

Answers for 7-2: 1) c 2) a 3) b 4) f 5) h 6) d 7) e 8) g

Boletín

Refrán: "Del dicho al hecho hay un largo trecho (distance)."

Suggestion for Boletín: Help students understand this saying by asking: *¿Cómo se dice dicho/hecho en inglés? ¿Qué quiere decir este refrán? Traten de explicarlo en sus propias palabras. ¿Hay un equivalente en inglés?*

7-2 ¿Cuál es el sinónimo? Empareja cada palabra de la columna A con su sinónimo en la columna B.

A	**B**
1. _____ resolver	a. subir
2. _____ ascender	b. trabajo
3. _____ puesto	c. solucionar
4. _____ emplear	d. salario
5. _____ destreza	e. pedir
6. _____ sueldo	f. contratar
7. _____ solicitar	g. retirarse
8. _____ jubilarse	h. habilidad

7-3 Asesoría profesional. Imagina que estás en tu último año en la universidad y que estás muy preocupado porque tienes que empezar a buscar trabajo y no sabes en qué. Vas a tener una cita en el centro de trabajo de la universidad y necesitas prepararte. Haz una lista con datos importantes sobre tu vida y tus deseos laborales. Después, comparte la lista con tu compañero/a.

1. tu experiencia laboral
2. tus estudios
3. tus destrezas
4. qué tipo de trabajo prefieres
5. en qué lugar
6. cuánto sueldo deseas

7–4 Consejero de trabajo. Ahora, usando la lista del ejercicio 7-3, uno/a de Uds. va a hacer de consejero/a y le va a dar consejos a su pareja sobre su futuro laboral. Cambien de roles y utilicen algunas de las expresiones para dar consejos como: Te recomiendo…, Te aconsejo…, Es bueno que…, Es necesario que…, Es importante que…, etc.

Follow-up for 7-4: Ask two or three pairs to present their conversation in front of the class.

7–5 Una entrevista. Miren los siguientes anuncios clasificados y escojan el empleo que más les interese. Luego representen una entrevista con el/la gerente de personal de esa compañía. Uno/a hace de entrevistador/a y otro/a hace el papel de la persona entrevistada.

Persona que busca trabajo: trata de convencer a tu entrevistador/a de que tú eres la persona indicada para el trabajo.

Entrevistador/a: Pregúntale a esta persona cosas relacionadas con sus habilidades y experiencia de acuerdo a las necesidades del trabajo. Luego dile al resto de la clase si vas a contratar o no a esta persona y explica por qué.

LABORATORIO FARMACÉUTICO MULTINACIONAL

REQUIERE GERENTES DE CUENTA
Plazas:
Bogotá, Barranquilla
Medellín y Cali

REQUISITOS:
- Título universitario en Administración de Empresas, Mercadeo o Publicidad
- 2 a 5 años de experiencia en ventas y mercadeo de productos de consumo
- Edad: de 30 a 40 años
- Excelente nivel de inglés y español

Interesados enviar hoja de vida, con fotografía reciente y aspiración salarial al Apartado Aéreo N 6235 de Santafé de Bogotá.

SONY MUSIC (Colombia)
Requiere
GERENTE DE PRODUCTO
Para trabajar en Bogotá

El cargo: El ejecutivo tendrá a cargo el manejo de los artistas internacionales de la compañía, cuyo producto sea lanzado en Colombia. Coordinará oportunidades de lanzamiento, estrategias de radio, televisión, promoción, etc. a través de los diferentes departamentos de la compañía.

Aspirantes: Hombre o mujer, con experiencia mínima de 8–10 años en posiciones de Publicidad, Periodismo, Radio, Televisión.

Indispensable el dominio del idioma inglés. Si usted está atraído por la música y le interesa una carrera con gran porvenir y excelentes condiciones económicas, escríbanos al anunciador 370 de Revista Musicalia.

EMPRESA LÍDER EN EL SECTOR DE LAS TELECOMUNICACIONES

Requiere:

GERENTE COMERCIAL
- Profesional
- Mínimo 3 años de experiencia en ventas, manejo de clientes y agencias de publicidad
- Buen nivel de idiomas inglés y español

DIRECTOR ADMINISTRATIVO
- Profesional en Administración de Empresas
- Mínimo 5 años de experiencia en cargos de dirección administrativa en empresa mediana o grande
- Buen nivel de idiomas inglés y español

DIRECTOR DE PRESUPUESTO
- Profesional en Economía, Administración de Empresas o Contaduría Pública
- Mínimo 5 años de experiencia en dirección de presupuestos

Interesados enviar hoja de vida con aspiración salarial al anunciador 371 de La Nación, indicando el cargo al que se aspira.

EMPRESA REQUIERE

DIRECTOR DE SISTEMAS

- Ingeniero de sistemas o equivalente
- Mínimo 3 años de experiencia en administración de centros de cómputo y manejo de sistemas de formación empresarial

Interesados enviar hoja de vida con aspiración salarial al anunciador 372 de El Observador

Suggestion for 7-6: Tell students to prepare this exercise for the next class. They may look in the Internet under *Bolsas de trabajo* in Mexico, Argentina, or Spain.

7–6 Para saber más. Investiga qué opciones laborales para extranjeros hay en Latinoamérica y en España. Puedes buscar en Internet para obtener información específica sobre tu campo de especialización. Después, escribe un breve resumen para la próxima clase.

 ¡Sin duda!

ir – venir – llegar

Antes de estudiar estos verbos repasa la sección **¡Sin duda!** del capítulo 3, **(irse – salir – partir – dejar)** The verbs **ir, llegar,** and **venir** can be translated as *to come* in English in the following contexts.

Palabra		Ejemplo
ir	*to come* (when the action moves toward the person being spoken to)	—¿Sr. Delgado puede **venir**, por favor? —Sí, **voy** en un minuto. *Mr. Delgado, can you come, please?* *Yes, I'll go in a minute.*
llegar	*to come to, to arrive*	—¿Qué pasa Sr. Delgado? Usted siempre **llega** tarde. *What's the matter, Mr. Delgado? You always arrive late.*
venir	*to come* (when the action moves toward the person who speaks)	—Lo siento, Sra. Pereda. No pude **venir** antes. *I'm sorry, Mrs. Pereda. I couldn't come earlier.*

Review: *dejar, partir.*
Una persona que deja su trabajo, ¿puede volver al día siguiente? Una persona que sale del trabajo, ¿puede volver al día siguiente?

Práctica y comunicación

7–7 De casa al trabajo y del trabajo a casa. En parejas, lean y comenten las siguientes caricaturas. Utilicen las preguntas como guía y compartan sus comentarios con los de otras parejas.

©Joaquín S. Lavado, QUINO, Toda Mafalda, Editorial de la Flor, 1997.

1. ¿Adónde va el hombre? ¿Adónde llega?
2. ¿Quién va hacia el hombre con el portafolios en la mano?
3. ¿Qué pasa cuando llega a la oficina?

©Joaquín S. Lavado, QUINO, Toda Mafalda, Editorial de la Flor, 1997.

1. ¿De dónde viene el hombre?

2. ¿Quién está en la casa cuando llega?

3. ¿Creen que la mujer trabaja fuera de la casa? ¿Por qué?

©Joaquín S. Lavado, QUINO, Toda Mafalda, Editorial de la Flor, 1997.

1. ¿Adónde creen que van los personajes de esta tira cómica?

2. ¿Les parece que el hombre va contento a su trabajo? ¿Por qué?

✳ Así se dice

Para felicitar

Es costumbre felicitar a una persona cuando le ocurre algo grato. Estas son algunas expresiones que se usan para felicitar.

¡Enhorabuena!	*Congratulations!*	**¡Me alegro mucho por ti!**	*I am very happy for you!*
¡Felicidades!	*Congratulations!*	**¡Te felicito!**	*I congratulate you!*
¡Felicitaciones!	*Congratulations!*	**Te lo mereces.**	*You deserve it.*

Práctica y comunicación

7-8 Buenas noticias. Imagínate que te encuentras con una persona que hace mucho tiempo que no ves y te cuenta sus buenas noticias. Responde a sus comentarios usando distintas expresiones para felicitar a alguien.

Modelo: ¡Acabo de encontrar un trabajo fabuloso!

E1: *¡Felicitaciones! ¡Me alegro mucho por ti!*

1. Me gradué de la universidad con honores.
2. Encontré un trabajo en una empresa internacional.
3. Me pagan muy bien.
4. Al poco tiempo me dieron un ascenso.
5. Ahora soy el director de mi equipo de trabajo.
6. Gané el premio al mejor empleado, así que mañana salgo de vacaciones para Guatemala y tengo todo pagado.

Note: If necessary, do exercises in the **Cabos sueltos** section, p. 422, in class.

Referencia gramatical 1

Talking about generalities and giving information: Impersonal *se*
Before doing the following activities review this structure in the **Cabos sueltos** section, p. 421.

Suggestion for 7-9: Tell students that they can use *Se necesita, Se requiere.* Refer to **Vocabulario en contexto** for additional ideas.

7-9 ¿Qué se necesita? Hagan una lista de ocho cosas generales que se necesitan hoy en día para obtener un buen trabajo. Luego, comparen su lista con las de otras parejas de la clase y hagan una lista única con los mejores elementos.

Modelo: *Se necesita tener una buena educación en informática.*

7-10 ¿Qué se obtiene en esta universidad? Ustedes ya saben lo que se necesita para obtener un buen trabajo. Ahora deben decir si en la universidad se obtienen esas cosas y explicar por qué creen que sí o que no.

Modelo: *Aquí se obtiene una buena educación en informática porque es un curso obligatorio durante dos semestres.*

Note: If necessary, do exercises in the **Cabos sueltos** section, pp. 423–424, in class.

Referencia gramatical 2

Describing general qualities: *Lo* + adjective
Before doing the following activities review this structure in the **Cabos sueltos** section, p. 423.

7-11 No te desesperes. Seguramente en la universidad no se obtiene todo lo que se necesita para conseguir un buen trabajo, pero hay que distinguir lo importante de lo superfluo. Completen este cuadro según su perspectiva. Luego comparen sus resultados con los de otros grupos de la clase.

Modelo: *Lo mejor de esta universidad es que tenemos profesores bien preparados.*

Lo peor	
Lo bueno	
Lo malo	
Lo cómico	
Lo interesante	
Lo importante	
Lo mejor	
Lo…	
Lo…	
Lo…	

7-12 Entrevista. Ya saben qué es lo importante, lo bueno y lo malo de la universidad. Ahora tienen que decidir qué es lo que les gusta, lo que les molesta, lo que les encanta, etc. Entrevisten a su compañero/a para saber lo que piensa, luego informen a la clase.

Modelo: E1: *¿Qué es lo que te gusta de la preparación de la universidad?*

E2: *Lo que me gusta es que vamos a estar listos para competir en el mercado laboral.*

Note for 7-12: This activity reviews the use of *lo que*.

Cartelera

Más que el currículum vitae

Por lo general cuando se solicita un trabajo en el mundo hispano hay que presentar una foto con el currículum vitae. En algunos trabajos se pide a los candidatos que escriban la carta de solicitud a mano y luego se manda a analizar la letra a un grafólogo especialista. A veces también se exige que los postulantes tomen pruebas sicológicas y que pasen un examen de salud antes de firmar el contrato. Además en el CV se especifica más información personal que en los Estados Unidos, por ejemplo, la edad, el estado civil y a veces, la ocupación de los padres.

CURRÍCULUM VITAE

DATOS PERSONALES

Apellidos:	Crespo Latorre
Nombre:	Lidia
Lugar de Nacimiento:	Mexico D. F.
Fecha de Nacimiento:	5 de enero de 1978
Nacionalidad:	mexicana
Estado Civil:	soltera
Domicilio Particular:	Cerro del Agua, 232
	04310 México
	Tel. 1 20 24 66
Domicilio Profesional:	Texmex
	Edificio Torres del Sol 21° piso
	Avenida de la Universidad, 975
	03100, México
	Tel. 1 23 54 55

ESTUDIOS REALIZADOS Y TÍTULOS

Junio 2002	Licenciatura en Administración de Empresas
	Facultad de Ciencias Económicas
	Universidad de Monterrey
	Diploma de Contadora
Junio 1997	Facultad de Ciencias Económicas
	Universidad de Monterrey

EXPERIENCIA PROFESIONAL

1997–1999	Banco de Crédito Mexicano
	Gerente de Inversiones Internacionales
1999	Banco Hispanoamericano
	Responsable de Comercio

OTROS CONOCIMIENTOS

Idiomas: Español   Lengua materna
Inglés   Hablado: muy bueno; Leído: muy bueno; Escrito: bueno
Francés   Hablado: bueno; Leído: muy bueno; Escrito: muy bueno

Computación: Conocimientos de Java
PowerPoint

Aficiones: Natación
Viajes
Lectura

FECHA 15 de octubre de 2002   **FIRMA** Lidia Crespo Latorre

7–13 ¿Hay diferencias? Explica las diferencias entre lo que se debe presentar en tu país para solicitar un trabajo y lo que dice la Cartelera sobre el mundo hispano.

Note: In the United States it is illegal to ask the personal questions that are required during an interview in Spain and Latin America.

Conexiones

Denying and contradicting: Indefinite and negative words

1. In Spanish, negative words such as *never, nothing, no one,* or *neither* are used in a double negative construction when the negative word appears after the verb phrase.

| no | + | verb phrase | + | negative word |

No se hizo nada de publicidad para este producto.

They didn't do any publicity for this product.

2. If the negative word appears before the verb phrase, then follow this pattern.

| negative word | + | verb phrase |

Los gerentes **nunca están** contentos con el presupuesto que les da la administración.

The managers are never happy with the budget that the administration gives them.

3. Negative words are often presented with the indefinite words.

Palabras negativas		Palabras indefinidas	
nada	nothing	**algo**	something
nadie	no one, nobody	**alguien**	someone
ninguno/a	no, none, no one	**alguno/a/os/as**	any, some, someone
nunca, jamás	never	**siempre**	always
ni	nor	**o**	or
ni... ni	neither... nor	**o... o**	either... or
tampoco	neither, not... either	**también**	also, too

Note: **Ninguno/a** is rarely used in the plural.

4. **Ninguno** and **alguno** become **ningún** and **algún** before masculine singular nouns.

Ningún aspirante supo contestar las preguntas correctamente.	*No applicant knew how to answer the questions correctly.*
Esperamos seleccionar a **algunos aspirantes** sumamente preparados.	*We hope to select some highly trained applicants.*

5. **Ninguno/a** may be followed by **de** + a noun phrase.

Ninguno de estos empleados tiene seguro de desempleo.	*None of these employees has unemployment insurance.*

6. The **a** personal is used before **nadie** and **alguien**, **alguno** and **ninguno** when they function as direct objects of a sentence.

¿Conoce **a alguien** en esta empresa?	*Do you know anyone in this company?*
No, no conozco **a nadie** aquí.	*No, I don't know anyone here.*

Práctica y comunicación

Suggestion for 7–14: Remind students that after *no creo* they must use the subjunctive, but after *creo* they use the indicative.

7-14 ¿Ustedes qué piensan? Entrevisten a dos personas y escriban en la tabla lo que ellas piensan que se busca en los avisos de trabajo del ejercicio 7-15. Preparen un informe con los datos obtenidos.

Modelo: ¿Crees que algunas de las ofertas son para trabajar en España?

E1: *Sí, creo que algunas ofertas son para trabajar en España.*   o

No, no creo que algunas ofertas sean para trabajar en España.

¿Crees que...	Sí	No
...ningún aviso pide experiencia?		
...algunos avisos solicitan únicamente mujeres?		
...siempre hay que enviar una foto?		
...nunca dicen cuándo darán una respuesta?		
...no se pide ni una nacionalidad ni un estado civil específicos?		
...tampoco se pide dominio de otros idiomas?		

7-15 ¿Qué piden estos anuncios? Analicen las siguientes ofertas de empleo. Fíjense si los requisitos son siempre los mismos o si algunos anuncios solicitan diferentes cosas a los candidatos. Comparen su análisis con el de otras parejas de la clase.

Modelo: *Algunos avisos piden que se envíe una fotografía.*

Laboratorio Farmacéutico Internacional

Solicita para las Zonas CENTRO y NORTE, con residencia en Madrid y Bilbao respectivamente,

DELEGADO DE VISITA MÉDICA

El puesto a cubrir requiere:
- Candidato joven (30-35 años) Licenciado en Ciencias de la Salud (Farmacia, Biología...).
- Imprescindible experiencia demostrable en ventas dentro del sector farmacéutico o afines.
- Conocimiento del idioma inglés.
- Personalidad comercial; responsable y organizado.

Se ofrece:
- Incorporación inmediata a una empresa sólida, de prestigio nacional e internacional, con elevado sueldo fijo e importantes incentivos sobre ventas.
- Participación en programa de actualización profesional.
- Coche de la compañía. Dietas y kilometraje.

Interesados enviar historial profesional adjuntando fotografía reciente al Apartado de Correos 12010, 08080 Barcelona

---

CENTRO
MULTIMEDIA

Empresa de gran solidez financiera y con fuerte expansión en todo el territorio nacional precisa incorporar

PROFESIONALES DE LA VENTA

Si a Ud. le interesa
- Trabajar en un mercado con gran futuro.
- Comercializar un producto muy interesante.
- Incorporación inmediata en plantilla.
- Tener contrato laboral y un salario atractivo.
- Período de formación inicial.
- Tener formación continua.

Y tiene
- Edad entre 24 y 36 años.
- Formación a nivel mínimo C.O.U. o equivalente.
- Experiencia de un año en el área comercial.
- Vehículo propio.
- Buen nivel de informática a nivel de usuario.
- Motivación fuerte.

Contacte con nosotros, esta puede ser su gran oportunidad. Envíenos su C.V. con foto a BS Selección

c/ Avda. Diagonal 357, 28080 Madrid

IMPORTANTE COMPAÑÍA CONSTRUCTORA

busca

Ingeniero de Caminos

Con experiencia en gestión de producción, y edad entre 35–45 años.

Enviar C.V. a Ref. ING.CAM. a Apartado de Correos 4500, 46015 Valencia

---

Empresa multinacional de servicios precisa incorporar para su oficina de Madrid:

ASISTENTE DE SECRETARÍA Y ADMINISTRACIÓN

Buscamos un profesional que aporte:
- Iniciativa y disposición para el trabajo en equipo.
- Imprescindible un alto nivel de inglés hablado y escrito. Valorable otros idiomas.
- Amplio dominio informático en Word, PowerPoint, Excel y Acces, valorándose conocimientos informáticos en administración de redes locales.
- Experiencia en administración y contabilidad.
- Se valorarán estudios de Marketing.

Se ofrece:
- Remuneración económica según valía.
- Incorporación inmediata.
- Lugar de trabajo: Madrid.

Interesados remitan C.V. indicando pretensiones económicas al Apartado de Correos 9382, 28045 Madrid

7-16 Después de analizar. Vuelvan a leer la tabla del ejercicio 7-14 y decidan quién tenía razón y quién no.

Modelo: *Yo creo que E1 tiene razón porque algunas de las ofertas son para trabajar en España.*

También, algunas empresas piden gente que tenga conocimiento de informática.

Describing unknown and nonexistent people and things: Adjective clauses

1. An adjective clause describes the preceding noun or pronoun. In the following example *that knows about taxes* is the dependent clause that describes *accountant*.

    We need an accountant that knows about taxes.

    The noun or pronoun described is called the *antecedent*.

2. In Spanish when the antecedent is unknown (unidentified) or nonexistent, the verb of the dependent clause is in the subjunctive.

Necesitamos a **alguien** que **sepa** trabajar rápido. (unidentified)	*We need someone that knows how to work fast.*
No hay **ninguna persona** que quiera invertir en este producto. (nonexistent)	*There is no one that wants to invest in this product.*

3. If the antecedent is a person or thing that exists or has already been identified, then the verb of the dependent clause is in the indicative. Compare these examples.

Busco un trabajo que **sea** interesante. (unidentified)	*I am looking for a job that is interesting.*
Solicité el trabajo que **anuncian** en el periódico. (specific)	*I applied for the job that is advertised in the paper.*
Les daremos el aumento que los empleados **quieran**.	*We'll give the employees whichever raise they want. (It is unknown how much they want.)*
Les daremos el aumento que los empleados **quieren**.	*We'll give the employees the raise that they want. (It is known how much they want.)*

Práctica y comunicación

Suggestion: Give students one minute to make their choices, then pair them up to do the rest of the exercise.

7-17 ¿Qué buscan? Primero, cada estudiante selecciona una de las ofertas de trabajo de la actividad 7-15 y escribe qué es lo que se busca en ese aviso. Luego se deben hacer preguntas entre los/as dos para descubrir cuál es el aviso seleccionado por la otra persona.

Modelo: E1: *¿Buscan a una persona que pueda viajar?*

E2: *(Sí) No, no buscan a una persona que pueda viajar.*

7-18 ¿Qué buscas tú en un trabajo? Lee la lista siguiente y escoge todas las condiciones que tú buscas en un trabajo. Luego pregúntale a otra persona qué busca ella. Toma notas y prepárate para informar a la clase de las preferencias de la otra persona.

Suggestion for 7-18: Collect the answers from **7-18**, select half of them, and write them on the blackboard.

Modelo: estar cerca de la casa de tus padres

E1: *¿Buscas un trabajo que esté cerca de la casa de tus padres?*

E2: *Sí, busco un trabajo que esté cerca de la casa de mis padres.*

E1: *Yo entrevisté a E1 y él/ella me dijo que busca un trabajo que esté cerca de la casa de sus padres, que…*

1. estar en una ciudad interesante
2. poder hacer el trabajo desde casa
3. permitir viajar mucho
4. no exigir trabajo fuera de un horario fijo
5. no pagar demasiado y tener muchas vacaciones

6. ofrecer sueldos altos
7. promocionar cursos de formación
8.
9.
10.

7-19 Te vas de vacaciones. Después de mucho trabajar has decidido tomarte una semana de vacaciones, pero necesitas a alguien que se ocupe de tus cosas mientras tú no estás. Completa el formulario siguiente que te va a ayudar a encontrar a la persona adecuada.

Busco a una persona que:

1.
2.
3.
4.

Ofrezco:

1.
2.
3.
4.

Interesados llamar al:

 7-20 Un dinerito extra. Tú necesitas dinero y has decidido ofrecerle tus servicios a la persona de la actividad 7-19 que se va de vacaciones. Llámala por teléfono y solicita el trabajo. Convéncela de que tú eres la persona idónea para ocuparse de sus cosas.

Suggestion for 7-20: Divide the class in half and decide who will be the candidate and who will be the employer. They have to do an interview.

Diario

Cuenta un poco sobre tu primer trabajo. ¿Cómo era? ¿Qué tenías que hacer? ¿Qué responsabilidades tenías? ¿Cómo eran tus compañeros/as de trabajo? ¿Cómo era tu tu jefe/a? Agrega toda la información pertinente para completar tu descripción.

Manos a la obra

Así se lee

Making inferences

The message of a passage often goes beyond the written words. The author will subtly lead you to form ideas or draw some conclusions without fully spelling them out. You need to learn to infer the ideas that the author is pointing to in order to develop an objective understanding of the passage.

Práctica

Note: Clarify the expression *buscarse la vida* = to be self-reliant, resourceful.

7-21 ¿Cuál es la idea? Lee estas oraciones y explica la idea que se puede inferir de cada una contestando las preguntas.

Modelo: Buscar trabajo es un trabajo en sí.

¿Es fácil o difícil encontrar trabajo?

Inferencia: *Es difícil encontrar trabajo.*

1. Para encontrar trabajo, no puedes esperar a que la suerte llame a tu puerta.
   ¿Debes esperar pasivamente o tener un plan de acción para encontrar trabajo?
   Inferencia: _____

2. De nada sirve tener una sólida formación profesional o académica si no aprendes a buscarte la vida en el mercado laboral.
   ¿Es suficiente tener un título para encontrar trabajo?
   Inferencia: _____

3. En España sólo el 23% de los menores de 25 años permanece desempleado un año o más, mientras que en los mayores de 55 años este porcentaje es del 64%.
   ¿Para quién es más fácil encontrar trabajo?
   Inferencia: _____

4. Hay personas que son muy cualificadas pero no consiguen trabajo porque no saben dar una buena impresión durante la entrevista.
   ¿Qué es necesario hacer para dejar una buena impresión en una entrevista?
   Inferencia: _____

Antes de leer

Estudia estas palabras para comprender mejor el texto.

Vocabulario		Palabra en uso
cumplir con	*to fulfill, execute*	Es importante **cumplir** bien **con** el trabajo.
decepcionado/a	*disappointed*	Sus jefes están **decepcionados** con su trabajo.
los/las demás	*the others*	Yo cumplí con mi tarea pero **los demás** no.
disculpa	*excuse*	No tenía ninguna **disculpa** por no terminar el trabajo.
disponer de	*to have at one's disposal*	No **dispongo de** mucho tiempo hoy.
disponible	*available*	La jefa no está **disponible** porque está en una reunión.
exigir	*to demand*	El aumento que **exigen** es demasiado alto.
huir	*to flee*	Este trabajo tiene tantas presiones que quiero **huir** lejos.
infiel	*unfaithful*	El jefe es **infiel** a sus promesas.
libre	*free*	No tengo tiempo **libre** hoy.
el ocio	*leisure*	Es importante tener momentos de **ocio**.
postergar	*to postpone*	Este informe no se puede **postergar** más, debe estar listo hoy.
realizar	*to do*	**Realizamos** todas las tareas del día.

Práctica y comunicación

7-22 Mis metas para este semestre. ¿Cuáles son tus metas de trabajo para este semestre? Usa estas palabras para describir cinco cosas que te propones hacer.

los demás	disponer de	huir	exigir	infiel	postergar

Modelo: *Este semestre no voy a huir de mis responsabilidades. Las voy a enfrentar.*

7-23 ¿Eres adicto/a al trabajo? ¿Es verdad que una persona que está siempre ocupada huye de sí misma? En parejas, contesten estas preguntas para descubrir si Uds. son adictos/as al trabajo. Luego, informen a la clase de sus conclusiones.

1. ¿Cuántas horas al día trabajas?
2. ¿Trabajas los sábados? ¿los domingos?
3. ¿Haces ejercicio por lo menos tres veces por semana?
4. ¿Haces tu trabajo mientras comes el almuerzo o la cena?
5. ¿Estás disponible para hablar con tus amigos cuando te necesitan?
6. ¿Tienes tiempo para pensar en lo que quieres de la vida?
7. ¿Tienes momentos de ocio durante la semana?

Note for 7-23: Have students take turns asking the questions.

7-24A. **La evaluación anual.** Tú eres el/la jefe/a de la sección de bienes raíces de la compañía y tienes que evaluar a las personas que trabajan para ti. ¿Qué comentario de la columna A escoges para cada empleado de la columna B?

A. COMENTARIOS

1. _____ Esta persona hizo un trabajo excelente todo el año.
2. _____ Esta persona está siempre muy ocupada.
3. _____ A esta persona la observaste tomando café y leyendo el periódico en la oficina muchas veces.
4. _____ La nueva arquitecta no trabajó con la dedicación que se esperaba.
5. _____ El muchacho recién graduado vendió lo que se le puso como meta.
6. _____ En tres ocasiones este vendedor presentó excusas por no entregar su informe a tiempo.
7. _____ El secretario está siempre listo para ayudar a quien lo necesite.

B. EMPLEADOS

a. Raquel nunca tiene un momento libre.
b. Tomás realizó un trabajo extraordinario en este departamento.
c. Siento decirle que Sonia me decepcionó.
d. Ramón está siempre disponible cuando lo necesitamos.
e. Catalina tiene muchos momentos de ocio en esta oficina.
f. Álvaro cumplió con su meta de ventas.
g. Santiago siempre tiene excusas para no cumplir con las fechas del informe.

B. En parejas, piensen qué recompensa le van a ofrecer a cada empleado/a por cumplir con sus obligaciones y qué soluciones pueden encontrar para que todos los empleados sean más productivos. Después, compartan sus ideas con otras parejas de la clase.

7-25 **El trabajo de mis sueños.** Clara acaba de graduarse de la universidad y necesita buscar trabajo. Hizo una lista de lo que ella quisiera encontrar. Por supuesto que esto es un sueño y tendrá que conformarse con lo que encuentre. Completa los espacios en blanco para saber cuál es su trabajo ideal.

disponible	cumplir	libres	exige	realizar	dispongo

1. Quiero un trabajo donde pueda _____ todas las actividades desde mi casa.
2. En mi trabajo ideal no necesito _____ con un horario estricto.
3. Tengo que estar _____ sólo por la tarde para contestar llamadas telefónicas o reunirme con gente.
4. Tengo todos los viernes y los fines de semanas _____. No trabajo esos días.
5. Yo _____ de un presupuesto generoso para viajar por trabajo a lugares interesantes una vez al mes.
6. Mi jefe no me _____ mucho y siempre aprecia mi trabajo y acepta mis ideas.

Introducción a la lectura

Este artículo periodístico aparecido en un diario español, describe los problemas que la adicción al trabajo les causa al individuo y a las personas a su alrededor. El problema de la adicción al trabajo es que es aceptada por la sociedad.

El trabajo como adicción

¿Dónde está el deseo de quienes se afanan° trabajando, viven con permanente ansiedad, y cuando por fin tienen un rato libre, se deprimen y experimentan un vago malestar? El adicto al trabajo se miente a sí mismo y les miente, por tanto, a los demás. En realidad, hace todo lo posible por no tener un instante libre, por ser un esclavo del trabajo: ocupando todo su tiempo tiene un pretexto perfecto para no preguntarse en realidad qué desea y para no satisfacer el deseo de los demás. Ocupando todo su tiempo disponible no tiene que responder a ninguna pregunta compleja (el deseo es una pregunta inquietante°) y a la vez se siente dispensado° de ofrecerse él mismo como objeto de placer a los demás. "No puede" tomar un café con el amigo porque hace horas extras, "no puede" escuchar a sus hijos porque no dispone de tiempo, "no puede" hacer el amor de manera relajada y libre porque está cansado.

toil

unsettling / excused

Mientras él huye de su insatisfacción tapándola° con la alienación de su entrega desmedida° al trabajo, se convierte, a su vez, en fuente de insatisfacción para los otros: el amigo que quiere tomarse un café con él ve continuamente frustrada su demanda, sus hijos se sienten permanentemente relegados, y su esposo/a (o su compañero/a, o su amante), decepcionado/a. No es extraño, entonces, que a su vez, los amigos, los hijos y los cónyuges° imiten el mecanismo y también traten ellos de estar siempre ocupados, para no hacerle reproches y para ocultar su propia insatisfacción.

covering it

excessive

spouses

La adicción al trabajo cuenta con la mejor de las publicidades de este mundo. En primer lugar, cumplir con el trabajo es una virtud. ¿Dónde está la frontera entre el deber de realizar bien el trabajo y comenzar a usarlo como gran justificación de las frustraciones a las que sometemos° a los demás? "Trabaja demasiado" es una disculpa que cuenta con todo el beneplácito° social. Es más, inspira ternura y compasión. Es muy difícil desenmascarar° a alguien que se está protegiendo de cualquier demanda con el pretexto del trabajo, porque nunca se sabe si él se lo cree o no.

subject

consent

unmask

Antiguamente, el trabajo era la excusa del marido infiel ante la santa esposa. Por lo menos, quien practicaba este encubrimiento° era consciente de que en el mundo había dos cosas: el placer° y el trabajo,

concealment

pleasure

en ese orden. El trabajo era experimentado como el obstáculo al placer. Ahora, la tendencia es a invertir los valores. Es más, para muchos el trabajo se convierte en el único, equívoco placer. Lo más probable, hoy día, es que cuando un marido o un amante le dice a su esposa o a su pareja que no puede ir a verla porque tiene mucho trabajo en la oficina, no es que esté a punto de serle infiel: es verdad.

Por supuesto, esto no sería grave si los adictos al trabajo, que aparentemente renuncian° a cualquier otro deseo, no se sustrajeran° de este modo a ser fuentes de placer para los demás; el problema es que al esclavizarse ellos al trabajo —para huir de la inquietud, de la incertidumbre° y de cualquier pregunta sobre ellos mismos— crean insatisfacción a su alrededor y nuevos insatisfechos tratarán de encadenarse° al trabajo para no sentir ese vacío, esa ausencia que es el deseo que no sabe cuál es o el deseo postergado.°

give up / withdraw

uncertainty

chain themselves
deferred

La adicción al trabajo es una coartada° difícil de desmontar° porque en sociedades donde todo gira sobre el consumo y el mercado, el ocio (con todas sus posibilidades teóricas) es temido. El ocio convoca muchos fantasmas°: qué soy, para qué sirvo, cuál es mi placer. Evitando el ocio, estas preguntas pueden postergarse indefinidamente.

excuse / expose

ghosts

El adicto al trabajo ignora, sin embargo, que hay un momento de paro definitivo: el de la muerte, y que si ésta le da un rato de ocio (único momento en que parará de trabajar) entonces, quizá, se haga esa terrible pregunta que tantas veces se escucha de los moribundos°: "¿Para qué todo?"

dying people

Práctica y comunicación

Suggestion for 7-26: Students may be paired to work on the answers for **7-26** and **7-27**.

7-26 Consecuencias. Describe lo que pasa con la persona adicta al trabajo en estas situaciones. Encuentra en la lectura la explicación correspondiente o trata de deducir la respuesta.

¿Qué pasa cuando…

1. …la persona adicta tiene un momento libre?
2. …su amigo/a lo/la llama para tomar un café juntos?
3. …sus hijos quieren hablar con él/ella?
4. …el/la amante quiere hacer el amor?
5. …los demás ven el trabajo como una virtud?
6. …se usa el trabajo como una excusa contra cualquier demanda?

7-27 Valores. Describe los valores y la actitud que tienen estas personas en cuanto al trabajo y al placer según la lectura.

- el marido infiel
- el adicto al trabajo
- las personas relacionadas con el adicto

7-28 ¿Contento o descontento consigo mismo? Según la lectura el adicto al trabajo evade sus responsabilidades hasta el final de su vida. Comenten estas preguntas basándose en lo que dice la lectura. Presenten sus conclusiones a la clase.

1. ¿De qué huye el adicto al trabajo?
2. ¿A qué preguntas nos enfrenta el ocio?
3. ¿Cuál es el paro definitivo?
4. En su opinión, ¿es verdad que el adicto al trabajo huye de sí mismo o tiene otras razones para trabajar mucho?

7-29 Las horas extra. Según el artículo, en la sociedad de consumo en que vivimos, las horas extra nos permiten adquirir más bienes materiales y nos alienan de nosotros mismos. ¿Están de acuerdo con estas afirmaciones? Coméntenlas y luego presenten sus conclusiones a la clase.

Suggestion for 7-29: You may assign one sentence to each pair to save time. Then have each pair report to the class.

1. Las horas extra siempre son signo de adicción al trabajo.
2. Las personas que tienen dos empleos no quieren enfrentarse a sí mismas.
3. Para algunos el trabajo es la diversión más excitante de su vida. ¿En qué casos? ¿Por qué?
4. Para triunfar en la vida hay que hacer horas extra.

7-30 Para discutir. Lean las dos expresiones presentadas aquí y explíquenlas. Luego decidan cuál describe mejor la actitud de su sociedad hacia el trabajo. Compartan sus opiniones con otras parejas.

Se debe vivir para trabajar.	Se debe trabajar para vivir.

1. ¿Con cuál de estas expresiones están de acuerdo?
2. ¿Qué ventajas y desventajas tiene cada una de estas actitudes en la vida?
3. ¿Cuál aplican Uds. en su vida y por qué?

Poema

Ernesto Gutiérrez Granada (1929–)

Ernesto Gutiérrez es un poeta nicaragüense de vanguardia. Uno de los temas que trata en su poesía es la crítica de algunos aspectos del siglo XX. En el lenguaje de este poema observamos el uso de términos ingleses.

Lectura

Note: The use of English words in daily speech is very common among middle and upper classes in Latin America: *Hacerse un lifting* (facelift). *Son de la jet set. Es de la cultura light* (superficial). *El boom de la educación no formal. El software / hardware de las computadoras. Internet. Business. Prototype. Etc.*

Business Administration

Gerente de Ventas
Jefe de Producción
si Ud. no sabe nada
haga su *application*

Envíe foto de frente
de perfil° y de 3/4   *profile*
en camisa de ejecutivo
y corbata de gran señor
No olvide que exigimos
ante todo, presentación

Tendrá secretaria bilingüe
y servicio de *office-boy*
Un sueldo por las nubes
y libre *transportation*
pero nos dirá en su currículum
cuánto nos da, 2 x 2

Gerente de Ventas
Jefe de Producción
si Ud. no sabe nada
aproveche° esta ocasión.   *take advantage*

Práctica y comunicación

7-31 **¿Dónde dice esto?** Señala las estrofas que presentan cada una de estas ideas.

1. Un ejecutivo recibe muchos beneficios.

2. Lo más importante para conseguir un trabajo administrativo es tener buena presencia.

3. No se necesita mucha formación para ser ejecutivo.

7-32 ¿Cuál es tu opinión? En parejas, comenten las siguientes afirmaciones y tomen notas sobre sus conclusiones para presentarlas a la clase.

1. En los Estados Unidos para conseguir un trabajo administrativo se necesita ser licenciado/a.

2. Los ejecutivos gozan de demasiados privilegios. Estos se deberían distribuir entre todos los empleados.

3. La buena imagen y el buen trato son lo más importante para ascender dentro de una compañía.

7-33 ¿Al trabajo o al ocio? La mayoría de las personas tiene que trabajar para ganarse el pan de cada día, pero a todos nos gusta el tiempo libre. Escribe un poema de cuatro o cinco versos que exprese tus sentimientos hacia tu trabajo o hacia el tiempo de recreación o hacia las dos cosas juntas. Luego compártelo con la clase.

Modelo:	**Las dos voces**
	El ocio es lo que quiero
	Pero el trabajo me reclama° *is calling*
	El uno me ofrece los placeres del ser
	El otro me ata° al deber, al cumplir, al hacer, *ties*
	el hacer, el hacer, el hacer…

Diario

¿Cuál es tu trabajo ideal? ¿Cómo crees que sería en la realidad? ¿Cuántas horas al día/a la semana trabajarías? ¿Qué harías en este trabajo? ¿Dónde trabajarías? ¿En tu casa; en una oficina; en otro lugar…?

Al fin y al cabo

Proyecto: ¿Dónde está mi trabajo?

En esta parte del capítulo vas a seguir todos los pasos
necesarios para encontrar un trabajo.

7-34 Lo que buscan. En parejas, conversen sobre
cuál es su trabajo ideal. Utilicen las siguientes preguntas como guía.

Modelo: Quiero un trabajo que pague muy bien, que esté cerca de mi casa, que
tenga un horario flexible, …

1. ¿Qué tipo de trabajo quieres?

2. ¿Cuánto quieres ganar?

3. ¿Cuándo quieres comenzar a trabajar?

4. ¿Cuál es tu disponibilidad horaria?

5. ¿Dónde quieres trabajar?

6. ¿Qué es lo más importante para ti, el lugar, el horario, el tipo de trabajo, el salario, etc. ?

Boletín

*La búsqueda de trabajo en
Internet es ya muy popular
en todo el mundo hispano.
Acá tienes algunas
direcciones útiles para
ayudarte en tu búsqueda.*

*http://www.infoempleo.cl/
busca_tr.htm*

*http://canari.step.es/
inforjoven/trabajo/
consejos.htm*

*http://www.dontrabajo.com/
consejos.htm*

www.un.org/Depts/OHRM

*www.bancoempleo.es/
bancoempleo/index.html*

InfoEmpleo
Servicio Nacional de Capacitación y Empleo

Bienvenido a InfoEmpleo, la Primera Bolsa Electrónica de Trabajo del país.

**Si tu *Empresa o Institución* necesita personal, aquí podrás realizar una búsqueda de
personas que cumplan con el perfil requerido. Además podrás publicar de forma gratuita tus
ofertas de trabajo.**

**Si *buscas empleo*, aquí puedes ingresar tu currículum y también consultar las ofertas de
trabajo publicadas por empresas o instituciones.**

Para obtener información de cursos, consulta nuestro *motor de búsqueda SENCE*.

Si necesitas información acerca del Servicio Nacional de Capacitación y Empleo, *haz click aquí.*

Mensaje:
Departamento de Intermediación Laboral
Acerca de InfoEmpleo [Correo InfoEmpleo]

FUNDACIÓN
Ud. es la visita número
050170

7-35 **¿Cómo encontrar trabajo?** Ya sabes cual es el trabajo ideal de tu compañero/a. Ahora debes hacerle sugerencias y darle indicaciones precisas sobre cómo encontrarlo. Ten en cuenta la información que tu compañero/a te dio en la actividad 7-33.

Modelo: *Busca en la bolsa de trabajo de la universidad. Allí siempre hay ofertas de trabajo de pocas horas por semana.*

Cartelera

El desempleo

No es fácil encontrar trabajo tanto en los países latinoamericanos como en España. En muchos países la tasa de desempleo es muy alta, entre un 18 y un 20 por ciento. Hay personas con títulos universitarios que necesitan trabajar en puestos mal pagados y diferentes de su campo de estudios por un tiempo, hasta encontrar trabajo en su propio campo. En Latinoamérica en particular, la falta de trabajos bien pagados influye en la forma de vida familiar. Es común que una persona soltera de 25 años viva con sus padres porque no puede mantenerse independientemente.

SECTORES LABORALES QUE MÁS EMPLEO GENERAN (%)

Construcción y Obras Públicas 4%
Transporte y Automoción 6%
Alimentación, bebidas y tabaco 13%
Telecomunicaciones 11%
Industrial 5%
Seguros 5%
Servicios 25%
Electrónica y Óptica 6%
Química 11%
Informática 14%

COMUNIDAD AUTÓNOMA	OFERTAS
Cataluña	28%
Madrid	27%
País Vasco	8%
Andalucía	7%
Galicia	6%
Valencia	6%
Castilla y León	5%
Aragón	2%
Islas Canarias	2%
Navarra	2%
Otras	7%

7-36 Sectores laborales. Busca información sobre los sectores laborales que generan empleo en tu región y compáralos con el gráfico de la Cartelera. Luego preséntale a la clase lo que has investigado.

7-37 La búsqueda. Busca algunas ofertas de trabajo disponibles en países hispanos en Internet, o en otros medios, y prepara un pequeño informe para la clase explicando qué encontraste y por qué te interesan estas ofertas.

> **Modelo:** *En el periódico* El País *encontré una oferta para un puesto de camarero/a en el café Planeta Hola de Madrid. Es un aviso que pide a alguien que sepa español e inglés, que…*

¿Quieres pertenecer al mundo de las estrellas?

MADRID

Abre sus puertas en Madrid. Para ello, buscamos profesionales de ambos sexos, buena presencia y entusiastas que quieran unirse a nuestro equipo.

Necesitamos:

★ **Camareros y ayudantes**
★ **Bartenders y ayudantes**
★ **Recepcionistas y azafatas**
★ **Disc Jockeys**
★ **Jefes de turno de cocina/Cocineros**
★ **Reposteros y ayudantes**
★ **Encargado de almacén y ayudantes**
★ **Personal de limpieza**
★ **Personal de mantenimiento**
★ **Aparcacoches**

Para los 3 primeros puestos es imprescindible un nivel alto de inglés, valorándose otros idiomas.

Si estás interesado en formar parte de nuestro equipo, preséntate a las entrevistas con tu DNI, cartilla de la S.S. (orginales y fotocopia), 2 fotografías de carnet y dos referencias, que tendrán lugar los días 22, 23 y 24 de febrero en el Hotel España, c/Marqués de Villalonga, 4, Madrid 28014

7-38 El currículum vitae. El puesto en Madrid de la actividad 7-35 te interesa mucho. Ahora tienes que enviar tu currículum vitae. Prepara tu propio CV en español y luego preséntaselo a otros estudiantes de la clase. Ellos te van a dar sus comentarios y tú debes estar listo para comentar los CV de tus compañeros/as.

Estos son los datos que se deben incluir en un currículum:

- **Datos personales:** Apellidos, nombre, lugar de nacimiento, fecha de nacimiento, nacionalidad, estado civil, domicilio.

- **Datos académicos:** Títulos (de lo más reciente a lo más antiguo).

- **Cursos o estudios realizados**, con un apartado especial para idiomas y conocimientos de informática.

- **Datos profesionales:** La experiencia profesional se debe presentar empezando por el último trabajo.

- **Referencias:** Se termina con el nombre y dirección de dos personas que sirvan como referencia.

Cartelera

Decálogo de la entrevista

Aquí tiene algunos consejos para que su entrevista sea todo un éxito.

1

Vaya bien vestido/a pero no de fiesta. No se ponga mucho perfume ni mucho maquillaje.

2

Piense de antemano qué le van a preguntar y tenga algunas respuestas preparadas. Es probable que le pregunten sus defectos y sus virtudes.

Siempre dé la mano con firmeza, mire a los ojos del/de la entrevistador/a y nunca baje la mirada ni mire a la pared. El primer contacto es crucial.

3

Siéntese con naturalidad, esté alerta pero relajado/a.

4

Deje que el/la entrevistador/a comience la conversación. No hable como un loro (*parrot*).

Piense las respuestas antes de contestar. Hable con naturalidad y utilice un lenguaje rico, pero no sea pedante.

5

Usted también debe hacer preguntas. Haga sus deberes, investigue sobre la empresa antes de la entrevista y demuestre de alguna manera que la conoce.

Nunca mienta, ni diga que sabe más de lo que sabe.

6

Pregunte por el salario y no pida más desde el primer momento. Pregunte sobre las posibilidades de ascenso dentro de la empresa.

7

Antes de despedirse pregunte cuándo le darán una respuesta. Deje la puerta abierta para un nuevo contacto.

7-39 **La entrevista.** Has tenido mucha suerte y tienes una entrevista para el trabajo en Planeta Hola. Ten en cuenta los consejos de la Cartelera y con otra persona de la clase prepara un minidrama. Una persona va a hacer de entrevistador/a y la otra de aspirante.

A escribir

La carta de solicitud de empleo

As you well know, when applying for a job, you need to send a curriculum vitae together with a cover letter. Here you are going to learn how to write a cover letter to apply for a job in a Spanish-speaking country.

The language of the cover letter needs to have the ideas expressed in a clear and dynamic manner. It has to explain who you are and why you are interested in that particular job. Here are some set phrases that are used in this type of letter.

- **Saludo:** El saludo va siempre seguido de dos puntos (:)
  Distinguidos señores:
  Estimado/a señor/a:
  Respetado/a señor/a, señorita:

- **Introducción:** Me dirijo a usted a fin de solicitar… ; Me dirijo a ustedes en relación al puesto…; Tengo el gusto de dirigirme a ustedes para….

- **Descripción personal:** En pocas palabras destaca tus conocimientos más importantes para el trabajo.

- **Pedido de entrevista:** Estoy dispuesto/a para una entrevista cuando…

- **Cierre o despedida:** Quedo a la espera de sus noticias…; Sin más le saluda atentamente/cordialmente….

- **Firma y datos personales:** Termina la carta con tu dirección y número de teléfono debajo de tu firma.

Suggestion: Students may work in pairs through exercises **7-40, 7-41,** and **7-42** to prepare for the letter. Then each one writes an individual letter.

Boston, 14 de marzo de 2001

Instituto de lenguas modernas
Paseo de la República 2061
06140 México, D.F., México

Estimados/as señores/as:

   Tengo el gusto de dirigirme a ustedes a fin de solicitar el puesto de profesora de inglés para extranjeros que apareció en el *Modern Language Journal* de este mes. Entiendo que el Instituto está en su primer año de existencia y necesita personas dinámicas. Creo que yo puedo ofrecerles exactamente lo que necesitan.

   Tengo un título en inglés como idioma extranjero de la Universidad de Boston y hablo español perfectamente. Además tengo amplios conocimientos sobre juegos para la enseñanza del idioma. Mi currículum detalla mi experiencia como profesora de inglés para estudiantes de diferentes nacionalidades.

   Estaré en Guadalajara dentro de dos semanas y me gustaría visitar sus instalaciones y tener una entrevista. Las personas indicadas en mi currículum pueden darles más referencias sobre mi capacidad profesional.

   Quedo a la espera de sus noticias con la mayor brevedad posible. Sin más, les saluda atentamente,

Ana Ester Gutiérrez
Ana Ester Gutiérrez

20 Knapp St.
Boston, MA 02115
617-354-2434

7-40 La feria del trabajo. Ayer tú asististe a una feria del trabajo organizada por la universidad y conseguiste las direcciones de varias empresas internacionales interesadas en personas que saben hablar español. Escoge una de las siguientes empresas para mandarles tu currículum y una carta de presentación. Haz una lista de las características de la persona ideal para el trabajo escogido.

1. *McDonald's* necesita personas bilingües para trabajar en sus oficinas centrales en la ciudad de México. El trabajo es para entrenar a personas mexicanas interesadas en ser gerentes de sucursales *(branches)*.

2. *IBM* va a abrir una nueva sucursal de ventas en Córdoba, Argentina. Busca a personas bilingües preparadas en el uso de computadoras y en ventas.

3. La *Escuela Americana* de Quito, Ecuador busca profesores de historia americana y de inglés.

7-41 La presentación. Tú quieres causar una buena impresión con tu carta cuando solicites el trabajo. Decide las frases que vas a utilizar para estas partes de la carta de presentación.

1. Saludo

2. Introducción

3. Pedido de entrevista

4. Despedida

7-42 Detalles personales. Escribe una lista de tus habilidades y destrezas y compárala con la lista del ejercicio 7-40. Haz los ajustes necesarios en tu nueva lista para demostrar que eres capaz de hacer el trabajo que requiere la empresa. Compártela con un/a compañero/a para que te dé consejos sobre cómo mejorarla.

7-43 Mi carta de solicitud. Junta las frases del ejercicio 7-41 con tus características personales para escribir la carta de solicitud. Ten presente a quién le escribes. Luego enséñale la carta a tu compañero/a para que te dé sus comentarios.

Vocabulario

Para buscar trabajo

el/la aspirante	applicant	la hoja de vida	résumé
el currículum vitae	résumé	la oferta de trabajo	job offer
la destreza	skill	el/la postulante	applicant
la entrevista de trabajo	job interview	el puesto	position
la experiencia laboral	work experience	la solicitud de empleo	job application
la formación profesional	professional training	el sueldo	salary

Sustantivos

la administración	management	la jubilación	retirement
el ambiente de trabajo	workplace atmosphere	el/la licenciado/a	university graduate
el asunto	affair, matter	la máquina de escribir	typewriter
los bienes raíces	real estate	el mercadeo	marketing
la bolsa	stock market	la meta	goal
la campaña	campaign	el presupuesto	budget
la confianza	trust	la programación de computadoras	computer programming
el/la corredor/a de bolsa	stockbroker	la publicidad	advertising
el desempleo	unemployment	el reto	challenge
el/la ejecutivo/a	manager, director	la reunión	meeting
la empresa	business, company	la sociedad de consumo	consumer society
el éxito	success	la venta	sale
el fichero	file	la ventaja	advantage
la impresora	printer		
la informática	computer science		

Verbos

apagar	*to turn off*	**funcionar**	*to function, work*
ascender (ie)	*to advance, promote*	**guardar el documento**	*to save the document*
atender al público (ie)	*to deal with the public*	**hacer fotocopias**	*to make photocopies*
aumentar	*to raise*	**hacer publicidad**	*to advertise*
contratar	*to hire*	**imprimir**	*to print*
costar (ue)	*to cost*	**invertir (ie)**	*to invest*
darle a la llave	*to turn on the key*	**prender**	*to turn on*
encender (ie)	*to turn on*	**presionar el botón**	*to push the button*
entrenar	*to train*	**resolver (ue)**	*to solve*
estar encargado/a de	*to be in charge of*	**reunir**	*to gather, meet with*
firmar	*to sign*	**solicitar**	*to apply for, to solicit*

Adjetivos

emprendedor/a	*enterprising*

Expresiones útiles

alcanzar una meta	*to reach a goal*	**tener facilidad de palabra**	*to be articulate*
boca arriba/abajo	*face up/down*	**tener iniciativa**	*to show initiative*
conseguir una entrevista	*to get an interview*	**tomar decisiones**	*to make decisions*
solicitar un trabajo	*to apply for a job*	**trabajar en equipo**	*to work as a team*
tener afán de superación	*to expect a lot of oneself*		
tener dominio de otros idiomas	*to be fluent in other languages*		

Note: The vocabulary in **Manos a la obra** on page 201 is also considered active vocabulary.

Capítulo ocho
El arte

Warm-up: Have students read this saying and then ask: *¿Qué quiere decir este refrán? ¿Pueden explicarlo en sus propias palabras? ¿Hay un equivalente en inglés? ¿Creen que "Beauty is in the eye of the beholder" sería una aproximación a la idea de este refrán?*

Warm-up: *En este capítulo vamos a hablar del arte y de los muralistas. ¿Qué escuelas o corrientes de arte conocen? ¿Qué tipo de arte les gusta? ¿Por qué? ¿Quién es su artista favorito? ¿Por qué? ¿Conocen a Frida Kahlo? ¿Cuál es el tema principal de su obra? ¿Qué es un mural? ¿Han visto murales en alguna parte? ¿Conocen a los muralistas mexicanos? ¿Quiénes son? ¿Qué pintan?*

> "Todo depende del color del cristal con que se mire."
> —Refrán

☀ **Tema cultural:**

Los muralistas y Frida Kahlo

José Clemente Orozco (1881–1949) El rebelde, 1932–1934, fresco. Commissioned by the Trustees of Dartmouth College, Hanover, New Hampshire. © Clemente Orozco Valladares. Reproduction authorized by the Instituto Nacional de Bellas Artes.

☀ **Objetivos comunicativos:**

Talking about art

Using exclamations

Describing and evaluating art

Describing past desires, advice, and doubts

Requesting politely

Expressing manner and time in the future

Expressing uncertainty, purpose, and condition

Expressing opinions and trying to convince others

Suggestion: Have students look at Orozco's mural, then ask them: *¿Qué personas aparecen en este mural? ¿Qué representa cada una de las personas? ¿Cuál es el tema de la pintura? ¿Por qué puso Orozco al campesino en el centro de la composición?*

En marcha

Vocabulario en contexto: Rivera, un maestro de la pintura

Diego Rivera, el famoso muralista mexicano, es considerado como uno de los **pintores** más importantes del siglo XX. Nació en Guanajuato, México, en 1886 y empezó a **pintar** desde que era muy joven. A los veinte años viajó a Europa para continuar sus estudios de **arte**. Allí conoció los diferentes "**ismos**" de la época: **expresionismo, impresionismo, surrealismo**; pero lo que más le influyó fue la **estética** de Pablo Picasso.

En 1921, Rivera regresó a México y comenzó a trabajar para **fomentar** las **bellas artes** en su país. **Se alejó** del arte abstracto y se dedicó especialmente a hacer murales en importantes **edificios** públicos, **patrocinado** por el gobierno mexicano. En los murales **representó** con realismo la vida de su pueblo. La historia mexicana y la importancia de lo indígena fueron dos de sus grandes **fuentes de inspiración**.

Sus **pinturas muestran** diferentes aspectos del pueblo mexicano. Además, como Rivera fue un activista político, la mayoría de sus **cuadros** y murales **refleja** una fuerte preocupación por la situación social, económica y política de su país.

Diego Rivera murió en México en 1957. Después de su muerte, su casa, que también era utilizada como **taller de pintura**, se **inauguró** como museo. Hoy, miles de personas pueden **apreciar** allí las maravillosas **obras** de arte de este **pintor**. Rivera, con su **pincel** y su **paleta** creó **obras maestras** que **retrataron** a la nación mexicana para siempre.

Diego Rivera (1886–1957) **Autorretrato, 1949.**
Fundación Dolores Olmedo, Mexico City, Mexico. Schalkwijk/ Art Resource, NY. © 2000 Banco de México Diego Rivera & Frida Kahlo Museums Trust. Av. Cinco de Mayo No. 2, Col. Centro, Del. Cuauhtémoc, 06059, México, D.F.

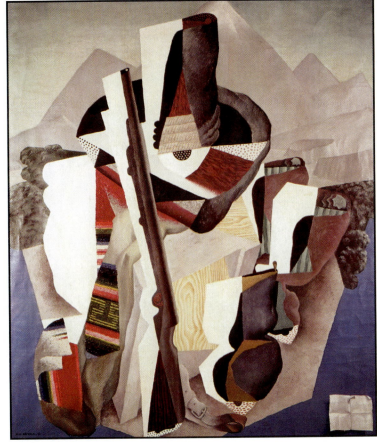

Diego Rivera (1886–1957), **Paisaje Zapatista, 1949.** Aquí puede verse la experimentación de Rivera con el cubismo.
Museo del Palacio de Bellas Artes, México. Giraudon/Art Resource, NY. © 2000 Banco de México Diego Rivera & Frida Kahlo Museums Trust. Av. Cinco de Mayo No. 2, Col. Centro, Del. Cuauhtémoc, 06059, México, D.F.

Diego Rivera (1886–1957) **Naturaleza Muerta Española**, 1918. 54 x 65 cm. Aunque Diego Rivera es más conocido por sus **pinturas al fresco**, también experimentó con diferentes **técnicas**, como **óleo en lienzo**, **pastel y acuarela** e hizo algunos **dibujos** a lápiz.

Archivo CENIDIAP/INBA. Centro Nacional de las Artes, Biblioteca de las Artes (Mexico). © 2000 Banco de México Diego Rivera & Frida Kahlo Museums Trust. Av. Cinco de Mayo No. 2, Col. Centro, Del. Cuauhtémoc, 06059, México, D.F.

Diego Rivera (1886–1957), **Juchiteca**, 1954. Rivera pintó varios **retratos** tanto de gente famosa de México, como de la gente común. Esto **convierte** a su **obra** en un auténtico **espejo** de la nación mexicana.

© 2000 Banco de México Diego Rivera & Frida Kahlo Museums Trust. Av. Cinco de Mayo No. 2, Col. Centro, Del. Cuauhtémoc, 06059, México, D.F.

Diego Rivera (1886–1957), **Sueño de una tarde dominical en la Alameda Central,** detalle, 1947–48.

Hotel del Prado, México, D.F. Schalkwijk/Art Resource, NY. © 2000 Banco de México Diego Rivera & Frida Kahlo Museums Trust. Av. Cinco de Mayo No. 2, Col. Centro, Del. Cuauhtémoc, 06059, México, D.F.

Ésta es una de las obras maestras de Rivera. En ella, el artista hace un **esquema**, un **bosquejo** de la historia y de la sociedad mexicana. La obra tiene **líneas** bien **definidas**, un gran **colorido** y un **cuidadoso manejo** de los detalles, como puede verse en la ropa de los personajes y en las expresiones de sus caras. Al **fondo** del cuadro se ven los árboles de la Alameda que sirven como **marco** del mural. En un **primer plano aparecen** las imágenes de varios personajes famosos, como Frida Kahlo, pintora y esposa del artista, José Martí, escritor cubano y el propio Diego Rivera a los nueve años. Esta es una obra con mucha **luz**. Sólo hay un poco de **sombra** a la derecha donde pueden verse algunas personas del pueblo.

Palabras conocidas

Check comprehension:
¿De qué nacionalidad es Diego Rivera? ¿Dónde nació? ¿Dónde estudió? ¿Quién fue un pintor que influyó mucho en su arte? ¿A qué se dedicó cuando volvió a México en 1921? ¿Cuáles son los temas reflejados en sus murales? ¿Qué pasó con su casa? En la obra "Sueño de una tarde dominical en la Alameda Central", ¿que está representado? ¿Qué aparece en primer plano? ¿en el fondo? ¿Cuál es la característica de la obra?

Repasa estas palabras que deben ser parte de tu vocabulario básico.

El arte
el color
la creación
crear
expresar
la figura
la forma
la galería de arte
la imagen
la madera

el mensaje
el metal
la pared
la serie
el símbolo

Cognados
la colección
el collage
la exposición
dinámica
exhibir

la fama
fantástico/a
figurativo/a
la influencia
la interpretación
interpretar
maravilloso/a
la miniatura
la originalidad
la reproducción

Corrientes artísticas
el arte abstracto
el cubismo
el expresionismo
el impresionismo
el muralismo
el realismo
el romanticismo
el surrealismo

Expresiones útiles

a lo largo de	*during, throughout*
no bien	*as soon as, just as*
sin embargo	*nevertheless, however*

A lo largo de su vida, Rivera experimentó con diferentes corrientes artísticas.

Trabajaba rápidamente, **no bien** terminaba una obra, empezaba otra.

En su estadía en Europa lo que más le influyó fue el arte de Pablo Picasso. **Sin embargo**, de regreso en su país se alejó del arte abstracto y se dedicó a hacer murales.

Throughout his life Rivera experimented with different artistic movements.

He worked quickly; as soon as he finished one project, he would start another one.

During his stay in Europe he was most influenced by the art of Pablo Picasso. However, once back in his own country he distanced himself from abstract art and devoted himself to making murals.

Práctica y comunicación

8-1A. **¿Qué es?** Completa las siguientes definiciones con la palabra apropiada del vocabulario para cada caso.

Es…

1. …lo opuesto de la luz.   _____

2. …la acción que realiza el pintor.   _____

3. …el lugar en el que el pintor trabaja.   _____

4. …un sinónimo de exhibir.   _____

5. …un cuadro de la cara de una persona.   _____

6. …lo opuesto de un primer plano.   _____

B. Ahora escoge tres palabras nuevas de la lectura y escribe una definición para cada una. Luego pregúntale a otro/a estudiante cuál es la palabra que corresponde a cada definición.

1. _____

2. _____

3. _____

8-2 ¿A qué grupo pertenece? En parejas, completen el siguiente cuadro con las palabras adecuadas del vocabulario en contexto.

técnicas	corrientes artísticas	materiales/instrumentos

8-3 Crítica de arte. Imaginen que ustedes son críticos de arte y están en una exposición de Diego Rivera. Escojan uno de sus cuadros y analícenlo. Tengan en cuenta los siguientes puntos como guía.

1. ¿Cómo es el cuadro? (describan los detalles, la luz, la sombra, el colorido, las líneas)

2. ¿Cuál es el tema (o los temas) que se representa(n) en la obra?

3. ¿Qué emociones refleja el cuadro?

4. ¿Cuál es el mensaje que quiere mostrar el pintor?

5. ¿Cuál es su opinión de la pintura?

8–4A. **¡Tú eres el artista!** Vas a hacer un dibujo de arte abstracto, cubista o surrealista. Primero piensa en el tema y en el mensaje que quieres expresar; luego escoge los símbolos, los colores y los detalles que vas a utilizar. Ahora, ¡haz tu obra maestra!

 B. Muéstrale el dibujo que hiciste a tu compañero/a. Él/ella hará una crítica de tu cuadro. Pueden usar las preguntas del ejercicio 8-3 como guía para criticar el dibujo.

8–5 **Para saber más.** Busca información sobre otro/a pintor/a latinoamericano/a. Escribe una pequeña biografía del/de la artista y analiza una de sus obras. En la próxima clase vas a compartir tu información con otro/a estudiante.

Note for 8-4: To make clear the different types of art for this exercise, ask students: *¿Cómo es el arte cubista? ¿el abstracto? ¿el surrealista? Miren el cuadro "Paisaje Zapatista", que es un ejemplo del cubismo. El arte abstracto no representa seres o cosas concretas, sólo usa formas, colores y proporciones. El arte surrealista usa elementos figurativos y relaciona imágenes de una manera incoherente. Algunos artistas se basan en imágenes de ensueño o delirio.*

Suggestion for 8-5: Ask students to share what they found with the class or in pairs. You may want to collect their information as extra credit.

✳ Diario

Todos tenemos una vena artística que expresamos de diferentes formas. ¿Cómo la expresas tú? Describe qué haces y cómo te sientes al hacerlo. ¿Escribes? ¿Tocas un instrumento? ¿Arreglas flores?

Cartelera

José Clemente Orozco

José Clemente Orozco es el pintor mexicano alabado por los críticos como el mejor muralista desde la época de los primeros muralistas italianos. Su arte representa los ideales de justicia social de la revolución mexicana, pero al mismo tiempo tiene una visión más universal de hermandad entre las naciones y de un mundo pacífico, libre de explotación y de agresión. Sus murales no tienen fronteras y decoran muchos edificios, tanto en México como en los Estados Unidos. Entre ellos se encuentran el edificio de la Corte Suprema mexicana, el Hospicio Cabañas en Guadalajara, la Escuela Nacional Preparatoria en México, Dartmouth College en New Hampshire, Pomona College en California y la Nueva Escuela de Investigación Social en Nueva York.

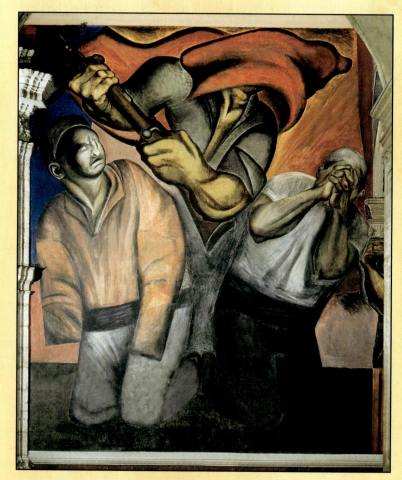

José Clemente Orozco, **Trinidad Revolucionaria.**
Escuela Nacional Preparatoria San Ildefonso, México, D.F. © Clemente Orozco Valladares.
Reproduction authorized by the Instituto Nacional de Bellas Artes.

8-6 Cada quien tiene su gusto. ¿Cuál es tu opinión sobre este mural de Orozco? Compáralo con el mural "El rebelde" en la página 216. Describe los colores, el tema y la impresión que deja en ti.

¡Sin duda!

hacerse – llegar a ser – ponerse – volverse

The words **hacerse**, **llegar a ser**, **ponerse**, and **volverse** can be translated as *to become* in English in the following context.

Palabra		Ejemplo
hacerse	*with* **rico**, **famoso**, *all professions, religions, and political affiliations*	Frida Kahlo **se hizo** pintora después de su accidente. *Frida Kahlo became a painter after her accident.*
llegar a ser	*when it refers to a change that took a long time or is the product of a series of events*	Frida Kahlo **llegó a ser** una de las pintoras más famosas del siglo XX. *Frida Kahlo became one of the most famous painters of the 20th century.*
ponerse	*with most adjectives*	Frida Kahlo **se puso** muy contenta cuando supo que esperaba un hijo de Diego. *Frida Kahlo became very happy upon knowing that she was expecting Diego's child.*
volverse	*with* **loco** *in most cases, equivalent to* **hacerse**	Los problemas físicos **la volvían** loca. *The physical problems were driving her crazy.*

8-7 Encuesta. Pregúntales a varias personas de la clase si están o no de acuerdo con las siguientes afirmaciones. Luego informa a tus compañeros de clase los resultados de tu encuesta.

Modelo: *Un ochenta por ciento de las personas que entrevisté está de acuerdo con la afirmación que sostiene que todos los artistas se hacen famosos después de morir.*

Declaraciones	Sí	No
Todos los pintores se hacen famosos después de morir.		
Para ser un buen artista hay que volverse un poco loco.		
Para llegar a ser un artista famoso hay que tener muchos contactos.		
Los artistas siempre se ponen contentos cuando venden sus obras.		

Note for ¡Sin duda!: These examples are a preview to the life of Frida Kahlo. If you want, you may read the **Cartelera** on her life on page 233.

Note for 8-7: For this activity students need to move around asking questions until they find somebody that responds "yes" to the questions.

Diario

¿Qué te gustaría llegar a ser? ¿Por qué? Describe cómo sería tu vida entonces.

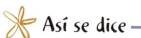

Así se dice

Elogios y alabanzas *(praise)*

Estas son algunas de las expresiones que se usan para elogiar *(to praise)* una obra de arte.

¡Qué bonito/a, bello/a!	*How beautiful!*
¡Qué lindo/a!	*How nice, pretty!*
¡Me encanta!	*I love it!*
¡Es maravilloso/a, fabuloso/a!	*It is marvelous, fabulous!*
¡Este pintor es un genio!	*This painter is a genius!*
¡Es verdaderamente una obra de arte!	*It is truly a work of art!*
¡Me deja sin palabras!	*I am speechless!*
¡No tengo palabras para describirlo/a!	*There are no words to describe it!*

Para describir una obra de arte

Piensa en lo siguiente cuando tengas que describir una obra de arte.

Color: monocromático, colorido, brillante, claroscuro, luz, sombra

Tema: individualista, universal, doméstico, religioso, natural, social, político, histórico

Técnica: papel, tela, lienzo, óleo, témpera, fresco, acuarela, lápiz, tinta *(ink)*

Estilo de la pintura: paisaje, retrato, autorretrato, abstracto, dibujo

Además piensa en el mensaje que la obra transmite y en los sentimientos que inspira en el observador. ¿Son emociones de paz, felicidad, armonía, redención, violencia, agresividad, dolor o desesperación?

Práctica y comunicación

8-8 Los cuadros de Diego Rivera. Escoge los dos cuadros de Diego Rivera que más te gusten y coméntalos con un/a compañero/a usando alguna de las expresiones de alabanza. Luego explícale a tu compañero/a por qué te gustan. ¿Qué asocias con estos cuadros? ¿Qué emociones, sentimientos o imágenes inspiran en ti? (Véanse los cuadros en el Vocabulario en contexto.)

Cartelera

Muralismo

En el México de los años veinte, un grupo de artistas que había estado en contra del dictador Porfirio Díaz y que apoyaba al nuevo gobierno revolucionario se unió para formar un sindicato de artistas. Entre los miembros de este sindicato se encontraban David Alfaro Siqueiros, José Clemente Orozco y Diego Rivera. El gobierno, por medio de su ministro de educación, Vasconcelos, les ofreció a estos artistas pintar las paredes de varios edificios públicos. La idea era que el arte saliera de los museos, estuviera al alcance de todos y se expresara políticamente. De esta manera nació un nuevo movimiento artístico que hoy conocemos como *muralismo*.

8-9 **Los murales en Estados Unidos.** Rivera, Orozco y Siqueiros son los muralistas mexicanos más famosos. ¿Conoces a otros muralistas? ¿Sabes si esta tradición ha cruzado la frontera? ¿Quiénes son Yreina Cervántez, Yudith Baca, Willie Herron? ¿Dónde pintan? ¿Qué pintan? Busca información sobre uno de estos artistas hispanos y trae una reproducción de una de sus obras para presentar a la clase.

La ofrenda, Yreina Cervántez

Referencia gramatical 1

Describing past desires, advice, and doubts: Imperfect subjunctive
Before doing the following activities review this structure in the **Cabos sueltos** section, pp. 424–425.

Práctica y comunicación

8-10 **El arte de tu infancia.** Elabora preguntas con las palabras dadas y luego encuentra a alguien de la clase que responda que sí a cada pregunta. Cuando alguien te responda afirmativamente, trata de hacer otras preguntas para averiguar más cosas sobre la infancia de esa persona.

> **Note for 8-10:** Students need to circulate around the class to ask the questions of different students. Make sure they are using the imperfect subjunctive in the questions and answers.

Modelo: tus amigos/te pedían que/dibujar

E1:   *¿Tus amigos te pedían que dibujaras?*

E2:   *Sí, mis amigos me pedían que dibujara.*

E1:   *¿Por qué?*

E2:   *Porque mis dibujos eran muy buenos.*

E1:   *¿Sigues dibujando ahora?…*

1. tus abuelos/te pedían que/cantar

2. tus padres/querían que/leer

3. tus maestros/te exigían que/estudiar

4. tus profesoras/ te aconsejaban que/aprender a pintar

5. tus amigos/esperaban que/tocar un instrumento

6. tus parientes/deseaban que/acompañarlos a los museos

Note for 8-11: You may want to assign this exercise as homework so students can find more information.

8-11 Arte para todos. Los muralistas pintaron miles de metros de paredes. Escriban cinco oraciones en las que expliquen qué querían estos pintores. Pueden buscar información en la Cartelera sobre los muralistas, en la biblioteca o en Internet. Luego, compartan sus oraciones con las de otras parejas de la clase.

Modelo: *Los muralistas querían que todos vieran sus pinturas.*

8-12 En tu ciudad. Piensa en una escultura, en un mural o en cualquier obra de arte que te impresionara mucho cuando eras pequeño/a y descríbesela a otra persona de la clase. Tiene que ser una obra que haya estado en la calle.

Modelo: *Cerca de mi casa había un mural muy grande que me impresionaba mucho. Lo que me gustaba era que fuera tan grande. Deseaba que mis padres me llevaran por esa calle para poder verlo.*

Warm-up for 8-13: Prepare the students for this activity by asking these questions: *¿Pintabas cuando eras niño/a? ¿Qué pintabas? ¿Dónde? ¿Tienes algún cuadro de esa época? ¿Qué te decía tu familia de tu pintura?*

8-13 Pinturas infantiles. Todos hemos pintado alguna vez. ¿Qué les gustaba a tus maestros, a tus padres y a tus amigos cuando tú pintabas? ¿Qué te aconsejaban? ¿Qué querían? Haz una lista de cinco recuerdos y luego conversa con otro/a estudiante para saber si a ambos/as les aconsejaban lo mismo.

Modelo: *Cuando era pequeño/a y pintaba, mis padres me aconsejaban que no usara mucha pintura. A mis amigos les gustaba que les prestara mis acuarelas.*

Referencia gramatical 2

Expressing desire and courtesy: Imperfect subjunctive in independent clauses
Before doing the following activities review this structure in the **Cabos sueltos** section, p. 426.

8-14 ¡Quién pudiera! Piensa en algunas cosas que te gustaría ser, luego díselas a otra persona de la clase; él/ella te dirá algo para que tu deseo se cumpla. Después tú le desearás algo a él/ella.

Modelo: E1: *Quisiera ser Picasso para pintar.*

E2: *¡Quién pudiera ser Picasso! Ojalá pudieras aprender pintura con él.*

Conexiones

Expressing concession and time in the future: Subjunctive in adverbial clauses

Study the use of the subjunctive and indicative in the following charts.

Main clause	+	Expression of time or concession	+	Subjunctive
		(refers to future event)		

Voy a colgar este cuadro en la sala **aunque** no me **guste**.	*I'm going to hang up this picture in the living room even though I don't like it.*

Main clause	+	Expression of time or concession	+	Indicative
		(refers to past or habitual event)		

Estela **siempre muestra** sus pinturas en esta galería **cuando hace** sus exposiciones. (*Habitual event*)	*Estela always shows her paintings in this gallery when she has her exhibits.*
Antonio me **pintó** de cuerpo entero **mientras** yo **miraba** por la ventana. (*Past event*)	*Antonio painted a portrait of my entire body while I was looking out the window.*

The subjunctive is used in adverbial clauses of time and concession when an event has not yet taken place. The main clause indicates that the event will take place at some point in the future. Use the indicative if the event has already happened or if it refers to habitual action. Compare these examples.

Ana va a vivir en México **cuando** se **gradúe.** (*Future event*)	*Ana is going to live in Mexico when she graduates.*
Ana vivía en México **cuando** la **conocí.** (*Past event*)	*Ana lived in Mexico when I met her.*
Trabajaré en el taller **hasta que** los niños **vuelvan** de la escuela. (*Future event*)	*I'll work in the workshop until the children come back from school.*
Todos los días pinto en el taller **hasta que** los niños **vuelven** de la escuela. (*Habitual action*)	*Every day I paint in the workshop until the children come back from school.*

Expresiones de tiempo		Expresiones de concesión	
cuando	*when*	**a pesar de que**	*in spite of*
mientras que	*as long as*	**aun cuando**	*even when*
tan pronto como	*as soon as*	**aunque**	*although*
en cuanto	*as soon as*	**de manera/modo que**	*so that*
hasta que	*until*		
después de que	*after*		

Práctica y comunicación

8-15 La fama. Hacerse famoso no es fácil. Aquí tienes algunas ideas. Imagínate que eres un/a artista y combina de forma lógica los elementos de las dos columnas para obtener una guía de cómo hacerte famoso/a. Luego compárala con la de otro/a estudiante de la clase.

> **Modelo:** *Voy a ser famoso/a cuando exponga mis cuadros en París.*

(No) Voy a ser famoso/a…

mientras	vender muchos cuadros
tan pronto como	exponer en Nueva York
en cuanto	tener cuadros en museos
hasta que	recibir buenas críticas en los periódicos
después de que	conectarse con artistas famosos
cuando	poner las obras en Internet

8-16 Tiempo al tiempo. Ahora quieres saber cuándo vas a ser famoso/a. Crea preguntas basándote en la información de la lista del ejercicio anterior y úsalas para entrevistar a otro/a estudiante. Trata de usar el subjuntivo con las expresiones de tiempo y concesión en tus respuestas.

> **Modelo:** E1: *¿Cuándo voy a exponer en París?*
>
> E2: *Vas a exponer en París cuando tengas un buen representante artístico.*

Note for 8-17: This activity recycles the different verbs equivalent to *to become*, studied in the section **¡Sin duda!**, page 223. You may want to review it before doing this activity.

8-17 A pesar de todo. Vivir del arte no es fácil y no todos nos hacemos famosos. Piensen qué pueden aconsejarles a los artistas que recién empiezan su carrera para que no se desanimen. Combinen las expresiones de las dos columnas y formen frases lógicas para expresar sus consejos. Luego compárenlas con las de otras parejas de la clase y entre todos, elijan las diez mejores.

> **Modelo:** *Sigue dedicándote al arte aun cuando no llegues a ser tan famoso como Siqueiros.*

Sigue dedicándote al arte…

a pesar de que	(no) hacerse famoso/a
de modo que	(no) volverse un/a artista de moda
aun cuando	(no) llegar a vender tus obras
aunque	(no) llegar a ser como Siqueiros
de manera	(no) ponerse triste por no exponer

Expressing uncertainty, purpose, and condition: Subjunctive in adverbial clauses

Expresiones de condición y propósito	
a menos que	*unless*
a no ser que	*unless*
antes (de) que	*before*
con tal (de) que	*provided that*
en caso (de) que	*in case that*
para que	*so that*
siempre y cuando	*as long as*
sin que	*without*

A. These expressions introduce actions that have not yet happened. A condition has to be fulfilled before the actions are completed. Therefore, there is still uncertainty about the completion of the action. The subjunctive is always used after these expressions.

Te haré el bosquejo **para que** tú lo pintes.   *I will do the outline so that you will paint it.*

No uses ese marco **a no ser que** el cuadro sea una miniatura.   *Don't use that frame unless the picture is a miniature.*

B. The subjunctive is used with the expressions listed above when there is a change of subject. If there is no change of subject, the expressions **sin, para, antes de, con tal de,** and **en caso de** may be used instead. In this case the verb is in the infinitive.

Pinta día y noche **para** terminar pronto.   *He paints day and night to finish soon.*

Pinta día y noche **para que** los frescos estén listos pronto.   *He paints day and night so that the frescoes will be ready soon.*

C. The imperfect subjunctive is used in adverbial clauses when it refers to an action not yet completed with reference to another action in the past.

No me gustaba el arte abstracto **antes de que** el profesor me lo **explicara**.   *I didn't like abstract art before the professor explained it to me.*

Yo empecé a pintar acuarelas **sin que** nadie me **enseñara**.   *I started to paint watercolors without anyone teaching me.*

Práctica y comunicación

8-18 Visita a un artista. Imagina que puedes conversar con cinco artistas de la historia. Dile a otro/a estudiante a quiénes quisieras visitar y explica para qué.

Note for 8-18: Take this opportunity to talk about Salvador Dalí.

Modelo: *Quisiera visitar a Dalí para que me explicara sus cuadros.*

8-19 El futuro del arte. Haz una lista con cinco cosas que (no) quisieras que fuera el arte en este nuevo siglo. Luego, pregúntale a otro/a estudiante si comparte tus deseos.

Note for 8-19: The conditional may also be used in these sentences, e.g.: *¿Querrías que el arte ocupara una parte más importante en nuestras vidas?* However, in this exercise, use the subjunctive for practice.

Modelo: E1: *Yo quisiera que el arte ocupara una parte más importante en nuestras vidas. Por ejemplo, que hubiera cursos de arte obligatorios.*

Luego tú le preguntas a otro/a estudiante.

¿Quisieras que el arte ocupara una parte más importante en nuestras vidas? ¿Tú quisieras que hubiera cursos de arte obligatorios?…

8-20 Aventura pictórica. Imagina que puedes entrar en este lienzo y relacionarte con sus personajes, con el pintor, etc. Inventa oraciones usando las siguientes expresiones y luego comparte tus oraciones con las de otro/a estudiante de la clase.

Modelo: *No entraría en el cuadro **sin que** me aseguraran que puedo salir.*

(No) Entraría en el cuadro…

…a menos que …en caso de que

…con tal que …para que

…a no ser que …antes que

Gildardo Rengifo, **El Matrimonio del Pueblo**, oil on canvas, 100 X 170 cm.

Manos a la obra

Así se lee

Prefixes and suffixes

These are some prefixes and suffixes that you will find frequently in Spanish. Knowing them will make you a better reader because you will be able to recognize the meaning of a word without having to stop and look it up in the dictionary. It will also enlarge your vocabulary.

 Prefijos

ante- + noun	*before*	antesala, anteayer
anti- + noun	*to oppose, against*	antirrevolucionario
des- + adj., noun or verb	*without*	deshabitado
em- + noun or verb	*to become*	empeorar
en- + adjective	*to get a certain quality*	endulzar
in- + adjective	*in-, un-*	inútil
pre- + noun or adjective	*before*	prehistoria
re- + verb	*to repeat, to do again*	recrear
sub- + noun	*under*	subterráneo

 Sufijos

-ado, -ido	*-ed, -en*	admirado
-bilidad	*-bility*	sensibilidad
-cia	*-cy*	democracia
-dad	*-ty*	realidad
-ismo	*-ism*	impresionismo
-ista	*-ist*	muralista
-mente	*-ly*	cuidadosamente

Práctica

8-21 ¿Qué significan estas palabras? Marca el sufijo o prefijo que aparece en estas palabras y defíneselas a un/a compañero/a sin consultar el diccionario.

> **subacuático, subtropical, periodista, inconsciente, presentado, antecámara, sensibilidad, antesala, infeliz, engordar, empeorar, predecir, tranquilamente**

8-22 Palabras nuevas. Lee los dos primeros párrafos de la lectura "La obra de Frida Kahlo" y encuentra las palabras que ejemplifiquen sufijos o prefijos. Explica el significado de cada una con una paráfrasis.

Antes de leer

Estas palabras te van a ayudar a comprender la lectura.

Vocabulario		Palabra en uso
la coyuntura	*occasion, turning point*	El accidente marcó una **coyuntura** en su vida.
de modo	*way, manner*	Los muralistas pintan **de modo** especial.
desafiar	*to challenge*	El arte a veces **desafía** y cuestiona la realidad.
descarnado/a	*bare*	Algunos murales muestran de forma **descarnada** los abusos de la conquista.
desprovisto/a	*lacking*	El retrato está **desprovisto** de expresividad.
encasillar	*to classify*	No se puede **encasillar** a los artistas dentro de una corriente artística.
gestar	*to create*	El muralismo se **gestó** durante la revolución mexicana.
inquietante	*disturbing*	Algunos personajes de los cuadros de Goya son **inquietantes**.
el patrón	*pattern*	Los artistas suelen rebelarse contra **patrones** preestablecidos.

Práctica y comunicación

Answers for 8-23: 1) *g* 2) *e* 3) *d* 4) *h* 5) *b* 6) *c* 7) *a* 8) *f*

8-23 ¿Cómo se dice? Busca en la columna B un sinónimo o una expresión equivalente a cada palabra de la lista A.

A

1. _____ la coyuntura
2. _____ de modo
3. _____ desafiar
4. _____ desprovisto/a
5. _____ encasillar
6. _____ gestar
7. _____ inquietante
8. _____ el patrón

B

a. chocante (*shocking*)
b. clasificar
c. crear
d. cuestionar
e. de manera
f. el modelo
g. el momento de cambio
h. sin

Cartelera

Frida Kahlo

Frida Kahlo (1907–1954) nació en Coyoacán, cerca de la ciudad de México. Su casa es ahora un museo que lleva su nombre. En 1925 Frida sufrió un accidente de autobús que la tuvo en cama por muchos meses. Durante su larga recuperación Kahlo comenzó a pintar y con el tiempo la pintura se volvió su profesión. Sus obras son generalmente autorretratos con elementos fantásticos que resaltan su identidad mexicana.

Kahlo pintó sus experiencias personales: los problemas matrimoniales con Diego Rivera, en *Diego y yo*, el accidente de autobús en *Columna rota*, y la pérdida de su embarazo en *Henry Ford Hospital*. Frida fue una mujer increíblemente fuerte, independiente y luchadora. Para muchos hoy en día, el nombre Frida Kahlo es sinónimo de feminismo y lucha por la igualdad de la mujer.

Frida Kahlo, **Diego y yo II**, 1944, oil on masonite, 13.5 X 8.5 cm.
Col. María Felix. Archivo CENIDIAP/INBA. Centro Nacional de las Artes, Biblioteca de las Artes (Mexico). © 2000 Banco de México Diego Rivera & Frida Kahlo Museums Trust. Av. Cinco de Mayo No. 2, Col. Centro, Del. Cuauhtémoc, 06059, México, D.F.

Frida Kahlo, **Henry Ford Hospital.** Fundación Dolores Olmedo, México, D.F.
Schalkwijk/Art Resource, NY. © 2000 Banco de México Diego Rivera & Frida Kahlo Museums Trust. Av. Cinco de Mayo No. 2, Col. Centro, Del. Cuauhtémoc, 06059, México, D.F.

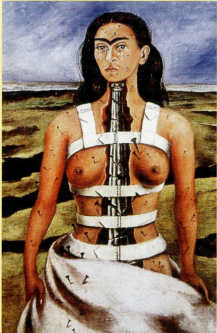

Frida Kahlo, **La Columna Rota**, 1944, oil on masonite, 40 X 31 cm.
Col. Dolores Olmedo. Archivo CENIDIAP/INBA. Centro Nacional de las Artes, Biblioteca de las Artes (Mexico). © 2000 Banco de México Frida Kahlo Museum Trust.

8-24 ¿**Cuánto sabes?** Marca las afirmaciones de la lista que sabes que son ciertas sobre Frida Kahlo. Escribe un signo de interrogación junto a las que no sepas. Luego compara tus respuestas con las de otro/a estudiante de la clase. Vas a encontrar las respuestas a tus dudas en la lectura siguiente.

1. _____ Algunas obras de Kahlo se venden por más de un millón de dólares.

2. _____ La figura de Frida no sólo aparece en obras de arte sino también en camisetas.

3. _____ Kahlo no se dejó encasillar por los patrones tradicionales y patriarcales de su época.

4. _____ Los cuadros de Frida Kahlo nos hablan de su vida, de su angustia y de su dolor.

5. _____ Frida logró salir de la sombra de su esposo Diego Rivera, quien la eclipsó por muchos años.

6. _____ Frida Kahlo comenzó su obra creativa en los años posrevolucionarios.

7. _____ En su obra Kahlo exploró aspectos tabúes de la sociedad hispana, entre otros, la sexualidad, la violencia y el erotismo.

8. _____ Frida Kahlo le dio una visión particular a su herencia mexicana.

Introducción a la lectura

Francisco Soto

Francisco Soto es un especialista en literatura latinoamericana y profesor en el College of Staten Island (CUNY). Este texto presenta fragmentos de un artículo publicado con el nombre de "Vida y obra de Frida Kahlo: Retrato de desafío" donde Soto nos presenta un análisis sobre lo que simboloza la figura de Frida Kahlo en el mundo actual.

 Lectura

La obra de Frida Kahlo

Hoy día Frida Kahlo se ha convertido en una figura de culto internacional. Su imagen se reproduce en carteles, tarjetas postales e incluso en camisetas. En 1990, uno de sus autorretratos se vendió por un millón y medio de dólares en Sotheby's, estableciendo un récord en el arte latinoamericano.

Nos preguntamos, ¿cuál es la causa del exagerado encanto de Frida Kahlo y el interés en su vida y obra? Quizás la franqueza con la que los cuadros de Frida Kahlo nos hablan de su vida, de su angustia y dolor. Quizás el interés en Frida Kahlo —mujer que no se dejó encasillar por los patrones tradicionales y patriarcales de su época— sea el resultado del movimiento feminista que ha apreciado la forma absolutamente directa en que la mexicana habla en su obra de sus experiencias como mujer.

Lo que sí es cierto es que en la última década Frida Kahlo ha surgido desafiante y de modo triunfal de la sombra de su esposo Diego Rivera, quien la eclipsó por tantos años.

Considerada hoy día como la pintora más importante de la historia del arte latinoamericano moderno, Frida Kahlo comenzó su obra creativa en los tumultuosos años posrevolucionarios, cuando se gestaba el movimiento muralista. Sin embargo, en vez de seguir los objetivos de la escuela muralista de pintura, Frida Kahlo creó su propio universo artístico, un espacio catártico, rebelde, íntimo y solitario, en el cual ella exploró varios aspectos de la sociedad hispana que se consideraban —y hasta cierta medida todavía se siguen considerando— temas tabúes para la mujer: entre otros, la sexualidad, la violencia y el erotismo.

De los doscientos y pico de cuadros que Frida Kahlo pintó durante su vida, fueron relativamente pocos los retratos que ella hizo de otras personas. Son sus famosos autorretratos, enigmáticos e inquietantes los que fascinan más al público y en los cuales se basa su fama como pintora. En estos, la pintora mexicana se desdobla para explorar su mundo íntimo, su propia pasión, su identidad de mujer. Estos son cuadros sumamente personales y subjetivos que a la vez, paradójicamente, logran una proyección universal. Aunque en los autorretratos el rostro de Frida Kahlo permanece desprovisto de toda expresividad, como si la pintora estuviera en espera de la muerte, el espectador percibe (oye) el grito de rebeldía tras este rostro mudo. Los autorretratos le permitieron a la pintora entablar un diálogo consigo misma en diferentes coyunturas críticas de su vida.

La inspiración o fuente de las fascinantes imágenes y figuraciones en la obra de Frida Kahlo va más allá de lo personal. Su obra se nutre de las imágenes del folclore y de la vida popular del pueblo mexicano. Frida Kahlo no abandonó su herencia mexicana sino que la abrazó y la utilizó para darle voz a su visión singular.

En sus autorretratos Frida Kahlo se representa a sí misma directamente frente al mundo exterior con extraordinaria franqueza. Su lenguaje artístico es la imagen de su propio cuerpo de mujer, que siempre ocupa el centro de sus lienzos. Frida Kahlo recurre a la imagen de su propio cuerpo, enfermo y herido, pero a la vez sensual y erótico, para transmitirle al espectador sus deseos y obsesiones. Así, la artista refleja su íntimo estado de alma, auténtico y descarnado, el cual trasciende lo personal y se hace universal.

Práctica y comunicación

8-25 ¿Y ahora sabes más? Vuelve al ejercicio 8-24 y marca todo lo que aprendiste después de leer este fragmento. Di cuáles de esas afirmaciones son opiniones del autor y cuáles son hechos. Luego busca en el texto dos ejemplos más de opiniones y dos de hechos.

> **Modelo:** **Opinión:** *En sus autorretratos Frida Kahlo se representa a sí misma con extraordinaria franqueza.*
>
> **Hecho:** *En 1990, uno de sus autorretratos se vendió por un millón y medio de dólares.*

8-26 La obra de Frida Kahlo. Comenta estas oraciones que describen la obra de Frida Kahlo y busca en la lectura la frase exacta para confirmarlas o refutarlas.

1. Su obra es una representación fiel del muralismo mexicano.
2. En sus cuadros se ven temas sexuales y eróticos.
3. Algunos de los temas que pintó son temas tabúes para la mujer.
4. Pintó doscientos retratos de diferentes personas.
5. Sus autorretratos la hicieron famosa.
6. Aunque sus cuadros son muy personales consiguen una proyección universal.
7. No hay imágenes folclóricas en sus cuadros.
8. Su propio cuerpo es el modelo de sus pinturas.

8-27 Reseña de arte. Escojan una obra de Kahlo y hagan una reseña utilizando la información de la lectura y el vocabulario para describir una obra de arte.

Cartelera

David Alfaro Siqueiros

Siqueiros fue uno de los tres grandes muralistas mexicanos junto con Diego Rivera y José Clemente Orozco. Además de pintor, fue un activista político comprometido a luchar por la clase obrera y por los que sufren injusticia y miseria dentro de la sociedad mexicana. Su arte refleja esta problemática social junto con el conflicto entre el socialismo y el capitalismo. Sus figuras tienen una fuerza particular que parecen salir de la pared y hablan del sufrimiento de su pueblo.

David Alfaro Siqueiros, **The People for the University, the University for the People.** Mural. Universidad Nacional Autónoma de México, Mexico, D.F. Schalkwijk/Art Resource, NY. © Estate of David Alfaro Siqueiros/SOMAAP, Mexico/Licensed by VAGA, New York, NY.

Poema

Nicolás Guillén (1902–1989)

Poeta y periodista cubano de renombre internacional. Su poesía muestra una preocupación social por la raza negra y los explotados del mundo. En este poema Guillén hace un llamado a los mexicanos para que no olviden la pintura de Siqueiros y su compromiso con el pueblo mexicano. Este es un fragmento (parte I) de un poema que tiene dos partes.

8-28 El título. Analicen el título del poema e imaginen de qué puede tratarse. Tengan en cuenta todo lo que saben del muralismo y de Siqueiros.

Lectura

No olvides a Siqueiros

No olvides a Siqueiros. Su pintura,
oh pueblo amigo, pecho mexicano,
hecha está por tu mano
y es como tú: violenta, enorme y pura.

El resplandor° que hay en su celda° oscura   *shine / cell*
viene de ti para arder° en su mano: *to burn*
oh pecho amigo, pueblo mexicano,
no olvides a Siqueiros, su pintura.

Ni su vida, que advierte
con luz de estrella gritando en la altura,
que no hay muerte,

y menos muerte si la vida es pura.
Oh pueblo mexicano, amigo fuerte,
no olvides a Siqueiros, su pintura.

Práctica y comunicación

8-29 Primera lectura. Lee rápidamente el poema y escribe cinco palabras que representen lo que comprendiste. Compara tus palabras con las de otro/a estudiante de la clase.

8-30 Citas. Encuentra en el texto citas para estas afirmaciones, luego léele las citas al resto de la clase.

Modelo: *El pueblo está representado en la pintura.*

Cita: "…Su pintura,

oh pueblo amigo, pecho mexicano,

hecha está por tu mano…"

1. La pintura de Siqueiros es violenta, grande y pura.
2. Siqueiros lucha contra la muerte.
3. No hay muerte si la vida es pura.
4. El poeta es de un pueblo amigo del mexicano.

 8-31 Paralelos. Los dos versos que aparecen a continuación son casi iguales. Expliquen la diferencia entre ellos y luego compongan dos versos similares. Después compartan sus versos con otras parejas de la clase.

Oh pueblo amigo, pecho mexicano,

oh pecho amigo, pueblo mexicano….

Diario

Escribe tus impresiones sobre los tres muralistas que has visto en este capítulo y sobre las obras de Frida Kahlo.

Al fin y al cabo

Proyecto: El arte en el barrio

Ustedes son los encargados de embellecer su barrio incorporando más arte en la vida comunitaria. En esta parte del capítulo van a llevar a cabo los distintos pasos para concretar ese proyecto.

8-32 Apoyo al arte. En grupos de tres o cuatro estudiantes, investiguen las distintas expresiones de arte público en su comunidad. Pueden ir al ayuntamiento o a los centros culturales y averiguar si se organizan conciertos, concursos de arte, exposiciones, etc. Preparen un informe oral para la próxima clase con la información que obtengan.

8-33 Tipos de arte. Decidan qué aspectos del arte quieren fomentar en su comunidad. Luego hagan una lista de cinco cosas que harían para apoyar el arte y cinco cambios que les propondrían a las autoridades de la comunidad para darle un marco más artístico a la vida comunal. Usen la estructura: **Quisiéramos que… porque…**

Modelo: *Quisiéramos que hubiera conciertos al aire libre en los parques porque la música trae alegría a la comunidad.*

8-34 Debate. No es fácil ponerse de acuerdo sobre lo que quieren. Escojan uno de los siguientes temas para discutir en su grupo. La mitad del grupo prepara argumentos a favor y la otra mitad argumentos en contra. Luego discutan el tema. Una persona debe tomar nota para presentar a la clase los puntos discutidos y las conclusiones.

1. El gobierno debe patrocinar el arte.
2. El papel principal del arte es divertir.
3. Se debe censurar el arte.
4. El arte debe reflejar la realidad sociopolítica.
5. Los grafitis son una forma de arte.

8-35 ¿Para qué? Ustedes van a tener una reunión con un/a funcionario/a de la municipalidad y tienen que explicarle para qué quieren organizar las diferentes actividades propuestas en el ejercicio 8-33. Usen **para que** cuando sea necesario.

Modelo: *Queremos organizar conciertos en los parques para que participen los músicos locales.*

Follow-up for 8-34: Ask the students if they encountered any issues while discussing exercise 8-34, then ask them: *¿Creen ustedes que el gobierno debe patrocinar el arte? ¿Cómo? ¿Qué tipo de arte? Si el arte es expresión política, ¿el gobierno sólo debe apoyar a los de su propio partido? ¿Se debe censurar el arte? ¿La función del artista es criticar la injusticia social? ¿La función del arte es divertir? ¿Los grafitis son una forma de arte? ¿Qué diferencia hay entre un grafiti y un mural?* Add any other controversial subject that students may have come up with.

Suggestion for 8-36:
Review expressions **Para influir y convencer** on p. 133 in Chapter 5 to convince and persuade.

8-36 ¿Cuándo? Ya saben lo que quieren hacer y ahora tienen que planear cuándo van a organizar las distintas actividades. Utilicen el subjuntivo y las siguientes expresiones para su programación: **tan pronto como, después de que, de modo que, a no ser que, cuando, con tal que.**

> **Modelo:**   *Vamos a comenzar los conciertos al aire libre tan pronto como la municipalidad nos dé los permisos.*

8-37 Mural. La municipalidad les ha dado autorización para hacer un mural en una pared del centro de la ciudad. Decidan qué van a pintar, hagan un bosquejo y preséntenlo a la clase con una explicación.

8-38 Concurso. Ustedes tienen que decidir cuál de los bosquejos presentados en la actividad anterior es el mejor, pero antes de tomar esta difícil decisión tienen que resolver algunas dudas. Completen las frases y luego plantéenselas a los grupos de artistas.

> **Modelo:**   *Les vamos a dar el premio…en cuanto nos digan cuanto dinero costará.*

siempre y cuando…   a menos que…   en cuanto…   después de que…

Cartelera

El fresco

El fresco es una técnica pictórica que utiliza acuarelas y yeso. La técnica consiste en agregar colores a la última capa *(layer)* de yeso. El artista generalmente añade un bosquejo a la penúltima capa de yeso. Las líneas de las figuras y formas del fresco se marcan con acuarelas de colores oscuros. El yeso se coloca en superficies pequeñas del dibujo y el color se le añade al yeso mojado. El pintor generalmente utiliza otro bosquejo que le sirve de guía. Cuando la pintura se seca se produce un proceso químico que la une al yeso y le da un color claro, luminoso y transparente. El pintor debe saber cuánta acuarela va a absorber el yeso y tiene que trabajar muy rápido. Al utilizar mucha pintura se corre el riesgo de pudrir *(to rot)* la superficie. Si esto ocurre, el pintor debe cortar la sección arruinada y poner otra capa de yeso. Esta técnica es conocida y utilizada desde la antigüedad. México es el centro de pintura al fresco más importante del siglo XX, en particular a través de los famosos frescos de Rivera y Orozco en los edificios públicos.

Suggestion for 8-39:
Review command forms before doing this activity. Ask students to use the informal negative form of these sentences: *Muéstrame ese cuadro. Aprecia esta obra maestra. Dibuja con cuidado. Usa este marco para esa pintura. Patrocina las artes. Retrata a esta niña. Pinta un cuadro al pastel. Aléjate de ese lugar.*

8-39 Para hacer un fresco. Lean la información en la Cartelera anterior sobre cómo se hace un fresco y preparen cinco instrucciones para darle a otro/a estudiante usando el subjuntivo y algunas de estas expresiones: **mientras (que), tan pronto como, a menos que, antes que, en cuanto, hasta que, aunque, en caso de que, después de que.**

> **Modelo:**   *No empieces a pintar hasta que la superficie esté lista.*
>
> *Comienza a pintar tan pronto como la superficie esté lista.*

A escribir

Expresar una opinión

When expressing an opinion regarding a situation or a particular subject, a great degree of subjectivity comes into play, since you are presenting your own personal views, attitude or values. Generally, the reason for expressing your opinion is to convince someone else regarding some issue. To do this, one may use logical or emotional arguments as critics do when writing a review on a book, a movie, a piece of art or music. You may start by relating the plot or describing the work of art, without giving too much information. You want to interest the reader in finding out more about it. Then you express your opinion while supporting it with the necessary details present in the piece. Finally, you may reiterate your opinion explaining the feelings or thoughts that it produced in you and comparing it to something else.

In chapters 5 and 6 you learned some phrases commonly used to express your opinion. You may want to review them in order to do the following activities.

Práctica

8-40 El mejor mural. Escoge la pintura que más te gustó en este capítulo. Escribe un párrafo para convencer a tus compañeros de que es la mejor de todas. Repasa **Así se dice** en este capítulo para explicar por qué la escogiste. Puedes compararla con algo más. Usa algunas de estas expresiones para ayudarte en tu explicación.

A mí parecer...   La razón por la cual...   Es importante reconocer que...

Obviamente...   Además...   Lo mejor de la obra es...

Lo que más llama la atención es...

8-41 Reseña de arte. Busca en Internet un museo o lugar donde se pueda ver arte latinoamericano o español. Escribe una reseña de tres párrafos sobre este lugar. Trata de convencer al lector de que vaya a visitar este lugar. Explica lo que te gustó y por qué lo recomiendas sin dar toda la información. Debes despertar la curiosidad en el lector para que visite este lugar en Internet. Intercambia tu reseña con dos compañeros/as. Después de que ellos la lean, pregúntales si el lugar les interesa y por qué.

Vocabulario

Instrumentos artísticos

la acuarela	*watercolor*	la paleta	*palette*
el bosquejo	*sketch*	el pastel	*pastel*
el cuadro	*picture*	el pincel	*brush*
el dibujo	*drawing*	la pintura	*painting*
el lienzo	*linen*	la tela	*canvas*
la línea definida	*well-defined line*	la témpera	*tempera*
la obra	*work*	el yeso mojado	*wet plaster*
el óleo	*oil painting*		

Sustantivos

el autorretrato	*self-portrait*	el mensaje	*message*
las bellas artes	*fine arts*	la naturaleza muerta	*still life*
el detalle	*detail*	la obra de arte	*work of art*
el edificio	*building*	la obra maestra	*masterpiece*
el espejo	*mirror*	el/la pintor/a	*painter*
el esquema	*outline*	la pintura al fresco	*fresco painting*
la estética	*aesthetics*	el primer plano	*foreground*
el fondo	*background*	el retrato	*portrait*
la fuente de inspiración	*source of inspiration*	la sombra	*shadow*
la luz	*light*	el taller	*workshop*
el maestro	*master*	la técnica	*technique*
el manejo	*handling*	el tema	*theme*
el marco	*frame*		

Verbos

alejarse de	*to put distance, withdraw*	**mostrar (ue)**	*to show*
aparecer (zc)	*to appear*	**patrocinar**	*to sponsor*
apreciar	*to appreciate*	**pintar**	*to paint*
convertir (ie)	*to convert*	**reflejar**	*to reflect*
fomentar	*to promote, encourage*	**representar**	*to represent*
inaugurar	*to inaugurate*	**retratar**	*to portray*
influir	*to influence*		

Adjetivos

auténtico/a	*authentic*	**cuidadoso/a**	*careful*
colorido/a	*colorful*		

Corrientes artísticas

el arte abstracto	*abstract art*	**el muralismo**	*muralism*
el cubismo	*cubism*	**el realismo**	*realism*
el expresionismo	*expressionism*	**el romanticismo**	*romanticism*
el impresionismo	*impressionism*	**el surrealismo**	*surrealism*

Expresiones útiles

a lo largo de	*during, throughout*	**sin embargo**	*nevertheless, however*
no bien	*as soon as, just as*		

Note: The vocabulary in **Manos a la obra** on page 232 is also considered active vocabulary.

La mujer orquesta

> *"Es la mujer del hombre lo más bueno."*
> —Lope de Vega

Tema cultural:

Desafíos de la mujer actual

Objetivos comunicativos:

Talking about feminine and masculine qualities

Extending invitations

Accepting and rejecting invitations

Talking about future activities: Future tense

Talking about conditions: Conditional tense

Discussing probability: Uses of the future and the conditional to express probability

Talking about hypothetical situations in the future: Conditional clauses

Discussing contrary-to-fact situations: Conditional clauses

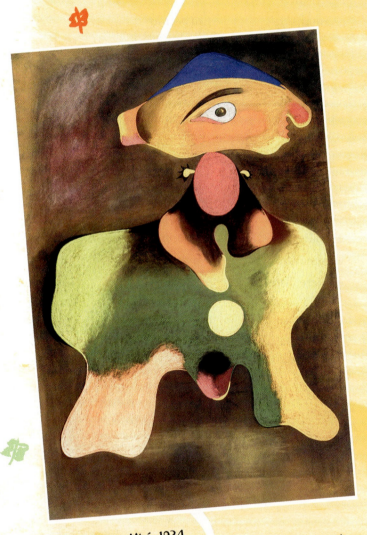

Woman, Joan Miró, 1934.
Pastel and graphite on artists' sandpaper, 42 1/8 x 28 1/8". Louise and Walter Arensberg Collection, Philadelphia Museum of Art. '50–134–146/ Corbis/©2001 Artists Rights Society (ARS), New York/ADAGP, Paris.

En marcha

Vocabulario en contexto: Entrevista con una psicóloga

No son las partes las que deben continuar siendo sino el todo.

PERIODISTA: Ud. **sostiene** en sus libros que lo **femenino** y lo **masculino conviven** en una misma persona. ¿Puede explicar este concepto?

PSICÓLOGA: Pues, sí. Es importante entender que los atributos femeninos no son exclusivos de la mujer, como los atributos masculinos no son exclusivos del hombre solamente. Por ejemplo, una mujer puede actuar de una **manera** lógica y racional, lo cual generalmente se considera que es un atributo masculino. O un hombre puede expresar compasión, lo cual es un atributo femenino.

PERIODISTA: Cuando Ud. habla de atributos femeninos y masculinos no está hablando del hombre y de la mujer específicamente, sino del principio masculino y del principio femenino en el universo. ¿Puede definir cuáles son los atributos universales **puramente** femeninos?

PSICÓLOGA: La femineidad se caracteriza por ser **comprensiva**, **receptora**, **creadora** y sustentadora de vida. Las ideas de recibir, aceptar, **abrazar**, dar, **nutrir**, **criar** y **facilitar** el **crecimiento** son conceptos femeninos. Es un espíritu **tolerante** y **compasivo** que tiene una tendencia natural a **relacionarse** con otras personas y con el medio ambiente. Tiene **conciencia** propia. Estas cualidades pueden existir tanto en el hombre como en la mujer.

PERIODISTA: ¿Y cuáles son los atributos universales **netamente** masculinos?

PSICÓLOGA: Por su lado, el principio masculino se caracteriza, como **ya** lo **mencioné**, como racional y lógico además de **pujante** y agresivo. Tiene **confianza** en sí mismo. Busca **claridad** de expresión y tiene una tendencia a controlar y a **dominar** el mundo a su alrededor.

PERIODISTA: ¿Qué simbolismos se asocian con esta dicotomía?

To introduce the subject, brainstorm about the following topics: *¿Cuáles son los cambios que ocurrieron en el papel de la mujer en la sociedad durante el siglo XX? ¿Fueron estos cambios para todas las mujeres o hay una diferencia entre las mujeres de la clase media y las mujeres pobres en los Estados Unidos? ¿Saben cuál es el papel de la mujer en otros países de Europa, África, América Latina y Asia? ¿En qué se diferencia del papel de la mujer en los Estados Unidos?*

Check comprehension: *¿Cuál es la teoría de la psicóloga en cuanto a las cualidades femeninas y masculinas? ¿Puede un hombre expresar compasión? ¿Cuáles son las características de la femineidad? ¿Y las características de la masculinidad? Según la psicóloga, ¿qué ha producido el espíritu masculino? ¿Cuáles son los símbolos con que se asocian lo femenino y lo masculino? ¿Por qué es importante que haya un equilibrio entre los dos? ¿Cuáles son los conceptos que la mujer desafía? ¿Cuál es el paso que hay que dar para ser una persona completa? ¿Están de acuerdo Uds. con esta teoría?*

PSICÓLOGA: Lo femenino se asocia con **valles** y con la fertilidad. Lo masculino se asocia con la montaña, símbolo de lo **imponente**.

PERIODISTA: Ud. dice que es importante para nuestra sociedad **darse cuenta** de que en cada persona hay una **mezcla** de atributos femeninos y masculinos.

PSICÓLOGA: Pues sí. Es muy importante que encontremos un **equilibrio en torno a** estos conceptos y que **desarrollemos** individualmente y como sociedad **el lado** más débil, el menos desarrollado. Uno sin el otro es destructivo. Por ejemplo, el **afán** de dominar la naturaleza nos ha llevado a una crisis ecológica.

PERIODISTA: Entonces, el hombre que siempre se vio como el ser **fuerte** puede **derramar lágrimas,** expresar **cariño** y **ternura**, mientras que la mujer, fuerte también, puede **desafiar** los conceptos de ser **abnegada** y **sumisa**.

PSICÓLOGA: Exactamente. **Acariciar** a un niño no tiene por qué ser sólo un **gesto** maternal. Así como los hombres aprendieron a **compartir las tareas domésticas** y la **crianza de los niños** y las mujeres rompieron las **barreras** en muchos **ámbitos** que antes les estaban prohibidos, ahora **hace falta dar un paso** más y desarrollar las cualidades femeninas y masculinas dentro de cada uno para llegar a ser personas completas.

PERIODISTA: Lo cual si se logra, debe ser muy **gratificante**.

PSICÓLOGA: Pues claro, porque no sólo se **gozaría** de beneficios individuales, como un mayor **acercamiento** entre los **cónyuges,** sino que también disminuirían **los prejuicios sociales**. Hay lugar para hablar de cosas **íntimas** sin **amargura** y se **estrechan** los **lazos familiares** con **sencillez** y sin **culpas**.

PERIODISTA: Gracias por **concederme** esta entrevista. Para una persona **amante** de este tema Ud. tiene una visión muy **alentadora**. ¿Me puede **dedicar** su libro, por favor?

PSICÓLOGA: Sí, como no. El placer ha sido mío.

Palabras conocidas

Repasa estas palabras que deben ser parte de tu vocabulario básico.

La mujer	la compasión	el machismo
el ama de casa	controlar	la manera
amigo/a íntimo/a	la dicotomía	la maternidad
débil	emanciparse	mencionar
fuerte	exclusivo/a	patriarcal
el marido	la fecundidad	racional
Cognados	la femineidad	la sensualidad
abortar	la fertilidad/infertilidad	la sexualidad
el aborto	independizarse	la tendencia
agresivo/a	la lógica	la virginidad

Expresiones útiles

darse cuenta	*to realize*
dar un paso	*to take a step*
en torno a	*around, about*
hacer falta	*to be lacking*
realizar	*to fulfill, carry out*
de entre todo/a	*among everything*

Se dio cuenta de que su novio la quería mucho.	*She realized that her boyfriend loved her very much.*
Liliana **dio el primer paso** para reconciliarse con su esposo.	*Liliana took the first step toward reconciliation with her husband.*
No fue honesto **en torno a** esa cuestión.	*He wasn't honest about that issue.*
Nos hace falta el champán para la boda.	*We are lacking the champagne for the wedding.*
Ella **realizó** su sueño cuando se graduó de doctora.	*She fulfilled her dream when she got her medical degree.*
De entre todas las cosas que puedo hacer, viajar es la que más me gusta.	*Of all the things I could do, traveling is the one I like the most.*

Práctica y comunicación

9-1 **Palabras relacionadas.** Vas a hacer una asociación libre. Agrupa las palabras que se relacionan y escríbelas en los círculos de abajo. Explica por qué las agrupaste de esa manera.

Note for 9-1: There is no strict rule for how these words should be grouped. Some are obvious, e.g., *cerca, acercarse, acercamiento*. Others can be grouped with different sets, e.g., *ternura, abrazar, compasivo*. The important thing is the students' reasoning for grouping them the way they did. Accept all sets that are well explained.

caricia	nutrir	amor	cariño
acercarse	cónyuge	acercamiento	íntimo/a
ternura	cerca	compasivo/a	abrazar
amante	acariciar	crianza de niños	convivir
tareas domésticas	crecimiento	compartir	lazos familiares

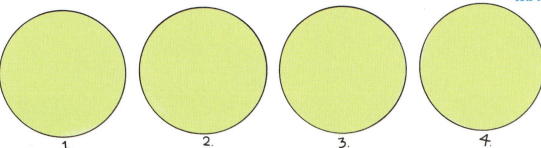

1.   2.   3.   4.

Note: Refer students to **Vocabulario en contexto** to help them find the corresponding words to complete this activity.

Answers for 9-2:
1) *compasión*
2) *comprensivo/a*
3) *creativo/a* 4) *tolerante*
5) *pujante* 6) *agresivo/a*
7) *claridad* 8) *cariño*
9) *ternura* 10) *abnegado/a*
11) *sumiso/a* 12) *amargura*
13) *sencillez* 14) *culpabilidad*

9-2 Pongamos orden. Completa el cuadro con el sustantivo o el adjetivo de estas palabras.

Sustantivo	Adjetivo
1. _____	compasivo/a
2. comprensión	_____
3. creación	_____
4. tolerancia	_____
5. pujanza	_____
6. agresividad	_____
7. _____	claro/a
8. _____	cariñoso/a
9. _____	tierno/a
10. abnegación	_____
11. sumisión	_____
12. _____	amargo/a
13. _____	sencillo/a
14. _____	culpable

Suggestions for 9-3A:
Some other examples are: *Las guerras entre países donde uno quiere dominar a otro. Las batallas entre pandillas de barrios. La exterminación y opresión de los indígenas. La deforestación de las selvas tropicales. La exterminación de algunas especies de animales. La discriminación racial, religiosa, política, etc.* Ask students for specific examples.

9-3A. ¿Qué necesita el mundo? La psicóloga dice que el afán de dominar la naturaleza nos ha llevado a una crisis ecológica. Piensen en otras crisis creadas por el afán de dominar, de imponerse y de conquistar. Hagan una lista entre los dos.

B. Ahora busquen en la lectura los atributos femeninos y hagan una lista. Expliquen cómo estos atributos pueden cambiar la forma de relacionarse de los seres humanos.

Modelo: *La receptividad ayuda a la comunicación entre las personas y también entre las naciones.*

Note: Assign activities 9-3, 9-4, and 9-5 for homework so students have time to think about these concepts and then present them to the group. These activities help students practice the interpretive and presentational communicative modes according to the ACTFL National Standards.

9-4 Símbolos. Los valles y la fertilidad son símbolos de lo femenino. ¿Qué otras imágenes les sugieren las cualidades femeninas que tienen en la lista del ejercicio anterior?

Modelo: **creadora de vida** *Una mujer con un bebé en brazos*

9-5 Conquista y dominio de la naturaleza. Desarrollen cuatro ideas que justifiquen o se opongan a la siguiente afirmación.

> El espíritu pujante masculino, con su idea de progreso y conquista de la naturaleza, nos ha llevado a una crisis ecológica.

Modelo:

Grupo A, justificación: *La humanidad necesita conquistar la naturaleza, de lo contrario todavía viviríamos en las cavernas (caves).*

Grupo B, oposición: *Con menos pujanza y más entendimiento no estaríamos en medio de una crisis ecológica.*

Note for 9-5: Divide the class in two groups. One has to justify the male drive to conquer nature; the other has to present the opposite side, the less aggressive, more understanding, larger view of nature, etc.

Note: Briefly mention the use of the conditional ending **-ría** which will be reviewed in the **Referencia gramatical 2** in this chapter. Explain that it is the equivalent to would + inf.

Note: *Mantener* and *sostener* are synonyms and in most cases could be interchangeable except when we talk about financial support, then *mantener* should be used.

✳ ¡Sin duda!

apoyar – mantener – soportar – sostener

The verbs **apoyar**, **mantener**, **soportar**, and **sostener** can be translated as *to support* in English in the following context.

Palabra		Ejemplo
apoyar	*to advocate, to back,* and with the preposition **en** or **sobre** *to be based on, to rest on*	Nosotras **apoyamos** a las mujeres trabajadoras. *We support working women.*
mantener	*to provide for, to defend or sustain an opinion*	Es muy difícil **mantener** a la familia con un sólo salario. *It's very difficult to support a family with a single salary.*
soportar	*to bear, put up with*	No **soporto** a las personas con prejuicios. *I can't stand prejudiced people.*
sostener	*to maintain, to hold up*	Sor Juana **sostuvo** sus opiniones hasta el final de su vida. *Sor Juana maintained her opinions until the end of her life.*

Práctica y comunicación

Suggestion for 9-6: Ask a few students their reasons for their choices.

9-6 ¿Qué piensas? Marca las opiniones que apoyas y las que no soportas y luego defiende tu postura frente a los otros miembros del grupo.

Ideas	Apoyo	No soporto
Las personas feministas		
Las personas machistas		
Las mujeres que quieren ser iguales a los hombres		
Los hombres que no apoyan a las mujeres trabajadoras		
Las personas que quieren ser mantenidas por su pareja		

Cartelera

Premios Nobel en femenino

En general los premios Nobel han sido ganados por hombres, en parte quizás porque estos premios se otorgan *(grant)* en disciplinas con una hegemonía tradicionalmente masculina. Sin embargo, varias mujeres han logrado ganar este premio tan importante.

Marie Curie (1903 y 1911)
Irene Curie (1935)
Lucila Gody Alcayaga (Gabriela Mistral: seudónimo) (1945)
Madre Teresa (1979)
Barbara McClintock (1983)
Rita Levi Montalcini (1986)
Rigoberta Menchú Tum (1992)
Toni Morrison (1993)

Answers for 9-7A:
1) *Marie Curie* 2) *Morrison and Mistral* 3) *McClintock and Montalcini* 4) *Madre Teresa and Menchú*
5) *Marie Curie and Irene Curie*

9-7A. Hegemonía masculina. Estas son las categorías en las cuales ganaron premios Nobel las mujeres mencionadas en la Cartelera anterior. ¿Cuál le corresponde a cada una?

1. Física   _____
2. Literatura   _____
3. Medicina y Fisiología _____
4. Paz   _____
5. Química   _____

B. ¿Saben si hubo otras mujeres que ganaron premios Nobel? ¿En qué categoría(s) nunca ganó una mujer? Digan si actualmente esa disciplina sigue teniendo hegemonía masculina. Piensen en dos maneras de apoyar la participación femenina en esas áreas del saber.

 Así se dice

Para hacer, aceptar y rechazar invitaciones

Cuando quieras invitar a alguien a hacer algo, usa estas expresiones.

Te invito a + *inf....*

Te invito a pasar el día en la playa.	*I invite you to spend the day at the beach.*
¿Quieres / Querrías + *inf....*?	
¿Quieres salir conmigo esta noche?	*Do you want to go out with me tonight?*
¿Te gustaría + *inf....*?	
¿Te gustaría ir de compras esta tarde?	*Would you like to go shopping this afternoon?*

Al aceptar una invitación, sé cortés y si la ocasión lo indica, ofrece algo a cambio.

Gracias. Me encantaría.	*Thank you. I would be delighted.*
Me gustaría mucho.	*I would like that very much.*
Sí, cómo no.	*Yes, of course.*
Encantado/a. (Lo acepto) con mucho gusto.	*Delighted. (I accept) with pleasure.*

Cuando rechazas una invitación es cortés dar una excusa para explicar por qué no puedes aceptar. Usa las siguiente expresiones.

Lo siento pero me es imposible porque + excusa	*I'm sorry but it is impossible because…*
Me encantaría pero no puedo porque…	*I would be delighted but I can't because…*
Lo siento pero tengo que decir que no porque…	*I'm sorry but I have to decline because…*
¡Cuánto lo siento! No puedo aceptar porque…	*I am so sorry. I can't accept because…*
Perdóname pero esta vez no puede ser porque…	*Sorry, but it is not possible this time because…*
No, gracias.	*No, thank you.*

Práctica y comunicación

9-8 Concursos *(contests)*. Hay algunos concursos que son un poco sexistas. Por ejemplo, las competiciones que organizan algunas fraternidades durante la semana de admisión a la fraternidad. ¿Qué harían Uds si los invitaran a participar en los siguientes concursos? Alternen los roles para proponer la invitación y para aceptarla o rechazarla.

Modelo: participar en un concurso de trajes de baño

E1:   *Te invitamos a participar en un concurso de trajes de baño.*

E2:   *No, gracias. Me parece algo muy sexista.*

Gracias. Me encantaría. Tengo un traje de baño nuevo.

1. correr desnudo/a por la calle en la nieve
2. participar en un concurso de belleza para hombres y mujeres
3. cocinar para todos los miembros de la fraternidad en un concurso de comida
4. contestar preguntas de cultura general en un concurso
5. conducir en una carrera cronometrada *(timed)* de coches

9-9 La situación de la mujer en Latinoamérica. Lean la Cartelera siguiente y hagan una lista de los problemas mencionados. ¿Qué soluciones pueden proponer Uds. para mejorar la condición de la mujer?

Modelo: Problema: *Muchos hombres abandonan su hogar.*

Solución: *Crear fuentes de trabajo para que puedan mantener a su familia.*

Cartelera

La situación de la mujer en Latinoamérica

En América Latina una tercera parte de los hogares es mantenido por mujeres. Debido a la inestabilidad económica, muchos hombres emigran a otras regiones o abandonan sus responsabilidades familiares. A causa de la malnutrición, de los embarazos frecuentes y del exceso de trabajo, la población femenina de esta región tiene un alto índice de enfermedad. Una sexta parte de las mujeres en Latinoamérica presenta anemia por desnutrición, mientras que la mortalidad materna afecta a una mujer embarazada de cada noventa. Estas son estadísticas generales. Cada país presenta una situación un poco distinta. Por ejemplo, el índice de la natalidad *(birthrate)* en Bolivia, Ecuador, México, Nicaragua y Honduras es de alrededor de seis hijos por mujer; en Argentina, Chile y Uruguay es de menos de tres y en Cuba es de menos de dos.

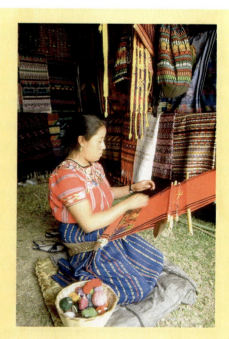

En Latinoamérica la mujer es, a menudo, el único sostén del hogar.

 **9-10** **¿Quién quiere participar en las soluciones?** Invita a otro/a estudiante a participar en tus soluciones, propuestas en el ejercicio anterior, para mejorar la situación de la mujer en Latinoamérica. Tu compañero/a puede aceptar o rechazar la invitación, en cuyo caso debe hacer una crítica sobre tu solución o dar una excusa por no aceptar.

Modelo: Solución: *Crear fuentes de trabajo para que puedan mantener a su familia.*

Invitación: *E1: ¿Quieres invertir dinero para crear fuentes de trabajo para los hombres pobres de Latinoamérica?*

E2: Sí, me gustaría mucho ser parte de una solución.   o
Me encantaría, pero no puedo porque no tengo dinero.

Note for 9-10: This exercise is a follow-up from 9-9. Direct students to use the phrases from the section **Así se dice**.

Referencia gramatical 1

Talking about future activities: Future tense
Before doing the following activities review this structure in the **Cabos sueltos** section, pp. 427–428.

Suggestion for Referencia gramatical 1: Check on the forms of the future by doing a quick mechanical drill with regular and irregular verbs. Elicit a mechanical response by going around the class asking individual students to give the correct verb form. **Yo:** *abrazar, acariciar, conceder, compartir, salir.* **Tú:** *derramar, desafiar, ocuparse, convivir, tener.* **Él/Ella:** *desarrollar, estrechar, relacionarse, entender, nutrir, poner.* **Nosotros:** *pasar, platicar, comprender, ir, decir, hacer.* **Vosotros:** *criar, vender, querer, poder, saber.* **Ellos/Ellas:** *dar, amar, venir, haber.*

9-11 Siglo XXI. El nuevo siglo llega con la idea de cambios. En pequeños grupos, decidan si están de acuerdo con las siguientes afirmaciones sobre lo que ocurrirá en este siglo XXI y expliquen por qué. Después escriban tres afirmaciones más y den sus razones. Luego compartan sus opiniones con otros grupos de la clase.

1. Más hombres y mujeres recibirán el mismo salario por el mismo trabajo.
2. Más hombres se quedarán en casa para ocuparse de los niños.
3. Más empresas crearán empleos con mayor flexibilidad de horario.
4. Más niños crecerán en un ambiente de igualdad entre hombres y mujeres
5. ¿?
6. ¿?
7. ¿?

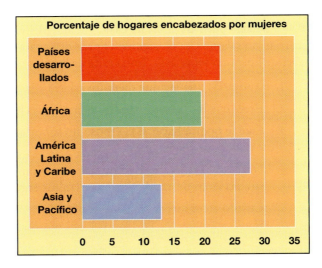

Porcentaje de hogares encabezados por mujeres

Boletín

Lee la tabla de la izquierda para averiguar el porcentaje de hogares encabezados por mujeres en los diferentes continentes.

9-12 Por ley.   Pronto habrá leyes que permitirán a las amas de casa jubilarse. Imaginen que ustedes son los encargados de decidir cuáles son los requisitos que deberá cumplir una mujer para obtener la jubilación. En parejas, decidan cuáles de las siguientes condiciones tendrán que cumplir las mujeres para poder obtener esta jubilación. Expliquen por qué y luego compartan sus ideas con otras parejas de la clase.

> **Modelo:**   tener más de 55 años.
>
> > E1: *Sí, tendrán que tener más de 55 años para jubilarse porque esa es la edad mínima para la jubilación de las mujeres en otras profesiones.*
> >
> > E2: *No, no tendrán que tener más de 55 años porque las tareas domésticas requieren más de ocho horas, así que podrán jubilarse al cumplir los 50 años.*

1. tener más de 55 años
2. haber trabajado en su casa por más de diez años
3. ser solteras
4. recibir otra jubilación además de la de ama de casa
5. tener hijos
6. vivir solas

Suggestion for Referencia gramatical 2: Check on the forms of the conditional by doing a quick mechanical drill. Use the list from the TN on **Referencia gramatical 1**.

Referencia gramatical 2

Talking about conditions: Conditional tense
Before doing the following activities review this structure in the **Cabos sueltos** section, p. 430.

Boletín

El valor del trabajo del hogar no-pagado se calcula, en porcentaje de Producto Interior Bruto (Gross National Product), *en un 23% para los Estados Unidos y en un 29% para España.*

Práctica y comunicación

9-13 Salario para las amas de casa.   Además de jubilación pagada, las amas de casa querrían un salario. Usa las siguientes preguntas para entrevistar a otros/as estudiantes y saber qué piensan sobre esto. Toma nota de lo que te dicen para luego presentarlo a la clase.

1. ¿Apoyarías una ley que diera un salario a las amas de casa?
2. ¿Crees que los salarios para las amas de casa les permitirían mantener a sus familias?
3. ¿Qué se podría hacer si el esposo no soportara que su esposa recibiera un salario más elevado que el de él?
4. ¿Sostendrías tu opinión frente a la comisión que estudia la posibilidad del salario para las amas de casa? ¿Cuáles serían tus argumentos?
5. ¿Cuánto crees que se les debería pagar?

9-14 La doble jornada. En grupos de tres, lean esta carta y decidan lo que harían ustedes de estar en el lugar de la persona que la escribe y/o en el lugar de las personas que la entrevistaron para el trabajo. Luego comparen sus conclusiones con las de otros grupos de la clase.

Este verano estuve buscando trabajo por mi ciudad. Cuando finalmente obtuve una entrevista con el presidente de una de las compañías donde había mandado mi solicitud, él me dijo muy claramente que tenía que renunciar a todas mis obligaciones como madre que pudieran interferir con mi jornada laboral. Por supuesto no me ofrecieron ningún apoyo para poder seguir cumpliendo con mis responsabilidades hacia mis hijos. Esto era algo que yo tenía que resolver por mi cuenta, sin recibir ninguna ayuda de la compañía. Este tipo de preguntas sólo se le hacen a las mujeres. ¿Las madres somos luchadoras? No, nos hacemos luchadoras ante el aumento de obligaciones que crece día a día. Tenemos una lucha continua dentro y fuera de casa, una lucha muy poco reconocida por los demás, aunque nos siga dando ciertas satisfacciones. Lo que me asusta es que sigamos apareciendo como tema principal de artículos en revistas y otras publicaciones, con motivo del Día de la Mujer. Me preocupa porque de esta forma seguiremos teniendo ocho horas de trabajo no remuneradas y seguiremos siendo consideradas como un increíble fenómeno de la sociedad actual: como trabajadoras de doble jornada.

María Amparo Pérez Chapar, Valencia

Modelo: *De ser la persona entrevistada, yo diría que esas condiciones son ilegales.*

Referencia gramatical 3

Discussing probability: Uses of the future and conditional to express probability
Before doing the following activities review this structure in the **Cabos sueltos** section, p. 432.

9-15 ¿Qué harán? En parejas, hagan conjeturas sobre lo que pueden estar haciendo estas personas ahora.

Modelo: mi hermano/a

E1: *¿Qué hará mi hermana?*

E2: *Mi hermana estará en la clase de historia ahora.*

1. tu compañero/a de cuarto
2. tu mejor amigo/a
3. la esposa del presidente de los Estados Unidos
4. el presidente de la universidad
5. tus padres
6. el rey Juan Carlos de España

9-16 ¿Cómo haría para hacer eso? Imagina que tú eres un/a niñero/a (*babysitter*) y que el niño que cuidas es muy travieso. Mientras tú hablabas por teléfono con su madre, él creó un desastre en su cuarto. Mira el dibujo y hazle preguntas de conjetura a tu compañero/a.

Modelo: la silla sobre la mesa

E1: *¿Cómo haría el niño para poner la silla sobre la mesa?*

E2: *No sé, me imagino que se pararía sobre la mesa y levantaría la silla para ponerla encima.*

1. el sillón sobre la cama
2. la lámpara sobre la silla
3. los zapatos en los estantes
4. la ropa arriba de la cómoda
5. la silla sobre la cama
6. los juguetes sobre el sillón

Conexiones

Talking about hypothetical situations in the future: Conditional clauses

To express a hypothetical situation that can occur in the present or the future, use the following structure:

> **Si** + *present* + *future*
> **ir a** + *inf.*
> *command*

Si quieres tener niños, **tendrás** que pedir licencia por maternidad.

If you want to have children, you will have to ask for maternity leave.

Si mi esposa le **dedica** a su trabajo más de 40 horas por semana, yo no **voy a estar** contento.

If my wife devotes more than 40 hours per week to her work, I am not going to be happy.

Si las tareas domésticas te **consumen** mucho tiempo, **haz** una lista de prioridades.

If the house chores take too much of your time, make a list of priorities.

Práctica y comunicación

9-17 Discriminación de la mujer en el trabajo. Uds. son parte de una comisión de las Naciones Unidas que debe proponer soluciones a estos problemas que tiene la mujer a nivel mundial. Decidan lo que se deberá hacer en cada situación e informen a la clase.

Modelo: En África y en Asia las mujeres trabajan trece horas más a la semana que los hombres.

E1: *Si las mujeres trabajan más que los hombres, se les deberá pagar más.*

1. En general las mujeres trabajan entre cinco y seis horas semanales más que los hombres.

2. En los países desarrollados las mujeres más pobres trabajan entre 60 y 90 horas a la semana para mantener el nivel de vida que tenían hace una década.

3. Cuando las mujeres realizan el mismo trabajo que los hombres, cobran de promedio *(on average)* entre el 30 y el 40% menos.

4. En Canadá, las mujeres con profesiones liberales todavía ganan alrededor de un 15% menos que los hombres.

5. Sólo el 2% de las mujeres españolas está en puestos de alta dirección en las grandes empresas.

6. Las mujeres aún realizan el 75% de las labores domésticas.

Boletín

En los últimos treinta años, la presencia de la mujer en el mercado laboral ha aumentado, sin embargo aún persiste la discriminación en el trabajo. Hay una gran diferencia entre lo que la mujer produce y su salario.

Note for 9-17: Point out to students that they must use "If" clauses: **Si** + present + future.

9-18 Libertad y justicia. Cerca de nosotros también hay problemas. En parejas, elijan una de las situaciones siguientes, coméntenla, decidan qué harán para resolverla y luego informen a la clase.

Modelo: En la universidad les pagan menos a las mujeres que a los hombres.

E1: *Si en la universidad les pagan menos a las mujeres que a los hombres haremos una protesta, les escribiremos cartas a las autoridades, llamaremos a los periodistas...*

1. En la universidad contratan a más hombres que mujeres.
2. No hay derecho a abortar en ninguna clínica de la ciudad.
3. En una entrevista de trabajo te preguntan si piensas tener niños.
4. En tu ciudad el número de mujeres en puestos políticos es muy bajo.
5. En general a las mujeres les siguen bloqueando el acceso a altos cargos administrativos.

9-19 ¿Qué hago? Tu compañero/a se encuentra ante varias situaciones difíciles. Ayúdalo/a a resolverlas dándole algunos mandatos para animarlo/a. Alternen los roles.

Modelo: *Si te pagan menos que a tu compañero/a, habla con tu jefa.*

1. Si te pagan menos que a otro/a compañero/a…
2. Si tu pareja quiere que dejes un trabajo que demanda muchas horas pero que te encanta…
3. Si tus padres no soportan a tu pareja porque tiene ideas no convencionales…
4. Si tu compañero/a de cuarto piensa que los valores patriarcales son importantes para mantener el orden en la sociedad…
5. Si te invitan a una manifestación feminista…

Discussing contrary-to-fact situations: Conditional clauses

To express hypothetical situations that are contrary to fact, that is, situations that are possible but improbable to happen, use the following structure:

Si	+	*imperfect subjunctive*	+	*conditional*

Si no **tuviera** una familia tan grande, no **necesitaría** comprar otra casa.

If I didn't have such a big family, I would not need to buy another house.

In all conditional sentences the **si** clause may be at the beginning of the sentence or come after the resultant clause.

Si me amas, estaremos juntos el resto de nuestras vidas.

If you love me, we'll be together for the rest of our lives.

Estaremos juntos el resto de nuestras vidas **si** me amas.

We'll be together for the rest of our lives if you love me.

Práctica y comunicación

9-20 Promover *(to promote)* **la participación de la mujer.** Lean la Cartelera siguiente y digan qué harían ustedes si tuvieran que fomentar la participación de la mujer en la vida política, cultural, económica y social de su comunidad. Hagan una lista de seis maneras en que fomentarían esta participación. Luego comparen su lista con las de los otros grupos de la clase.

Modelo: *Si tuviéramos que fomentar la participación de la mujer en la vida política, cultural, económica y social de mi comunidad, haríamos una campaña publicitaria.*

Cartelera

Instituto de la Mujer

El Instituto de la Mujer en España fue creado por ley el día 24 de octubre de 1983. Los fines del Instituto de la Mujer son:
1. La promoción y el fomento de las condiciones que hagan posible la igualdad social entre ambos sexos.
2. El fomento de la plena participación de la mujer en la vida política, cultural, económica y social.

9-21 En tu país. ¿Existe una institución similar al Instituto de la Mujer en tu país? ¿Cuál? ¿Cuáles son sus fines?

9-22 Las funciones del Instituto. Estas son algunas de las funciones del Instituto de la Mujer español. Decidan el orden de importancia que les darían a estas funciones y por qué.

a. Crear un banco de datos con información sobre la situación de la mujer.

b. Elaborar informes para evitar la discriminación.

c. Apoyar medidas que contribuyan a eliminar la discriminación.

d. Coordinar trabajos con otras instituciones que se ocupen específicamente de la mujer.

e. Dar asesoramiento al gobierno sobre la situación de la mujer.

9–23A. **Instituto de la mujer.** Si ustedes fueran seleccionados/as para crear un Instituto de la Mujer en su ciudad, ¿qué harían y por qué? Escriban una lista de las decisiones que tomarían y luego compartan sus decisiones con las de otros grupos de la clase.

> **Modelo:** *Si fuéramos seleccionados/as, buscaríamos información sobre la situación de la mujer en nuestra ciudad. De esta manera sabríamos lo que deberíamos hacer para mejorarla.*

B. **A trabajar.** Ahora imaginen lo que harían si tuvieran que desarrollar algunas de las funciones de la actividad anterior y luego informen a la clase.

> **Modelo:** *Si tuviéramos que buscar información sobre la situación de la mujer en nuestra ciudad, iríamos al ayuntamiento a pedir informes sobre la mujer. Estudiaríamos las estadísticas de la ciudad.*

9–24 **Todo mal.** Ustedes se han encontrado con muchas negativas en su intento de crear un Instituto de la Mujer pero no se dan por vencidos/as. ¿Qué harían si todo lo que pensaban hacer hubiera recibido una negativa? Busquen soluciones alternativas y luego preséntenselas a otros grupos de la clase.

> **Modelo:** *Si no pudiéramos encontrar información en el ayuntamiento buscaríamos información en los periódicos.*

✳ Diario

Imagina una sociedad en donde todas las personas que no saben jugar al fútbol son discriminadas. ¿En qué grupo estás tú: los discriminados o los discriminadores? ¿Qué harías tú en tales circunstancias?

Manos a la obra

Así se lee

Connecting words

Connecting words and phrases are used to hold the text together to make it more cohesive. They relate one idea to the next and they signal what is to follow. These are some connecting words categorized according to their function.

Addition:	**y, también, además, es más** (besides)
Concession:	**a pesar de (que), aunque, con todo** (everything considered), **aun así** (even so), **no obstante** (nevertheless)
Contrast:	**pero, sin embargo, por otro lado** (on the other hand), **por otra parte, en cambio**
Reason:	**porque, pues, ya que** (since)
Reformulation:	**es decir, en otras palabras, o sea** (that is to say)
Result:	**por eso, pues, luego, así que, como resultado, por lo tanto, a causa de**
Summary:	**por fin, finalmente, por último**
Time:	**cuando, mientras, luego, entonces, después, de vez en cuando** (from time to time), **de repente** (suddenly), **de pronto** (all of a sudden)

Práctica y comunicación

9-25 ¡Qué día! Susana le cuenta a su compañero lo que le pasó durante el día. Completa el párrafo con los nexos conectores correspondientes según el contexto.

Answers for 9-25:
1) *Aunque* 2) *Además*
3) *y* 4) *Cuando* 5) *pero*
6) *y* 7) *y* 8) *Con todo*
9) *De repente* 10) *Por un lado*
11) *pero* 12) *por otro lado*
13) *Pero*

> y   aunque   además   y   pero   cuando   con todo   y
>
> por un lado   de repente   pero   pero   por otro lado

(1) _____ hoy salió el sol, afuera hace mucho frío. (2) _____ hay nieve (3) _____ hielo en las calles. (4) _____ salí de casa para ir a trabajar, me caí en el hielo. No me rompí ningún hueso (5) _____ me duele todo el brazo (6) _____ la pierna izquierda. Una mujer muy simpática me ayudó a levantarme (7) _____ subir al coche. (8) _____ llegué tarde a la oficina, como te puedes imaginar. Por supuesto que mi jefa se enojó conmigo otra vez y no quiso escuchar ninguna explicación. (9) _____ se me ocurrió que no tenía porqué soportarla más y le dije que renunciaba a mi trabajo. La dejé boquiabierta y me fui. (10) _____ estoy contenta de haber dejado ese trabajo (11) _____ (12) _____ estoy un poco preocupada. (13) _____ estoy segura que encontraré otra cosa pronto.

9-26 **El desarrollo y la mujer.** En su libro titulado *Abrazar la vida*, Vandana Shiva propone la idea de que el "desarrollo" de los pueblos se basó en la explotación y exclusión de la mujer, en la explotación y degradación de la naturaleza y en la destrucción gradual de otras culturas. Todo esto vino instigado por una sociedad patriarcal. Conecta las ideas siguientes usando los nexos conectores.

Modelo: a. Por muchos años vivimos en una sociedad patriarcal.

b. La mujer y la naturaleza fueron sojuzgadas *(subjugated)*.

c. *Por muchos años vivimos en una sociedad patriarcal, por lo tanto la mujer y la naturaleza fueron sojuzgadas.*

1. a. La recuperación del principio femenino es importante.

b. El medio ambiente necesita del principio femenino para ser renovado.

c. _____

2. a. El "desarrollo" que no respeta el principio femenino es "maldesarrollo".

b. El "maldesarrollo" sirvió sólo para la acumulación de capital.

c. _____

3. a. El "maldesarrollo" trajo la destrucción de la mujer, de la naturaleza y de otras culturas.

b. En el Tercer Mundo las mujeres, los campesinos y los pueblos tribales quieren liberarse del "maldesarrollo".

c. _____

4. a. La expansión de cultivos para la exportación destruyó la producción de alimentos porque la mujer no tiene el control de la tierra.

b. Las mujeres no tienen recursos para alimentar y atender a los niños y a los ancianos.

c. _____

5. a. Las categorías patriarcales entienden destrucción como "producción".

b. Las categorías patriarcales consideran no productivo todo trabajo que no dé ganancias.

c. _____

9–27 ¿Están de acuerdo? Comenten las ideas presentadas en la actividad 9-26. Expliquen si Uds. están de acuerdo o no y por qué. Luego presenten sus conclusiones a la clase.

Antes de leer

Estas palabras te van a ayudar a comprender la lectura.

Vocabulario		Palabra en uso
el alma (fem.)	soul	El **alma** de la mujer está llena de misterios.
la certidumbre	certainty	Como estaba bien preparada, tenía la **certidumbre** de que todo saldría bien.
el desamparo	lack of protection	Sin la protección de mis padres siento el **desamparo**.
detenerse	to stop	¡**Detengan** a ese niño que está descontrolado!
dichoso/a	fortunate, lucky	¡**Dichoso** el que se case con ella!
disculpar/se	to excuse oneself	**Discúlpame**, por favor. No volverá a suceder.
divagar	to ramble, digress	Mi pasatiempo favorito es **divagar** por mundos inventados en mi mente.
eludir	to evade, avoid	Estoy **eludiendo** una seria conversación sobre dinero con mi marido.
extraviar	to lose	Se me **extravió** la bolsa.
la lupa	magnifying glass	Esta **lupa** me ayuda a leer la letra pequeñita.
mecer	to rock	La madre **mece** al niño en sus brazos.
rehuir	to shun, avoid	**Rehuyo** su presencia porque estoy enojada con él.
reponer	to replace	**Repusimos** el coche viejo por uno nuevo.
la soledad	solitude	La **soledad** puede ser oprimente.
la solterona	old maid	Jane Austen era una **solterona**.

Práctica y comunicación

9–28 Familia de palabras. Organiza las palabras de la lista que pertenecen a cada columna. Luego escoge una de cada familia de palabras y escribe una pregunta cuya respuesta requiera la palabra escogida. Después, hazle las preguntas a tu compañero/a.

Modelo: E1: *¿Cómo te sientes cuando estás muy contento/a?*
E2: *Estoy dichoso/a.*

certidumbre   cierto   desamparar   desamparado   dichoso   dicha   disculpar
disculpa   disculpado   divagar   divagadora   extraviar   extraviado   extravío

Sustantivo	Adjetivo	Verbo

9–29 ¿Eres ingenioso/a? ¿Qué harían en estas circunstancias? Contesten las siguientes preguntas utilizando al menos una de las palabras de la lista en cada una de sus respuestas.

solterona   reponer   rehuir   mecer   lupa   eludir   detenerse

Modelo: E1: ¿Qué haces para poner a dormir a un niño?
E2: *Lo mezo.*

1. ¿Qué haces cuando quieres evitar hablar con una persona determinada?
2. ¿Qué haces cuando se te pierde algo que necesitas todos los días?
3. ¿Qué haces cuando no puedes leer la letra pequeñita de un mapa?
4. ¿Qué haces cuando conduces un coche y llegas a un semáforo en rojo?
5. ¿Qué haces cuando no quieres enfrentarte a un problema?
6. ¿Qué palabra se usa para una mujer mayor que nunca se casó?

9-30 El día de una escritora. ¿Cómo imaginan Uds. que será el día de una mujer de la clase media mexicana? Ella vive en una ciudad grande, como México D.F., y tiene dos hijos, un niño y una niña. Está casada y es escritora. Escriban lo que Uds. creen que hace la mujer desde la mañana hasta la noche. Luego compartan su lista con la clase.

9-31 ¿Qué hizo la mujer durante el día? Rápidamente busquen en la lectura de Ángeles Mastretta, "Una cabeza para Jane Austen", lo que esta mujer hizo durante su día. ¿Coinciden algunas de sus actividades con lo que Uds. tienen en su lista? No presten atención a las palabras que no conocen. No se detengan con las palabras nuevas, continúen leyendo para encontrar la información que buscan.

Modelo: *A las seis de la tarde se dio cuenta de que había perdido la cabeza.*

9-32 Guía para la lectura. De ahora en adelante el texto de las lecturas no va a tener glosas. Trata de leerlo usando las estrategias de lectura que has aprendido. Recuerda lo siguiente:

1. No es necesario comprender todas las palabras; pasa por alto las que no comprendas.

2. Lee el texto varias veces. La primera vez léelo sólo para comprender la idea general.

3. Luego hazte preguntas sobre lo que quieres aclarar y búscalo en el texto.

4. Por último, si hay alguna palabra clave que impide la comprensión, búscala en el diccionario.

5. Sobre todo, no traduzcas al inglés. Trata de entender el mensaje del/de la autor/a sin traducirlo. Los ejercicios que siguen te guiarán para comprender mejor el mensaje.

Introducción a la lectura

Ángeles Mastretta (1949–)

Escritora mexicana contemporánea que escribe, según sus propias palabras, sobre "lo que no registran los periódicos ni los libros de economía, de lo que no explican los sociólogos, no curan los médicos, ni aparece como un peldaño en nuestro currículum: de la hazaña diaria que es sobrevivir…". Este relato es del libro *El mundo iluminado* donde aparece una colección de cuentos y ensayos sobre la vida cotidiana de la escritora y su entorno.

 Lectura

Una cabeza para Jane Austen

He pasado la tarde buscando mi cabeza. Tal vez de entre todas las cosas que fui extraviando durante el día, la cabeza fue lo primero que dejé quién sabe dónde, pero sólo al sonar las seis vine a darme cuenta precisa de que me hacía falta sentirla sobre los hombros. Una llamada preguntando por el señor de la casa, terminó en mi oreja por la sencilla sinrazón que hace pensar a otros que cuando el marido no está disponible, su señora, como bien se le considera, debe sentirse dichosa de recibir el mensaje que confirma una cena o requiere una cita. Yo habría recibido la información mecánicamente, si la secretaria que dejó el mensaje no se hubiera disculpado por darme semejante molestia. A mí, una escritora cuyos libros ella dijo apreciar tanto. Le agradecí la cortesía sin explicarle que me resultaba sorprendente. Ella no tiene por qué saberlo, pero yo no siempre soy la escritora. A veces parezco más bien una especie de persona moral que no paga con tino sus impuestos, o una persona física con mal físico, o una persona sin personalidad, o una persona inmoral. Soy tantas y no siempre sé bien cuál soy. Cuando colgué el auricular empecé a preguntarme por mi cabeza. Me dije que tal vez estaría en el cuarto de Mateo. Yo acababa de pasar por ahí, me había extrañado la televisión apagada, pero el muchacho en que se ha convertido el bebé de hace poco me explicó que leía *Los cazadores de microbios*, libro prodigioso que la maestra de biología se empeña en dejarles resumir cada vez que se cruza una vacación. —¿Por qué les dejan tarea en las vacaciones?— pregunté. Detesto que les dejen estudiar en vacaciones. Pero eso lo detesto con el estómago, así que ahí ya no tenía la cabeza. Pudo haber sido antes, cuando estuve en el cuarto de Cati, pero con ella y su amiga Lumi hablé de una dieta, de una telenovela, de unos ejercicios para enderezar la espalda. Ahí no dejé la cabeza. Lo que me roba Catalina cada vez que hablamos largo de cosas leves, es el alma. ¿Se me quedaría en la tienda de Fonart? Fui ahí con Verónica mi hermana, justo después de comer en mitad de un calorón que me llevó a comprar sin dudarlo un espejo de hojalata presidido por un sol y dos lunas. Estaba hermosa la tienda a pesar de su techo de asbesto como una plancha sobre nuestras ¿cabezas? No. Ahí ya no tenía la cabeza, si la hubiera llevado me habría dado cuenta de que la estaba perdiendo frente al baúl de Olinalá poblado de mariposas que cuesta tres mil pesos. ¿La habré dejado en el restorán[1] japonés? Comimos ahí cinco adolescentes y dos adultas. ¡Qué desorden de arroces y quejas! Le advertí a Verónica que no vuelva con sus hijas a dieta porque así no tiene chiste pasearlas. Ahí ya no tenía la cabeza, me hubiera detenido al tercer rollo de aguacate con anguila. Quiere decir entonces que la perdí desde la mañana. Tal vez desde antes de salir a caminar. Por eso fue que no tuve que rehuir el encuentro con los periódicos, ningún razonamiento en torno a la necesidad intelectual de estar informada me hizo moverme a buscarlos. A la hora de los periódicos ya estaba confundida con la desaparición de unos cheques a los que llamo "mi quincena" y que el señor de la casa tuvo la generosidad de recordarme que eran "su quincena". Llamarlos "mi quincena " suena a que cobro por mal administrar la casa, y eso tampoco es cierto. Tiene razón el señor que pastorea, alimenta o elude mis conversaciones en torno a la gravedad de mis pérdidas. Ya no puedo ir más lejos. Hoy en la mañana perdí la cuenta del coche con que, esperanzados en que un día nos pagara el seguro repusimos la mitad de la camioneta que nos robaron el mes antepasado. Perdí la credencial de electora que usé para identificarme en el banco, perdí mi bolsa, una lupa tamaño carta que heredé de mi padre y que cada vez necesito más veces, perdí tres plumas, el número de teléfono del carpintero, la correa del perro, la receta del homeópata, la caja con libros para dedicar, la idea del tiempo. Todo lo fui perdiendo o extraviando, como debe decirse para que nadie piense que uno sospecha de robo. Y la culpa de todas esas pérdidas, no vine a saberlo con claridad hasta entrada la tarde, la tiene el primer y único extravío imprescindible: el de mi desorientada y divagadora cabeza. No es bueno divagar, me dije tras despedirme de la solícita secretaria. Al menos no debo pemitírmelo cuando el día se deja venir con mil cosas por delante. ¿En dónde estaba cuando empecé a divagar? me pregunté. ¿En la regadera[2]? No. Antes de eso. Antes de hacerme al ánimo de abandonar mi cama. Cuando al salir de la duermevela volví a soltarme la cantaleta de todas las últimas mañanas. Después de años de encierro y guerra interna, pero paz con los otros y cielo completo para mí sola, la publicación de *Mal de amores*, al que

---

[1]Restorán es la forma española de la palabra francesa *restaurant*.
[2]Regadera es un mexicanismo para la palabra *ducha (shower)*.

llamo mi último libro y quisiera llamar el más reciente, ha llegado a intensificar mi certidumbre de que los escritores son siempre más inteligentes, más cercanos y nobles por escrito que cuando el público les concede la palabra y los editores les piden que la ejerzan hablando por un lado y otro de cosas tan inexplicables y remotas como de qué se trata su libro. Eso fue, estaba pensando en eso, cuando invoqué a Jane Austen escribe y rescribe en su casa húmeda. Sin que nadie más que su familia alentara su espíritu fiero y su vena crítica, sin que sus contemporáneos apreciaran la ligereza y la gracia de su prosa. Dejé la cabeza con Jane Austen a principios del siglo XIX, sentada mil tardes, rehaciendo un libro al que primero llamó *Elionor and Caroline* y diez años después rebautizó como *Sense and Sensibility*, Jane Austen la hija de un presbítero, soltera, solterona, sin editores ni más público que su madre y su hermana, esperando al tardío siglo XX para ganarse un Oscar. Bendita Jane Austen, hice bien dejándole mi cabeza. Ya pasaré a buscarla cuando empiece otro libro.

Práctica y comunicación

 9-33 ¿Cuántas cosas se le perdieron?
Hagan una lista con las cosas que la escritora perdió durante el día, sin mirar en la lectura si es posible. Comenten la importancia de cada una.

Modelo: *Se le perdió la credencial de electora. Es importante para la mujer porque le permite identificarse cuando va al banco.*

Note: Tell students to complete the exercise with the things they remember without looking in the text. After four minutes, ask them to tell you what they wrote. There are eleven items that she has lost. If students do not have them all ask them to look in the text. In addition, they need to explain why the lost objects are important to the woman.

Answers for 9-34:
1) *Cuando la secretaria…, ella se dio cuenta de que no tenía la cabeza sobre sus hombros.* 2) *Cuando la mujer…, piensa que a veces es una persona que no paga sus impuestos, o que tiene mal físico, o que no tiene personalidad, o que es inmoral.* 3) *Cuando la mujer…, empieza a buscar su cabeza.* 4) *Cuando la mujer…, el señor le dice que es mejor decir que los cheques son "su quincena".* 5) *Cuando le robaron…, compraron un coche.* 6) *Cuando tiene…, pierde todas las cosas.*

9-34 Una cosa trae la otra. En el relato hay una cadena *(chain)* de acciones. Una acción provoca en la escritora el recuerdo de un sentimiento o una acción anterior. Así la protagonista va reconstruyendo su día y el lector puede saber lo que hizo, lo que pensó, lo que recordó y lo que sintió. Busca en el texto estas acciones y luego di cuál es la reacción provocada por cada una de estas acciones.

Modelo: La secretaria llama por teléfono al marido de la señora.

Cuando la secretaria llama por teléfono al marido, la señora contesta el teléfono.

1. La secretaria se disculpa por la molestia de dejar el mensaje con la escritora.
2. La mujer piensa que ella no es siempre escritora.
3. La mujer cuelga el auricular.
4. La mujer llama a los cheques "mi quincena".
5. Le robaron una camioneta a la familia.
6. Tiene una cabeza divagadora.

9-35 **¿Dónde habrá dejado su cabeza?** La mujer extravió su cabeza en uno de estos lugares o situaciones. ¿Cómo descubre la mujer dónde y cuándo perdió la cabeza? Explica según el modelo.

> **Modelo:** el cuarto de su hijo
>
> *No la extravió en el cuarto de su hijo porque detesta que el chico tenga tarea durante las vacaciones. El sentimiento de detestar lo siente en el estómago, no en la cabeza. Ya la había perdido cuando entró en el cuarto.*

1. el cuarto de Cati
2. la tienda de Fonart
3. el restorán japonés
4. a la hora de leer los periódicos
5. en la ducha de la mañana
6. en su cama

9-36 **Para comprender mejor.** Contesten las preguntas de acuerdo a la lectura.

1. ¿A qué hora se dio cuenta que había perdido la cabeza la mujer?
2. ¿Para quién era la llamada telefónica?
3. ¿Qué hace Mateo en su cuarto?
4. ¿De qué habla con Catalina?
5. ¿Por qué no le gusta que las sobrinas estén a dieta cuando la visitan?
6. ¿Para qué necesita la credencial de lectora?
7. ¿De quién era la lupa que perdió?
8. ¿Cuál es el nombre de su último libro?
9. ¿Cuándo pensó en Jane Austen?
10. ¿Cuándo va a pasar a buscar su cabeza?

9-37 **Una cabeza para Jane Austen.** El final del cuento nos explica el por qué del título. Expliquen por qué la autora dice que *dejó la cabeza con Jane Austen.*

Answer for 9-37: *Perdió su cabeza cuando estaba despertándose por la mañana en su cama. En la duermevela empezó a divagar y a pensar en Jane Austen.*

9-38 **Perdí la cabeza.** Perder la cabeza en alguna cosa es algo que nos pasa a todos. Cuéntale a tu compañero/a cuándo fue la última vez que tú perdiste la cabeza y empezaste a divagar. También piensa si hay situaciones donde generalmente pierdes la cabeza o divagas. ¿Cuáles son? Coméntalas con tu compañero/a.

> **Modelo:** • *La última vez que perdí la cabeza fue cuando me enamoré de mi profesor de tenis. No podía pensar en otra cosa por un mes entero.*
>
> • *Me gusta divagar cuando estoy en el parque después de la lluvia y todo es más verde, el aire más limpio, el cielo más azul.*

Poema

Gabriela Mistral (Lucila Godoy Alcayaga 1885–1957)

Gabriela Mistral, poeta chilena, ganó el Premio Nobel de Literatura en 1945. Tuvo varios cargos importantes dentro y fuera de su país. Fue maestra, directora de colegio, profesora universitaria en Chile y en Barnard College. También se desempeñó como cónsul de su país en España, Portugal y Brasil. El amor por los niños y los desvalidos es la característica principal de su obra. Este es un ejemplo de una canción de cuna *(lullaby)*.

 Lectura

Yo no tengo soledad

Es la noche desamparo
de las sierras hasta el mar.
Pero yo, la que te mece,
¡yo no tengo soledad!

Es el cielo desamparo
si la luna cae al mar.
Pero yo, la que te estrecha,
¡yo no tengo soledad!

Es el mundo desamparo
y la carne triste va.
Pero yo, la que te oprime,
¡yo no tengo soledad!

Práctica y comunicación

9-39A. El desamparo. En parejas, describan y expliquen cómo estas tres imágenes simbolizan el desamparo en el poema.

1. la noche
2. el cielo
3. el mundo

B. Ante estas imágenes de desamparo, la poetisa no siente soledad. ¿Por qué? ¿A quién le canta?

9-40 La soledad. Cada persona enfrenta la soledad de una manera diferente. ¿Cómo la enfrentas tú? Cuéntaselo a tu compañero/a o escríbelo en tu diario, contestando las siguientes preguntas personales. Túrnense para hacer las preguntas.

1. ¿Eludes la soledad o gozas de los momentos en que te encuentras solo/a?
2. ¿Qué haces cuando estás solo/a y no tienes ningún plan?
3. ¿Cuál es tu lugar preferido para estar solo/a?
4. ¿Te sientes desamparado/a cuando te encuentras solo/a?
5. ¿Qué asocias tú con la palabra soledad?

9-41 Canción de cuna. Ahora te toca a ti escribir una canción de cuna de cuatro o cinco versos. Recuerda que es para hacer dormir a un niño, por lo tanto debes usar palabras suaves y mucha repetición.

Modelo: *Nana, nana mi niño*
          Nana, nana mi amor
          Nana pedacito
          de mi corazón.

Diario

¿Te has sentido solo/a alguna vez en medio de mucha gente? ¿en una ciudad grande? ¿en medio de la naturaleza? Explica una situación en la que has sentido soledad. Describe tus sentimientos en uno o dos párrafos en tu diario.

Al fin y al cabo

Proyecto: La mujer en el siglo XXI

En esta parte del capítulo vas a hacer una serie de actividades que te permitirá analizar algunos de los problemas a los que se enfrenta la mujer actual.

9-42 ¿Qué les gustaría hacer? Entrevista a dos personas y pregúntales qué harían en las siguientes situaciones. Luego informa a la clase sobre tu entrevista.

    a. si no tuviera que estudiar ni trabajar

    b. si pudiera solucionar sólo un problema de todos los que afectan a la mujer actual

9-43 Circunstancias difíciles. A veces en la vida uno debe aceptar ciertas situaciones. Analicen estas situaciones y digan en qué circunstancias ustedes las aceptarían. Luego informen a la clase.

Modelo: *Aceptaría que me pagaran menos que a alguien que hace el mismo trabajo si necesitara el dinero para mantener a mi familia.*

1. aceptar un pago menor que otra persona por el mismo trabajo
2. dejar de trabajar
3. abandonar los estudios
4. convivir con alguien a quien no quieres
5. ocuparte de tus parientes ancianos

9-44 Instituciones por y para la mujer. Investiga qué instituciones (hispanas) hay en tu comunidad que se ocupan de temas relacionados con las mujeres. Averigua sus fines, sus funciones y sus actividades. Prepara un informe oral para presentarlo en la próxima clase.

Cartelera

Mujeres en movimiento

Muchas mujeres en todas partes de América Latina se preocupan y trabajan por la situación de la mujer. Este es un ejemplo de una de ellas.

"Verónica Rachid y yo (Inés Canale) trabajamos para el Consejo Nacional de la Mujer de Argentina. Nuestro trabajo consistió en hacer un estudio del embarazo en las adolescentes. El trabajo tuvo dos etapas. La primera etapa del proyecto consistió en una investigación sobre el tema del embarazo de adolescentes y las instituciones de apoyo. La segunda etapa fue la creación de un programa de capacitación dirigido a las instituciones comprometidas en la asistencia de embarazadas o madres jóvenes. Los resultados de la investigación pueden encontrarse en esta dirección de Internet: http:www.cnm.gov.ar, bajo el título 'Embarazo precoz y maternidad adolescente'. También serán publicados en un libro."

9-45 Madres jóvenes. Busca más información en Internet, o en tu propia comunidad, sobre el tema del embarazo en adolescentes y prepara un informe para la clase con los datos más interesantes.

Suggestion: You may encourage your students to interview Hispanic women in the community. They should be able to find some Hispanic association in the area. If this is not the case, direct them to a Hispanic site in the Internet. They may be able to interview someone in Spanish in one of the many chat rooms. Here are some addresses.

UNICEF Argentina

• **Datos sobre población.** Incluye información diferenciada por sexo

http://www.unicef.org.ar/ datos/poblacio/cp.htm

Banco Interamericano de Desarrollo

• **Proyectos aprobados por el BID para la Argentina.** Se puede bajar una copia en formato PDF del sumario ejecutivo del Programa Federal de la Mujer

http://www.iadb.org/exr/doc 98/apr/lcargeq.htm

• **Base de datos económicos y sociales del BID.** Esta base de datos de acceso directo incluye información en serie cronológica de varios de los principales indicadores económicos y sociales que utiliza el banco.

http://www.iadb.org/int/sta/ SPANISH/staweb/dbase_esdb _frame.htm

UNESCO

• **Base de datos.** Fuente de datos estadísticos clasificados por sexo a nivel mundial. En la actualidad se ofrece información sobre educación. Se anuncia la incorporación de apartados sobre sociedad y sobre cultura.

http://unescostat.unesco.org/ database/DBframe.htm

9-46 Embarazo de las adolescentes. Uno de los problemas más graves de la actualidad es el embarazo de las adolescentes. Imaginen que una amiga de 14 a 16 años les cuenta que está embarazada. Piensen en el futuro de esta chica y luego digan qué consejos le darían.

Cuál será su futuro	Qué le dirían

9-47 Prevención para el problema de las adolescentes. Según el Consejo Nacional de la Mujer de Argentina, los planes de prevención para el embarazo de las adolescentes funcionarían mejor si se cumplieran los siguientes pasos. Elijan uno de los pasos y sugieran cinco maneras de implementarlo. Luego informen a la clase.

Modelo: Paso 1: La prevención funcionaría mejor si los especialistas fueran a la comunidad y no esperaran a que los jóvenes vinieran a hablar con ellos.

Modo de implementarlo:

Para esto haríamos una campaña en la ciudad y entregaríamos condones y panfletos de información sobre el control de la natalidad…

La prevención funcionaría mejor si los especialistas…

1. visitaran las instituciones que convocan jóvenes, tales como escuelas, clubes, grupos comunitarios, etc.

2. fueran a las instituciones que agrupan a las familias.

3. dieran información que se relacionara con la experiencia personal de los jóvenes (relación con sus padres, con sus amigos, etc.).

4. les explicaran a las jóvenes lo que significa tener un hijo y la diferencia entre tener un bebé y criar un hijo.

Cartelera

Mayor participación de las mujeres en la economía mundial

Las mujeres son cada vez más numerosas en el mercado laboral en casi todo el mundo, hasta el punto de que la Oficina Internacional del Trabajo (OIT) habla de un "verdadero fenómeno de feminización de la mano de obra y del empleo a escala mundial". La tasa de participación directa de las mujeres en el mercado laboral va en constante aumento desde hace veinte años y, hoy en día, un 45% de las mujeres con edades comprendidas entre los 15 y los 64 años están empleadas o buscan empleo. En América Latina la participación de las mujeres en el mercado laboral es menor que en los demás continentes, presentando una media del orden del 30% entre las mujeres con edades comprendidas entre los 15 y los 64 años. Sin embargo, esta media tiende a aumentar hasta alcanzar, en algunos países y grupos de edad, la tasa de participación de los hombres.

A escribir

Contar un cuento y escribir un informe

When we retell the sequence of events that form a story we are narrating an event. The purpose of the narration is to inform and entertain. In the first case, we want to make sure that the reader clearly understands what happens and why it happens. In the second case, we want to present the events in a captivating way to hold the readers attention. To accomplish this, adding details is very important. Usually the story relates past events so the use of the preterite and the imperfect is called for. However, we can also tell a story in the present. To help you organize your story in a chronological way, use the following transition words:

para empezar / primero / al principio	*to begin with / first / at the beginning*
luego / más tarde	*then / later*
al (día, mes, año) siguiente	*the next (day, month, year)*
enseguida	*immediately*
tan pronto como	*as soon as*
antes / antes de eso	*before / before that*
después	*after*
finalmente / por último / al final / por fin	*finally / lastly / in the end / finally*

Práctica y comunicación

9–48 ¿Quiénes son? Uds. tienen que escribir un informe para conseguir dinero para trabajar con las mujeres en África o en Perú. Escojan uno de los temas y lean la información en la Cartelera de la página 276.

   a. Un día en la vida de una mujer africana

   b. Las condiciones de vida de una campesina peruana

Note for 9-48: You may need to explain *campesina = persona que vive en zonas rurales, no en la ciudad.*

9–49 El día de una mujer campesina. Para prepararse para su informe, hagan una lista de ideas que describa la situación de la mujer que escogieron. Usen la información de la Cartelera y los puntos a continuación como guía. Léanle su lista al resto de la clase y sus compañeros van a darles más sugerencias.

   1. el trabajo de la mujer

   2. oportunidades/compensación económica

   3. oportunidades educativas

   4. el papel de la mujer en la sociedad rural

   5. la salud

Note for 9-49: Give students ten minutes to come up with a list of ideas to incorporate in their report.

Cartelera

Un día en la vida de una mujer africana.

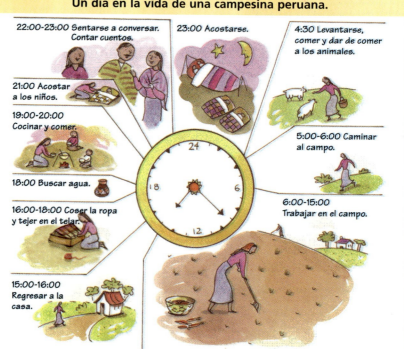

20:30-21:30
Lavar la ropa y bañar a los niños.

21:30
Acostarse.

4:45
Levantarse, lavarse y comer.

18:30-20:30
Cocinar y comer.

17:30-18:30
Ir por agua.

5:00-5:30
Caminar hacia los campos.

16:00-17:00
Moler y cocinar maíz.

15:00-16:00
Recoger leña y volver a casa.

5:30-15:00
Trabajar en el campo.

Un día en la vida de una campesina peruana.

22:00-23:00 Sentarse a conversar. Contar cuentos.

23:00 Acostarse.

4:30 Levantarse, comer y dar de comer a los animales.

21:00 Acostar a los niños.

19:00-20:00 Cocinar y comer.

18:00 Buscar agua.

5:00-6:00 Caminar al campo.

16:00-18:00 Coser la ropa y tejer en el telar.

6:00-15:00 Trabajar en el campo.

15:00-16:00 Regresar a la casa.

Boletín

Background information for the Cartelera on Peru:

Educación: Por cada 100 mujeres, hay 19 que han alcanzado un nivel superior de instrucción y 18 que no saben leer ni escribir, son analfabetas. En las áreas rurales el analfabetismo alcanza al 43 por ciento de las mujeres. La proporción de mujeres analfabetas es de 7 de cada 10 analfabetos.
Salud: *Perú tiene la tasa de mortalidad materna más alta de América Latina.*

9–50 **¿Qué organización nos ayudará?** Decidan para quién es el informe. Luego hagan una lista de las características del grupo al que se lo van a presentar. Comparen su lista con las de otros grupos para ver si tienen más sugerencias.

1. una organización de mujeres de negocios en su ciudad

2. miembros de una iglesia interesados en los problemas de los países en vías de desarrollo

3. agrupación de mujeres de la universidad

4. otros que Uds. sugieran _____

9–51 **El informe.** Ahora que sabes cómo es la gente que va a leer tu informe, selecciona las ideas del ejercicio 9-49 que podrías usar para representar fielmente la condición de vida de estas mujeres. Haz un bosquejo de tu informe y compártelo con tu compañero/a. Luego escribe el informe basado en el bosquejo y en la lista de ideas, pensando para quién lo estás escribiendo.

Suggestion: Assign the composition at least four or five days before it is due. Tell students to write the composition and then let it sit without reading or correcting the paper for two days. After two days, they can read it again and ask themselves the following questions: a) Are these the ideas I want to include? b) Are the ideas presented in an order which helps convince the audience? c) Grammar: Are the verb forms correct? Is there agreement between adjectives and nouns? Did I use *ser* and *estar* correctly?, etc.

Vocabulario

Los sentimientos y las relaciones amorosas

el/la amante	*lover*	**abrazar**	*to embrace*
la caricia	*caress, petting*	**acariciar**	*to pet, caress*
el cariño	*fondness, love*	**alentar (ie)**	*to encourage*
el/la cónyuge	*spouse*	**amar**	*to love*
la ternura	*tenderness*	**compartir**	*to share*

Sustantivos

el acercamiento	*rapprochement*	**el equilibrio**	*balance*
el afán	*eagerness*	**el gesto**	*gesture*
el alma (fem.)	*soul*	**la jubilación**	*retirement*
la amargura	*bitterness*	**el lado**	*side*
el ámbito	*scope*	**la lágrima**	*tear*
la barrera	*barrier*	**los lazos familiares**	*family ties*
la claridad	*clarity*	**la mezcla**	*mixture*
la confianza	*confidence, trust*	**los prejuicios sociales**	*social prejudices*
la conciencia	*awareness*	**la sencillez**	*simplicity*
el crecimiento	*growth*	**las tareas domésticas**	*domestic chores*
la crianza de los niños	*child rearing*	**el valle**	*valley*
la culpa	*guilt*		

Verbos

acercarse	*to draw near*	**estrechar**	*to tighten, press*
conceder	*to grant, give*	**facilitar**	*to facilitate*
convivir	*to live together*	**mencionar**	*to mention*
criar	*to raise (a child, an animal)*	**nutrir**	*to nurture*
dedicar (un libro)	*to autograph (a book)*	**ocuparse de**	*to be in charge of*
derramar	*to shed*	**pasar por**	*to go by*
desafiar	*to challenge*	**platicar**	*to talk*
desarrollar	*to develop*	**relacionarse con**	*to relate to*
dominar	*to dominate*	**sostener**	*to hold on to*

Adjetivos

abnegada/o	*self-denying*	**íntimo/a**	*intimate*
alentador/a	*encouraging*	**junto/a**	*together*
compasivo/a	*compassionate*	**pujante**	*driven*
comprensivo/a	*understanding*	**receptor/a**	*receiving*
gratificante	*gratifying*	**sumiso/a**	*submissive*
imponente	*imposing*	**sustentador/a**	*sustaining, life-giving*

Adverbios

netamente	*clearly, distinctly*	**ya**	*already*
puramente	*purely*		

Expresiones útiles

dar un paso	*to take a step*	**en torno a**	*around*
darse cuenta	*to realize*	**hacer falta**	*to be lacking*
de entre todo/a	*among everything*	**realizar**	*to fulfill, carry out*

Note: The vocabulary in **Manos a la obra** on p. 263 is also considered active vocabulary.

10

Capítulo diez

La globalización y la tecnología

Suggestion: Introduce the chapter with a discussion on the changes that have occurred during the twentieth century. Ask students to look at the map and read the caption.

"La incógnita de la vida humana no se resuelve nunca, pero el hombre de ciencia, aunque sepa esto, marcha siempre hacia adelante."

—Pío Baroja

Foto desde el espacio: Las luces que iluminan el planeta durante la noche nos dan mucha información. Las amarillas corresponden a las ciudades, las rojas señalan los pozos petrolíferos (oil wells) y las púrpuras muestran los lugares donde hay incendios (fire) de bosques tropicales.

Tema cultural:

La economía en América Latina y la tecnología

Objetivos comunicativos:

Talking about the global economy and technology

Making conjectures

Making telephone calls

Talking about telecommunications

Expressing outstanding qualities

Talking about people and things

Discussing past actions affecting the present

Talking about actions completed before other past actions

Linking ideas

Comparing and contrasting

Warm-up: Here are some questions to get the discussion started: *¿Cuáles son los lugares más densamente poblados? ¿Dónde hay pozos petrolíferos? ¿Por qué son importantes para la sociedad en que vivimos? ¿Cómo hubiera sido este mapa hace un siglo? ¿Qué problema presenta la deforestación?*, etc.

En marcha

Vocabulario en contexto: Los retos de la globalización

El mercado de la bolsa en la Ciudad de México.

La década de los ochenta es conocida en América Latina como la "década perdida". Durante estos años los gobiernos de la región tuvieron que adoptar una serie de reajustes económicos para facilitar el pago de las altas **tasas de interés** de su **deuda externa** que **cobraba** la Banca Internacional. Esto hizo que no se pudieran poner a **funcionar** políticas sociales para aliviar la **pobreza** de sus habitantes. Dichas medidas implicaron una **reducción** de los **salarios mínimos** de millones de personas, que se vieron **afectadas** por las **alzas** en el **costo de vida** y por la **recesión** económica. En general, hubo un **aumento** en los índices de **subdesarrollo**, **impredecible** años atrás. Según **datos** proporcionados por la CEPAL,[1] la pobreza en la región aumentó de un 41 a un 46 **por ciento**.

A partir de la década de los noventa, América Latina inicia un nuevo proceso de **desarrollo** económico para salir de su **atraso** y evitar la **bancarrota**. Los gobiernos latinoamericanos deciden acabar con el excesivo **proteccionismo** que los caracterizaba e **integrar su economía** a la **aldea global**. Con este fin, ofrecieron a la comunidad internacional su **mano de obra barata** y **rebajas** en las **tarifas** de importaciones. Así abrieron sus **mercados** a la **competencia** internacional e invitaron al capital extranjero a **invertir** y crear **sucursales** en la región. Muchas industrias estatales, especialmente en el **mundo de la informática** y las comunicaciones, fueron vendidas a precios de **descuento** y con las **ganancias** de las **ventas** se **disminuyó** la deuda externa, lo que evitó **pedir nuevos préstamos** a la Banca Internacional. Paralelamente se impulsó la creación de **bloques económicos** de gran **tamaño**, como NAFTA y MERCOSUR. Estos han resultado muy **beneficiosos** para los países miembros.

Sin embargo, la integración a la economía internacional trae **pérdidas** a los sectores más pobres de la población. Actualmente existe una disminución del **presupuesto** para gastos sociales, como educación y salud, una **privatización** de servicios públicos y altos índices de **desempleo**. Latinoamérica todavía necesita **planificar** políticas económicas y sociales que hagan llegar el **crecimiento económico** a todos los sectores, especialmente a aquellos que viven de los **recursos minerales y agrícolas**. De no lograr esto, se puede **prever** que los noventa serán vistos como otra década perdida para América Latina.

[1] Comisión Económica de las Naciones Unidas para América Latina y el Caribe

Warm-up: Ask students what globalization means to them. Is there a down side to it? What are its advantages? Ask them if they have heard of MERCOSUR.

Note: In this chapter the words *computadora* and *ordenador* are used interchangeably; the same with *la red* and *Internet*.

Note: Explain that MERCOSUR is an economic treaty between Argentina, Brazil, Uruguay, and Paraguay.

Check comprehension: *¿Cuáles eran los problemas económicos en la época de los ochenta que América Latina tenía con la Banca Internacional? ¿Qué causó más pobreza? ¿Cuánto aumentó la pobreza en esos años? ¿Qué cambios hubo en la década de los noventa en cuanto a la economía? ¿Qué ofrecieron estos cambios a la comunidad internacional? ¿Qué pasó con muchas industrias estatales? ¿Qué hicieron con el dinero? ¿Cuáles son los problemas de la integración de la economía? ¿Qué política económica se necesita planificar?*

Suggestion: Review these words and phrases by asking students: *¿Qué acuerdos entre países conocen Uds.? ¿Para qué sirven las barreras de exportación? Nombren algunos adelantos tecnológicos de los últimos cincuenta años. ¿Tiene alguno/a de Uds. una cuenta corriente? ¿Una cuenta de ahorros? ¿Pagan su matrícula de una vez o a plazos?*

Palabras conocidas

La economía y la tecnología

Repasa estas palabras que deben ser parte de tu vocabulario básico.

La economía	Cognados	
los acuerdos entre países	automático/a	la inflación
los adelantos tecnológicos	la automatización	la infraestructura
las barreras de exportación	avanzar	el microprocesador
cobrar un cheque	el bloque económico	la privatización
la cuenta corriente	el circuito electrónico	el/la programador/a
la cuenta de ahorros	el comercio de	el satélite
pagar a plazos	exportación/importación	las telecomunicaciones
pagar interés	la computadora	
el pago inicial/mensual	el disquete	
la recesión económica	la electrónica	

Expresiones útiles

pero	*but (however)*	
sino	*but (rather)*	*(followed by a word or phrase)*
sino que	*but (rather)*	*(followed by a conjugated verb)*

Note: Both **sino** and **sino que** are used after a negative clause.

La mano de obra barata baja los precios **pero** no mejora la situación de los trabajadores.

Cheap labor lowers prices but does not improve the situation of the workers.

La globalización de la economía **no** creó riqueza para todos, **sino** pobreza para muchos.

The economic globalization did not create wealth for everyone but rather poverty for many.

La privatización de las empresas **no** crea trabajos **sino que** causa más desempleo.

The privatization of businesses does not create jobs but rather it causes more unemployment.

Práctica y comunicación

10-1 A. ¿Qué son? Escoge cuatro de las siguientes palabras y escribe tu propia definición para cada una en español.

> cobrar   mano de obra   dato   sucursal
>
> bancarrota   deuda externa   ganancia   descuento

1. _____
2. _____
3. _____
4. _____

B. Ahora léele a tu compañero/a la definición sin decir la palabra y él/ella debe adivinar qué palabra es.

10-2 Lo bueno y lo malo. Haz una lista de las ventajas y las desventajas que tiene América Latina al pertenecer a la aldea global. Usa algunas de las siguientes palabras como ayuda.

> invertir   préstamo   disminuir   desempleo   privatización   competencia
>
> crecimiento económico   pobreza   presupuesto   planificar   atraso

Ventajas	Desventajas

10-3 Para analizar. En parejas, contesten las siguientes preguntas. Expresen sus puntos de vista con claridad y den ejemplos concretos cuando sea posible.

1. ¿Qué aspectos de sus vidas muestran que viven en una aldea global?

2. Enumeren algunos objetos que son típicos de la aldea global. Expliquen por qué son globales.

3. ¿Qué ventajas y desventajas tiene para Estados Unidos la globalización?

4. ¿Se debería formar un bloque económico que una (*join*) a toda América? ¿Por qué sí o por qué no?

5. ¿Qué ventajas y desventajas tiene la globalización para América Latina?

6. ¿Cuáles son los medios más importantes que hacen posible la globalización?

10-4 Panel. Imaginen que ustedes son un grupo de expertos que están discutiendo sobre la necesidad de mantener la globalización en este nuevo milenio. Cada uno de ustedes hará el papel de una de las siguientes personas y tendrán una discusión entre todos. Preparen argumentos convincentes y claros para presentar al panel.

Asistentes al panel:

- el/la dueño/a de una empresa multinacional

- un/a obrero/a de un país en vías de desarrollo (*developing country*)

- el/la director/a del Banco Mundial

- el/la presidente/a de un país con una economía débil, una deuda externa muy alta y altos índices de desempleo

- un/a ejecutivo/a de una compañía de informática

- el representante de una organización de campesinos que sufren por la competición de la mano de obra barata

10-5 Para saber más. Investiga en Internet sobre uno de los grandes bloques económicos del mundo actual y haz un resumen de la información que encuentres para presentar a la clase. Piensa en las ventajas y las desventajas que estos bloques dan a los países miembros.

1. La Unión Europea

2. Mercosur

3. NAFTA

4. Tratados del Pacífico

5. Otros

Cartelera

Aprende español en la red: Centro Virtual Cervantes

El portal de la cultura hispánica en Internet

El Centro Virtual Cervantes ofrece cursos de español a distancia. También se encuentran páginas de interés cultural, materiales para aprender español, buscadores especializados, foros de debate, bases de datos y mucho más.

Centro Virtual Cervantes (CVC)

10-6 El CVC. Visita la página web (www.cervantes.es) del Centro Virtual Cervantes y luego informa a la clase de lo más interesante de tu visita. ¿Encontraste otras direcciones de Internet útiles?

 ¡Sin duda!

ser tarde – llegar tarde – tardar

The words **ser tarde, llegar tarde,** and **tardar** can be translated as *to be late* in English in the following context.

Palabra		Ejemplo
ser tarde	*to be late*	¡Uy!, son las once de la noche, **es tarde** para mandar el fax. *Wow! It's eleven P.M.; it's late to send the fax.*
llegar tarde	*to arrive late*	Tu mensaje **llegó tarde** y no pude leerlo a tiempo. *Your message arrived late and I couldn't read it on time.*
tardar	*to take a lot of time*	Tú **tardas** mucho en contestar los mensajes. *You take a long time to answer messages.*

Siempre llego tarde.

10-7 Tarde. Menciona tres situaciones a las que se puede llegar tarde y tres a las que no se puede, de ningún modo, llegar tarde en el ámbito profesional. Luego compara tu lista con la de otro/a estudiante de la clase.

Modelo: *No se puede llegar tarde a tomar un avión.*

Así se dice

Partes de una conversación telefónica

El mundo de la telecomunicación ha cambiado mucho en las últimas décadas. Éstas son algunas de las frases necesarias para hacer llamadas.

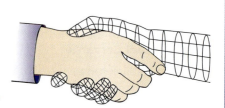

código de área (A.L.)	*area code*
prefijo (España)	*area code*
contestador automático	*answering machine*
llamadas de cobro/cargo revertido	*collect calls*
llamadas por cobrar	*collect calls*
llamadas sin recargos	*800 calls*
marcar el número	*dial the number*
teléfono celular (A.L.)	*cellular phone*
teléfono móvil (España)	*cellular phone*

Expresiones para iniciar la conversación por teléfono

Con…, por favor.	*With…, please.*
Quisiera hablar con…	*I'd like to speak to…*
¿El / La Sr. / a…, por favor?	*Mr. / Mrs.…, please?*
¿Está…, por favor?	*Is…there, please?*
¿Podría hablar con…?	*Could I talk to…?*
¿Podría ponerme / darme con la extensión…?	*Could you connect me with extension…?*
¿Puedo hablar con…?	*May I speak with…?*

Note: Tell them *colgar = to hang up.*

Expresiones para intercambiar información

El / La Sr. / a… no se encuentra aquí en este momento.	*Mr. / Mrs.… is not here right now.*
En un momento se pone.	*In just a moment.*
Llame más tarde.	*Call later.*
No cuelgue.	*Don't hang up.*
No, ahora no está.	*No, he / she isn't here now.*
¿Podría decirle que…?	*Could you tell him / her…?*
Un momento, por favor.	*One moment, please.*
Ya le pongo con él / ella.	*I'm connecting you with him / her.*
¿A qué número llama?	*What number did you dial?*
¿De parte de quién?	*Who's calling?*
¿Le puede dar usted un recado a…?	*Could you give a message to…?*
¿Podría dejarle un recado?	*Could you leave a message for…?*
¿Puede usted llamar más tarde?	*Can you call later?*
¿Quiere dejarle algún recado / mensaje?	*Do you want to leave him / her a message?*

Note: The word *recado* is preferred in Spain and *mensaje* in Latin America. However, both of them can be understood in either place.

Expresiones para despedirse

Agradezco el interés que se ha tomado.	*I thank you for your interest.*
Gracias por la información.	*Thanks for the information.*
Llamaré en otro momento.	*I'll call some other time.*
Muchas gracias y buenos días.	*Thanks and good morning.*
Ya le volveré a llamar.	*I will call him / her again.*
¡Que pase un buen día!	*Have a good day!*

Cartelera

Móvil universal

Con un pequeño teléfono móvil ahora podemos comunicarnos con cualquiera desde cualquier punto del planeta. Una red de más de cincuenta satélites permite, por ejemplo, que se puedan hacer llamadas desde el medio del océano a la Patagonia argentina, simplemente marcando un número.

Práctica y comunicación

10-8 Telediario. En parejas, representen tres llamadas telefónicas de acuerdo a los papeles indicados. Alternen los roles y luego presenten sus llamadas a la clase.

REPORTERO/A: Tú eres reportero/a en Telediario, un programa de noticias de televisión que sirve a la comunidad hispana en Miami. Quieres entrevistar a algunos/as ejecutivos/as del área para tu próximo artículo sobre el uso de los teléfonos celulares. Llama por teléfono para concertar una entrevista con tres ejecutivos/as.

SECRETARIO/A: Tú eres el/la secretario/a de tres ejecutivos/as. En este momento los tres están de viaje de negocios. Contesta las llamadas que recibas.

10-9 El teléfono celular. Lean la información del aviso Movilcell. Luego representen los papeles siguientes:

CLIENTE: Tú quieres información sobre teléfonos celulares y llamas a la empresa Movilcell. Usando frases corteses, pídeles que te manden la información que tengan.

AGENTE DE VENTA: Tú quieres vender muchos teléfonos porque trabajas a comisión. Explícale al cliente las ventajas de tener un CONVOY 465VI.

Boletín

Desde casi todos los países de Latinoamérica y desde España puedes usar las tarjetas de teléfono internacional que emiten las compañías telefónicas en los Estados Unidos. Asegúrate de llevar contigo el número de acceso a tu compañía telefónica cuando viajes.

MOVILCELL

Su mejor teléfono celular

ESCUCHARÁ MEJOR Y SIN INTERFERENCIAS CON EL
N U E V O
CONVOY **465vi**

SE LO ACTIVAMOS GRATIS. COSTO DEL TELÉFONO: $39

ADEMÁS EL CARGO MENSUAL RESULTA GRATIS DENTRO DEL PLAN FAMILIAR

El CONVOY 465VI tiene la nueva tecnología de voz digital que logra una señal perfecta cada vez que usted lo utiliza. Visite una de nuestras tiendas **Movilcell** en su localidad para más información.

Práctica y comunicación

10-10 ¿Quiénes tienen estas habilidades? Tu compañero/a quiere saber a quién conoces tú que pueda hacer estas cosas y cómo las hace esa persona. Usa las palabras en paréntesis como guía.

Modelo: E1: ¿Quién es la persona indicada para programar la computadora? (hábil)

E2: *Mi hermano es el más hábil de todos para programar la computadora.*

¿Quién es la persona indicada para…

1. …resolver problemas electrónicos? (hábil)
2. …programar el teléfono? (bueno)
3. …programar la máquina de fax? (malo)
4. …manejar los juegos de videos? (rápido)
5. …manejar la computadora? (lento)
6. ….navegar en Internet? (práctico)

10-11 Direcciones de Internet. Busca en Internet tres páginas en español, con información sobre hispanos, y compáralas de acuerdo a estas categorías. Si puedes imprimir una página, tráela a clase como ejemplo y explica brevemente lo que ofrece.

1. la más / menos interesante
2. la mejor / peor
3. la que tiene más / menos información
4. la más / menos fácil de leer
5. las mejores / peores ilustraciones
6. la mejor / peor presentación

10-12 **El nuevo trabajo.** Elisa acaba de conseguir un trabajo muy bueno. En parejas, completen el diálogo usando el superlativo absoluto.

Modelo: E1: ¿Cómo estás? (contento)

E2: *Estoy contentísima.*

1. ¿Por qué estas contentísima? (trabajo - bueno)

2. ¿Dónde es el trabajo? (compañía - nuevo)

3. ¿Qué hace la compañía? (computadoras - pequeño)

4. ¿Son prácticas estas computadoras tan pequeñas? (práctico)

5. ¿Son caras o baratas las computadoras? (barato)

6. ¿Tiene sucursales en otros países la compañía? (mucho)

7. ¿Tienes muchos jefes? (poco)

8. ¿Te gusta el mundo de la informática? (mucho)

10-13 **¡Buenísimo!** Reacciona ante las situaciones que te plantea tu compañero/a diciendo si te parecen bien o mal las siguientes actividades. Usa el superlativo absoluto en la respuesta. Luego explícale a la clase si estás de acuerdo o no con lo que opina tu compañero/a. Alternen los roles.

Modelo: E1: ¿Qué te parece poder comprar productos por Internet?

E2: *Me parece bien porque es rapidísimo.*

E1: *Sí, es verdad que es rapidísimo, pero no me gusta porque no puedo ver el producto que compro ni compararlo con otros productos.*

¿Qué te parece poder…

1. …leer el periódico en Internet?

2. …buscar pareja por Internet?

3. …mirar el correo electrónico durante las vacaciones?

4. …trabajar en una oficina virtual?

5. …buscar trabajo por Internet?

6. …trabajar para una empresa global?

7. …llevar un teléfono móvil durante las vacaciones?

8. …encontrar los mismos productos en todo el mundo?

Referencia gramatical 2

Talking about people and things: Uses of the indefinite article

Before doing the following activities review this structure in the **Cabos sueltos** section, p. 436.

Práctica y comunicación

10-14 ¿Adivinas? Un/a estudiante piensa en un producto, empresa, objeto o persona que represente la globalización y los otros miembros del grupo tienen que hacer preguntas, una cada uno, hasta adivinar de qué/quién se trata. Las respuestas sólo pueden ser **sí**, **no** o **no sé**.

Modelo: E1: (Piensa en Bill Gates.)

E2: *¿Es un producto?*

E1: *No.*

E3: *¿Es una empresa?, etc.*

E1: *No.*

E2: *¿Es una persona?*

E1: *Sí.*

Note for 10-15: This game works best if it is done on the blackboard. Divide the class in groups of four. Assign each group a part on the board and give them five minutes to do the task. They have to write down sentences with words that are related to technology and globalization using the indefinite article in the sentences. If they need help, refer them to the section **Vocabulario en contexto.** The group that has the most words in correct sentences is the winner. Stop the writing after five minutes and check the answers.

10-15 A ganar. Ustedes tienen cinco minutos para escribir el mayor número posible de oraciones completas en español usando el vocabulario relacionado con la tecnología y la globalización. Deben usar por lo menos un artículo indefinido en cada oración. El grupo que en cinco minutos haya escrito más palabras en oraciones correctas es el ganador.

Modelo: *Internet es un medio que nos permite comunicarnos más fácil y rápidamente.*

Conexiones

Discussing past actions affecting the present: Present perfect tense

The present perfect tense is used to describe an action that happened in the recent past. The action may be completed in the past or still continuing in the present.

El desarrollo de Internet **ha revolucionado** las comunicaciones.

The development of the Internet has revolutionized communications.

Note: In Spain the present perfect is used instead of the preterite when there is a temporal marker related to the present: **este año, esta mañana, hoy, esta semana,** etc. In Latin America, the preterite is preferred when talking about completed events in the past.

España: Nosotros **hemos sacado** un crédito bancario este año.

América Latina: Nosotros **sacamos** un crédito bancario este año.

The present perfect is formed with the present tense of **haber** and the *past participle.*

Present Perfect		
Haber		**Past Participle**
he		
has		**comprado**
ha	+	**vendido**
hemos		**salido**
habéis		
han		
hay	=	**ha habido**

1. **Regular past participles**

   The regular past participle is formed by dropping the **-ar**, **-er**, or **-ir** ending of the infinitive and adding **-ado** or **-ido** to the verb stem.

-ar	→	**ado:**	trabajar	→	trabaj-	→	trabajado
-er/-ir	→	**-ido:**	comprender	→	comprend-	→	comprendido
			compartir	→	compart-	→	compartido

   Note: Some **-er** and **-ir** verbs add an accent mark on the **-i** in the past participle. These are the verbs that end in **-uir** and verbs that have two vowels together in the infinitive form such as **leer.**

leer	→	le**ído**		huir	→	hu**ído**
creer	→	cre**ído**		construir	→	constru**ído**
traer	→	tra**ído**		distribuir	→	distribu**ído**
oír	→	o**ído**				

2. **Irregular past participles**

There are some verbs that have irregular past participle forms.

abrir	→	abierto	morir	→	muerto
cubrir	→	cubierto	poner	→	puesto
decir	→	dicho	resolver	→	resuelto
escribir	→	escrito	romper	→	roto
hacer	→	hecho	ver	→	visto
imprimir	→	impreso	volver	→	vuelto

Note: A compound verb formed with any of the above verbs shows the same irregularities: **describir → descrito, descomponer → descompuesto**

Ya *(already, yet),* and **todavía,** and **aún** *(still, yet)* are words frequently used with this tense. **Todavía** and **aún** are interchangeable.

Ya han descubierto el teléfono con imagen, pero **todavía no ha llegado** al mercado.
They've already invented the video phone, but it hasn't yet arrived in the market.

¿Todavía no han arreglado mi computadora?
Haven't they fixed my computer yet?

Aún no tengo la respuesta.
I still don't have the answer.

Muy positiva 2%
Más bien positiva 17%
Más bien negativa 34%
No sé/No quiero opinar 16%
Muy negativa 31%

¿Qué opinan los españoles de la clonación humana?

Práctica y comunicación

Note for 10-16: Tell students to move around the classroom asking different questions to as many students as they can. After 8–10 minutes, call for reports. You may suggest that they write down the name of the student and the word **sí** or **no** in each cell of the chart.

10- 16 ¿Ya lo has hecho o todavía no? Entrevista a varios estudiantes de la clase hasta averiguar quiénes ya han hecho y quiénes todavía no han hecho las siguientes cosas. Luego informa a la clase de tus resultados.

Modelo: E1: *¿Ya has diseñado una página web?*
E2: *No, todavía no lo he hecho.* o
Sí, ya lo he hecho.

mandar un mensaje electrónico	buscar trabajo en Internet	comprar los alimentos por computadora
grabar tus propios CDs	conocer gente en Internet	conducir un coche eléctrico
utilizar un teléfono móvil	participar en discusiones por la red	inventar algo
anotar todo en una agenda electrónica	trabajar en una oficina virtual	navegar por Internet usando el televisor

10-17 La tecnología en la vida diaria. Haz una lista de todo lo que has hecho desde esta mañana. Luego marca las actividades de la lista que utilicen nuevas tecnologías. Finalmente entrevista a otro/a estudiante para saber si ha hecho lo mismo.

Modelo: *He mirado mi correo electrónico.*
He escrito mensajes.
He hablado por mi teléfono móvil.
He visto una película en DVD.
He navegado por Internet.

10-18 En estos últimos años. En parejas, hagan una lista de las cosas más importantes que han ocurrido en los últimos años en el ámbito tecnológico. Luego comparen su lista con las de otros estudiantes en la clase.

Modelo: *En estos últimos años se han clonado células humanas.*

Talking about actions completed before other past actions: Pluperfect tense

The pluperfect tense is used to describe an event that took place before another past event.

Yo ya **había mandado** el fax cuando recibí su mensaje por correo electrónico.   *I had already sent the fax when I received his e-mail message.*

The pluperfect tense is formed with the imperfect form of **haber** and the *past participle*.

	Pluperfect	
Haber		**Past Participle**
había		
habías		**llamado**
había	+	**leído**
habíamos		**escrito**
habíais		
habían		
hay	=	**había habido**

Práctica y comunicación

10-19 **Cada vez más rápido.** Formula preguntas en base a los datos siguientes para saber cuánto tiempo ha pasado entre: a) un invento y su uso masivo y b) entre un invento y otro. Luego hazle las preguntas a otro/a estudiante de la clase.

CADA VEZ MÁS RÁPIDO

En esta tabla representamos los años transcurridos desde la aparición de un invento hasta que es utilizado por la cuarta parte de la población de los países desarrollados.

Invento	Fecha	Años para su uso masivo
Electricidad	1873	46
Teléfono	1876	35
Automóvil	1886	55
Radio	1906	22
Televisión	1926	26
Microondas	1953	30
PC	1975	16
Teléfono móvil	1983	13
Internet	1991	7

Modelo: a) *¿Cuánto tiempo había pasado entre el invento del teléfono y su uso masivo?*
¿Cuál de estos inventos ha tardado más en usarse masivamente?
¿Cuál es el que menos ha tardado?
¿En el año 1960 ya se había inventado el microondas?

b) *¿Cuánto tiempo había pasado entre el invento del PC y de Internet?*

10-20 **¿Antes de ir a la universidad?** Pregúntale a otro/a estudiante si había hecho las cosas descritas en la actividad 10-16 antes de ir a la universidad. Luego compara tus respuestas con las suyas.

Modelo: *¿Habías diseñado una página web antes de ir a la universidad?*

Note for 10-21: Divide the class in groups and tell them that they have five minutes to do as many combinations as they can. Then check the answers.

10-21 **El siglo veinte.** En parejas, lean la lista en la página 295 sobre los eventos ocurridos durante el siglo XX. Formen frases que combinen dos elementos para determinar un orden cronológico. Utilicen las expresiones **antes de** y **ya** en sus frases.

Modelo: ***Antes de*** *caminar por la luna, el hombre* ***ya*** *había encontrado los fósiles del Tyrannosaurus rex.*

1901: Marconi realiza la primera transmisión radial.

1903: Los hermanos Wright vuelan por primera vez.

1911: Seis hombres llegan al Polo Sur.

1931: Shoenberg produce un sistema de transmisión de imágenes, la televisión.

1953: Watson y Crick descubren la estructura del ADN.

1954: Se sabe que el hombre tiene su información genética en 46 cromosomas.

1961: Prueban que el cáncer se debe a mutaciones del ADN.

1964: Se lanzan los primeros satélites para la telecomunicación y la televisión.

1969: El hombre camina por la luna.

1974: Inventan la tarjeta con memoria.

1979: Nace el primer sistema de telefonía celular.

1987: Se descubre el agujero en la capa de ozono.

Linking ideas: Relative pronouns

In order to make your speech more fluent in Spanish, you need to learn to connect simple sentences. The relative pronouns will help you do this. Look at these sentences.

Choppy Speech	**Fluent Speech**
Ana arregló la computadora. La computadora estaba descompuesta.	Ana arregló la computadora **que** estaba descompuesta.
Ana fixed the computer. The computer was out of order.	*Ana fixed the computer that was out of order.*

Que is the relative pronoun that joins these two sentences together. It replaces the word **computadora** which was already mentioned in the first sentence. This word that the relative pronoun refers to is called the *antecedent*.

The most common relative pronouns in Spanish are **que, quien, lo que, lo cual, el/la/los/las cual/es, el/la/los/las que.**

1. **Que** and **quien**

    These relative pronouns are commonly used in everyday speech.

Que (that, which, who, whom)	**Quien** (who, whom)
Used to refer to people and things.	Used to refer to people when it is between commas.
Used after prepositions for things (**a, con, de** o **en**)	Used after prepositions for people.
Cannot be omitted as it is in English.	May be used at the beginning of a sentence meaning *he/she who...*

Ana es **la persona que** sabe mucho de computadoras en esta oficina. *(who—person)*	*Ana is the person who knows a lot about computers in this office.*
La computadora que estaba rota funciona bien ahora. *(that/which—thing)*	*The computer that was broken works well now.*
Ésta es la máquina **con que** hago mis investigaciones. *(with which)*	*This is the machine with which I do my research.*
Este joven, **quien** sólo tiene catorce años, sabe escribir programas para la computadora.	*This young man, who's only fourteen, knows how to write computer programs.*
El contador **de quien** te hablé, hizo un buen trabajo.	*The accountant whom I told you about did a good job.*
Quien invierte en la bolsa a largo plazo, sale ganando.	*Whoever invests in the stock market long term ends up winning.*

Note: The information that appears between commas is nonessential to the sentence and can be omitted. This information can be introduced by **quien** *(for people)* or **que** *(for things).*

Adela, **quien aprendió a manejar la computadora a los cincuenta años**, consiguió un puesto con una compañía internacional.	*Adela, who learned to operate a computer at age fifty, got a job with an international company.*

2. **Lo que** and **lo cual** *(what, that which)*

These refer to a previously mentioned idea, situation, or event. **Lo cual** may not be used at the beginning of the sentence.

Lo que la tecnología nos facilita es la comunicación con partes remotas de la tierra.	*What technology allows us to enjoy is communication with remote parts of Earth.*
La conexión ya está hecha, **lo cual** es un gran adelanto.	*The connection is already in place, which is a great advantage.*

3. **el/la/los/las cual/es** *(that, which, who, whom)*

Used to clarify the antecedent talked about when there is more than one mentioned in the sentence.

Used after short prepositions: **a, con, de, en**, **por, para**, and **sin.**

Éste es el hijo de mi amiga **a la cual** le dieron el premio de científica del año.	*This is the son of my friend, the one to whom the scientist-of-the-year award was given.*

4. **el/la/los/las que** *(the one/s who, the one/s that)*

Used after long prepositions: **al lado de, cerca de, lejos de**.

La tecnología de las primeras computadoras está **lejos de la que** existe hoy.	*The technology of the first computers is far from what is available today.*

Note: Cuyo/a/os/as is a relative adjective meaning *whose*. It appears before the noun and agrees with it in gender and number. It gives the idea of possession.

Esta es la niña **cuya madre** tiene el título de ingeniera en comunicación.	*This is the girl whose mother has a degree in communication engineering.*
Estas son las nuevas computadoras **cuyos microprocesadores** funcionan rapidísimamente.	*These are the new computers whose microprocessors work extremely fast.*

Práctica y comunicación

10-22 ¿Qué son? Une las frases de las dos listas utilizando los pronombres que sean necesarios.

Modelo: Lista A: Ésta es la nave Apolo 11.

Lista B: Los astronautas fueron a la luna en ella.

Ésta es la nave Apolo 11 en la cual los astronautas fueron a la luna.

Lista A	**Lista B**
1. Éste es el avión.	1. Antonio cruzó el Atlántico en él.
2. Ésta es la máquina de escribir.	2. Borges escribió sus cuentos con ella.
3. Éste es uno de los primeros televisores.	3. Los niños se entretenían en los años sesenta con él.
4. Éstas son las primeras computadoras.	4. Se usaron en esta universidad.
5. Éste es el teléfono.	5. Mi abuela tenía en su casa.

10–23 Objetos cotidianos. Uno/a de ustedes debe completar las oraciones indicadas con el pronombre relativo correspondiente. Luego, este/a estudiante debe leerle la descripción de un objeto a otro/a estudiante y él/ella dirá de qué objeto se trata en las ilustraciones. Alternen los roles.

a.

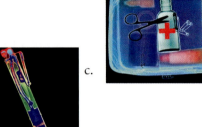

c.

b.

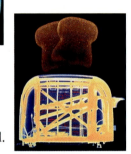

d.

1. Esta persona, (1) _____ es muy aficionada a la música, nos muestra los elementos internos (2) _____ forman sus auriculares, a la vez (3) _____ nos enseña los huesos (4) _____ forman su cara.

2. Podemos ver los objetos (5) _____ contiene un botiquín de primeros auxilios: tijeras, unas pinzas, un frasco de desinfectante, un tubo de crema, etc. Los primeros auxilios son (6) _____ (7) _____ se dan inmediatamente después de un accidente, (8) _____ (9) _____ permiten estabilizar el estado de un paciente hasta que reciba atención médica.

3. Unas redondelas de pan (10) _____ saltan del interior de esta máquina (11) _____ modelo corresponde a los años sesenta. En la parte inferior vemos los mecanismos (12) _____ permiten (13) _____ las tostadas salten automáticamente cuando están listas.

4. Este aparato (14) _____ sirve para escribir cumple otras funciones. Vemos la punta y también un mecanismo en su interior (15) _____ esconde un encendedor *(lighter)*.

10–24 Titulares muy confusos. Estos son titulares de noticias que aparecieron en la sección Ciberp@ís de un periódico español. Seleccionen uno e inventen una noticia para explicársela a sus compañeros/as usando cláusulas que aclaren la ambigüedad.

Modelo: *Los ciberabuelos son unos jubilados que se dedican a enseñar computación.*

a. Los ciberabuelos enseñan a navegar por Internet.

b. La Fura transforma a los internautas en actores.

c. El "com" puede ya registrarse en España.

d. EducaRed lleva a la playa a sus profesores de verano.

e. Ciberp@ís recibe cientos de emoticones.

Manos a la obra

Así se lee

Functions of the text

Each text has a purpose or communicative function. The author writes with a specific aim in mind. His intention may be to persuade, inform, request information, criticize, analyze, report, etc. He expects the reader to react to the content of the text in a particular way thus, establishing the communicative link between the reader and the text, and between the reader and the author.

Práctica

10-25 ¿Internet por teléfono?   Lee la Cartelera siguiente y piensa cuál es la función de este texto. Luego piensa en las personas que conoces a quienes les encantaría utilizar este aparato. Explícaselo a otro/a estudiante.

Cartelera

Internet por teléfono

Para entrar en Internet no hay que ser un experto en informática. Ni siquiera hace falta tener una computadora, ya que acaban de salir al mercado sencillos teléfonos de sobremesa con una pantalla que nos permite acceso a este supermercado de la información con sólo marcar un número. Son aparatos sencillos y sin complicaciones que están diseñados para tecnofóbicos y personas que odian las computadoras. Estos teléfonos*web* están preparados para todas las opciones que ofrece la red. Incluyen un teclado desde el que se puede mandar y recibir el correo electrónico.

10-26 Tu reacción.   Escribe un párrafo de cuatro o cinco oraciones sobre la Cartelera. Puedes expandir la información, o elogiarlo. Luego léeselo a tu compañero/a quien debe decirte cuál es la función de tu párrafo. ¿Coincide con lo que tú querías comunicarle?

Boletín

Los emoticones son dibujos que se pueden hacer con los signos del teclado de la computadora, como en esta carta de una chica.

"Hola, soy.///•_•\. y no quiero que estén :-(y menos aún :,-(así que les envío una

@>—>———— ,

mejor aún, un ramillete de preciosas

@}—)——)——

@}——->————

@}—`——,——`

y una colección de peces:

<"><

>-^);>

<-",,,,,,"-)D>

>><<')))))><

Antes de leer

Estudia estas palabras para comprender mejor el texto.

Vocabulario		Palabra en uso
asequible	*accessible*	Pude comprar esta computadora porque estaba a un precio **asequible**.
dar un salto	*to jump*	Con la invención del microprocesador **se dio un salto** a un nuevo tipo de ordenadores.
girar en torno a	*to revolve around*	En los últimos años los avances tecnológicos **giran en torno a** la red de comunicación.
grabar	*to record*	El contestador automático **graba** los mensajes.
hallazgo	*discovery*	En las últimas décadas los **hallazgos** tecnológicos han cambiado nuestras vidas.
imparable	*unstoppable*	La tecnología avanza por una vía **imparable**.
ligero/a	*light*	Las computadoras modernas no son tan pesadas como las antiguas, son más **ligeras**.
la polilla	*moth*	Una **polilla** paralizó la máquina.
proveedor/a	*provider*	Los **proveedores** de asistencia tecnológica tienen mucha demanda.
el silicio	*silicon*	El transistor de **silicio** ha revolucionado la tecnología moderna.
surgir	*to arise, appear*	El primer circuito integrado micro-chip **surgió** en 1958.
tirar de	*to pull*	No **tires de** la puerta, empújala para abrirla.
tornarse	*to turn into*	La computadora **se ha tornado** en un aparato más dentro de los hogares.

Práctica y comunicación

10-27 En tus propias palabras. Vuelve a escribir estas ideas usando tus propias palabras y la palabra entre paréntesis.

Modelo: Muchas personas pueden comprar computadoras. (asequibles)
Las computadoras son asequibles para muchas personas.

1. Elena quiere que todos le presten atención todo el tiempo. (girar en torno a)

2. Las primeras computadoras personales aparecieron al final de los años setenta. (surgir)

3. No podemos detener el progreso. (imparable)

4. Con los avances tecnológicos de fin de siglo hemos entrado en el nuevo milenio. (dar un salto a)

5. Las nuevas computadoras no son pesadas y son más eficaces. (ligero)

6. Se hacen nuevos descubrimientos todos los días. (hallazgo)

7. Debemos tener cuidado de que la tecnología no se vuelva una pesadilla. (tornarse)

10-28 Sé original. En parejas, escriban oraciones originales usando las siguientes palabras en un párrafo que cuente un cuento corto de ciencia ficción. Luego léanle el cuento al resto de la clase.

> polilla   tirar   silicio   proveedor/a   grabar

10-29 El origen de la computadora. ¿Saben Uds. cuál fue el origen de la computadora y cuál fue su desarrollo? Pongan las siguientes invenciones en orden cronológico. Luego lean el artículo siguiente rápidamente para confirmar si este orden coincide con lo que dice el artículo.

a. _____ el transistor

b. _____ Mark I

c. _____ el microprocesador

d. _____ el transistor de silicio

e. _____ el circuito integrado

f. _____ el ordenador personal

g. _____ sistema de grabación de datos

h. _____ sistema operativo MS-DOS

i. _____ el lenguaje BASIC

j. _____ el disquete flexible

k. _____ el disquete a doble cara y doble densidad

Note for 10-29: Remind students that they only need to scan the article to find the key words that they are looking for. They don't need to read the article carefully.

Answers for 10-29: a) *2* b) *1* c) *8* d) *3* e) *4* f) *9* g) *6* h) *10* i) *5* j) *7* k) *11*

Introducción a la lectura

El texto siguiente explica el desarrollo de la computadora desde sus orígenes hasta nuestros días. Este artículo apareció en una edición especial de la revista española *Muy interesante*, llamada *Muy especial*.

Vértigo digital

(1)

Hoy se nos antoja imposible imaginar un mundo sin él. Sin embargo, la historia del ordenador[1] es muy breve, tanto que algunos piensan que no ha hecho más que empezar. Bueno, depende de cómo se mire. Como luego veremos, el auténtico primer paso hacia la era informática se dio en 1943 con el desarrollo de *Mark 1*, la primera calculadora programable. Sin embargo, algunos historiadores han buscado en invenciones muy anteriores los orígenes de esta prodigiosa tecnología. En concreto, creen que la madre de todos los ordenadores es la máquina de calcular que ya esbozó Leonardo Da Vinci y que convirtió en realidad Blaise Pascal en 1642. Parece claro, pues, que elegir una fecha inicial para la historia de la informática es, sobre todo, un problema de definición: qué se considera un ordenador.

(2)

Si hacemos caso a lo estrictamente computacional, todos los historiadores coinciden en que el primer ordenador fue el *Mark 1* en la Universidad de Harvard. El aparato medía

[1]computadora

15 metros y pesaba 5 toneladas. Su arquitectura sirvió de base para toda una familia de ordenadores, llamados de primera generación, que guardaban la información en tarjetas. A esa familia pertenece otro ilustre aparato: el ENTAC *(Electronic Numerator, Integrator, Analyzer, and Computer)* construido entre 1943 y 1946 en la Universidad de Pennsylvania y que pesaba 30 toneladas.
(3)
El siguiente paso en la historia de los ordenadores fue la invención en 1947 del transistor, componente mucho más ligero y eficaz que las válvulas, que permitió dar el salto a los llamados ordenadores de segunda generación transistorizados. La nueva tecnología dominó la ingeniería informática durante las décadas de los sesenta y setenta, logrando máquinas cada vez más pequeñas y baratas.
(4)
Es curioso que 1947 sea también la fecha en la que se registra el primer episodio en el que un ordenador se "cuelga". Las instalaciones de *Mark 2* en Harvard recibieron la visita de una polilla que se introdujo en los circuitos de la máquina y la paralizó. Desde entonces, la palabra *bug*, que quiere decir bicho en inglés, se utiliza en la jerga informática para designar los errores de programación.
(5)
Las siguientes mejoras tecnológicas importantes giraron en torno a los nuevos transistores. Así, por ejemplo, en 1953 se fabricó el primer transistor de silicio y en 1960 la empresa IBM inauguró la primera fábrica automática de estos componentes. Pero la auténtica explosión aún estaba por llegar. Se produjo con la aparición de los ordenadores de tercera generación, basados en un sorprendente invento: el circuito integrado o *micro chip*. El primero de ellos vio la luz en 1958, pero no empezaron a utilizarse habitualmente hasta 1963.
(6)
Mientras tanto, otros hallazgos empezaban a popularizar la informática fuera de los entornos académicos y empresariales tradicionales. Por ejemplo, en 1964, John Kemeny y Thomas Kurtz desarrollaron el famoso lenguaje de programación BASIC; en 1966 IBM introduce el primer sistema de grabación de datos en disco, llamado RAMAC 305; y en 1967 la misma empresa desarrolla el primer disquete flexible. Además, empiezan a surgir algunas empresas cuyos nombres luego van a dar mucho que hablar. En 1968 se funda Intel y en 1970 Xerox construye su famoso parque tecnológico Xerox Parc.
(7)
Precisamente, una de esas compañías (Intel) será la responsable del salto a los ordenadores de cuarta generación con la fabricación del primer microprocesador, el 4004, que concentra todas las habilidades de cálculo en un sólo *chip*. Junto con otro invento de Intel, la memoria RAM, el microprocesador convertirá a los ordenadores en el aparato doméstico y relativamente barato que conocemos hoy.
(8)
De hecho, en los años posteriores la batalla por conseguir tecnologías más pequeñas y asequibles fue imparable y culminó en 1974 con la llegada del

primer ordenador personal de la historia: el MITS Altair 8800. A él le siguieron los *Apple I* y *II*, el *Commodore* PET y , en 1981, el primer PC IBM, cuya arquitectura dominaría el mercado.

(9)

Desde entonces, la base fundamental del sistema de microprocesadores sigue siendo la misma, por lo que la mayoría de los ordenadores de hoy continúa perteneciendo a la cuarta generación. No quiere eso decir que se dejaran de realizar espectaculares avances. Por ejemplo, en 1982 Microsoft lanza el sistema operativo MS-DOS para el PC IBM; en 1983, Sony saca al mercado los primeros disquetes de 3,5 pulgadas a doble cara y doble densidad, y en 1984 Steve Jobs inventa el ordenador personal Macintosh.

(10)

El resto de la historia podría haberse quedado simplemente en una frenética carrera por superar año tras año el modelo de la temporada pasada, a no ser por la aparición de otro invento revolucionario: Internet. La cosa se iba gestando desde 1973, fecha en la que el Departamento de Defensa de los Estados Unidos puso en marcha el programa DARPA, un proyecto de búsqueda de tecnologías que permitieran conectar ordenadores entre sí. El sistema de redes de trabajo que se diseñó entonces con fines militares recibió el nombre de Internet. En apenas unos años se había conseguido una red de conexiones eficaz y, lo más importante, un protocolo de comunicaciones universal, llamado TCP/IP.

(11)

Pero el desarrollo a escala global de esta tecnología no hubiera sido posible sin la entrada en juego de otra institución norteamericana, la Fundación Nacional para la Ciencia (NSF), que en 1986 introdujo la red NSFNET, proveedora del sistema de soporte de comunicaciones para Internet más importante hasta el momento. Otras entidades como la NASA o el consorcio Nordunet en Europa fueron dotando a la Red de soportes locales e incrementando el tráfico dentro de ella.

(12)

Y así estaban las cosas cuando Tim Berners-Lee, un científico del CERN (Centro Europeo para la Investigación Nuclear), presentó en 1981 un sistema de hipertexto capaz de organizar la información de Internet de un modo rápido, intuitivo y eficaz. Se llama World Wide Web (WWW) y ha permitido que lo que surgió como un proyecto militar se haya convertido en el medio de comunicación de más rápido crecimiento de todos los tiempos. Casi puede decirse que la historia de la informática empezó a escribirse de nuevo a partir de entonces. Nombres como Yahoo, Lycos o Netscape, fusiones entre gigantes mediáticos, nuevos lenguajes de programación como JAVA, aventuras románticas como el sóftware libre de Linus Torvard (LINUX)… se han convertido en la comidilla de los últimos años. En efecto, las iniciativas aparecen y desaparecen a la velocidad del rayo en torno al invento del que más se espera en este nuevo milenio: Internet.

Práctica y comunicación

Suggestion for 10-30:
Since the text is long, it would be better to tackle it by sections. This exercise is intended to help students focus on each section. Assign one paragraph to each pair, and ask them to skim it and identify the main idea.

10-30 La historia de la computadora. Hay doce párrafos en el texto anterior. Lean rápidamente el párrafo que su profesor/a les indique y escojan la idea de la lista que mejor lo describa. Luego preséntenlo a la clase y expliquen por qué eligieron esa idea.

Modelo: El párrafo uno: *Controversia sobre el origen del ordenador.*

1. Tres descubrimientos claves
2. Los primeros ordenadores personales
3. Los ordenadores de primera generación
4. La invención del microprocesador
5. Los ordenadores transistorizados
6. Los avances en los ordenadores de la cuarta generación
7. El origen de la palabra "bug"
8. El surgimiento de WWW
9. El progreso de los transistores
10. Los orígenes de Internet
11. Introducción del sistema de soporte de comunicación

Note for 10-31: This is an information gap exercise. Each person in the pair works with a different part of the chart. Ask students to cover the part with which the other person is working. After they have found the answers to the questions, bring the class together and ask different students to read the complete information, e.g., *Mark I fue inventado por científicos en la universidad de Harvard en los años cuarenta.*

10-31 ¿Qué? ¿Quién? ¿Cuándo? ¿Gracias a qué, a quién o dónde y cuándo surgieron los siguientes inventos? Cada estudiante debe trabajar con sólo una parte del cuadro. Cubran la otra parte con un papel. Cada persona tiene que hacer preguntas para encontrar la información que necesita y contestar las preguntas **qué**, **quién** y **cuándo**. Su compañero/a tiene el resto de la información que falta de acuerdo a la lectura.

Modelo: E1: *¿Dónde inventaron el Mark 1?*

E2: *Lo inventaron en Harvard.*

E1: *¿Cuándo lo inventaron?*

E1: *Lo inventaron en los años cuarenta.*

Estudiante 1	Qué	Quién/Dónde	Cuándo
	Mark I	IBM	1967
	Internet	IBM	1981
	Hipertexto (www)	Sonny	1983
	Computadora personal Mac	Linus Torvard	Años noventa

Estudiante 2	Qué	Quién/Dónde	Cuándo
	Primer disquete flexible	Científicos de Harvard	Años cuarenta
	Primer PC	Departamento de Defensa de los Estados Unidos	Años setenta
	Disquete de 3.5 pulgadas	Tim Berners	1981
	El sóftware libre (Linux)	Steve Jobs	1984

10-32 Mi computadora personal. En parejas, hagan una lista de los usos que tiene la computadora para Uds. Luego compártanla con la clase y anoten los usos más populares.

Suggestion for 10-32:
Write the different uses on the blackboard to see which are the top five.

Poema

Nicanor Parra (1914–)

Este poeta chileno escribe poesía con un acento popular. Sus poemas se basan en las cosas que surgen de la vida diaria. Usa un lenguaje sencillo y directo para criticar el mundo en que vivimos o expresar ironía o sarcasmo. Este poema apareció en su libro *Obra Gruesa*.

La situación se torna delicada

Basta mirar el sol
A través de un vidrio ahumado°   *tinted glass*
Para ver que la cosa va mal;
¿O les parece a ustedes que va bien?

Yo propongo volver
A los coches tirados por caballos
Al avión a vapor
A los televisores de piedra.

Los antiguos tenían razón:
Hay que volver a cocinar a leña°.   *firewood*

10-33 ¿Cuáles serían las consecuencias? Si hiciéramos exactamente lo que dice el poema, ¿cómo sería nuestro mundo? Hagan una lista de las propuestas y de las consecuencias. Puede haber varias consecuencias para una sola propuesta.

Suggestion for 10-33:
Remind students of the uses of the if-clauses: imperfect subjunctive + conditional tense.

Modelo: *Si volviéramos a cocinar a leña, necesitaríamos más tiempo para preparar las comidas.*

Propuestas	Consecuencias
1. _____	_____
2. _____	_____
3. _____	_____
4. _____	_____

10-34 ¿Progresamos o retrocedemos? ¿Por qué tiene este poema una visión negativa del progreso? ¿Cuáles son las desventajas de la tecnología? En su opinión, ¿debemos volver a la naturaleza o automatizarnos? Expliquen sus razones con claridad.

✳ Diario

¿Estamos demasiado automatizados? Piensa en el estilo de vida que se lleva hoy en día en muchos lugares, siempre corriendo de un lado a otro para no llegar tarde a las citas, comiendo rápidamente mientras trabajamos, tratando de cumplir con fechas de vencimiento todas las semanas. ¿Es este el estilo de vida que nos trae la tecnología donde todo es más rápido? ¿Qué piensas tú?

Al fin y al cabo

Proyecto: Una empresa global

En esta parte del capítulo te vas a preparar para crear una empresa global.

Una reunión de ejecutivos

Cartelera

¿Tienes madera[1] de ejecutivo/a global?

El perfil ideal del/de la ejecutivo/a internacional, según una consultora internacional, es el siguiente:

- Es independiente y autónomo/a.
- Tiene una gran capacidad de comunicación.
- Es flexible.
- Es comprensivo/a y tolerante.
- Desea aprender y disfruta de nuevas experiencias.

- Es optimista y extrovertido/a.
- Se adapta a nuevas situaciones.
- Tiene una mentalidad abierta.
- Cuenta con el apoyo familiar de tipo afectivo.

---

[1]tener madera de/para... = *to be a natural at*...

10-35 ¿Qué es lo más importante? Clasifiquen las características del ejecutivo global presentadas en la Cartelera anterior según el orden de importancia. Luego comparen su jerarquía con la de otras parejas de la clase. Comenten y discutan hasta llegar a un acuerdo y tener una lista única para toda la clase.

Modelo: *Tener una mentalidad abierta es más importante que... pero menos importante que...*

10-36 Ejecutivos globales. En su opinión, ¿cuál de las siguientes personas tardará más o menos en convertirse en un/a ejecutivo/a global? Comenten entre ustedes y luego expliquen el por qué de su selección al resto de la clase.

Modelo: *Nosotros creemos que Susana Quintana tardará más en convertirse en una ejecutiva global porque no sabe otros idiomas.*

Susana Quintana:	Tiene horarios muy estrictos. Es extrovertida y optimista. Le encanta viajar. Habla sólo español.
Ernesto Cisnero:	Desea aprender y disfrutar de nuevas experiencias. No cuenta con el respaldo familiar. Es autónomo e independiente en el trabajo. Adora su país.
Luisa Crespo:	No tiene una mentalidad muy abierta. Domina el idioma del país de destino. Tiene mucha facilidad de comunicación. Es soltera.
Celia Rodríguez:	Es capaz de adaptarse a nuevos ambientes de trabajo. Es tolerante y comprensiva con otras culturas. Es introvertida y pesimista. Es autónoma e independiente en el trabajo.
Tú:	¿Qué tal eres como ejecutivo/a?

10-37 Lo global. Cada uno/a de ustedes debe hacer una lista de cinco empresas o productos globales. Luego, uno/a de ustedes debe describirle uno de los elementos de la lista a su compañero/a y él/ella tiene que adivinar *(guess)* de qué producto o empresa se trata. Alternen los roles.

Modelo: E1 escribe en su lista: *Coca-Cola.*

Descripción: *Es una empresa que vende bebidas refrescantes y cuyos envases tienen una forma particular que cualquier persona puede reconocer sin leer la etiqueta.*

10-38 ¿Por qué son globales? Analicen las distintas empresas o productos del ejercicio anterior y respondan a las siguientes preguntas. Luego informen a la clase sobre sus resultados.

1. ¿Qué características tienen estos productos para que los consideremos globales?
2. ¿Quiénes son los compradores/vendedores de estos productos?
3. ¿Son estos productos los más baratos/caros?
4. ¿Qué es lo que menos/más les gusta de cada uno/a de estos/as productos/empresas?
5. ¿Cuál es, para ustedes, el/la más/menos importante? ¿Por qué?

10-39 Conseguir capital. Ustedes tienen que conseguir dinero para crear su propia empresa. Reflexionen sobre diferentes maneras de presentar sus ideas para conseguir capital. Piensen en qué tipo de producto quieren vender, qué características tiene ese producto, quiénes lo van a comprar, etc. Escriban un párrafo con la descripción de la empresa, el producto, el mercado, etc. Preparen un informe oral para presentar a la clase. Recuerden usar pronombres relativos para evitar que el informe les quede muy cortado.

Modelo: *Nosotros queremos crear una empresa que venda teléfonos móviles sin manos. Estos teléfonos, cuyo peso no superará los ciento cincuenta gramos, tendrán un alcance mundial. Pensamos que nuestros clientes serán personas entre 18 y 25 años para quienes es muy importante poder tener las manos libres al mismo tiempo que hablan por teléfono. El telefowalkman, …*

 10-40 El plan de empresa. Los expertos han diseñado un plan de empresa que recomiendan a quienes quieran crear una empresa. Lean el plan y digan qué (no) han hecho ustedes en su plan de empresa de la actividad anterior. Luego comparen sus respuestas con otros grupos de la clase.

Modelo: *Nosotros no hemos presentado al empresario, pero sí hemos definido el producto.*

✳ El plan de empresa

1. Presentación al empresario. Explicar su formación.

2. Definir el producto.

3. Hacer un plan de mercado. Analizar el mercado. Identificar a los clientes y a la competencia.

4. Planear la ubicación de la empresa y los recursos humanos necesarios.

5. Describir las tareas y características del personal. Establecer tipos de contrato.

6. Hacer un plan económico. Buscar fuentes de financiación.

7. Sacar conclusiones. Evaluar todo el plan.

✳ Diario

¿Es importante para ti el éxito económico en la vida aunque te cueste mucho sacrificio? ¿Qué significa para ti el éxito económico? ¿Tienes metas financieras para tu futuro? ¿Cuáles son? ¿Cómo piensas lograr esas metas?

Suggestion for 10-41:
Here is a list of tasks that should be done. You might tell students to each choose two tasks and let the boss ask if they have already done them, or you might assign the tasks to each student. Tell students to take notes on what has and has not been done, as they will need this information in the next activity.

10-41A. **Reparto de tareas.** Mañana llega una persona nueva a trabajar y uno/a de Uds. deberá asignarle algunas tareas, pero no sabe qué cosas ya han hecho los otros compañeros de trabajo. Pregunten qué han hecho y tomen nota de quién ha hecho cada cosa.

Modelo: E1: *¿Has ido al registro de marcas* (patent office)*?*

E2: *No, todavía no he ido.*

E3: *Yo fuí ayer al registro de marcas.*

1. consultar a la agencia de publicidad (sí)
2. solicitar un estudio de mercado (no)
3. analizar la competencia (sí)
4. implementar una política de precio (no)
5. crear una nueva marca (sí)
6. inventar un slogan (no)
7. diseñar un logo (sí)
8. escribir un contrato modelo (no)
9. describir el producto (sí)
10. prever las ventas (no)
11. buscar formas de financiación (sí)
12. encontrar modo de distribución (no)

B. **Jefe/a suplente.** Desgraciadamente la persona responsable de asignar tareas se ha enfermado y tú tienes que informar a tu suplente sobre lo que habían hecho las distintas personas ayer.

Modelo: *Ayer, Paco todavía no había ido al registro de marca.*

Suggestion for 10-42:
Divide the class into small groups. Let them prepare the plan for 30 minutes, but every 8–10 minutes tell them where they should be in the plan. At the end of the 30 minutes, choose one person from each group to be the evaluators; include yourself. Tell them that they cannot vote for their own group. Call for reports and give the best one a prize.

10-42 **Premio al mejor emprendedor.** Una empresa está dispuesta a invertir capital en el mejor proyecto empresarial. Sigan el plan de empresa presentado en la actividad 10-40 paso a paso y hagan una presentación oral para intentar obtener el premio.

A escribir

Comparación y contraste

In the next two lessons we are going to focus on essay writing. You already know from your English classes that a well-written essay has three parts: an introduction, a body, and a conclusion. In the introduction you present the ideas you want to get across to your audience. In the body you develop them in two or three paragraphs, and in the conclusion you summarize the main points and present their implications. Several strategies may be used to present your ideas in the body of the essay. One of them is comparing and contrasting.

Comparing and contrasting is used to show the differences and similarities between two entities. There are two ways of using this strategy in your writing. One is to compare and contrast two or more things on one aspect at a time. The other is to describe one of the things completely first and then move on to the other one. Look at the following examples.

El estilo de vida a principios del siglo XX y a principios del siglo XXI

Un aspecto cada vez

El transporte:
  A. Siglo XX
  B. Siglo XXI

La alimentación:
  A. Siglo XX
  B. Siglo XXI

La forma de trabajar:
  A. Siglo XX
  B. Siglo XXI

La medicina:
  A. Siglo XX
  B. Siglo XXI

Las fuentes de energía:
  A. Siglo XX
  B. Siglo XXI

El ocio:
  A. Siglo XX
  B. Siglo XXI

Presentación completa de cada entidad

Siglo XX

el transporte
la alimentación
la forma de trabajar
la medicina
las fuentes de energía
el ocio

Siglo XXI

el transporte
la alimentación
la forma de trabajar
la medicina
las fuentes de energía
el ocio

Práctica

10-43 ¡Cuánto hemos cambiado! Comparen el modo de vida de principios del siglo XX con el modo de vida de principios del siglo XXI. Consideren los siguientes aspectos y hagan una lista de las diferencias en cada uno. Presenten sus ideas a la clase.

1. los medios de transporte
2. el tiempo libre
3. la medicina
4. la educación
5. las fuentes de energía

Cartelera

Oficina virtual y móvil

Hay dos elementos fundamentales para hablar de este tipo de oficinas; uno es que estén conectadas y el otro es que sean personalizadas, es decir, que no es posible hablar de oficina virtual sin hablar de Internet. El correo electrónico ha sustituido al fax, pero la red mundial ha revolucionado el concepto de oficina para acercarlo al de información. Ya se puede acceder a bases de datos que tienen información esencial para muchas empresas. La red se ha transformado también en un fondo documental. Además, pronto podremos realizar informes o facturas simplemente haciendo que el ordenador traduzca las palabras que el usuario le diga y sin necesidad de teclear. El oficinista podrá llevar encima todo lo que necesite, solo le hará falta una computadora portátil tan pequeña que le quepa en el bolsillo y un teléfono móvil unido a ella que conecte al usuario con el mundo.

10-44 **La oficina virtual y la oficina tradicional.** ¿Cuáles son las ventajas y desventajas de estas dos oficinas? Hagan dos listas para cada una. Consideren los siguientes aspectos y otros que se les ocurran a Uds.

	La oficina virtual	La oficina tradicional
1. los muebles y el equipo en general		
2. la ropa que se debe usar		
3. el lugar de trabajo		
4. la interacción entre las personas		
5. la calidad de vida		
6. la producción del trabajo		
7. el desplazamiento al trabajo		
8. otros		

10-45 **Queremos un cambio.** Tú trabajas como diseñador/a gráfico/a en una compañía y quieres trabajar desde tu casa y no tener que trasladarte a una oficina todos los días, pero tu jefe no está convencido. Escríbele un informe comparando y contrastando la oficina virtual y la tradicional. Usa algunas de las ideas del ejercicio anterior para ayudarte en tu informe.

Vocabulario

Globalización de la economía

la aldea global	*global village*	el crédito bancario	*bank credit*
bajar las barreras de exportación	*to lower export barriers*	el desarrollo	*development*
		el desempleo	*unemployment*
el bloque económico	*economic block*	la deuda externa	*foreign debt*
el costo de vida	*living expenses*	integrar la economía	*to integrate the economy*
el crecimiento económico	*economic growth*	pagar las tarifas de importación	*to pay import tariffs*

Sustantivos

el alza (fem.)	*boost in prices*	las pérdidas	*losses*
el ámbito	*field, precinct*	la pobreza	*poverty*
el aparato	*set*	el porcentaje	*percentage*
el atraso	*backwardness, delay*	el préstamo	*loan*
el aumento	*increase*	el presupuesto	*budget*
el/la autómata	*robotlike, automaton*	el proteccionismo	*protectionism*
la bancarrota	*bankruptcy*	el reajuste	*readjustment*
la cibernética	*computer science*	la rebaja	*rebate, discount*
el código (telefónico, etc.)	*code*	los recursos minerales/ agrícolas	*mineral/agricultural resources*
la competencia	*competition*	la red	*net*
el contestador automático	*answering machine*	la red informática	*Internet*
el correo electrónico	*electronic mail*	la reducción	*reduction*
los datos	*data*	el rendimiento	*yield, profit*
el descuento	*discount*	el salario mínimo	*minimum wage*
la ganancia	*earning*	el subdesarrollo	*underdevelopment*
la impresora	*printer*	la sucursal	*branch, office*
la llamada de cobro/ cargo revertido	*collect call*	el tamaño	*size*
		la tarifa	*tariff*
la llamada sin recargos	*free call*	la tasa de interés	*interest rate*
la mano de obra	*labor, laborer*	el teléfono celular/ móvil	*cellular phone*
el mercado	*market*		
el mundo de la informática	*computer science world*	la venta	*sale*
el ordenador	*computer*	el viaje por el ciberespacio	*surfing the net*

Verbos

afectar	*to influence, affect*	invertir (ie)	*to invest*
arreglar	*to fix*	lograr	*to get, obtain*
aumentar	*to increase*	pedir un préstamo (i)	*to request a loan*
cobrar	*to charge*	planificar	*to plan*
descomponer	*to break down*	prever	*to foresee*
disminuir	*to diminish*	unir	*to join*
funcionar	*to function*		

Adjetivos

atrasado/a	*behind*	beneficioso/a	*beneficial*
barato/a	*cheap*	impredecible	*unpredictable*

Note: The vocabulary in **Manos a la obra** on p. 300 is also considered active vocabulary.

11

Capítulo once
Música, cine y televisión

Suggestion: Introduce students to the chapter by asking them these questions: *¿Qué haces en tu tiempo libre? ¿Qué haces cuando quieres relajarte? En grupos, hagan una lista de actividades que generalmente hacen en su tiempo libre. Luego preséntenla a la clase. ¿Cuál es la actividad más común de los estudiantes en esta clase?*

"Una película no te resuelve nada, aunque te da un enorme placer."
—Pedro Almodóvar

☀ Tema cultural:

El ocio en el mundo

☀ Objetivos comunicativos:

Talking about music, movies, TV, and the theater

Indicating who performs the actions: Passive voice with **ser**

Substitute for the passive voice: Passive **se**

Expressing what you hoped had happened: Present perfect subjunctive

Expressing what you hoped would have happened: Pluperfect subjunctive

Expressing a sequence of events

Warm-up: *¿A alguien le interesa visitar museos de arte, de historia, de ciencia? ¿A alguien le interesa leer ciencia ficción? ¿novelas románticas? ¿A alguien le interesa ir al teatro? ¿a un estudio de TV para ver un espectáculo? Etc.*

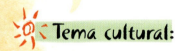

¿Cuál es tu pasatiempo preferido?

En marcha

Vocabulario en contexto: En el teatro

las luces

la luz   el micrófono

la actriz

la cámara

el cantante   el actor

el guión

el escenario

el espectador   el público

el camarógrafo

la butaca

Les encantó la obra. **Aplaudieron** muchísimo a los actores.

Dos amigos hablan sobre la **obra de teatro** durante el **intermedio**:

SOFÍA: ¿Te gusta la obra?

PABLO: Sí, es una **comedia** muy **amena**. Hay muchas **escenas** muy cómicas… Además el **argumento** es muy **entretenido**.

SOFÍA: A mí me encantan todos los **personajes**, pero sobre todo me parece que la **protagonista actúa** muy bien. Al final de la obra quiero **acercarme** al **camarín** para pedirle un **autógrafo** y **entregarle** unas flores.

PABLO: Realmente la **actriz** es muy buena. Se nota que ha **ensayado** mucho.

SOFÍA: ¡Qué bueno que hayamos venido al **estreno** de la obra! Los **boletos** estaban un poco caros pero **valió la pena**. Mira, están todos los **periodistas** de los **medios de difusión** más importantes del país.

PABLO: Claro, hoy **transmiten** la obra **en vivo** por el **canal** 2. ¿Ya viste que la están **grabando** también? Van a transmitir partes de la **función** por la **cadena** nacional de televisión y también habrá una **emisión de radio** con entrevistas a los actores.

SOFÍA: Es que esta obra ha tenido mucho **éxito**, es la más **taquillera** de la **temporada**. El mes próximo la compañía sale de **gira** por toda Europa. Todos los **medios de comunicación** la han presentado como **noticia** de **primera plana**. Esta semana han **anunciado** la obra en los **titulares** de varios **periódicos** y en los **noticiarios** del país. Se espera un gran número de **televidentes** esta noche.

PABLO: Y ¿sabías que piensan filmar una **película** sobre la obra? Leí un artículo sobre eso ayer. Todavía no se sabe quién va a **dirigirla** ni

Warm-up: Ask the following questions: *¿Qué hacen estas personas? ¿una cantante? ¿una actriz? ¿un camarógrafo? ¿un guionista? ¿una espectadora? ¿un director de teatro? ¿un locutor de radio? ¿una periodista?*

Check comprehension:
¿Dónde están los dos amigos? ¿Cómo es la obra de teatro? ¿Qué quiere pedirle Sofía a la actriz? ¿Por qué están las cámaras de televisión? ¿Por dónde va a ser la gira? ¿Para qué tiene que dar permiso el autor de la obra? ¿Qué tienen que hacer los amigos cuando apagan las luces?

quién **interpretará** el papel principal. Sólo es **cuestión** de que el autor **asienta** y se empezará con el **rodaje**.

SOFÍA: ¡Qué bueno! Realmente este es un gran autor y merece **reconocimiento**. El año pasado vi un **documental** sobre su vida y su obra, y es realmente un hombre fascinante.

PABLO: Es verdad. Él es muy bueno. Hace poco asistí a otra obra suya muy diferente a ésta. **Se trataba de** la Guerra Civil española y **abarcaba** los tres años que duró la guerra. Era un poco triste, pero muy interesante por el **vínculo** que creaba entre la guerra y la esperanza…

SOFÍA: Mira, acaban de **apagar** las luces del teatro y ya **encendieron** las del **escenario**. Debemos volver a nuestras **butacas**.

PABLO: Sí, vamos a seguir disfrutando del **espectáculo**…

Palabras conocidas

Actuaciones

Repasa estas palabras que deben ser parte de tu vocabulario básico.

Cognados

el artículo
el concierto
componer
el/la director/a de
  cine/de orquesta
el estudio

filmar
innovador/a
el micrófono
la orquesta
el recital
el teatro
triunfar

la pantalla

el televisor

la videocasetera

la cinta

el control remoto

Interrumpen la **telenovela** con muchos **anuncios comerciales**.

Expresiones útiles

al final	*at the end*
vale la pena	*to be worthwhile*
seguir + gerundio	*to continue + ing form of verb*
continuar + gerundio	*to continue + ing form of verb*

Al final de la obra quiero ir al camarín.   *At the end of the play I want to go to the dressing room.*

Te recomiendo esta película. **Vale la pena** verla.   *I recommend this movie to you. It's worth seeing.*

Sigamos disfrutando del espectáculo.   *Let's continue to enjoy the show.*

Elena **continúa trabajando** para esta cadena de televisión.   *Elena continues to work for this television chain.*

Práctica y comunicación

11-1 Asociaciones. ¿Con qué palabras del Vocabulario en contexto asocias las siguientes cosas? Escribe todas las palabras posibles para cada una.

Obra de teatro

Película de cine

Periódico

Ahora comparte tus asociaciones con un/a compañero/a. Explícale por qué las escogiste y compara tus razones con las suyas.

11-2 ¿Cine, teatro, TV…? Hazle las siguientes preguntas a tu compañero/a. Túrnense para hacer las preguntas.

1. ¿Prefieres ver videos en tu casa o ir al cine? ¿Por qué?

2. ¿Quiénes son tu actor favorito y tu actriz preferida?

3. Si pudieras entrevistar a un/a director/a de cine, ¿a quién escogerías? Explica por qué.

4. Si tuvieras la oportunidad de tener una cita con un actor o actriz, ¿con quién saldrías? ¿Por qué?

5. ¿Te gusta el teatro? ¿Por qué sí o por qué no?

6. ¿Has actuado en una obra de teatro alguna vez? ¿Te gustó o te gustaría hacerlo en el futuro?

7. Si pudieras ser un personaje de ficción, ¿cuál serías? Explica por qué.

8. ¿Escuchas la radio? ¿Cuál es tu emisora favorita?

11–3 **Tu obra favorita.** Cuéntale tu película u obra de teatro favorita a tu compañero/a, pero no le digas el título. Cuéntale el argumento, dile quién la dirigió, dónde se grabó, quién era el/la protagonista, háblale de otros personajes, etc. Tu compañero/a debe adivinar cuál es.

11–4 **Entrevista.** Imaginen que uno/a de Uds. es un/a periodista en un importante periódico de su ciudad y su compañero/a es una estrella del mundo del espectáculo. El periodista debe entrevistar a la estrella sobre su vida artística. Usen algunas de estas preguntas e inventen otras.

1. ¿Cuál fue su primera película?
2. ¿Cuál ha sido su papel favorito?
3. ¿Dónde filma sus películas generalmente?
4. ¿Con quién ha trabajado en la pantalla?
5. ¿Con qué directores le gustaría trabajar? ¿Por qué?
6. ¿?

Note for 11-5: Place students in groups of three.

11–5 **Publicidad.** Imaginen que Uds. trabajan para una agencia de publicidad. Los directores les han encargado que hagan un anuncio para el estreno de una obra de teatro (o una película). Preparen el anuncio incluyendo los siguientes datos: director, actores, protagonistas, argumento, lugar de estreno y de grabación, etc. Escriban el texto del anuncio, dibujen el logo para la obra e inventen una canción para el anuncio. ¡Sean creativos!

11–6 **Para saber más.** Busca información sobre un/a actor/actriz, una película, una obra de teatro o un/a director/a hispano/a. Trae la información para presentarla en clase.

Diario

¿Qué película u obra de teatro ha sido memorable para ti? ¿Por qué? ¿Qué es lo que más te impresionó de ella?

¡Sin duda!

actualidad – de hecho – en realidad

Study the meaning of these false cognates to learn their use in Spanish.

Palabra		Ejemplo
actualidad	*present time, nowadays*	En la **actualidad** hay muchas películas en DVD. *Nowadays there are many DVD movies.*
actualizar	*to bring up to date*	La Guía de TV **actualiza** la lista de programas cada semana. *The TV Guide updates the list of programs every week.*
actual	*present, current*	La obra de teatro trata un tema muy **actual**. *The play deals with a very current issue.*
actualmente	*at the present time, currently*	**Actualmente** sólo trabajo en televisión, pero espero trabajar en cine algún día. *Currently I work only on TV, but I hope to do movies someday.*
de hecho	*in fact, actually, as a matter of fact*	No trabajo en teatro; **de hecho**, no me gusta el teatro. *I don't work in theater; as a matter of fact, I don't like theater.*
en realidad	*in reality, actually*	**En realidad**, a mí no me gustó la obra. *Actually, I didn't like the play.*

cine – película – de película

Study the following movie-related words to learn their use in Spanish.

Palabra		Ejemplo
cine	*movie theater; filmmaking*	Me hubiera gustado ver la última **película** de Almodóvar cuando la pasaron en el **cine** de la universidad. *I would have liked to see Almodóvar's latest movie when they showed it at the university theater.*
película	*movie, roll of film*	Me he quedado sin **película** en mi cámara. *I've run out of film in my camera.*
de película	*great, wonderful*	La boda de Sonia y Sebastián fue **de película**. *The wedding of Sonia and Sebastián was wonderful.*

Note for 11-7: You may want to bring to class several newspaper clippings of the latest films in town and distribute them among the students.

Note for 11-8: Explain that both students are presenting reasons to convince the other to go with him/her. In the end they have to reach an agreement and choose one of the two movies.

Suggestion for 11-8: You may want to review the **Así se dice** sections in previous chapters: influencing others (Ch. 5); extending, accepting, and rejecting invitations (Ch. 9).

Práctica y comunicación

11- 7 En cartelera. Mira en el periódico local qué películas están dando actualmente. Pregúntales a cuatro estudiantes de la clase cuáles vieron y en qué cine. Luego informa a la clase sobre las más populares.

 11-8 Vamos al cine. Cada estudiante individualmente elige una película que quiera ver. Primero debe averiguar en qué cine y a qué hora la pasan y después, preparar argumentos para convencer a su compañero/a para que vaya al cine con él/ella. Intenten usar las expresiones **de hecho** y **en realidad** por lo menos una vez.

Modelo: E1: *Me gustaría ir a ver la nueva película de Almodóvar, "Todo sobre mi madre". La pasan en el cine Prado, a las ocho y media.*

E2: *Yo prefiero ir a ver otra cosa. Ya vi esa película porque en realidad, "Todo sobre mi madre" no es nueva. Es del año 1999. De hecho, creo que Almodóvar ya ha estrenado dos películas más.*

✳ Así se dice

Expresiones para hablar de cine

Es una obra maestra.	*It's a masterpiece.*
Es un clásico del cine.	*It's a classic.*
Es un poco lenta.	*It's a little slow.*
Está en cartelera desde hace dos meses.	*It has been playing for two months.*
Ha tenido muy buena aceptación del público.	*It has had good acceptance among the public.*
Bate récords de taquilla. Es un éxito/fracaso de taquilla.	*It's a box-office record-breaker. It's a box-office success/failure.*
Ha recibido buena/mala crítica.	*It has received good/bad reviews.*
Refleja muy bien la realidad.	*It reflects reality very well.*
Retrata muy bien el momento histórico.	*It portrays the historical moment very well.*
Tiene un final conmovedor.	*It has a moving ending.*

Comentarios negativos:

¡Qué lata de película! *(informal)*	*What a bummer!*
Esta película es una lata/es un plomo. *(informal)*	*This movie is a loser.*
Le falta más acción/más romance/más suspenso.	*It needs more action/romance/suspense.*

Comentarios generales:

El argumento te cautiva.	*The plot is captivating.*
La actuación es impecable.	*The acting is impeccable.*
Es una película comercial.	*It's a commercial movie.*

Práctica y comunicación

 11-9 ¿Cómo la calificarías? Haz una lista de cinco películas famosas que tú hayas visto. (Escoge películas variadas.) Luego, dale la lista a tu compañero/a. Él/Ella debe escoger la expresión de la lista anterior que mejor describa cada una de las películas de tu lista. Finalmente, comparen sus opiniones. ¿Utilizarías tú las mismas expresiones? ¿Por qué sí o por qué no?

11-10 Periodista de las artes. Tienes que escribir una reseña sobre la película del momento para el periódico universitario. Escoge una de las películas populares y pregúntales a cinco compañeros/as su opinión sobre la misma. Ellos/as tienen que usar las expresiones de la sección **Así se dice** en sus respuestas.

Expresiones para hablar de música

(No) Tiene mucho ritmo.	*It has (doesn't have) much rhythm.*
Es muy rápida/muy lenta.	*It's very fast/slow.*
Está entre las diez mejores.	*It's among the ten best ones.*
Es el hit del momento.	*It's a big hit. It's a smash.*
Está de moda.	*It's in fashion.*
Es el éxito de la temporada.	*It's the big hit of the season.*
Se oye en todas las emisoras.	*It is heard on all the radio stations.*
Se baila en todas las discotecas.	*It is danced in all the discotheques.*
Tiene un mensaje social/político/de amor.	*It has a social/political/love message.*
No pegó. (Pegó mucho.)	*It didn't catch on. (It caught on.)*
Es un clásico del rock.	*It's a classic.*
El ritmo es muy sabroso.	*It has a great rhythm.*
La música es muy pegajosa.	*The music is very catchy.*
La letra (no) se entiende bien.	*The lyrics are (not) easy to understand.*
El cantante tiene muy buena/mala voz.	*The singer has very good/bad voice.*
Es una canción de protesta.	*It's a protest song.*
Es música bailable/música caliente.	*It's music for dancing. It's very hot.*
Es un buen arreglo.	*It's a good arrangement.*
Ésta es una versión en concierto/instrumental.	*It's an instrumental/concert version.*

Práctica y comunicación

Note: Bring a cassette player to class and play a Spanish song of your choice that is appropriate for the chapter theme.

11-11 Top Ten. Imagina que tu compañero/a y tú trabajan en una emisora de radio y deben escoger la mejor canción del año. Cada uno/a de ustedes tiene una candidata diferente. Traten de convencer a la otra persona de que su canción es la mejor.

11-12 Una reseña. Imagina que eres un/a crítico de música. Escoge una canción de moda y escribe una pequeña reseña sobre ella. Utiliza las expresiones de la lista anterior cuando sea posible.

Referencia gramatical 1

Indicating who performs the actions: Passive voice with ser

Before doing the following activities review this structure in the **Cabos sueltos** section, p. 438.

Note: Here is the URL for the movie *Pizza, birra, faso*. There you will find more information: http://www.angelfire.com/ar/pbf/

Note: *Birra* (beer) and *faso* (cigarettes) are words in *lunfardo*, a slang form in Argentina. The title could be translated as *Pizza, beer, and cigarettes*. This movie describes the situation of a group of young people from Buenos Aires that get in trouble with the law out of their need to get food and cigarettes. It is a sad story depicting the poverty in which many Argentineans are forced to live. This situation is partly due to the economic policies implemented in the last decade. You may remind them of some of the issues discussed in Chapter 10 regarding the global economy.

Cartelera

Pizza, birra, faso

Actores principales

Cordobés	HÉCTOR ANGLADA
Pablo	JORGE SESÁN
Sandra	PAMELA JORDÁN
Guión y Dirección	BRUNO STAGNÁRO/ ADRIÁN CAETANO
Fotografía	MARCELO LAVINTMAN
Sonido	MARTÍN GRIGNASCHI
Producción	CAROLINA ALDAO

Algunos premios

Premio FRIPRESCI a la mejor película latinoamericana, Festival Internacional de Cine de Mar del Plata 97, Argentina. Gran premio del jurado, Festival Internacional de Fribourg 98, Suiza y Festival Internacional de Toulouse 98, Francia. Premios a la mejor película, al mejor director y al mejor guión, Festival Internacional de Gramado 98, Brasil.

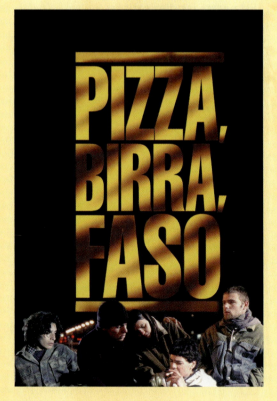

Práctica y comunicación

11-13 Películas. Lee la Cartelera sobre la película *Pizza, birra, faso* y completa el siguiente cuadro con la información. Luego busca información de por lo menos dos películas hispanas y agrégalas al cuadro. Usando el cuadro haz un informe para la clase. Utiliza la voz pasiva en tu informe.

Modelo: *La película* Pizza, birra, faso *fue hecha en Argentina. Fue estrenada en el año 1995. Fue dirigida por… y producida por…*

La película fue hecha por… y representada por…

Título:

Año:

Director:

Origen:

Producción:

Actores principales:

11-14 Problemas con el televisor. Acabas de comprar un nuevo televisor y no funciona bien. Vas a llamar por teléfono para explicarle al/a la técnico (tu compañero/a) los problemas que tienes y él/ella te va a guiar para solucionarlos. Usen el verbo **comprobar** y la voz pasiva según el modelo. Luego cambien de roles.

Modelo: no tener sonido/el volumen/bajar

E1:   *(Mi televisor) no tiene sonido.*

E2:   *Compruebe si el volumen fue bajado.*

1. hacer ruido y no verse ni oírse nada / la antena / conectar
2. no haber imagen / el televisor / enchufar *(to plug in)*
3. no verse un canal / los canales / programar
4. no poder grabar / la videocasetera / conectar
5. no poder usar el control remoto / las pilas / cambiar
6. tener sonido y no tener imagen / los colores / contrastar
7. no verse los videos / la cinta de video / poner
8. no verse los DVD / la máquina de DVD / prender

Answer for 11-14:
Compruebe si…
1) le antena fue conectada
2) el televisor fue enchufado
3) los canales fueron programados
4) la videocasetera fue conectada 5) las pilas fueron cambiadas
6) los colores fueron contrastados 7) la cinta fue puesta 8) la máquina de DVD fue prendida

11-15 Censura. Tú trabajas en la radio de la universidad. Estas son tus notas para la emisión del boletín informativo de la tarde. Escribe una nota en la forma pasiva. Agrega otras ideas. Luego, preséntala en clase como si fuera una noticia de la radio.

Modelo: *Radio Atlántica informa: Anoche en el cine de la universidad fue suspendida la proyección de la película* Átame y desátame. *La orden fue dada por las autoridades universitarias. Según el rectorado* (dean's office) *la película tenía escenas… . Los estudiantes responsables de la proyección fueron interrogados por las autoridades, etc.*

Notas:

1. ¿Qué pasó?
   Las autoridades anularon el concierto de un grupo de rock.

2. ¿Quién tomó la decisión?
   Los dueños de la sala de conciertos tomaron la decisión.

3. ¿Por qué tomaron esa decisión?
   El grupo roquero cantaba canciones con letras obscenas.

4. ¿Cómo lo tomó el público?
   El público de nuestra ciudad esperaba ansiosamente el concierto.

5. ¿?

Diario

¿Qué música escuchas tú? ¿Por qué te gusta esa música? Descríbela brevemente.

¿Cómo te sientes cuando la escuchas?

Referencia gramatical 2

Substitute for the passive voice: The passive *se*
Before doing the following activities review this structure in the **Cabos sueltos** section, p. 440.

Práctica y comunicación

11–16 ¿Cuánto cuesta? Ustedes están pensando hacer una película y quieren saber cuánto dinero cuesta. Analicen el presupuesto de la película española *El amor perjudica*. Uno/a de ustedes lee la información de los puntos 1–4 y el/la otro/a la información de los puntos 5–9. Luego, uno/a formula preguntas sobre los temas de la lista A y otro/a sobre los temas de la lista B. Finalmente, contesten las preguntas de su compañero/a en base a la información que han leído.

Suggestion for 11-16:
Assign to each group two sections of the budget and ask them to create questions based on the information from the document. After five minutes they have to ask the questions to the other groups.

Modelo: E1: *¿Cuánto se pagó por la música?*

E2: *Por la música se pagaron más de cuarenta y cinco mil euros.*

Lista A	**Lista B**
I. Guión y música	V. Viajes/Dietas/Comida
II. Personal artístico	VI. Laboratorio
III. Equipo técnico	VII. Seguros e impuestos
IV. Escenografía	VIII. Gastos generales

EL AMOR PERJUDICA (Presupuesto en euros)

1. Guión y Música

Derechos de autor	60.101,21€
Derechos de música	45.676,91€

2. Personal Artístico

Ana Belén	99.166,99€
Juanito Puig	78.131,57€
Penélope Cruz	60.101,21€
Gabino Diego	60.101,21€
Actores secundarios	56.795,64€
Otros	84.832,85€

3. Equipo Técnico

Director	120.202,42€
Ayudante Dirección	21.636,43€
Productor Ejecutivo	126.212,54€
Fotografía	32.166,16€
Maquillador	11.719,73€
Peluquero	11.419,22€
Efectos especiales	1.803,03€
Sonido	12.020.24€

4. Escenografía

Construcción exteriores	15.025,30€
Construcción interiores	48.080,96€
Mobiliario alquilado	15.025,30€
Vestuario alquilado	18.030,36€
Animales alquilados	180,30 €
Pelucas y barbas	1.803,03 €

5. Viajes, Dietas y Comidas

Dietas actores	19.232,38€
Hoteles	37.022,34€
Comidas	39.065,78€

6. Laboratorio

Revelado	18.048,39€
Trucajes	120.202,42€

7. Seguros e Impuestos

Seguro de buen fin	9.616.19 €
Impuestos	153.258,08€

8. Gastos Generales   102.773,06 €

9. Máximo presupuesto disponible   26.112.136,26 €

Note: Point out that the comma is used instead of the period with decimals.

11-17 Rodaje. Antes de decidirse a rodar la película en España van a presentar un informe para los productores. Lean la información que aparece en el siguiente cuadro y en parejas, preparen un informe oral usando la voz pasiva con **se**.

Modelo: *El 21,3% de las películas españolas se filma fuera de España.*

Rodaje de películas españolas

Localización de las películas	%
Madrid	30,5
Barcelona	7,0
Resto de España	41,0
Fuera de España	21,3

Fecha de estreno

Primavera	21
Verano	23
Otoño	38
Invierno	18

El equipo de rodaje emplea %

Menos de 20 personas	3
Entre 20 y 30 personas	43
Más de 40 personas	53
Hombres	65
Mujeres	35

Conexiones

Note: Review the uses of the subjunctive (Chs. 6, 7, 8). Ask students when the subjunctive is used. Answer: After verbs that express doubt, desire, denial, hope; after impersonal expressions when there is a change of subject; in clauses with unknown or indefinite antecedent; and in adverbial clauses of time, purpose, etc.

Expressing what you hope has happened: Present perfect subjunctive

When expressing doubt, denial, hope, feelings or emotions about something that happened in the past, use the present perfect subjunctive. The events expressed by the subordinate clause happened before the actions expressed in the main clause.

Me alegro que los dibujos animados **hayan sido** divertidos aún para los adultos.	*I'm glad that the cartoons have been funny even for the adults.*
Dudo que los músicos **hayan ensayado** antes del espectáculo.	*I doubt that the musicians have rehearsed before the show.*

The same is true for adjectival and adverbial clauses of time and purpose.

No conozco a **nadie** que **haya triunfado** en Hollywood.	*I don't know anyone who has been successful in Hollywood.*
Ven **tan pronto como hayas terminado** el concierto.	*Come as soon as you have finished the concert.*

Note: Remember that if the subordinate action happens in the present time or in the future, the present subjunctive is used.

Espero que **sea** un programa entretenido.   *I hope that it is an entertaining program.*

To form the present perfect subjunctive, use the present subjunctive of **haber** and the *past participle.*

<table>
<tr><td colspan="3" align="center">**Present Perfect Subjunctive**</td></tr>
<tr><td>**Haber**</td><td></td><td>**Past Participle**</td></tr>
<tr><td>haya</td><td></td><td></td></tr>
<tr><td>hayas</td><td></td><td>apagado</td></tr>
<tr><td>haya</td><td>+</td><td>entretenido</td></tr>
<tr><td>hayamos</td><td></td><td>aplaudido</td></tr>
<tr><td>hayáis</td><td></td><td></td></tr>
<tr><td>hayan</td><td></td><td></td></tr>
</table>

Práctica y comunicación

11-18 Búsqueda. Pregúntale a un/a compañero/a si conoce a alguien que haya hecho estas cosas.

Modelo: participar en un programa de radio.

E1: *¿A quién conoces que haya participado en un programa de radio?*

E2: *Mi tío ha participado en un programa de radio.*

No conozco a nadie que haya participado en un programa de radio.

1. participar en un programa de televisión
2. ver *Lo que el viento se llevó*
3. escribir a un periódico
4. actuar en una película
5. nunca entretenerse con los dibujos animados
6. dormirse en un obra de teatro

Cartelera

Premios Goya

La noche de los Goya es la gran noche del cine español. Cada año se convierte en el equivalente al Oscar de los Estados Unidos. Los Goya son para las mismas categorías que los Oscars pero además se dan tres premios que promueven a los jóvenes. Estas categorías son: Goya al mejor director novel, a la mejor actriz revelación y al mejor actor revelación.

Penelope Cruz recibe el premio Goya.

11-19 Los Goyas ¿Quieres saber quiénes ganaron los premios este año? Busca en Internet: Premios Goya, España. Luego comenta con otro/a estudiante si has visto alguna de las películas ganadoras o si conoces a alguno de los actores.

Note for 11-20: Form the groups and set a time limit. Make sure that each student writes at least one sentence.

11-20 Pasos para hacer una película. Finalmente empiezan a hacer la película pero primero deben organizarse. Combinen los elementos de las tres columnas para ver qué es lo que deben hacer. El grupo que más oraciones haga en el tiempo asignado es el ganador del Premio Goya. Hagan los cambios necesarios y utilicen el presente perfecto del subjuntivo en sus oraciones.

Modelo: *Contrataremos al equipo técnico en cuanto hayamos encontrado un productor.*

contratar el equipo técnico	cuando	encontrar un productor
filmar las escenas	tan pronto como	hablar con el director
construir la escenografía	después de que	contactar a los actores
pagar a los actores	que	escribir el guión
conseguir las filmadoras, películas, etc.	hasta que	seleccionar los lugares de filmación
revelar las películas	antes de que	decidir el vestuario
	en cuanto	filmar las escenas

11-21 Triunfar. Ustedes tienen un/a amigo/a que trabaja en cine y está un poco frustrado/a porque no tiene mucho éxito. En parejas, expliquen las condiciones que deben darse para que su amigo/a triunfe. Comparen su lista con las de otras parejas.

Modelo: *Triunfarás cuando hayas trabajado con un director famoso.*

Expressing what you hoped would have happened: Pluperfect subjunctive

Note: Explain that as a general rule, if the main verb is in the past, the subordinate verb is either in the imperfect or the pluperfect subjunctive.

The pluperfect subjunctive is used to describe an event that took place before another past action. It is used after the expressions that require the subjunctive to express wish, feeling and emotions, doubt, denial, influence, and in clauses with unknown or indefinite antecedent.

Yo **me alegré de** que me **hubieran escogido** para el papel de Cleopatra.

(Emotion) *I was happy that they had chosen me for the role of Cleopatra.*

(The action of choosing took place before the action of being happy.)

Nosotras **buscábamos** a alguien que **hubiera cantado** ópera antes.

(Unknown antecedent) *We were looking for someone who had sung opera before.*

(The person had been singing for some time before the search started.)

A. Review Chapters 6, 7, and 8 to remember the expressions that require the subjunctive:

- doubt: **dudar, no creer,** etc.
- desire: **desear, querer**
- hope: **esperar**
- preference: **preferir**
- denial: **negar**
- feelings and emotions: **alegrarse de, lamentar, sentir, estar contento/a, molestar(se) sorprenderse, temer,** etc.
- impersonal expressions: **es horrible, es sorprendente, es necesario, es bueno/malo, es imposible, es importante,** etc.
- after the words: **ojalá, tal vez, quizá**
- in clauses with the indefinite or unknown antecedent.
- in clauses with expressions of condition and purpose: **sin que**, **a menos que**, **con tal de que**, etc. (see page 229).

B. If the past event happened at the same time as the action expressed by the main verb, then the imperfect subjunctive is used. Review the uses of the imperfect subjunctive on page 424–426 of the Cabos sueltos section.

Ayer, cuando entrevistamos a los postulantes, no había nadie que **supiera** cantar ópera.
Yesterday, when we interviewed the candidates, there was no one that knew how to sing opera.

C. Form the pluperfect subjunctive with the imperfect form of **haber** and the *past participle.*

Pluperfect Subjunctive		
Haber		**Past Participle**
hubiera		
hubieras		estrenado
hubiera	+	entretenido
hubiéramos		dirigido
hubierais		
hubieran		

Note: The auxiliary **hubiera** has an alternative form, **hubiese**, which is used in Spain and in some parts of Latin America.

D. You have already learned that **como si** is usually followed by the imperfect subjunctive. Here you will see that it may also be followed by the pluperfect subjunctive to express something that happened in the past.

Hablaba de ella como si la **hubiera conocido** toda su vida.

(Past) *He spoke about her as if he had known her all his life.*

Hablas como si la **conocieras**.

(Present) *You speak as if you knew her.*

Práctica y comunicación

11-22 ¡Quién pudiera! Por fin, la película se hizo con mucho esfuerzo. Cuenten cómo se sintieron cuando todo terminó. Reaccionen ante estas situaciones formando oraciones en el pluscuamperfecto del subjuntivo.

Modelo: E1: Pagaron 10.000 euros por el guión.
Ojalá/yo/escribir el guión

E2: *Ojalá yo hubiera escrito el guión.*

1. Gastaron millones en anuncios.
   no ser obvio/necesitar tanta propaganda

2. El productor cenó con Penélope Cruz y Antonio Banderas.
   ojalá/invitarme a mí

3. Se filmó la película en tres semanas.
   ser increíble/filmar la película en tan poco tiempo

4. Nos regalaron entradas para el estreno de la película.
   mi hermano y yo/estar muy contentos/regalar entradas para el estreno

5. Pagaron mucho dinero por los derechos.
   yo/estar sorprendido/ellos/pagar tanto

6. Una escena de amor fue censurada.
   ser una lástima/cortar una escena de amor

Cartelera

Cine latino en Internet

Cincuenta y una películas participaron en el Primer Festival de Cine Latino en Internet, transmitido mediante un servidor especial en Miami, que busca promocionar la producción cinematográfica de América Latina. Paco Reyes, el portavoz de Canalsur.com, empresa que organizó el evento, dijo en una entrevista con EFE que "es una alternativa para los cineastas, productores e incluso estudiantes de cine, para dar a conocer su trabajo". Brasil, Chile, Cuba, México, Perú y Venezuela presentaron sus documentales, largometrajes y películas de ficción en **www.canalsur.com**. Los usuarios pueden ver películas de hasta una hora de duración en español y portugués, sin costo alguno.

11-23 Cine latino en Internet. ¿Has visto alguna película cubana, brasileña, mexicana, peruana o venezolana en este último año? Visita este servidor (**www.canalsur.com**) de Internet y mira alguna película. Luego comenta tu impresión con otros/as estudiantes de la clase.

Note for 11-24: Each group works on only one article and then they share the information with the class. Advise students to take notes while others give their presentation to be prepared to make comments for part B of this activity.

11-24A. Avance penoso. En grupos, seleccionen uno de los artículos periodísticos en la página 335 sobre los latinos en el cine, la música o la televisión. Lean la información y preparen un informe corto para la clase explicando cuál es la situación de los latino en estas áreas.

B. **¡Qué interesante!** Luego escuchen el informe de cada grupo y reaccionen con frases originales en el pluscuamperfecto del subjuntivo. Usen las siguientes frases de opinión:

Nos alegró que…   Era importante que…   Fue muy triste que…

Nos encantó que…   Fue una lástima que…   Dudábamos que…

Fue increíble que…   Era necesario que…   No podíamos creer que…

Modelo: *Nos alegramos de que Raúl Juliá hubiera ganado un premio Emmy.*

Nos pareció una lástima que otros hispanos no hubieran ganado.

Fue muy triste que Juliá ya hubiera muerto cuando le otorgaron el premio.

TELEVISIÓN

Una cantidad sin precedentes de seis postulaciones para premios Emmy para hispanos en julio último produjo sólo un premio, otorgado póstumamente a Raúl Juliá por su actuación en *A Burning Season.* Ninguna de las tres grandes cadenas introdujo un programa con un actor principal latino en el otoño, y la ABC – el foco de un boicot nacional continuo – eliminó sus dos únicas series con estrellas latinas. NBC trajo de regreso dos programas, uno de los cuales *(The John Larroquette Show),* ganó una segunda postulación del galardón Emmy para Liz Torres. El otro – *SeaQuest,* con Marco Rodríguez – fue cancelado más tarde en el año.

Hollywood continuó su expansión al sur de la frontera, con varias redes estadounidenses surgiendo en el mercado de la televisión por cable en la América Latina.

PELÍCULAS:

En paralelo con el éxito de dos cineastas latinos de los Estados Unidos, Gregory Nava *(My Family)* y Robert Rodríguez *(Desperado),* dos directores mexicanos dejaron su marca en Hollywood. Alfonso Arau marcó un hito con su cinta *A Walk in the Clouds,* aunque el estreno de la película tuvo que ser demorado por varias razones, incluyendo una demanda judicial presentada por la ex-esposa y asociada del director, Laura Esquivel. Alfonso Cuarón tuvo éxito con la crítica—pero no en la taquilla—con su producción *A Little Princess,* y está transformándolo en una carrera prometedora en Hollywood. Uno de los cineastas más talentosos de Puerto Rico, Jacob Morales, viajó por el circuito de los festivales internacionales con su *Linda Sara,* que rompió las marcas de taquilla en el Estado Libre Asociado. La ejecución de John Leguizamo como un travestí llamado Chi Chi Rodríguez en la película titulada *A Wong Foo, Thanks for Everything Julie Newmar,* enojó al verdadero Chi Chi Rodríguez. El golfista interpuso una demanda judicial y llegó a un arreglo por una cantidad no precisada.

MÚSICA

A principios del año, 34 intérpretes o actos musicales latinos fueron nominados para el premio Grammy y un total de cinco los obtuvieron.

La participación latina en la industria de las grabaciones fue alimentada por un surgimiento de películas hispanas, con bandas de sonido notables para *My Family, The Pérez Family, Desperado* y hasta la música de Emilio Estefan para *The Specialist,* que fue dirigida por Luis Llosa.

La empresa de Estefan, *Crescent Moon Records,* publicó la banda sonora de esta última película y una continuación del ganador del Grammy: Master Sessions, volumen uno del septuagenario *Israel "Cachao" Lópes.* Dos latinos más jóvenes, el productor de discos Jellybean Benítez y el cineasta Robert Rodríguez, también establecieron sus propias compañías de discos.

Expressing a sequence of events: Sequence of tenses in the subjunctive

These charts summarize the sequence of tenses in the subjunctive. The numbers of the following examples correspond to each sequence of tense.

I. Sequence of tenses in the present:

Tense in the main clause	Tense in the subjunctive clause
1. Present 2. Present perfect 3. Future 4. Future perfect 5. Command	Present subjunctive Present perfect subjunctive

A. The action happens at the same time of the main verb or in the future.

1. Te **traigo** estos programas para que los **imprimas**.
   (Present ind.—Present subj.)

   I am bringing you these programs so that you can print them.

2. Nos **han pedido** que nos **presentemos** temprano para ensayar.
   (Present perfect ind.—Present subj.)

   They have requested that we show up early to rehearse.

3. **Me sentiré** mejor cuando **termine** de escribir el guión.
   (Future—Present subj.)

   I'll feel better when I finish writing the script.

4. **Ya habrán escogido** a la mejor bailarina cuando tú **llegues**.
   (Future perfect—Present subj.)

   They will already have chosen the best dancer by the time you arrive.

5. **Ten** cuidado cuando **uses** este video.
   (Command—Present subj.)

   Be careful when you use this video.

B. The event in the subordinate clause happened before the action in the main clause.

1. **Me alegro** que **hayas conseguido** el papel principal en la obra.
   (Present ind.—Present perfect subj.)

   I'm happy that you have gotten the leading role in the play.

2. Para nosotros **ha sido muy importante** que ella **haya ganado** el premio a la mejor actriz.
   (Present perfect ind.—Present perfect subj.)

   It has been very important for us that she won the prize for best actress.

3. Sus padres **estarán orgullosos** de que su hijo **haya sido nominado** para el Oscar.
   (Future—Present perfect subj.)

   His parents must be proud that their son has been nominated for the Oscar.

4. Le **habrá molestado** que ella **haya ganado** el primer premio.
   (Future perfect—Present perfect subj.)

   It must have bothered him that she won first prize.

5. **Esperemos** aquí hasta que **hayan terminado** de ensayar.
   (Command—Present perfect subj.)

   Let's wait here until they have finished rehearsing.

II. Sequence of tenses in the past:

Tense in the main clause	Tense in the subjunctive clause
1. Imperfect	
2. Past progressive	
3. Preterite	Imperfect subjunctive
4. Past perfect	Past perfect subjunctive
5. Conditional	
6. Conditional perfect	

A. The action of the subordinate clause happened at the same time in the past as the action in the main clause.

1. **Dudaba** de que **pudiera** conseguir entradas para el estreno de esa obra.
   (Imperfect—Imperfect subj.)

   She doubted that she could get tickets for the premiere of that play.

2. **Estaba esperando** pacientemente a que **empezara** la función.
   (Past progressive—Imperfect subj.)

   He was patiently waiting for the show to start.

3. **Me sorprendió** que la película **fuera** tan buena.
   (Preterite—Imperfect subj.)

   I was surprised that the movie was so good.

4. Nos **había regalado** las mejores butacas para que **pudiéramos** disfrutar del espectáculo.
   (Past perfect—Imperfect subj.)

   She had given us the best seats so that we could enjoy the show.

5. **Sería bueno** que el director **leyera** el guión.
   (Conditional—Imperfect subj.)

   It would be good for the director to read the script.

6. **Habría sido importante** que Uds. **vieran** esta película.
   (Conditional perfect—Imperfect subj.)

   It would have been important for you to see the movie.

B. The action in the subordinate clause happened before the action in the main clause.

1. **Era increíble** que su fotografía **hubiera aparecido** en primera plana.
   (Imperfect—Pluperfect subj.)

   It was incredible that his picture had appeared on the first page.

2. **Estaba deseando** que la **hubieran aceptado** para interpretar el papel principal.
   (Past progressive—Pluperfect subj.)

   She was wishing that they had chosen her for the leading role.

3. El agente **negó** rotundamente que la actriz **hubiera hecho** un papel tan malo.
   (Preterite—Pluperfect subj.)

   The agent categorically denied that the actress had done such a bad job.

4. **Habíamos dudado** que los medios de comunicación **hubieran dado** la noticia.
   (Past perfect—Pluperfect subj.)

   We had doubted that the mass media would have broadcasted the news.

5. **Preferiría** que ellos **hubieran sido** más discretos con la noticia.
   (Conditional—Pluperfect subj.)

   I would prefer that they would have been more discreet with the news.

6. De ser necesario **habríamos rogado** de rodillas para que nos **hubieran dejado** actuar en ese teatro.
   (Conditional perfect —Pluperfect subj.)

   Had it been necessary, we would have begged on our knees for them to let us act in that theater.

Cartelera

La participación de las mujeres en las noticias

- Tan solo el 27,3% del total de periodistas, reporteros y conductores de programas en los medios televisivos, radiales y gráficos son mujeres.
- Las mujeres que cubren las noticias en la TV son, en promedio, mucho más jóvenes que los hombres y aparentemente tienen dificultades para conservar el trabajo después de los 50 años.
- Las mujeres periodistas predominan en las noticias locales y son minoría en las nacionales e internacionales.
- Hay más hombres que mujeres cubriendo las noticias en casi todos los temas. Hay más mujeres que cubren la sección de sociales, entretenimiento y arte y son casi invisibles en las secciones de economía, política y deportes.
- En un día cualquiera, las mujeres representaron el 15,1% de los sujetos entrevistados y/o citados en las noticias aparecidas en Sudamérica.

Información obtenida de la publicación en Internet de la Editorial *La Jaca Negra*.

Práctica y comunicación

11-25 Ayer y hoy. Lean los datos del año 1996 sobre la situación de la mujer en los medios de comunicación de América Latina en la página 338 y hagan oraciones originales con las expresiones que siguen. ¿Piensan que la situación sigue siendo igual en la actualidad?

Note for 11-25: Have several students present their sentences to the class. Pay special attention to the sequence of tenses and to the use of the subjunctive.

1. Era lamentable que…

2. Habría sido interesante…

3. Preferiríamos que…

4. Nos sorprendió…

5. Sería conveniente…

6. Tengan cuidado cuando…

7. Es increíble…

8. Esperemos que…

11-26 ¿Actual? Analicen y comenten estas afirmaciones. Luego digan si están de acuerdo y si hace 15 años eran válidas o no. Busquen ejemplos en los medios de comunicación para defender sus argumentos y tráiganlos a clase. Presten atención a los diferentes tiempos verbales.

1. Desgraciadamente no hay un equilibrio entre hombres y mujeres en los medios de comunicación.

2. Afortunadamente la mujer como objeto sexual no se utiliza en la publicidad.

3. Por suerte los medios de comunicación respetan la diversidad y aceptan el multiculturalismo.

4. La televisión es un medio imprescindible para la educación.

Diario

Selecciona dos anuncios comerciales de la televisión y haz una lista que presente los efectos positivos y negativos que podrían tener en un público joven.

Manos a la obra

Así se lee

Journalistic techniques

Reading a newspaper in Spanish is different than reading it in English because the styles of writing vary widely. While in the United States the tendency is to use direct language, with short sentences and high frequency words, in the principal newspapers of the Spanish speaking world the opposite is true. The high style of writing with long sentences and low frequency vocabulary is preferred. Nonetheless, there are a few commonalties that will help you even when reading difficult articles. The title and the first two sentences are the most important part of the text. The title presents the topic of the article. The first sentences present the main idea and establish the situation. The main idea has to answer the basic questions of *what?*, *who?*, *when?*, *where?*, and *why?* The body of the article presents the supporting details in order of importance.

Práctica

11-27 **Extras para una ópera.** Lee la cartelera sobre los extras y busca en la introducción la respuesta a las cinco preguntas básicas: *¿qué?, ¿quién?, ¿cuándo?, ¿dónde?, ¿ por qué?* Expresa en tus propias palabras la idea principal.

Cartelera

Seleccionaron a 700 extras para una ópera

Setecientos argentinos fueron elegidos ayer para ser parte de *Aída*, uno de los espectáculos de ópera más importantes del mundo que el 21 de diciembre se presentará en Argentina bajo la dirección del maestro Giuseppe Raffa. A 125 años del estreno de *Aída*, Raffa se propuso recrear la idea original del compositor Giuseppe Verdi. "Verdi pensó en un espectáculo grandioso, con la participación de muchas personas. Por eso hacemos esta selección, para que Argentina participe", explicó el maestro. Los postulantes se sentaron en las gradas de una cancha de fútbol y esperaron pacientemente su turno durante largas horas. Alrededor de las 15 horas comenzó la selección. Caminando entre los postulantes, los directores artísticos del espectáculo buscaron a los hombres altos y robustos para los roles de soldados. Después, los más serios fueron elegidos como ministros y sacerdotes. Y también se seleccionaron los actores para los papeles de prisioneros y hombres del pueblo. En fin, hubo para todos los gustos. Estudiantes de teatro y de música, amantes de la ópera y curiosos, jóvenes y adultos, rubios y morenos. El sueño de Verdi quedó cumplido.

11-28 **La recreación de *Aída*.** ¿Cuáles son las ideas secundarias en el artículo de la Cartelera?

Antes de leer

Estudia estas palabras para comprender mejor el texto.

Vocabulario		Palabra en uso
alzar las voces	*to raise one's voice*	**Alzamos las voces** en contra de la censura en el arte.
el armatoste	*cumbersome piece of furniture*	El televisor es un **armatoste**.
comprobar	*to verify, check*	El periodista **comprobó** que el rumor era verdad.
gemir	*to moan*	El chico **gemía** al recordar la horrible escena.
otorgar	*to grant, give*	Le **otorgaron** el premio al mejor actor.
pena	*suffering, grief*	El músico expresa su **pena** en el canto.
prescindir de	*to do without*	Necesitamos el entretenimiento, no podemos **prescindir** de él.
el quebranto	*grief*	La escena transmitía el **quebranto** de la protagonista cuando muere su compañera.
el recelo	*mistrust, misgiving*	A veces los padres sienten cierto **recelo** hacia algunos programas de tele.
suceder(se)	1. *to follow one another*	Todo el día **se suceden** diferentes programas.
	2. *to happen*	En un buen argumento tienen que **suceder** muchas cosas.
el suspiro	*sigh*	La película termina entre **suspiros** y quebrantos.

Práctica y comunicación

11-29 Reciclar. Escoge la palabra del vocabulario que corresponde a cada palabra en negrita. Haz los cambios necesarios.

1. Al encender el televisor **pasaban** un programa tras otro.
2. El pobre cantante nunca fue feliz, vivió una vida llena de **penas y tristezas**.
3. Los productores miraban a los actores con mucha **desconfianza** *(mistrust)*.
4. Este proyector es un **aparato** feo que ocupa mucho lugar.
5. El director les **dio** un aumento de sueldo a todos los que trabajaban con él.
6. No todos podemos **vivir sin** la televisión.
7. La jefa de sonido **verificó** que todo estuviera en orden antes de la función.

Answers for 11-29:
1) *se sucedían* 2) *quebrantos*
3) *recelo* 4) *armatoste*
5) *otorgó* 6) *prescindir de*
7) *comprobó*

11-30 ¿Qué película es? Escribe una reseña corta sobre una película de amor muy conocida. Luego léesela a los otros estudiantes de tu grupo para que descubran de qué película se trata. Intenta usar alguna de las siguientes palabras.

suspiros	suceder	recelo	quebranto	prescindir	gemir	alzar las voces

Note for 11-31: "Semantic mapping involves the teacher and learners working together to build up diagrammatic maps showing the relationship between vocabulary suggested by the teacher, that suggested by the learners, and that found in a reading text. Stahl and Vancil suggest that discussion of the relationships between the words of the semantic map is a very important part of the procedure." *Teaching & Learning Vocabulary*, I.S.P. Nation, Newbury House Publishers, 1990, p. 129.

11-31 La televisión. Mira la foto y haz un mapa semántico de todo lo que te sugiere. Luego compara tu mapa con el de otros estudiantes de la clase y explica tus asociaciones.

El mundo en casa

Introducción a la lectura

Soledad Puértolas (1947–)

Soledad Puértolas es una escritora española que se dedica a escribir ficción y artículos de opinión como en el texto que aparece a continuación. Ha publicado novelas y libros de ensayos. En este texto plantea el rol que ejerce la televisión en nuestras vidas. Lee el título y la primera oración y trata de imaginar qué se va a plantear en el texto.

Warm-up: Ask students the following questions: *¿Cómo contestarían Uds. la pregunta que hace Soledad Puértola: ¿Qué los lleva a prender el televisor? ¿Por qué miran televisión? ¿Consideran a la TV una cosa estimulante o nociva para la mente?*

El mundo en casa

Si es perfectamente concebible vivir sin televisión, ¿qué es lo que nos lleva a presionar el botón que enciende el televisor, a instalar, en fin, ese armatoste en nuestras casas? Si lo que queremos es recibir noticias del mundo, de todo lo que no es inmediatamente nuestro, podríamos contentarnos con la lectura de los periódicos. A pesar de lo cual, como todos comprobamos de vez en cuando, también se puede vivir sin periódicos. Admitamos que queremos una conexión con el mundo y que la imagen nos ofrece un vínculo inmediato y potentísimo e indudablemente calificaremos a la televisión como el medio más eficaz de establecer ese contacto.

Ahora bien, ¿qué clase de mundo ofrece la televisión? y ¿qué clase de vínculo establecemos con él? Si fuéramos capaces de contestar detalladamente a estas dos preguntas nos haríamos con un manual de sociología bastante útil. Lo primero que podemos decir es que la hipotética oferta de la televisión es muy variada. La palabra clave es "programa". Hay programas mejores y peores, necesarios y superfluos, recomendables o escandalosos. La idea es que se sucedan muchos programas, que haya diversidad, amenidad, como si se hubiera partido de la posibilidad de un espectador que estuviera contemplando la televisión, y la misma cadena, durante las veinticuatro horas. Hay que proporcionarle de todo, hay que darle un mundo. Y aquí está la pregunta, ¿qué mundo se da? Desde luego, y fundamentalmente, un mundo de imágenes. Por la pantalla, no sólo escuchamos sino que *vemos* las noticias. De alguna manera, son más reales y, sin embargo, el hecho de pertenecer a todo el mundo de la televisión, de compartir el tiempo con otros programas, las noticias, en principio reales, cobran un carácter de irrealidad. Con otros matices, todos los programas de televisión participan de esta ambigüedad, son terriblemente reales e irreales al tiempo, incluidos, por supuesto, los tan discutidos *reality shows*. Y enlazamos así con la segunda cuestión: el tipo de vínculo que establecemos con la televisión. Desde luego, mientras consigue captar nuestra atención, nuestra entrega es total, hasta el punto de que algunos psicólogos del arte comparan al público actual de la televisión con el tradicional y hoy ya casi desaparecido público del teatro. Sí, dicen, esta audiencia participa de aquella entrega entusiasta, sin recelos, acrítica. (Luego vendrán los críticos y pondrán las cosas en su sitio). La gran diferencia es que no necesitamos salir del teatro y volver a nuestra casa para escapar de la realidad de la pantalla. Basta apretar un botón. Convivimos con la realidad que ilumina la pantalla y convivimos con su oscuridad. La realidad se nos ha acercado más que nunca, pero podemos negarla. Nos entregamos, pero nos escapamos.

Cuando se alzan las voces en contra de este hoy casi inevitable artefacto, todos nos vemos obligados a asentir un poco, porque la ambivalencia del mundo que ofrece su pantalla, inmenso y abarcable a la vez, y nuestro vínculo de entrega incondicional, le otorgan demasiado poder. Sin embargo, a menudo olvidamos que para muchas personas constituye la única forma de saberse unidas al mundo. Podrá haber épocas en que podamos prescindir de la televisión, pero podrán suceder otras —una enfermedad, una clase de invalidez…— en que su intromisión en nuestras vidas nos sea más que necesaria, casi vital. Como hay momentos en que nos sobra y momentos en que nos hace compañía. Yo recuerdo algunas lejanas tardes en que la irrupción de superagente 86 en la pantalla todavía gris del televisor era como la llamada telefónica de un amigo. La televisión supone, con todos su pros y todos sus contras, una clase especial de amistad y, como a las personas, hay que saberla tratar. O prescindimos de ella o tratamos de aprender cómo tratarla, y tal vez su trato no sea del todo desagradable, porque la vida es larga y desigual, el día largo y desigual, y el mundo, ya lo vemos por la televisión, queda muy lejos de nosotros.

Práctica y comunicación

11–32 Estructura. La lectura tiene un párrafo introductorio, uno en que desarrolla el tema y el último en el que la autora expone su conclusión. ¿A cuál de estas partes corresponden estas frases?

1. La relación con la televisión es igual a cualquier otro vínculo y hay que aprender a relacionarse con ella.

2. La televisión nos permite estar en contacto con el mundo y relacionarnos con él.

3. El mundo que nos ofrece la televisión es muy variado.

11–33 El mundo en casa. Estas son algunas ideas que se presentan en la lectura. Encuentren dónde aparecen en el texto y luego decidan si están de acuerdo o no con estas ideas.

1. Se puede vivir sin televisión.

2. Los periódicos nos mantienen tan bien informados como la televisión.

3. La imagen televisiva es un medio muy poderoso que nos absorbe.

4. Hay mucha variedad de programas en los canales televisivos para entretener a un televidente 24 horas al día.

5. El mundo de imágenes que nos ofrece el televisor confunde la realidad de las noticias con la irrealidad que presentan la mayoría de los otros programas. No podemos distinguir entre las dos.

6. Cuando miramos la televisión prestamos atención total al programa y no ejercemos las facultades críticas.

7. Se nos presenta el mundo exterior en nuestra casa pero lo negamos.

8. Todos están de acuerdo en que el televisor esclaviza, tiene mucho poder en nuestras vidas y no es bueno.

9. Hay situaciones especiales porque para algunas personas la televisión es el modo de estar conectadas al mundo exterior.

10. La televisión es como un amigo. Hay que aprender a convivir con él de la mejor manera posible.

 11–34 Oferta televisiva. Según la lectura, la oferta de la televisión es muy variada. Comprueba si es verdad. ¿Qué programa pertenece a cada categoría? Entrevista a otro/a estudiante para completar el cuadro.

Note for 11-34: Assign this activity as homework and let students do the interview in class.

Modelo: E1: *¿Cuáles son los mejores programas que tú miras? ¿Por qué consideras que son los mejores?*

E2: *Para mí los mejores programas son… porque…*

Características	Ejemplo de programas y explicación
mejores	
peores	
necesarios	
superfluos	
recomendables	
escandalosos	
reales	
irreales	

Diario

Contesta estas preguntas honestamente en tu diario. ¿Qué te lleva a encender el televisor? ¿Qué clase de mundo ofrece la televisión? ¿Qué vínculo estableces con ese mundo?

Note: To make a smooth transition between TV and music, ask the students the following questions: *¿Qué otra forma de entretenimiento tienes en tu casa además de la TV? ¿Te gusta escuchar música? ¿Qué tipo de música escuchas? ¿Cuándo escuchas música? ¿Cuáles son tus cantantes o grupos musicales preferidos? ¿Cuántos CD's compras por mes?*

Cartelera

Ketama y Radio Tarifa.

Ketama y Radio Tarifa son dos grupos de los muchos que combinan el flamenco con otros ritmos. Ketama hace una mezcla de la música negra y latina, de formas de sentir urbanas y tradicionales siempre con aires flamencos. Las letras de las canciones comunican un mensaje de tolerancia, de convivencia entre seres humanos y de sensuales sentimientos amorosos. Radio Tarifa busca las raíces mediterráneas. En su segundo CD, "Temporal", Radio Tarifa presenta una adaptación de "La Tarara", canción tradicional ya popularizada por García Lorca. El grupo logra, a través de la flauta, dar un nuevo significado a esta canción popular.

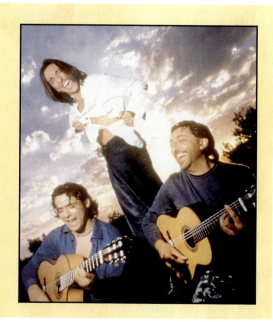

El grupo Ketama

Warm-up for Cartelera:
If you find any CD of either of these two groups, you may want to start the class by playing one or two songs. Radio Tarifa's "Rumba Argelina" and "Temporal" (Storm) and Ketamas's "Konfusion", "Noche de Rock and Roll", and "Insolencia" are easily available in the United States.

11-35 ¿Conoces a estos dos grupos? ¿Escuchaste alguna vez música flamenca? ¿Sabes quién es Paco de Lucía? ¿Te suenan los nombres Pablo Casals, o Narciso Yepes? ¿Qué instrumentos asocias con estos nombres?

Picasso, **Three Musicians.**
The Museum of Modern Art, New York. ©2000 Estate of Pablo Picasso/ Artists Rights Society (ARS), New York. Photograph ©A.G.E. FotoStock.

Poema

Nicolás Guillén (1902–1989)

Poeta y periodista cubano que vimos en el capítulo 8. Este poema es una comparación entre el sonido triste o alegre de la flauta y el canto o el llanto del hombre.

Note: Please refer to the biographical information in Chapter 8.

 **11-36 La flauta.** Lee el poema y luego marca en la lista los sentimientos que asocias con la flauta. Compara tu lista con la de otros/as estudiantes de la clase.

melancolía

placer

felicidad

pena

plenitud

quebranto

alegría

agonía

Suggestion for 11-36: Bring to class any flute piece that you may have handy. Suggestions: "Suite for Flute and Jazz Piano," Claude Bolling with Jean Pierre Rampal as flutist, for a happy tone, or "Bach, Sonatas for Flute, Bass, and Clavecin," for a sadder tone.

Lectura

Solo de flauta

La flauta gemía su melancolía
La flauta decía: no hay pena tan grande
cual la pena mía.

La flauta gemía su melancolía.
La flauta decía: si lloro mi llanto
parece el estruendo de loca alegría.

La flauta gemía su melancolía.
La flauta decía: si canto, mi canto
parece suspiro de cruel agonía.

La flauta gemía su melancolía.
La flauta decía: no hay pena tan grande
cual la pena mía.

Yo soy cual la flauta que rima
con ritmo sonoro su fino y sonoro quebranto
si canto parece que lloro; si lloro parece que canto…

Práctica y comunicación

11–37A. Sentimientos. El poema expresa sentimientos ambiguos. En parejas, contesten las preguntas.

1. ¿Cuál es el tono que canta la flauta?
2. ¿Qué se confude con el llanto? ¿con el canto?
3. ¿Por qué es el poeta como el canto de la flauta?
4. ¿Cuáles son los principales sentimientos que evoca el poema?

B. Comparen los sentimientos que describe el poema con los que Uds. marcaron al escuchar la flauta. ¿Es una experiencia similar?

11–38 Viva la música. Completa el cuadro y luego compáralo con el de otro/a estudiante de la clase. ¿Están de acuerdo?

Instrumento o tipo de música

	flauta	guitarra	violín	tambor	sinfonía	tango	flamenco	salsa
me pone triste								
me pone contento/a								
me da ganas de bailar								
me da ganas de llorar								
me aburre								
me divierte								

Al fin y al cabo

Proyecto: Ver es aprender

En esta parte del capítulo vas a analizar la importancia de la televisión en nuestra vida.

11-39 **Clase social y televisión.** A continuación aparecen los resultados de un estudio realizado por los estudiantes de la universidad de Valparaíso, Chile, sobre el número de horas que se ve la televisión en distintos hogares. Lee estos datos sobre su investigación y luego prepara un informe de un párrafo para la clase. Usa las preguntas como guía para explicar el estudio.

Note: Explain to the class that they have to write a paragraph giving the information in paragraph form. Presenting only the answers to the questions is not acceptable. The object is for them to practice speaking in blocks larger than a sentence.

> **OBJETIVO:** Averiguar la cantidad de horas de televisión según las clases sociales.
>
> **UNIVERSO:** Niños de 8 a 10 años, con sus madres.
>
> **LUGAR:** 42 escuelas (25 privadas y 17 públicas) de Valparaíso y Viña del Mar, Chile.
>
> **QUÉ NIÑOS:** 6 alumnos de cada escuela, 3 niños y 3 niñas.
>
> **CUÁNTOS:** 251 casos.
>
> **INVESTIGADORES:** estudiantes de Servicio Social de la Universidad Católica de Valparaíso y de Pedagogía de la Universidad de Playa Ancha.

1. ¿Qué se quería averiguar?
2. ¿Qué población se usó?
3. ¿Qué escuelas se eligieron?
4. ¿Cuántas escuelas se seleccionaron?
5. ¿Cuántas personas se entrevistaron?
6. ¿Por quién fue hecha la investigación?

Follow-up for 11-40: These are some of the conclusions that can be drawn from the statistics. *Los datos muestran claras diferencias en la evaluación de acuerdo a la clase social. Las clases bajas evalúan positivamente la violencia en una proporción mucho mayor que las clases medias. Más de la cuarta parte de los niños de las clases bajas considera 'buena' la violencia, en tanto que en las clases medias sólo un 2% manifiesta tal opinión. La visión más matizada de distinguir tanto aspectos positivos como negativos en la violencia es propia de las clases medias. Debe destacarse, sin embargo, que hay una clarísima mayoría de niños que evalúa negativamente la violencia tanto en las clases bajas como en las clases medias.*

11–40 Violencia en la tele. Durante la investigación se les planteó a los niños la siguiente cuestión.

"En los programas que se dan en la televisión hay algunos en que se ven escenas violentas como peleas, balazos[1], explosiones, etc. Hay diferentes opiniones sobre estos programas. Algunas personas creen que eso es entretenido para los niños, otras personas creen que eso es malo y que los niños no deben verlos. ¿Qué piensas tú?"

[1]shots, shooting

A. Comenten ustedes la pregunta. Nombren un/a secretario/a que tome nota de los comentarios y luego informen a la clase.

B. Este es el resultado de la contestación a la pregunta en la investigación. Expliquen lo que descubrieron los investigadores según la información en este cuadro.

La violencia en la tele	Clase baja-baja y clase baja	Clase media-baja y clase media
Buena	28%	2%
Mala	70%	79%
Buena y mala	2%	18%

11–41 Crítica constructiva. Hagan una crítica del trabajo hecho en Chile y luego comparen su crítica con las de otros grupos de la clase. Traten de usar las expresiones de la página 335 para expresar opinión.

Modelo: *Es una lástima que hayan entrevistado a tan poca gente.*

11–42 Mejorar la investigación. ¿Qué hubieran hecho ustedes para mejorar la investigación realizada en Chile? Piensen en cinco cosas que ustedes hubieran hecho para una investigación sobre la televisión y los niños y escríbanlas en una lista para luego presentarlas en clase.

Modelo: *Nosotros hubiéramos averiguado* (find out) *qué programas prefieren.*

1.
2.
3.
4.
5.

11-43 Violencia en la tele. No hace mucho tiempo una banda (*gang*) mató a un niño exactamente de la misma manera como lo había visto en una película en la tele. Lean las siguientes afirmaciones, escriban tres más y luego coméntenlas e informen a la clase sobre sus conclusiones. Utilicen el pluscuamperfecto del subjuntivo cuando sea necesario.

1. La banda hubiera (habría) matado al niño aunque no hubiera visto el programa.
2. La censura es importante porque no hubiera permitido que pasaran esa película.
3.
4.
5.

Note for 11-44: Ask them to do the description in class and then look for examples as homework. Alternatively, you may bring to class several TV guides listing Spanish programs if available in your area, or you may find TV listings in the Internet.

11-44 Las normas para la tele. Hasta 2.000 horas de programación televisiva están disponibles cada día en los hogares de los Estados Unidos. Con el fin de ayudar a los padres a escoger los programas que quieren —o no quieren— que vean sus hijos pequeños y jóvenes adolescentes, la industria de la televisión ha desarrollado **La clasificación de programación para padres**. A continuación tienen un ejemplo para la categoría apta para todo público. Ustedes tienen que hacer la descripción de los programas correspondientes a las otras categorías y buscar un programa, (en un canal hispano si fuera posible) que represente a cada categoría. Presten especial atención a la secuencia de tiempos verbales.

Modelo: Categoría: Apta para todo público

La mayoría de los padres considerarían este programa adecuado para todas las edades. Aunque esta clasificación no significa que el programa haya sido diseñado específicamente para niños, la mayoría de los padres permitiría que sus hijos pequeños lo vieran sin supervisión. Contiene poca (o ninguna) violencia, no utiliza lenguaje ofensivo, presenta muy pocos (o ningunos) diálogos o situaciones sexuales.

Categorías:

1. Se recomienda supervisión paternal.
2. Seria advertencia para los padres.
3. Sólo para televidentes adultos.

11-45 Canal en español. Después de haber buscado ejemplos para su clasificación ustedes han obtenido dinero para crear un canal que transmitirá sólo en español durante seis horas al día. Decidan qué programas van a pasar y por qué. Digan si habrá publicidad. Traigan ejemplos de los programas preferidos para cada categoría. Defiendan su programación ante los otros grupos de la clase y luego voten para seleccionar el mejor canal. Esta es una lista de los tipos de programas posibles; ustedes pueden agregar o quitar de esta lista.

1. Programas educativos
2. Telediarios de distintos países
3. Programas deportivos
4. Dibujos animados
5. Telenovelas
6. Cine

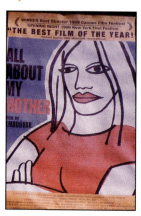
Cartelera

Las chicas de Pedro

Pedro Almodóvar es probablemente el director más conocido del cine español. Sus películas siempre tocan el tema de la mujer. Generalmente trabaja con las mismas actrices, llamadas las chicas de Pedro: Cecilia Roth, (Premio Goya por *Martin Hache*), Penélope Cruz, (Premio Goya por *La línea de tus ojos*), Marisa Paredes, Carmen Maura y Victoria Abril, entre otras. La más conocida de sus películas en Estados Unidos es *Mujeres al borde de un ataque de nervios*, aunque se han estrenado casi todas las otras. Éstas son sus películas aparecidas hasta 1999.

1980 *Pepi, Luci, Bom y otras chicas del montón* (Carmen Maura)
1982 *Laberinto de pasiones* (Antonio Banderas y Cecilia Roth)
1983 *Entre tinieblas* (Carmen Maura)
1984 *¿Qué he hecho yo para merecer esto?* (Carmen Maura)
1986 *La ley del deseo* (Antonio Banderas y Carmen Maura)
1988 *Mujeres al borde de un ataque de nervios* (Antonio Banderas y Carmen Maura)
1989 *¡Átame!* (Antonio Banderas y Victoria Abril)
1991 *Tacones lejanos* (Miguel Bosé, Victoria Abril y Marisa Paredes)
1993 *Kika* (Rossy de Palma y Victoria Abril)
1995 *La flor de mi secreto* (Rossy de Palma y Marisa Paredes)
1997 *Carne trémula* (Penélope Cruz)
1999 *Todo sobre mi madre* (Cecilia Roth, Penélope Cruz y Marisa Paredes)

A escribir

Establecer causa y efecto

Establishing or analyzing cause and effect may help you to clarify your ideas about a phenomenon, a situation, or an event. When we look for the answer to the question, "Why is this the way it is?" it requires an analysis of the causes that led it to be that way. Whereas the answer to the question, "What are the consequences of this?" leads us to analyze its effects. You may choose to focus your analysis on the causes or on the effects separately, or you may want to analyze them together; an effect, or several of them, could be the direct or indirect consequence of a certain cause or causes. For example: "Children's vocabulary increases in proportion to the exposure they have to books. The more books they read or listen to, the larger their vocabulary." In this example, the exposure to books has a direct effect on children's ability to communicate using a large vocabulary. Or we might say that a large vocabulary was caused by the exposure to books.

Práctica

11-46A. ¿Cuál es el efecto? Piensen en los efectos que surgen de las siguientes situaciones. Escriban por lo menos tres efectos para cada situación.

1. El efecto de la televisión en niños que miran ocho o más horas diarias.
2. El efecto de la violencia en la televisión y el cine.
3. El efecto de los videojuegos en los adolescentes y niños.
4. El efecto de los avisos comerciales en los jóvenes.
5. El efecto de enfatizar las noticias de crímenes en la primera plana del periódico.

B. ¿Cuáles son las causas? Ahora piensen en las causas que llevan a los sucesos enumerados arriba. Pregúntense por qué suceden estas cosas. Escriban un mínimo de tres causas para cada uno.

1. ¿Por qué los niños miran televisión ocho o más horas diarias?
2. ¿Por qué las redes de televisión presentan programas con violencia?
3. ¿Por qué a los adolescentes y a los niños les atraen los videojuegos?
4. ¿Por qué hay tantos avisos comerciales?
5. ¿Por qué aparecen las noticias de crímenes en primera plana?

11-47 ¿Quién se beneficia? Escoge uno de los temas del ejercicio 11-46 y escribe un ensayo presentando las causas y los efectos. Sigue estos pasos.

1. Presenta tu tesis en un párrafo introductorio.
2. Presenta las causas. Si es necesario, busca estadísticas u opiniones de expertos para corroborar tu posición.
3. Presenta los efectos. Busca estadísticas o cita la opinión de los expertos para apoyar tu presentación.
4. Conclusión. Haz una síntesis de lo presentado y ofrece algunas soluciones.

Vocabulario

El mundo del espectáculo

la actriz	*actress*	el escenario	*stage*
la cámara	*camera*	el espectáculo	*show*
el camarín	*dressing room*	el/la espectador/a	*spectator, audience*
el/la camarógrafo/a	*camera operator*	el estreno	*opening night, premiere*
el/la cantante	*singer*	la función	*show*
la comedia	*comedy*	la grabación	*recording*
el dibujo animado	*cartoon*	el guión	*script*
el documental	*documentary*	la obra de teatro	*theater play*
la emisión de radio	*radio broadcast*	el personaje	*character*
la escena	*scene*	el/la protagonista	*protagonist*

Sustantivos

el anuncio comercial	*TV commercial*	la noticia	*news*
el argumento	*plot*	el noticiario	*newscast*
el autógrafo	*autograph*	la pantalla	*screen*
el boleto	*ticket*	el pasatiempo	*entertainment, pastime*
la butaca	*seat*	la película	*movie*
la cadena televisiva	*TV chain*	el periódico	*newspaper*
el canal	*channel*	el/la periodista	*reporter*
la cinta/el video	*videotape*	la primera plana	*first page*
el control remoto	*remote control*	el público	*audience*
la cuestión	*matter*	el reconocimiento	*recognition*
la entrada	*ticket*	el rodaje	*filming*
el entretenimiento	*entertainment*	el telediario	*news program*
el éxito	*success*	la telenovela	*soap opera*
la gira	*tour*	el/la televidente	*person that watches TV*
el intermedio	*intermission*	la temporada	*season*
los medios de comunicación	*means of communication, media*	los titulares	*headlines*
		la videocasetera	*VCR*
los medios de difusión	*mass media*	el vínculo	*link*

Verbos

abarcar	*to cover, to grasp*	**ensayar**	*to rehearse*
acercarse	*to come closer*	**entregar**	*to deliver*
actuar	*to act*	**entretener**	*to entertain*
anunciar	*to announce*	**estrenar (una película, una obra de teatro)**	*to release (a movie), to perform for the first time (a play, a show)*
apagar	*to turn off*		
aplaudir	*to clap*		
asentir (ie)	*to assent, agree*	**grabar**	*to record*
comprobar (ue)	*to check*	**interpretar el papel de**	*to play the part of*
dirigir	*to direct*	**transmitir**	*to transmit*
encender (ie)	*to turn on*	**tratarse de**	*to be about*

Adjetivos

ameno/a	*agreeable, pleasant*	**entretenido/a**	*entertaining*
en vivo	*live (program)*	**taquillero/a**	*popular*

Expresiones idiomáticas

al final	*at the end*	**valer la pena**	*to be worthwhile*
seguir + gerund (ando, iendo)	*to continue + ing*		

Note: The vocabulary in **Manos a la obra** on p. 341 is also considered active vocabulary.

12.

Capítulo doce

El amor y la celebración de la vida

Warm-up: In this chapter you are going to talk about love, celebrations, and festivals. *¿Crees en el amor? ¿Eres romántico/a? ¿Has participado en una fiesta latina? ¿Has participado en algún festival latino? ¿Has visto un desfile latino?*

"Besarse, mujer, al sol es besarnos en toda la vida."
-Miguel Hernández

Note: Miguel Hernández was imprisoned and shot at the end of the Spanish Civil War.

Tema cultural:

El modo de celebrar hispano

Objetivos comunicativos:

Talking about celebrating

Describing how things may be in the future

Talking about love

Describing hypothetical situations in the past

Discussing contrary-to-fact situations

Expressing a sequence of actions

Warm-up: Ask students to mention any differences and similarities between the wedding pictures and a traditional wedding in their community.

En marcha

Vocabulario en contexto: Festejar, esencia del ser mexicano

El desfile del día de Puerto Rico en Nueva York

"El **solitario** mexicano ama las fiestas y las celebraciones públicas. Todo es ocasión para **reunirse**. Cualquier pretexto es bueno para interrumpir la marcha del tiempo y celebrar con **festejos** y ceremonias hombres y **acontecimientos**." Con estas palabras, Octavio Paz comienza el tercer capítulo de su libro *El laberinto de la soledad*. En esta obra, Paz explica al ser mexicano en su dimensión política, histórica y social. El capítulo "Todos santos, día de muertos" se centra en esta última dimensión y explora por qué los mexicanos **adoran** las fiestas.

"Somos un pueblo ritual" nos dice Paz, y esto explica la inmensa cantidad de **días feriados** que aparecen en el calendario mexicano. Los mexicanos no **se conforman** sólo **con** celebrar las **fiestas patrias** y las religiosas, sino que también cada pueblo celebra **fiestas patronales** y cada persona festeja el día de su santo y el de su **cumpleaños**.

De estas celebraciones, **asombra** el **derroche** de **alegría** y vida. Según Paz, en pocos lugares del mundo se pueden observar fiestas tan espectaculares como en México. En las fiestas mexicanas, abundan los **globos** y papeles de colores vibrantes, los **ruidosos desfiles** que paralizan las calles del pueblo o la ciudad, y los **fuegos artificiales** que **alegran** los cielos. En medio de este **sentimiento**, el mexicano **se entusiasma** y no **se avergüenza de** cantar, gritar, bailar, **rezar**, **contar chistes**, **emborracharse** y hasta llegar a excesos que en la vida diaria no se dan.

Un aspecto que **impresiona** de la mentalidad mexicana es que aunque una persona, pueblo o ciudad no tenga mucho dinero, sigue celebrando fiestas, **poniendo en apuros** inclusive su **presupuesto**. Además, los mexicanos no **se contentan con** una celebración sencilla, necesitan **hacer una gran fiesta**. El autor explica esto como "la función utilitaria" de la fiesta: el pueblo **confía en** que tendrá una **recompensa** después de la fiesta, así que si **gasta** mucho dinero y energía, luego será **premiado** con salud y vitalidad.

En cambio, paradójicamente, según Paz, los países desarrollados y con más **poder adquisitivo** tienen pocas fiestas. Por lo tanto, la gente de estos lugares busca otras formas de divertirse. Las fiestas mexicanas son reemplazadas por el teatro, las vacaciones, el *weekend*, el *cocktail party*, etc. Otra diferencia entre México y los países desarrollados es que las **aglomeraciones** en estos últimos son realmente la unión de parejas o pequeños grupos de personas, mientras que en el primero, la fiesta **convida a** la comunidad entera y la masa de individuos **se convierte en** un solo ser.

El ensayo concluye con la idea de que la fiesta libera a los

Check comprehension:
Según el título, ¿qué es muy importante para la persona mexicana? Esta es una reseña de un capítulo de un libro de Octavio Paz, un escritor mexicano. ¿Cómo se llama el libro? ¿De qué trata este capítulo? ¿Hay muchas o pocas fiestas en el calendario mexicano? ¿Qué tipo de fiestas se celebran? ¿Qué cosas se encuentran en estas fiestas en general? ¿Qué hace el mexicano para celebrar las fiestas? En general, ¿tienen mucho dinero para hacer fiestas? ¿Cuál es la "función utilitaria" de la fiesta? En los países desarrollados, ¿hay tantas fiestas como en México? ¿Cómo se relajan las personas en estos países? ¿Cómo liberan las fiestas a los mexicanos? ¿Qué brindis hacen?

mexicanos. Por la euforia que causan las fiestas, el mexicano no **teme** mostrarse como es. En la fiesta, las personas participan, se abren al exterior y se comunican con su comunidad. Allí dejan de soportar la soledad y la miseria que sufren durante el año y **hacen un brindis** por la vida. Según Paz, sin las fiestas el mexicano no **aguantaría** su existencia y **estallaría**, porque éstas son las que lo ayudan a romper con su silencio y a recargar su sensibilidad y su imaginación.

Palabras conocidas

Repasa estas palabras que deben ser parte de tu vocabulario básico.

Sentimientos y emociones

		Cognados
alegrarse	odiar	el aniversario
amar	regalar	celebrar
divertirse	sentir	las decoraciones
enojarse / enfadarse con	sonreír	el romance
envidia / envidiar	la torta (el pastel) de cumpleaños	romántico/a
estar de acuerdo con		
extrañar		

Expresiones útiles

cumplir años	*to have a birthday*
la despedida de soltero/a	*bachelor's / bachelorette's party*
enamorarse de	*to fall in love with*
tener celos	*to be jealous*

Mi hermana y yo **cumplimos años** el mismo día pero con dos años de diferencia.

My sister and I have our birthday on the same day but we were born two years apart.

Le hicimos una linda **despedida de soltera** a Elena en el club social.

We gave Elena a nice bachelorette's party at the social club.

Ella está **enamorada de** su entrenador de fútbol.

She is in love with her soccer coach.

El niño de cuatro años **tiene celos de** su nueva hermanita.

The four-year-old child is jealous of his new sister.

12-1 ¿Cuál es el sinónimo? Busca el sinónimo más adecuado para cada una de las siguientes palabras en el Vocabulario en contexto.

1. felicidad _____

2. entretenerse _____

3. malgastar _____

4. celebración _____

5. conformarse con _____

6. festejar _____

7. impresionar _____

8. soportar _____

Answers for 12-1:
1) *alegría* 2) *divertirse*
3) *derrochar* 4) *festejo*
5) *contentarse con*
6) *celebrar, hacer una fiesta*
7) *asombrar* 8) *aguantar*

 12-2 ¡Que vivan las fiestas! Hazle las siguientes preguntas a tu compañero/a.

1. ¿Cuándo fue la última vez que fuiste a una fiesta? ¿Dónde fue? ¿Qué hacían los invitados? Describe la fiesta con detalles.

2. ¿Has asistido a una fiesta de tu comunidad? ¿Cómo era? ¿Se parecía a la descripción de Octavio Paz?

3. ¿Alguna vez has ido a una celebración hispana? ¿En qué era similar a/diferente de las celebraciones de tu comunidad? Explica.

12-3 Diálogo entre culturas. Imagina que eres un/a estudiante mexicano/a. Vas a hablar con tu compañero/a sobre la forma en que se festeja en tu país y la otra persona va a explicarte cómo son las fiestas en Estados Unidos. Escriban un diálogo juntos para presentar después a la clase.

Note for 12-3: Refer students to the **Vocabulario en contexto** for ideas about the Mexican festivals.

12-4 Debate. En grupos de cuatro, escojan una de las siguientes afirmaciones de Octavio Paz y coméntenla. Dos estudiantes van a estar de acuerdo con Paz y dos van a estar en contra.

1. En pocos lugares del mundo se puede vivir un espectáculo parecido al de las grandes fiestas religiosas de México.

2. En los países desarrollados la gente tiene otras cosas que hacer y cuando se divierten lo hacen en grupos pequeños.

3. Las masas modernas son aglomeraciones de solitarios.

4. Los países ricos tienen pocas fiestas: no hay tiempo, ni humor.

12-5 ¿Cuál prefieren? Tú y tus amigos tienen la oportunidad de asistir a una celebración típica de un país hispano. Miren la información y las fotos en las Carteleras siguientes y decidan a cuál prefieren ir. Expliquen su punto de vista con claridad para poder convencer al resto de la clase de que la celebración que ustedes escogieron es la mejor. Sean convincentes, pero traten de llegar a un acuerdo.

Cartelera

El asado criollo

Es una comida argentina que se usa para cualquier celebración. Generalmente se asa carne de vaca *(beef)* o un cordero *(lamb)* o lechón *(pork)* sobre una parrilla o en un asador *(grill)*. Además se suelen asar chorizos, morcillas *(blood sausages)*, riñones, chinchulines *(intestines)* y molleja *(sweetbread)*. La bebida que lo acompaña es casi siempre vino tinto, a veces mezclado con soda o agua.

El asado criollo de Argentina

Cartelera

El día de los muertos

En México conviven celebraciones religiosas con celebraciones indígenas. El día de los muertos es un ejemplo de la cultura indígena mezclada con la religión católica (sincretismos). En este día se celebra el tributo a los muertos. En las celebraciones se comen calaveras de azúcar, se ofrece la comida favorita del muerto y hay orquestas en las que los músicos están disfrazados de esqueletos. Estas ofrendas de flores y comida a los muertos se hacían antes de la llegada de los españoles. No es una fiesta triste sino alegre donde también se celebra la vida.

El día de los muertos en México

Cartelera

La piñata

Un juego popular en las fiestas de niños es la piñata. Los niños, con los ojos cubiertos por un pañuelo, se turnan para pegarle a la piñata con un palo. Para hacerlo más difícil, a veces hay una persona mayor que tira de una cuerda para subir y bajar la piñata. Finalmente alguien la rompe y todos los caramelos *(sweets)* que hay dentro caen al suelo para que los niños los recojan. Las piñatas pueden hacerse en casa, con un globo y papel de diario o comprarse hechas.

La piñata es un juego muy popular para los cumpleaños de niños.

12-6 **Para saber más.** Investiga los detalles de alguna festividad que se celebre en Hispanoamérica o en España. Haz un resumen para la clase. Puedes entrevistar a una persona hispana o buscar en Internet. Aquí hay algunas sugerencias.

Fiestas patrias: Día de la Constitución, Fiesta de José de San Martín, Aniversario de Simón Bolívar, Cinco de mayo, Día de la independencia (en cualquier país hispano).

Fiestas religiosas: Día de los muertos en México, fiestas patronales en España, La Semana Santa en Sevilla.

 ¡Sin duda!

mudarse – mover   forma – formulario   aplicar – solicitar

Study the meaning of these false cognates to learn their correct use in Spanish.

Palabra		Ejemplo
mudarse	*to change place of residence*	Después de casarnos nos **mudaremos** a la Florida. *After we get married we'll move to Florida.*
mover(se)	*to move oneself or an object*	Para poder bailar tuvimos que **mover** todos los muebles de la sala. *In order to dance we had to move all the furniture in the den.*
forma	*shape of an object*	Se disfrazó de un objeto muy raro con una **forma** horrible. *He dressed up as a weird object with a horrible shape.*
formulario	*form, document to be completed*	Si quieres alquilar el local para el baile debes completar unos **formularios**. *If you want to rent the place for the dance, you must fill out some forms.*
solicitar	*to apply (for a job), to request*	Puedes **solicitar** los formularios en el ayuntamiento. *You can request the forms at city hall.*
aplicar(se)	*to put on, to enforce*	La ley se **aplica** rigurosamente y no se puede fumar durante las ceremonias. *The law is rigorously enforced and it is not possible to smoke during the ceremonies.*
aplicado/a	*studious, industrious*	Es una chica muy **aplicada** y por eso la dejan ir a todas las fiestas. *She's a very industrious girl; that's why they let her attend all parties.*

Práctica y comunicación

12–7 ¿Cuáles corresponden? Empareja cada palabra de la columna A con su equivalente de la columna B.

A	B
1. _____ aplicar	a. cambiar de lugar
2. _____ forma	b. cambiar de casa
3. _____ formulario	c. poner, colocar
4. _____ mover	d. diseño, figura
5. _____ mudarse	e. impreso, papel
6. _____ solicitar	f. pedir

 12–8 Definiciones. Cada uno de ustedes debe escribir la definición de tres de las palabras de la lista. Luego, debe leerlas en voz alta sin decir de qué palabra se trata. Otro/a estudiante tiene que usar la palabra correspondiente en una oración completa.

Modelo: E1: *Definición: verbo que significa cambiar de lugar.*

E2: *Me muevo mucho cuando bailo.*

✳ Así se dice

¡Viva la clase de español! ¡Viva! ¡Viva!

Expresiones de algarabía (*joy*)
Es muy común para cualquier tipo de fiestas escuchar expresiones celebratorias como las siguientes. Cualquier participante de los festejos las puede usar y los demás responden en conjunto con la palabra **¡Viva!** o **¡Que viva!**

¡Viva!	*Hurray!*
¡Viva Juan!	*Hurray for Juan!*
¡Vivan Ana y Beatriz!	*Hurray for Ana and Beatriz!*
¡Que viva la Fiesta del Maíz!	*Hurray for the Corn Festival!*
¡Que viva la libertad!	*Hurray for freedom!*

Expresiones para saludar al/a la cumpleañero/a o persona agasajada

¡Feliz cumpleaños!	*Happy birthday!*
¡Que los cumplas feliz!	*Happy birthday!*
¡Felicidades!	*Congratulations!*
¡Feliz día del santo!	*Happy Saint's Day!*
¡Felices fiestas!	*Happy holidays!*
¡Feliz Año (Nuevo)!	*Happy New Year!*

12-9 ¡Que viva! Usen ¡Vivas! para celebrar lo siguiente. Túrnense para que varias personas del grupo usen las expresiones de algarabía. Los demás tienen que responder en conjunto y fuerte.

Modelo: E1: *¡Que vivan los estudiantes de esta clase!*

Grupo: *¡Que vivan!*

1. el/la profesor/a
2. la universidad de _____
3. la clase de español
4. (nombre del equipo de fútbol)
5. (nombre de la mascota de la universidad)
6. ¿?

Suggestion for 12-9: Divide the class in two groups. Tell them that they are going to compete for the loudest and most spirited *Vivas*. In turn, they have to come up with spontaneous *Vivas* about the Spanish class. The team that has the loudest and most spirited *Vivas* is the winner.

Referencia gramatical 1

Describing how things may be in the future: Future perfect
Before doing the following activities review this structure in the **Cabos sueltos** section, p. 441.

Práctica y comunicación

12-10 ¿Qué habrá sido de ellos? Busca una foto de una fiesta de hace por lo menos diez años. Luego imagina qué habrá sido de cada uno de los invitados y plantéaselo a otro/a estudiante de la clase.

Modelo: *Me imagino que mi amiga Fernanda habrá vivido siempre en Wisconsin. Supongo que se habrá casado.*

12-11 ¿Final feliz? Aquí tienen algunos datos sobre romances de personajes históricos, pero no sabemos cómo terminan sus historias. En grupos especulen sobre cómo se desarrollaron estas historias.

Modelo: *¿Se habrán conocido en la corte? ¿Habrán tenido una aventura o se habrán casado?*

1. La reina Isabel II de España y el General Francisco Serrano. A la reina la casaron con su primo Francisco de Asís a los 16 años, pero ella estaba enamorada de Francisco Serrano…
2. El pintor español Salvador Dalí y su esposa Gala. Gala estaba casada con el escritor Paul Eluard. Dalí la conoció en el año 1929.
3. Evita Perón y Orson Wells. Él no quería viajar a Buenos Aires pero al final fue.

Alternative for 12-11: 1) Bring to class pictures of groups of people and distribute to students. Tell them that they have to imagine that they knew these people in the past. 2) Ask students to write the name of four friends from elementary or nursery school and then have them guess how their lives turned out, following the model.

Referencia gramatical 2

Describing a hypothetical situation in the past: Conditional perfect
Before doing the following activities review this structure in the **Cabos sueltos** section, p. 442.

12-12 A mi estilo. Imaginen que Uds. son escritores/as. En parejas, elijan una historia famosa y digan todo lo que habrían cambiado de esa historia.

Modelo: *Habría cambiado la historia de la Cenicienta* (Cinderella). *No habría puesto una madrastra mala. Cenicienta no habría vuelto a las doce. Ella le habría dicho la verdad al príncipe.*

Note: Cajamarca is an important agricultural and cattle-raising region of Peru.

12-13 Ventana sobre el tiempo. En las distintas culturas las celebraciones muchas veces tienen que ver con los acontecimientos de la vida cotidiana y de la naturaleza. Lean la siguiente Cartelera y luego digan cómo habría sido el año para ustedes y cómo habría sido el año en Cajamarca, que está en el hemisferio opuesto.

Cartelera

Ventanas sobre el tiempo, de Eduardo Galeano

En Cajamarca, enero es tiempo de tejer.
En febrero aparecen las flores delicadas y las fajas coloridas. Los ríos suenan, hay carnaval.
En marzo ocurre la parición de las vacas[1] y las papas.
En abril, tiempo de silencio, crecen los granos del maíz.
En mayo, se cosecha.
En los secos días de junio, se prepara la tierra nueva.
Hay fiestas en julio, y hay bodas, y los abrojos del Diablo[2] asoman en los surcos.
Agosto, cielo rojo, es tiempo de vientos y de pestes.
En luna madura, no en luna verde, se siembra en septiembre.
Octubre suplica a Dios que suelte las lluvias.
En noviembre mandan los muertos.
En diciembre la vida celebra.

[1]*parturition time of cows*   [2]*Devil's burrs*

Modelo 1: *Nosotros en enero habríamos cortado leña. Habría nieve. En febrero habríamos festejado a San Valentín. Habría corazones rojos y chocolates por todas partes.*

Modelo 2: *En Cajamarca en enero habría sido tiempo de sol y arena. Los niños se habrían bañado en el mar.*

Conexiones

Discussing contrary-to-fact situations: *If* clauses with the conditional perfect and the pluperfect subjunctive

When we hypothesize about a past situation that cannot be reversed, we express a contrary-to-fact situation using the *if* clauses.

If I had married Pedro, I wouldn't have been happy.

In Spanish this is expressed with the pluperfect subjunctive in the *if* clause and the conditional perfect in the clause stating the result.

Te **habrías enfadado** mucho si **hubieras descubierto** sus infidelidades.

You would have been very angry if you had discovered his infidelities.

Práctica y comunicación

12–14 ¿Qué habrías hecho tú? Piensen en las situaciones propuestas y en otras dos más y pregúntense qué habrían hecho ustedes en esas situaciones. Alternen los roles para preguntar y contestar.

Modelo: E1: *¿Qué habrías hecho si te hubieran prohibido ir a la fiesta de cumpleaños de tu mejor amiga cuando tenías 13 años?*

E2: *Si me hubieran prohibido ir a la fiesta de mi mejor amiga, yo me habría rebelado. Habría hecho una huelga de hambre.*

¿Qué habrías hecho si…

1. … prohibir ir a la fiesta de promoción de la escuela secundaria?
2. … no dejarte asistir a la universidad lejos de tu estado?
3. … prohibirte festejar tu cumpleaños?
4. … hacerte participar de una celebración que no te interesaba?
5. … enamorarte de… ?
6. … un/a amigo/a ponerte en apuros?

12–15A. La fiesta de Beatriz. Todos hemos tenido alguna vez una fiesta que no salió como deseábamos o en la que nos aburrimos mucho. Esto es lo que pasó es la fiesta de Beatriz. ¿Qué habrían hecho Uds.?

Modelo: La semana pasada en la fiesta de Beatriz se nos acabó la cerveza temprano.

E1: *Si se nos hubiera acabado la cerveza temprano, yo habría pedido dinero a todos los invitados y habría salido a comprar más.*

La semana pasada en la fiesta de Beatriz…

1. se nos acabó la comida pronto.
2. se rompió el equipo de música.
3. sólo teníamos cuatro discos de *rock*.
4. los invitados empezaron a irse temprano.
5. había mucha gente aburrida.
6. ¿?

B. **Mi fiesta horrible.** Ahora cuéntale a un/a compañero/a sobre tus experiencias en una fiesta aburrida y mal organizada y él/ella te dirá qué habría hecho en tu lugar.

Cartelera

Días festivos en México

Estas son las celebraciones más importantes de México.

El Año Nuevo (1° de enero). Hay fiestas populares en todo el país.

El Día de los Reyes Magos (6 de enero). Un día festivo que pertenece a la tradición católica. Los niños reciben regalos y durante la fiesta se come un pastel especial; un anillo con muñecas pequeñas está en el interior del pastel. El niño que encuentre la muñeca tendrá una fiesta el 2 de febrero.

Celebración religiosa en la Ciudad de México

El Día de la Candelaria (2 de febrero). Hay fiestas, desfiles a luz de vela y corridas de toros en las calles decoradas con linternas, además de fiestas para niños.

El Carnaval (mediados de febrero). Hay música, baile y desfiles en muchos pueblos cerca del mar. Veracruz y Mazatlán tienen las fiestas más grandes.

La Semana Santa (marzo o abril). Comienza el Domingo de Ramos y es la semana más importante en México. Tienen lugar muchas celebraciones religiosas.

El Día del Trabajo (1 de mayo). Es un día festivo legal con muchos desfiles y propaganda acerca del trabajo.

El Cinco de Mayo. Aquí se celebra el día en que los mexicanos derrotaron a las tropas francesas en la Batalla de Puebla en 1862.

El Día de San Juan Bautista (24 de junio). Se celebra con fiestas populares y religiosas y con bromas pesadas basadas en la sorpresa de la víctima.

El Día de Cuauhetemoc (2 de agosto). Bailes y ceremonias en el círculo Cuauhetemoc en la ciudad de México para honrar al último emperador azteca.

Los festivales de octubre. Los mejores tienen lugar en Guadalajara con muchos dramas, carreras y otras diversiones relacionadas con las artes y los deportes.

El Día de los Muertos (2 de noviembre). El Día de los Muertos es un día festivo especial en México. (Ver Cartelera, p. 360)

El Día de Nuestra Señora de Guadalupe (12 de diciembre). Se honra a la patrona de México. Los peregrinos van a la Basílica en la Ciudad de México.

Las posadas (16 al 24 de diciembre). Desfiles y fiestas que conmemoran el viaje de José y María a Belén y que se celebran con mucha música y muchas piñatas. (Ver Cartelera, p. 368.)

La Navidad (25 de diciembre). Una fiesta especial para la familia.

12–16 Días festivos en México. Lean la información en la Cartelera sobre los días festivos de México y averigüen si son los mismos que en otros países hispanos. Luego elijan cuatro o cinco y digan qué habrían hecho si hubieran estado allí.

Modelo: *Si hubiéramos estado en México para la fiesta de X, nos habríamos divertido porque habríamos…*

Expressing sequence of actions: Infinitive after prepositions

Spanish always uses the infinitive after a preposition when English uses the present participle form (*-ing* ending).

Después de hacer un brindis, cortaron el pastel de cumpleaños.	*After making a toast, they cut the birthday cake.*

Place the pronouns after and attached to the infinitive.

Antes de **conocerte**, no sabía lo que era el amor.	*Before meeting you, I didn't know what love was.*

There are several prepositions that have a special meaning in Spanish.

A. **Al** + inf. = upon + *-ing* or when + verb

Al ver su sonrisa, supo que todo estaba perdonado.	*Upon seeing (When she saw) his smile, she knew that everything was forgiven.*

B. **Para** + inf. = in order to + verb

Para festejar las bodas de plata, van a hacer un safari en África.	*In order to celebrate their silver anniversary, they are going on an African safari.*

C. **De** + inf. = *If* clauses in the present and the past

De terminar temprano la fiesta, iremos a tomar un café al centro. (Present)	*If the party finishes early, we'll go have a coffee downtown.*
De tener más lugar en casa, invitaría a más amigos para la fiesta. (Present contrary-to-fact)	*If I had more room at home, I would invite more friends to the party.*
De haber sabido que venías, no habría salido. (Past contrary-to-fact)	*If I had known you were coming, I wouldn't have gone out.*

✳ Diario

Describe una fiesta inolvidable. ¿Qué se celebraba? ¿Quiénes estaban allí? ¿Qué hicieron para divertirse?

Boletín

La canción de feliz cumpleaños se canta con la misma música que la versión inglesa.

¡Feliz cumpleaños!

¡Que los cumplas feliz!
¡Que los cumplas feliz!
¡Que los cumplas María!
¡Que los cumplas feliz!

Note: Each country has a different birthday song. However, this one is well known in many different countries.

Suggestion for Boletín: Find out who are the students whose birthdays fall in this, the next, and previous months. Then sing *¡Feliz cumpleaños!* to them.

Práctica y comunicación

12-17 Mis celebraciones. Uno/a de ustedes elige dos de los acontecimientos de la lista que sigue y le explica a otro/a estudiante cómo los celebra. Su pareja toma notas para luego explicarlo todo oralmente a la clase. Luego, alternen los roles.

> **Modelo:** E1: *Para celebrar mi cumpleaños hago una fiesta con mis amigos.*
>
> E2: *Para celebrar su cumpleaños E1 hace una fiesta con sus amigos.*

1. Halloween
2. fin de año
3. graduación

4. noviazgo
5. boda
6. ¿?

Cartelera

Las posadas

Durante las nueve noches anteriores a la Nochebuena, se representa la historia de María y José buscando alojamiento en su camino hacia Belén. Generalmente la familia y los amigos celebran en una casa distinta cada noche. Un niño y una niña vestidos como María y José y otro niño vestido de ángel llaman a la puerta.

Las posadas mexicanas.

Cuando abren la puerta, todos cantan: *Somos María y José buscando posada.* Al principio la familia no los deja entrar; entonces los caminantes vuelven a cantar. Finalmente todos entran y celebran con una fiesta.

12-18 Quién pudiera. Imaginen que ustedes tienen otra vez cinco, diez o quince años y digan qué cosas harían que no pueden hacer ahora y que no hicieron en ese momento.

> **Modelo:** *De tener cinco años ahora pediría un juguete muy grande para mi cumpleaños.*

1. De tener 5 años…
2. De tener 10 años…
3. De tener 15 años…

12-19 De haber sabido. Piensa en distintos momentos importantes de tu vida y di lo que habrías hecho de haber sabido que esas situaciones iban a ocurrir.

> **Modelo:** *De haber sabido que mi abuelo iba a morir tan pronto, le habría pedido que me contara sus experiencias durante la juventud.*

Manos a la obra

Así se lee

Putting everything together

You have learned several strategies to help you in the process of reading a foreign text. Here you are going to put them all together. Remember to follow these steps every time you encounter a new text. They will aid you in understanding the message.

First, look at the illustrations, the title, and visual cues such as the format of the text: Is it a letter, a postcard, a form, a newspaper article, an essay? What does the title hint at? These things will provide the context of the reading. At this point you may create your first hypothesis of what you think you may find in the text and relate it to some previous knowledge you may have of the topic.

Second, skim the text using cognates and the context in general as clues for understanding. Is your hypothesis confirmed? If it is not, create a new hypothesis about the purpose of the text and formulate questions about some of the details, such as main ideas, characters, settings, and events.

Third, do a closer reading, scanning the text for your answers. Remember that each paragraph has a topic sentence, usually located at the beginning of the paragraph. By reading the topic sentence and skimming over the paragraph, you will know if it contains the answers you are looking for.

Fourth, now that you have identified the main elements, read slowly and carefully, checking your comprehension throughout the text. Use the comprehension questions as a guide. Confirm your hypothesis and try to summarize the text in your own words.

Práctica

12–20 ¿Qué pasa cuando nos enamoramos? Lee la siguiente Cartelera siguiendo estos pasos. Luego compáralos con un/a compañero/a.

A. Primer paso:

1. Lee el título.
2. Observa la ilustración.
3. Escribe tu primera hipótesis: ¿sobre qué tratará este texto?
4. Relaciónalo con algo que ya sabes sobre los sentimientos que tienes cuando te enamoras.

B. Segundo paso

1. Lee rápidamente el texto para descubrir la idea principal.
2. Escribe la idea principal: _____.
3. Compara la idea principal con tu hipótesis. ¿Coinciden o son diferentes?
4. Haz tres preguntas sobre puntos del texto que necesites aclarar.

C. Tercer paso

1. Lee el texto detenidamente y trata de encontrar las respuestas a tus preguntas.
2. Comparte tus respuestas con un/a compañero/a.

Suggestion for 12-20:
Have students report to the class after they complete each step.

Cartelera

Los efectos del enamoramiento

Según los psicólogos el estado de
enamoramiento genera un estrés que es
suavizado por ciertos mecanismos biológicos que
el sistema nervioso central transforma en
estímulos placenteros. Estos estímulos son
capaces de fortalecer nuestro sistema
inmunológico y generan sustancias químicas que
nos hacen más resistentes al dolor y al estrés. Las
personas muestran mayor agilidad, reacciones
más rápidas y menos cansancio.

Cuando surge el flechazo se liberan más de 250 sustancias químicas en el organismo. Los científicos llaman
pasión a los cambios que se producen en la persona. Estos cambios tienen consecuencias no sólo a nivel físico,
como hemos mencionado, sino también a nivel psíquico y social. Psicológicamente aumenta la autoestima y la
capacidad de aprendizaje, se desarrolla más la creatividad y la inteligencia; además se tiene más optimismo y se
siente menos frustración ante las adversidades. A nivel social aumenta la comprensión y parece más sencillo
alcanzar metas profesionales.

Desafortunadamente este estado especial no dura más de tres meses. Según los estudios el cuerpo no
podría soportar una pasión fuerte por más tiempo. A los tres meses del flechazo el/la enamorado/a se vuelve a
centrar y comienza a trabajar como antes, aunque tal vez mejor y más motivado.

12-21 Las etapas del amor. Describe las tres etapas del amor. Luego haz un pequeño
resumen sin copiar el texto de la Cartelera. Menciona los cambios físicos, psíquicos y sociales
que produce el estar enamorado/a.

Cartelera

El carnaval

El carnaval es una fiesta muy popular en muchos lugares de Latinoamérica.
Los más famosos son los carnavales de Brasil, aunque en casi toda América
se celebra el carnaval con gran alegría y participación general. Las
celebraciones duran entre tres y siete días en los cuales hay bailes y fiestas
en las calles y la gente suele disfrazarse con trajes recargados y usar
máscaras. Se acostumbra a tirarles a las personas serpentina, papel picado
(*confetti*) y hasta globos pequeños llenos de agua. Por unos días las
barreras sociales no existen y la realidad queda suspendida.

Fiesta de carnaval en la Calle Ocho de Miami

12-22 Carnaval. Investiga en Internet o en la biblioteca sobre la celebración del carnaval en algún país hispano. Prepara un informe oral de un minuto con tus resultados para presentarlos en clase.

Suggestion for 12-22:
Assign this exercise for homework before you do the **Cartelera** on *El carnaval*. In this way students will be ready to report on their own investigation when you discuss the **Cartelera** in class.

Antes de leer

Estas palabras te van a ayudar a comprender la lectura.

Vocabulario		Palabra en uso
el afecto	*affection, love*	Mis hermanos me tienen **afecto**.
arrepentirse	*to repent*	Grité y luego me **arrepentí** de haberlo hecho.
besar(se)	*to kiss*	Pablo y yo **nos besamos** por primera vez en una fiesta.
la careta	*mask*	En el baile llevaba una **careta** de león.
codo a codo	*together*	Caminamos por la calle **codo a codo**.
el/la cómplice	*accomplice*	Mi pareja es mi **cómplice** en la vida.
disfrazar(se)	*to disguise*	No sé de qué **disfrazarme** para el baile.
estar enredado/a	*to be entangled with*	La relación entre ellos no es clara, **están** un poco **enredados**.
hacer bromas	*to make jokes*	Es muy gracioso, **hace bromas** todo el día.
el jolgorio	*merrymaking, frolic*	La fiesta fue un **jolgorio**, todos lo pasaron bien.
mutuo	*mutual*	Él no me quiere y yo a él tampoco; nuestro odio es **mutuo**.
el/la payaso/a	*clown*	Mi hermano llevaba un disfraz de **payaso**.

Práctica y comunicación

12-23 ¿Cuánto recuerdas? Elige la palabra entre paréntesis que mejor complete las oraciones.

1. Se miraron con un/a (afecto/adversión) mutuo/a. Se quieren mucho.

2. Ella lo (besó/hizo bromas) y le susurró palabras tiernas en el oído.

3. Su (disfraz/cara) de (mutuo/payaso) le quedaba bien.

4. Estaban muy (enamorados/enojados) pero la relación entre ellos no era buena, siempre se peleaban y volvían a juntarse.

5. Él parecía (arrepentirse/estar enredado) de haberle hecho tantas bromas.

6. Juntos se convirtieron en los/as únicos/as (cómplices/caretas) de su amor.

7. Se pasaron la noche de (reír/jolgorio).

8. Caminaron (codo a codo/de pies y manos).

Answers for 12-23:
1) *un afecto* 2) *besó*
3) *disfraz / payaso*
4) *enamorados*
5) *arrepentirse* 6) *cómplices*
7) *jolgorio* 8) *codo a codo*

12-24 ¿Pueden agruparlas? Traten de formar grupos con las siguientes palabras y luego expliquen su criterio de agrupación.

acariciarse	bromear	cómplice	besarse	mutuo/a
afecto	careta	disfraz	jolgorio	payaso/a
amor	carnaval	fiesta	juntos	codo a codo
baile	chiste	hacer bromas	máscara	recíproco/a

12-25 La fiesta de disfraces. Imaginen todo lo que implica participar en una fiesta de disfraces. Escriban lo que hacen desde el momento en que los invitan hasta el final de la fiesta en que se sacan las máscaras. Creen una lista incluyendo todos los pasos necesarios para la preparación. Después, comparen sus ideas con las de otros grupos de la clase.

Introducción a la lectura

Mario Benedetti, Uruguay, (1920–)

Benedetti es uno de los autores más conocidos y queridos de América Latina. Es autor de novelas, cuentos, poesías, obras de teatro y crítica literaria. Vivió muchos años exiliado en Europa y ahora reparte su tiempo entre Madrid y Montevideo. Este relato de su libro *Despistes y franquezas* es la historia de un amor que comienza en una fiesta de disfraces.

Lectura

Suggestion: Remind students that it is not necessary to understand every word in order to follow the story line. There are several words in this text that are unknown to students. However, they should be able to follow the story if they focus on the words they know.

Cleopatra

El hecho de ser la única mujer entre seis hermanos me había mantenido siempre en un casillero especial de la familia. Mis hermanos me tenían (todavía me tienen) afecto, pero se ponían bastante pesados cuando me hacían bromas sobre la insularidad de mi condición femenina. Entre ellos se intercambiaban chistes, de los que por lo común yo era la destinataria, pero pronto se arrepentían, especialmente cuando yo me echaba a llorar, impotente, y me acariciaban o me besaban o me decían: Pero, Mercedes, ¿nunca aprenderás a no tomarnos en serio?

Mis hermanos tenían muchos amigos, entre ellos Dionisio y Juanjo, que eran simpáticos y me trataban con cariño, como si yo fuese una hermanita menor. Pero también estaba Renato, que me molestaba todo lo que podía, pero sin llegar nunca al arrepentimiento final de mis hermanos. Yo lo odiaba, sin ningún descuento, y tenía conciencia de que mi odio era correspondido.

Cuando me convertí en una muchacha, mis padres me dejaban ir a fiestas y bailes, pero siempre y cuando me acompañaran mis hermanos. Ellos cumplían su misión cancerbera con liberalidad, ya que, una vez introducidos ellos y yo en el jolgorio, cada uno disfrutaba por su cuenta y sólo nos volvíamos a ver cuando venían a buscarme para la vuelta a casa.

Sus amigos a veces venían con nosotros y también las muchachas con las que estaban más o menos enredados. Yo también tenía mis amigos, pero en el fondo habría preferido que Dionisio, y sobre todo que Juanjo, que me parecía guapísimo, me sacaran a bailar y hasta me hicieran alguna "proposición deshonesta". Sin embargo, para ellos yo seguí siendo la chiquilina de siempre, y eso a pesar de mis pechitos en alza y de mi cintura, que tal vez no era de avispa, pero sí de abeja reina. Renato concurría poco a esas reuniones, y, cuando lo hacía, ni nos mirábamos. La animadversión seguía siendo mutua.

En el carnaval de 1958 nos disfrazamos todos con esmero, gracias a la espontánea colaboración de mamá y sobre todo de la tía Ramona, que era modista. Así mis hermanos fueron, por orden de edades: un mosquetero, un pirata, un cura párroco, un marciano y un esgrimista. Yo era Cleopatra, y por si alguien no se daba cuenta, a primera vista, de a quién representaba, llevaba una serpiente de plástico que me rodeaba el cuello. Ya sé que la historia habla de un áspid, pero a falta de áspid, la serpiente de plástico era un buen sucedáneo. Mamá estaba un poco escandalizada porque se me veía el ombligo, pero uno de mis hermanos la tranquilizó: "No te preocupes, vieja, nadie se va a sentir tentado por ese ombliguito de recién nacido." A esa altura yo ya no lloraba con sus bromas, así que le di al descarado un puñetazo en pleno estómago, que lo dejó sin habla por un buen rato. Rememorando viejos diálogos, le dije: "Disculpá hermanito, pero no es para tanto, ¿cuándo aprenderás a no tomar en serio mis golpes de karate?"

Nos pusimos caretas o antifaces. Yo llevaba un antifaz dorado, para no desentonar con la pechera áurea de Cleopatra. Cuando ingresamos en el baile (era en el club de Malvín) hubo murmullos de asombro y hasta aplausos. Parecíamos un desfile de modelos. Como siempre nos separamos y yo me divertí de lo lindo. Bailé con un arlequín, un domador, un paje, un payaso y un marqués. De pronto, cuando estaba en plena rumba con un chimpancé, un cacique piel roja, de buena estampa, me arrancó de los peludos brazos del primate y ya no me dejó en toda la noche. Bailamos tangos, más rumbas, boleros, milongas, y fuimos sacudidos por el recién estrenado seísmo del *rock-and-roll*. Mi pareja llevaba una careta muy pintarrajeada, como correspondía a su apelativo de Cara Rayada.

Aunque forzaba una voz de máscara que evidentemente no era la suya, desde el primer momento estuve segura de que se trataba de Juanjo (entre otros indicios, me llamaba por mi nombre) y mi corazón empezó a saltar al compás de ritmos tan variados. En ese club nunca contrataban orquestas, pero tenían un estupendo equipo sonoro que iba alternando los géneros, a fin de (así lo habían advertido) conformar a todos. Como era de esperar, cada nueva pieza era recibida con aplausos y abucheos, pero en la siguiente era todo lo contrario: abucheos y aplausos. Cuando llegó el turno de un bolero, el cacique me dijo: "Esto es muy cursi", me tomó de la mano y me llevó al jardín, a esa altura ya colmado de parejas, cada una en su rincón de sombra.

"Creo que ya era hora de que nos encontráramos así, Mercedes, la verdad es que te has convertido en una mujercita." Me besó sin pedir permiso y a mí me pareció la gloria. Le devolví el beso con hambre atrasada. Me enlazó por la cintura y rodeé su cuello con mis brazos de Cleopatra. Recuerdo que la serpiente me molestaba, así que la arranqué de un tirón y la dejé en un cantero, con la secreta esperanza de asustar a alguien.

Nos besamos y nos besamos, y él murmuraba cosas lindas en mi oído. También acariciaba de vez en cuando, y yo diría con discreción, el ombligo de Cleopatra y tuve la impresión de que no le pareció el de un recién nacido. Ambos estábamos bastante excitados cuando escuché la voz de uno de mis hermanos: había llegado la hora del regreso. "Mejor te hubieras disfrazado de Cenicienta," dijo Cara Rayada con un tonito de despecho, "Cleopatra no regresaba a casa tan temprano." Lo dijo recuperando su verdadera voz y al mismo tiempo se quitó la careta. Recuerdo ese momento como lo más desgraciado de mi juventud. Tal vez ustedes lo hayan adivinado: no era Juanjo sino Renato. Renato, que despojado ya de su careta de fabuloso cacique, se había puesto la otra máscara, la de su rostro real, esa que yo siempre había odiado y seguí por mucho tiempo odiando. Todavía hoy, a treinta años de aquellos carnavales, siento que sobrevive en mí una casi imperceptible hebra de aquel odio. Todavía hoy, aunque sea mi marido.

Práctica y comunicación

12-26 **¿Qué nos dice el texto?** Contesta estas preguntas según la información en el texto.

1. ¿Cuántos hermanos y hermanas había en esta familia?
2. ¿Qué hacía llorar a la niña con frecuencia?
3. ¿Quiénes eran los amigos de los hermanos? ¿Qué relación tenían con Mercedes?
4. ¿Cuál era la condición de los padres para que Mercedes fuera a las fiestas?
5. ¿Con quién hubiera querido bailar Mercedes? ¿Por qué no la sacaban a bailar ellos?
6. ¿Cómo era el disfraz de Mercedes para el carnaval de 1958?
7. ¿Qué danzas bailó Mercedes y con quién?
8. ¿Qué pasó con Mercedes y su pareja en el jardín?
9. ¿A quién descubrió Mercedes detrás de la careta de cacique? ¿Cómo se sintió ella?
10. ¿Cuál fue el final de esta pareja?

12-27 Resumen. Elige el párrafo de la lista a continuación que mejor resuma el cuento.

1. Cleopatra era una niña que tenía muchos hermanos y que siempre iba de jolgorio con ellos. A ella le encantaban sus hermanos y algunos de sus amigos. Una noche en una fiesta de disfraces, Juanjo, un amigo, la besó y ella estaba muy feliz. Al final se casó con él.

2. Mercedes es la única hija de una familia muy grande. Un día ella va a un baile disfrazada de Cleopatra y baila y se divierte mucho. Ella espera poder bailar con un chico que se llama Juanjo. Un muchacho con careta de cacique la invita a bailar y luego la besa. Ella es feliz pensando que es el muchacho que ella ama. Al sacarse las máscaras ella descubre que es otro y se enfurece y no lo ve nunca más.

3. Mercedes se casa con Renato y son felices desde hace más de treinta años. Su historia fue una de amor y odio. Ellos se conocieron muy jóvenes ya que Renato era amigo de los hermanos de ella; un amigo muy querido para sus hermanos pero detestado por ella. El amor entre ellos nació de un enredo en el que ella creyó estar besando a otro hombre. Esto le produjo mucho odio y es algo que recuerda aún hoy con cierta adversión.

12-28 ¿Tu baile? Vuelvan al ejercicio 12-25 y comparen lo que ustedes pensaron con lo que ocurrió en el cuento. ¿Qué diferencias hay? Expliquen las diferencias al resto de la clase.

Modelo: *Nosotros no dijimos que nuestra familia nos ayudaba a hacer los disfraces.*

12-29 Sorpresas te da la vida. Comenta con un/a compañero/a alguna situación en la que hayas sido sorprendido/a, como la protagonista del cuento anterior. Si no recuerdas ninguna situación, inventa una historia parecida.

Poema

Este poema, también de Mario Benedetti, de su obra *El amor, las mujeres y la vida* habla de la fuerza que puede tener una pareja que se ama y de las razones de ese amor.

Te quiero

Tus manos son mi caricia
mis acordes° cotidianos   *chords*
te quiero porque tus manos
trabajan por la justicia

si te quiero es porque sos
mi amor, mi cómplice y todo
y en la calle codo a codo
somos mucho más que dos

Note: Explain the *voseo*. It is a form in which *vos* replaces the pronoun *tú* and the verb form changes also: *eres = sos, tienes = tenés, puedes = podés, amas = amás.* It is used in Uruguay, Argentina, and some parts of El Salvador, Nicaragua, Costa Rica, and Mexico.

Note: This poem is read by Benedetti on a CD sold with his book by Editorial Alfaguara, 1996. Also the Argentinean group Cuarteto Zupay put music to this poem in a recording called "Mayo del 67."

tus ojos son mi conjuro°   defensa
contra la mala jornada
te quiero por tu mirada
que mira y siembra futuro

tu boca que es tuya y mía
tu boca no se equivoca
te quiero porque tu boca
sabe gritar rebeldía

si te quiero es porque sos
mi amor, mi cómplice y todo
y en la calle codo a codo
somos mucho más que dos

y por tu rostro sincero
y tu paso vagabundo
y tu llanto por el mundo
porque sos pueblo te quiero

y porque amor no es aureola
ni cándida moraleja°   *moral*
y porque somos pareja
que sabe que no está sola

te quiero en mi paraíso
es decir en mi país
la gente viva feliz
aunque no tenga permiso

si te quiero es porque sos
mi amor, mi cómplice y todo
y en la calle codo a codo
somos mucho más que dos

Práctica y comunicación

 12-30 Cómplice y todo. Digan si las siguientes afirmaciones son ciertas o falsas según el poema anterior y encuentren en el poema las frases exactas de las afirmaciones que son ciertas.

Answers for 12-30: 1) *F* 2) *C* 3) *C* 4) *C* 5) *F* 6) *F*

La quiere porque…

1. …tiene lindas manos.
2. …lucha contra la injusticia en su país.
3. …es su compañera.
4. …se siente muy bien con ella y le da fuerzas.
5. …camina con un paso muy alegre.
6. …tiene una sonrisa muy bonita.

 12-31 Versos. En parejas elijan uno de los siguientes grupos de versos y traten de explicárselo al resto de la clase.

1. Tus manos son mi caricia
   mis acordes cotidianos

2. Tus ojos son mi conjuro
   contra la mala jornada

3. Y porque amor no es aureola
   ni cándida moraleja

4. si te quiero es porque sos
   mi amor, mi cómplice y todo
   y en la calle codo a codo
   somos mucho más que dos

Diario

Escribe en tu diario un párrafo que explique las razones más importantes por las que quieres a la persona que más quieres. Escribe un mínimo de cinco razones.

Note: This section is more open than the corresponding one in previous chapters because it is planned as a closing unit that integrates the entire **Atando cabos** program.

Al fin y al cabo

Proyecto: Día Internacional de la Paz

En esta sección ustedes son los encargados de organizar todos los festejos relacionados con el Día Internacional de la Paz.

Día Internacional de la Paz

Celebraciones internacionales
http://www.nalejandria.com/utopia/día-de-la-paz

12-32 Día Internacional de la Paz. Ustedes van a organizar la celebración del Día Internacional de la Paz enfocándola desde alguno de los temas siguientes. Escojan uno y digan por qué lo prefieren. Presenten sus preferencias a la clase.

Modelo: *Vamos a enfocar la celebración del Día Internacional de la Paz desde el punto de vista de la hispanidad porque de este manera podremos incluir todo lo que sabemos sobre el mundo hispano.*

1. La familia
2. La hispanidad
3. La salud y el medio ambiente
4. Los derechos humanos
5. El trabajo
6. El arte
7. La mujer
8. La globalización

12-33 Objetivos claros. Hagan una lista de lo que ustedes quieren que sea el mensaje de la celebración. Luego compartan sus ideas con los otros grupos de la clase y prepárense para criticar constructivamente las ideas de los otros grupos.

Modelo: *Queremos una celebración que muestre:*

1. *lo importante que es cuidar de la salud mental y física para prevenir enfermedades.*

2. *lo peligroso que es talar los bosques.*

3. *¿?*

12-34 ¿Qué harán? Ahora tienen que pensar en por lo menos tres maneras de lograr los objetivos propuestos. Luego escuchen las propuestas de los otros grupos y háganles sugerencias. Al final, analicen las sugerencias y decidan qué van a hacer para la celebración.

Modelo: Grupo 1: *Para mostrar lo importante que es cuidar el medio ambiente podríamos pedirle a la gente que mida cuánta basura genera en una semana y cuánto lugar ocupa. Luego podríamos decirles cuánto espacio disponible hay en la tierra y cuánto tiempo tarda en degradarse la basura. Quizás podríamos…*

Grupo 2: *Si tuviéramos que mostrar cómo cuidar el medio ambiente habríamos buscado aspectos positivos. Por ejemplo, habríamos propuesto sembrar un árbol y habríamos explicado todos los beneficios que un árbol puede aportar.*

12-35A. ¿Cómo lo harán? Planifiquen una actividad para celebrar el Día Internacional de la Paz, pidan sugerencias a los otros grupos y repartan las tareas. Esta actividad debe ser algo que ustedes puedan realizar, en clase, en la universidad, en su residencia, etc.

Modelo: Qué: *Vamos a organizar un concurso de pintura y escultura para celebrar el Día Internacional de la Paz.*

Quiénes: *Los miembros de la clase. Toda la universidad. Toda la comunidad.*

Cómo: *Se van a solicitar obras que sean originales, etc. El jurado estará formado por artistas locales, estudiantes, profesores, etc. Pondremos anuncios del concurso en Internet, en la universidad, en las calles, etc. Haremos publicidad por la radio, en los periódicos, etc.*

Cuándo: *Las obras se presentarán antes de fin de mes, etc.*

1. Qué
2 Quién
3. Cómo
4. Cuándo
5. Sugerencias

B. En concreto. Realicen la actividad planeada en 12-34.

12-36 Evaluación. Preparen un informe para la clase evaluando la experiencia de la celebración. Comiencen su informe explicando todo lo que habrían (hubieran) hecho de manera diferente y terminen explicando todo lo enriquecedor de la celebración.

Modelo: *De haber sabido que…habríamos (hubieramos)…*

A escribir

Argumentación

When you find yourself in the midst of an argument, it is usually because you hold an opinion that is being challenged and you want to persuade the other person to see things your way. It is the same in writing: You want to persuade the reader to accept your ideas. When arguing a point of view in writing you may use any of the strategies that you have already learned. To give weight to your position, you may describe or narrate an event, contrast and compare two things, or present their causes and effects. The most important element to persuade the reader is to show that you are well informed about the arguments for and against your position. Therefore, the first step would be to collect enough data to support your opinion. Your presentation has to clearly state your position in the first sentence of the opening paragraph and also acknowledge the opposite views. In the next paragraphs you present the arguments that support your opinion and you may refute some of the opposite arguments. In your conclusion you may present a solution to the problem or a view to the future.

Format 1	Format 2	
State your opinion	State your opinion	
Supporting information	Arguments against	Arguments for
Supporting information	Arguments against	Arguments for
Supporting information	Arguments against	Arguments for
Conclusion (may be a view of the future)	Conclusion: Solution	

Práctica

12–37A. ¿Qué opinas tú? En parejas, escojan uno de estos temas y hagan una lista de argumentos a favor o en contra de estas posturas. Luego preséntenlas a la clase. La clase debe criticar sus argumentos.

1. El amor sólo sirve para perpetuar la raza humana.

2. Las grandes fiestas del pueblo sólo derrochan dinero.

3. El romanticismo es una mentira, no existen los finales felices como en los cuentos de hadas (*fairy tales*).

4. Otro

B. ¿Qué información necesitan? Hagan una lista de la información que necesitan buscar para fundamentar sus argumentos.

Suggestion for 12-37B: Ask students to read the list of further research data that they have to gather outside class time. Make sure that it is to the point and not too broad.

12–38 ¿Cuál es tu posición? Escribe un bosquejo de la argumentación que vas a presentar siguiendo este cuadro.

1. Escribe una oración que presente claramente la tesis de tu postura.

2. Escribe una oración que presente la postura contraria.

3. Escribe tres ideas que vas a desarrollar para apoyar tu tesis.

4. Escribe la conclusión.

12–39 Mis ideas. Usando el bosquejo del ejercicio 12-38 escribe un ensayo de una página presentando tu opinión personal sobre el tema escogido.

Vocabulario

El amor

adorar	*to adore*	la despedida de soltero/a	*bachelor's/bachelorette's party*
besar	*to kiss*	enamorarse	*to fall in love*
el beso	*kiss*	la pena de amor	*lovesickness*
comprometerse	*to get engaged*		

Sustantivos

el acontecimiento	*event*	el festejo	*public rejoicing*
la aglomeración	*crowd*	la fiesta patria, religiosa, patronal	*patriotic, religious, patron saint festivity*
la alegría	*joy, happiness*		
el antifaz	*mask*	los fuegos artificiales	*fireworks*
la careta	*mask*	el globo	*balloon*
el cumpleaños	*birthday*	el poder adquisitivo	*economic resources*
el derroche	*waste, squandering*	el presupuesto	*budget*
el desfile	*parade*	la recompensa	*reward*
el día feriado	*holiday*	el sentimiento	*feeling*

Verbos

aguantar	*to bear*	**entusiasmar(se)**	*to get excited*
alegrar	*to cheer*	**estallar**	*to explode*
asombrar	*to amaze, astonish*	**festejar**	*to celebrate*
avergonzarse de (üe)	*to be ashamed of*	**gastar**	*to spend*
confiar en	*to trust in*	**hacer un brindis**	*to make a toast*
conformarse con	*to make do, adapt*	**hacer una fiesta**	*to have a party*
contar chistes (ue)	*to tell jokes*	**impresionar**	*to impress*
contentarse con	*to be happy with*	**poner en apuros**	*to put someone in a predicament*
convertirse en (ie)	*to become*		
convidar	*to invite*	**reunirse**	*to get together*
cumplir años	*to have a birthday*	**rezar**	*to pray*
emborracharse	*to get drunk*	**temer**	*to fear*

Adjetivos

premiado/a	*prize winner, rewarded*	**solitario/a**	*lonely, solitary*
ruidoso/a	*noisy*		

Note: The vocabulary in **Manos a la obra** on page 371 is also considered active vocabulary.

Cabos sueltos

Describing people and things: Adjective agreement

1. Form of adjectives

In Spanish adjectives agree in gender and number with the noun they modify. There are three rules to remember for the formation of adjectives.

A. Adjectives that end in **-o** change to **-a** in the feminine and form the plural by adding an **-s**.

	Masculino	Femenino
Singular	cariñoso	cariñosa
Plural	cariñosos	cariñosas

El padre es **cariñoso** con sus niños.   Los padres son **cariñosos** con sus niños.

La novia es **cariñosa** con su novio.   Las novias son **cariñosas** con sus novios.

B. Adjectives that end in **-e**, **-l**, or **-ista** only change in the plural by adding **-s** or **-es**.

		Singular	Plural
Masculino **Femenino**	{	agradable	agradables
		débil	débiles
		materialista	materialistas

Tiene una personalidad **agradable**.   Este es un lugar **agradable**.

Juan es más **materialista** que Pedro.   Marta es más **idealista** que Rosa.

Estas muchachas no son **débiles**.   Sus argumentos son **débiles**.

C. Adjectives that end in **-dor** and adjectives of nationality that end in **-ol**, **-án**, or **-és** add an **-a** in the feminine and an **-es** or **-s** in the plural.

Singular		Plural	
Masculino	**Femenino**	**Masculino**	**Femenino**
trabaja**dor**	trabaja**dora**	trabaja**dores**	trabaja**doras**
españ**ol**	españ**ola**	españ**oles**	españ**olas**
alem**án**	alem**ana**	alem**anes**	alem**anas**
ingl**és**	ingl**esa**	ingl**eses**	ingl**esas**

Note: The accent mark is dropped in the feminine form.

Luis es un muchacho **trabajador** y Ana es **trabajadora** también.

A mi amigo **inglés** no le gusta la comida **inglesa**.

Las fiestas familiares **españolas** son grandes porque incluyen a todos los parientes.

2. Position of adjectives

A. Usually descriptive adjectives go after the noun they modify.

Mi prima tiene el **cabello rizado**.

B. The adjectives **bueno** and **malo** may be placed before the noun. In this case the masculine adjectives drop the **-o**.

Pedro es un **buen** tío y su esposa es una **buena** tía.

Esa muchacha tiene **mal** carácter, siempre tiene **mala** cara.

Práctica

CS-1 Descripciones. Usa los adjetivos descriptivos para describir a las siguientes personas. (Mira la lista en páginas 4 y 33.)

1. Tu vecino/a _____

2. Tu pariente preferido _____

3. Tu abuelo/a _____

4. Una persona a la que admiras mucho _____

5. Tu compañero/a de cuarto o casa _____

6. Tu mejor amigo/a _____

CS-2 ¿Cómo son? Describe cómo son estas cosas. Usa los adjetivos descriptivos.

1. Tu cuarto _____

2. Tu coche _____

3. Tu mejor clase _____

4. Tu casa _____

5. Tu libro preferido _____

6. La peor fiesta de tu vida _____

CS-3 Recuerdos especiales. Todos tenemos recuerdos de nuestra infancia que son especiales. Estos pueden ser un lugar, un momento, un juguete, una persona u otra cosa. Descríbelos con adjetivos descriptivos.

Modelo: Mi primer día de clase en la escuela primaria fue…

Mi primer día de clase fue difícil porque yo era muy tímido/a.

1. Mi lugar preferido era…

2. Mi artista preferido/a era…

3. Mi amigo/a era…

4. Mi animal preferido era…

5. Mi juguete preferido era…

6. ¿?

Discussing daily activities: Present indicative of regular and irregular verbs

Uses of the present tense

- Use the present tense to talk about daily activities, present events, and present habitual actions.

Los chicos **juegan** al tenis todas las tardes.   *The boys play tennis every afternoon.*

Yo **soy** vegetariana; no **como** carne.   *I am vegetarian; I don't eat meat.*

- Use it also to make a past event more vivid, especially in narration.

Einstein **descubre** la ley de la relatividad.   *Einstein discovers the law of relativity.*

- When discussing actions in progress at the moment of speaking, the present or present progressive may be used.

Ahora **estoy escribiendo** una novela.   *Now I am writing a novel.*

Miro a Ester y **me doy** cuenta de que se parece a su tía.   *I look at Esther and I realize that she looks like her aunt.*

Note: The present tense in Spanish has several equivalents in English:

Yo canto: *I sing, I do sing, I am singing.*

Forms

There are three major groups of verb conjugation in the present: regular verbs, irregular verbs, and stem-changing verbs.

Group 1: Regular verbs

To conjugate a regular verb in the present tense add these endings to the stem.

Subject pronoun	-ar	-er	-ir
	caminar	**correr**	**escribir**
yo	camin**o**	corr**o**	escrib**o**
tú	camin**as**	corr**es**	escrib**es**
él/ella/Ud.	camin**a**	corr**e**	escrib**e**
nosotros/as	camin**amos**	corr**emos**	escrib**imos**
vosotros/as	camin**áis**	corr**éis**	escrib**ís**
ellos/ellas/Uds.	camin**an**	corr**en**	escrib**en**

Other **-ar** verbs:

aceptar	*to accept*	**mimar**	*to pet, indulge*
adoptar	*to adopt*	**ocupar**	*to occupy*
ahorrar	*to save*	**odiar**	*to hate*
amar	*to love*	**pesar**	*to weigh*
cambiar	*to change*	**protestar**	*to protest*

cuidar	to take care of	quejarse (reflexive)	to complain
determinar	to determine	rebelarse (reflexive)	to rebel
explicar	to explain	separar	to separate
gastar	to spend	tolerar	to tolerate
llevar	to take, carry	usar	to use
madurar	to mature	visitar	to visit

Other -er verbs:

aprender	to learn	creer	to believe
beber	to drink	deber	ought to, should
comer	to eat	leer	to read
comprender	to understand	vender	to sell

Other -ir verbs:

asistir	to attend	insistir	to insist
compartir	to share	permitir	to allow
decidir	to decide	recibir	to receive
discutir	to argue	vivir	to live

Práctica

CS-4 **Las reglas de los padres.** Completa las oraciones con la forma correcta de los verbos correspondientes. ¡OJO! Usa el verbo conjugado o el infinitivo de acuerdo al contexto.

1. Mis padres tienen muchas reglas que yo no _____ pero aunque yo siempre _____ cuando tengo que hacer lo que dicen, al final las _____.

protestar	aceptar	decidir	comprender

2. Yo sé que ellos me _____ mucho porque siempre que pueden me _____ con regalos y cariño. Además ellos _____ todas mis locuras y me _____ en todo lo que hago.

tolerar	mimar	amar	apoyar	asistir

3. Pero ellos _____ en que yo _____ madurar y _____ mi actitud rebelde. Ellos piensan que yo _____ una postura rebelde sin razón.

separar	insistir	deber	adoptar	cambiar

4. Yo les _____ que un adolescente tiene que _____ contra algo o alguien. Eso es parte de crecer. _____ que me entienden porque _____ que mi conjunto musical "Los descamisados" practique su música en el garaje de mi casa. Por eso no me _____ mucho.

explicar	permitir	rebelarse	determinar	creer	quejar

CS-5 ¿Qué haces? Completa las siguientes oraciones para explicar qué haces en estos marcos de tiempo.

1. Casi siempre _____.
2. Casi nunca _____.
3. Una vez al mes _____.
4. Todos los fines de semana _____.
5. Una vez al año _____.
6. Todos los días _____.

Group 2: Irregular verbs

There are two types of irregular verbs: those that are irregular only in the first person singular and those that exhibit irregularities in most of the forms.

A. Irregular **yo** form

caer	*to fall*	**caigo**	**salir**	*to go out, leave*	**salgo**
dar	*to give*	**doy**	**tener**	*to have*	**tengo**
hacer	*to do*	**hago**	**traer**	*to bring*	**traigo**
poner	*to put*	**pongo**	**valer**	*to be worth*	**valgo**
saber	*to know*	**sé**	**ver**	*to see*	**veo**

Verbs that end in **-cer** or **-cir** also are irregular in the **yo** form:

conocer *(to know)* → **conozco; traducir** *(to translate)* → **traduzco**

- **-cer: aparecer** *(to appear)*, **merecer** *(to deserve)*, **obedecer** *(to obey)*, **ofrecer** *(to offer)*, **parecer** *(to seem)*, **reconocer** *(to recognize)*
- **-cir: conducir** *(to drive)*, **producir** *(to produce)*, **traducir** *(to translate)*

B. Irregular verbs

decir	*to say*	digo	dices	dice	decimos	decís	dicen
estar	*to be*	estoy	estás	está	estamos	estáis	están
ir	*to go*	voy	vas	va	vamos	váis	van
oír	*to hear*	oigo	oyes	oye	oímos	oís	oyen
reír	*to laugh*	río	ríes	ríe	reímos	reís	ríen
ser	*to be*	soy	eres	es	somos	sois	son
tener	*to have*	tengo	tienes	tiene	tenemos	tenéis	tienen
venir	*to come*	vengo	vienes	viene	venimos	venís	vienen

Verbs that end in **-uir**: **construir** *(to build)*, **contribuir** *(to contribute)*, **destruir** *(to destroy)*

Práctica

CS-6 **¿Cuáles son tus actividades?** ¿Cuándo haces estas actividades? ¿Siempre? ¿Nunca? ¿A veces?

Modelo: traducir la lectura para tus amigos

A veces traduzco la lectura para mis amigos.

1. hacer ejercicio en el gimnasio
2. salir con tus amigos a cenar
3. ir al cine los sábados
4. ver videos los viernes por la noche
5. obedecer las reglas de la residencia
6. ofrecer ayuda con la tarea de español
7. conducir a 100 km por hora
8. dar fiestas en tu cuarto

CS-7 **Los preparativos para la boda.** Ana y Luis tienen mucho que organizar para su boda. Forma oraciones con la información dada para saber qué va a hacer cada persona.

Modelo: tía Elisa/contribuir con el pastel de la boda

Tía Elisa contribuye con el pastel de la boda.

1. los tíos ricos/venir con su Jaguar para llevar a la pareja a la iglesia
2. la madre de Ana/tener que mandar las invitaciones
3. los padres de Luis/construir la mesa para el banquete
4. el hermano de Luis/ir a buscar las flores para la novia
5. el padre de Ana/distribuir las tareas entre los miembros de la familia
6. Ana/reír mucho para no estar preocupada
7. yo/traer el pastel de boda
8. tú/poner la mesa principal con los adornos

C. Stem-changing verbs

The stem-changing verbs change the stressed vowel of the stem in the following manner:
e → ie, o → ue, e → i, and **u → ue**. The **nosotros** and **vosotros** forms keep the vowel
from the infinitive. Verbs of this kind are indicated in vocabulary lists by writing the vowel
change in parentheses: **cerrar (ie); poder (ue); pedir (i); jugar (ue)**

cerrar	**poder**	**pedir**	**jugar**
cierro	puedo	pido	juego
cierras	puedes	pides	juegas
cierra	puede	pide	juega
cerramos	podemos	pedimos	jugamos
cerráis	podéis	pedís	jugáis
cierran	pueden	piden	juegan

e → ie	
comenzar	to begin
empezar	to start
entender	to understand
mentir	to lie
pensar	to think
perder	to lose
preferir	to prefer
querer	to love, want
recomendar	to recommend

e → i	
medir	to measure
pedir	to ask, request
repetir	to repeat
seguir	to follow
servir	to serve

o → ue	
almorzar	to eat lunch
contar	to count
costar	to cost
devolver	to return
dormir	to sleep
encontrar	to meet, find
morir	to die
mostrar	to show
poder	to be able
probar	to try, taste
recordar	to remember
soñar	to dream
volver	to return

Práctica

CS-8 Siguen los preparativos. Todos tienen alguna preocupación para la boda. Completa las oraciones con las claves dadas para saber qué hace cada uno.

Modelo: soñar con su luna de miel

Luis y Ana están muy ocupados ahora, por eso sueñan con su luna de miel.

1. repetir las promesas para aprenderlas
   Ana y Luis no recuerdan las promesas para decir en la ceremonia por eso
   _____.

2. medir el vestido de novia
   La tía de Ana arregla el vestido para la novia por eso le _____.

3. volver de la iglesia caminando con los amigos
   Los novios piensan ir a la iglesia en coche pero _____.

4. poder pagar por la fiesta
   Los padres no tienen mucho dinero pero _____.

5. querer que todos se diviertan en la boda
   Ana está preocupada porque _____.

6. almorzar todos juntos
   Los parientes y amigos íntimos van a practicar para la ceremonia y luego
   _____.

7. no servir la comida en la fiesta
   Los invitados a la fiesta piden la comida pero _____.

8. costar mucho dinero
   Todos saben que esta fiesta _____.

CS-9 La vida universitaria. Completa las oraciones sobre tu vida en la universidad según tus preferencias.

Modelo: volver a mi cuarto…

Yo vuelvo a mi cuarto después de cada clase.

1. recomendar las clases de…
2. preferir los profesores que…
3. pensar en especializarme en…
4. querer estudiar…
5. el próximo semestre empezar a estudiar…
6. en la clase de español no entender…
7. dormir poco durante…
8. nunca mentirle a…

Describing conditions and characteristics: Uses of ser and estar

The verb *to be* in English has two equivalents in Spanish: **ser** and **estar**. For this reason, it is important to know when to use one or the other. Translation will not help you to decide which one to use. Study the following chart.

Uses of estar

1. To express condition or health

¿Cómo **está**?	*How are you?*
Ana **está** enferma hoy.	*Ana is sick today.*
Luis **está** celoso.	*Luis is jealous.*

2. To express location

Ellos **estuvieron** en Sudamérica.	*They were in South America.*
El Museo del Prado **está** en Madrid.	*The Prado Museum is in Madrid.*

3. To describe an action that is happening now (**estar** + present participle)

La clase **está practicando** los verbos.	*The class is practicing the verbs.*
Yo **estoy comiendo** el almuerzo.	*I am eating lunch.*

4. To express a state of being (**estar** + past participle used as adjective)

La tienda **está** cerrada.	*The store is closed.*
Las ventanas **están** abiertas.	*The windows are open.*
Yo **estoy** cansado.	*I am tired.*
Estos juguetes **están** rotos.	*These toys are broken.*

5. To express a change in mental or social state (**estar** + past participle used as adjective)

   Mental state

estar enamorado (de)	*to be in love with*
estar enojado	*to be angry*
estar entusiasmado (con)	*to be enthusiastic about*
estar preocupado (por)	*to be worried (about)*

   Social state

estar casado (con)	*to be married (to)*
estar comprometido (con)	*to be engaged (to)*
estar divorciado (de)	*to be divorced (from)*

6. With these idiomatic expressions:

estar de acuerdo	*to agree*	**estar** contento/a	*to be happy*
estar bien/bueno/a	*to be all right/good*	**estar** de vacaciones	*to be on vacation*
estar de buen humor	*to be in a good mood*	**estar** muerto/a	*to be dead*
estar de mal humor	*to be in a bad mood*	**estar** de paso	*to be passing by*
estar cansado/a	*to be tired*	**estar** con prisa	*to be in a hurry*

—Hola Lucía, **estoy de paso**, no puedo quedarme mucho tiempo.	*Hello, Lucía, I'm just passing by, I can't stay long.*
—**Está bien**, Roberto. Pasa.	*It's all right, Roberto. Come in.*

Uses of ser

1. To express characteristics

   ¿Cómo **es**?   *What is it like?*

   El hermano mediano **es** egoísta.   *The middle brother is selfish.*

   El menor **era** el favorito.   *The youngest was the favorite.*

2. To express time and location of an event

   La ceremonia religiosa **es** a las tres.   *The religious ceremony is at three.*

   La fiesta **será** en casa de Luis.   *The party will be at Luis's house.*

3. To express origin

   Los padres de Luis **son** de Perú.   *Luis's parents are from Peru.*

4. To express time

   Son las cinco de la tarde.   *It is five in the afternoon.*

5. To express profession, nationality, religious or political affiliation

   Mi padre **es** un hombre de negocios. *My father is a businessman.*

   El bisabuelo **era** italiano.   *The great-grandfather was Italian.*

   El abuelo **era** católico y conservador.   *The grandfather was Catholic and conservative.*

6. To express possession

   Ese coche nuevo **es** de María.   *That new car is Maria's.*

7. To express what something is made of

   La mesa **es** de madera.   *The table is made of wood.*

Práctica

CS-10 Las cosas y personas en mi vida. Describe estas cosas y personas con la información dada. Usa **ser** o **estar** según la situación.

1. mi coche/japonés
2. mi cuarto/pequeño
3. mi hermana/de vacaciones en Acapulco
4. mis amigos/divertidos
5. mi madre/una pintora famosa
6. mi padre/en su oficina todo el día
7. mi casa/blanca y roja
8. mi novia/en España este semestre
9. mi clase/a las cinco de la tarde
10. mi profesor/de buen humor

CS-11 La vida del bisabuelo. Forma oraciones con la forma correcta de **ser** o **estar** en el pasado para describir a tu bisabuelo imaginario. Utiliza la información de abajo para ayudarte.

El bisabuelo era/estaba …

> de Italia   casado con una mujer americana   trabajador   liberal
>
> contento con su fortuna   (no) afectuoso con sus hijos
>
> alto y fuerte   orgulloso de su nieta   canoso

Hacer and tener expressions

Uses of hacer

- **Hacer** in the third person singular describes the weather.

Hace buen tiempo.	*The weather is good.*
Hace sol.	*It is sunny.*
Hace calor/frío.	*It is hot/cold.*
Hace viento.	*It is windy.*

- **Haber** is also used to describe the weather with the words **viento** and **nubes.**

Hay nubes.	*There are clouds.*
Hay viento.	*It is windy.*

Note: Llover (*to rain*) and **nevar** (*to snow*) are conjugated in the third person singular.

Llueve. = *It rains.*   **Nieva.** = *It snows.*

Uses of tener

- **Tener** is used in the following idiomatic expressions.

tener calor/frío	*to be hot/cold*
tener sueño	*to be sleepy*
tener hambre/sed	*to be hungry/thirsty*
tener miedo	*to be scared, to be afraid*
tener suerte	*to be lucky*
tener éxito	*to be successful*
tener ganas de	*to feel like*

Práctica

CS-12 ¿Qué tiempo hace? Completa las oraciones con la expresión de tiempo que corresponda a cada situación.

Modelo: En Alaska…   *hace frío y nieva mucho.*

1. Necesitas un abrigo porque…
2. Tienes que llevar lentes para el sol porque…
3. Debes traer tu traje de baño porque…
4. En el trópico siempre…
5. En la primavera…
6. En el otoño…

CS-13 ¿Cómo te sientes en estas situaciones? Contesta las preguntas de acuerdo a cada situación.

Modelo: Cuando caminas de noche por el bosque…
          Tengo miedo.

1. Cuando hace mucho calor tú…
2. Cuando no puedes comer por ocho horas…
3. Cuando tienes mucho trabajo y no puedes dormir…
4. Cuando juegas en la nieve en el invierno…
5. Cuando ganas la lotería…
6. Cuando no bebes nada durante un día entero…

Interrogative words

A. Forming yes/no questions

There are three ways of asking a question that requires a yes/no answer:

1. Applying a rising intonation to the statement.

   ¿Necesitas visa para entrar a los Estados Unidos?

2. Placing the verb after the subject and using a rising intonation.

   (subject + verb + complement)

   ¿Uds. tienen permiso de trabajo?

3. Using the tag words **¿no?** or **¿verdad?** at the end of a statement. **¿No?** is not used in a negative sentence.

   Eres bilingüe, **¿no?**   Ud. no habla inglés, **¿verdad?**

In writing, Spanish uses the inverted question mark at the beginning of a question and the closing question mark at the end.

B. Question words

When asking for specific information, the question words are used and the inversion of subject and verb is obligatory.

Question word	Verb	Subject
¿De dónde	son	Uds.?

Palabras interrogativas

¿Cómo?	*How?*	**¿De dónde?**	*Where ... from?*
¿Cuál? ¿Cuáles?	*Which? Which one(s)?*	**¿Adónde?**	*Where ... to?*
¿Cuándo?	*When?*	**¿Por qué?**	*Why?*
¿Cuánto/a?	*How much?*	**¿Qué?**	*What?*
¿Cuántos/as?	*How many?*	**¿Quién? ¿Quiénes?**	*Who?*
¿Dónde?	*Where?*		

1. **Cuánto/a, cuántos/as** agree in gender and number with the noun that follows.

   ¿Cuántas visas se dan por año?

   ¿Cuánto dinero hay que pagarle al coyote para que nos ayude?

2. **Cuál, cuáles** are pronouns used to select *which one(s)* from a group. They usually refer to a previously mentioned noun.

   A mí me gusta este libro. **¿Cuál** te gusta a ti?

Práctica

CS-14 En la oficina de inmigración. Tu trabajo en esta oficina es entrevistar a las personas que quieren obtener documentos legales. Tienes que llenar esta planilla haciéndoles las preguntas correspondientes. Escribe las preguntas que les vas a hacer a las personas.

Modelo: Ciudad de origen

   ¿De dónde es Ud.?

Nombre: _____

País de origen: _____

Edad: _____

Estado civil: Casado/a _____ Soltero/a _____ Viudo/a _____ Divorciado/a _____

Número de hijos/as: _____

Lugar de nacimiento: _____

Profesión en su país: _____

Dirección: _____

Teléfono: _____

Número de fax: _____

Correo electrónico: _____

CS-15 Los famosos. Escribe tres preguntas que te gustaría hacerles a cuatro de estos personajes famosos.

Carlos Santana	Antonio Banderas	Carlos Ponce
Arantxa Sánchez Vicario	Gabriel García Márquez	Salma Hayek
Gloria Estefan	Andy García	Julio Iglesias

Describing daily routines: Reflexive verbs

Reflexive verbs are used to talk about daily routines. These are verbs that indicate that the subject does the action to himself or herself. The reflexive pronoun (**me, te, se, nos, os, se**) must be used with these verbs. In English the reflexive pronoun is often omitted.

Yo **me** lavo.	*I wash myself.*
Tú **te** arreglas.	*You get yourself ready.*
Ana **se** peina.	*Ana combs her hair.*
Ud. **se** levanta.	*You get yourself up.*
Nosotros **nos** bañamos.	*We bathe ourselves.*
Vosotros **os** ducháis.	*You shower yourselves.*
Ellos **se** afeitan.	*They shave themselves.*
Uds. **se** visten.	*You get yourselves dressed.*

Position of the reflexive pronoun:

1. It is placed before the conjugated verb.

   Nosotras no **nos acostamos** tarde.   *We do not go to bed late.*

2. It is placed after and attached to the infinitive or gerund.

   Los niños van a **levantarse** temprano.   *The children are going to get up early.*
   or
   Los niños **se** van a levantar temprano.

   Yo estoy **poniéndome** el suéter.   *I am putting on the sweater.*
   or
   Yo **me** estoy poniendo el suéter.

   Following are some commonly used reflexive verbs.

Daily routine reflexive verbs:

acostarse (ue)	*to go to bed*	**lavarse**	*to wash oneself*
afeitarse	*to shave*	**levantarse**	*to get up*
arreglarse	*to get ready, dress up*	**maquillarse**	*to put on make-up*
bañarse	*to bathe*	**peinarse**	*to comb one's hair*
cepillarse (el pelo/ los dientes)	*to brush (hair/teeth)*	**perfumarse**	*to put on perfume*
		ponerse (la ropa)	*to put on one's clothes*
despertarse (ie)	*to wake up*	**quitarse (la ropa)**	*to take off one's clothes*
desvestirse (i)	*to undress*	**secarse**	*to dry oneself*
dormirse (ue, u)	*to fall asleep*	**vestirse (i)**	*to get dressed*
ducharse	*to shower*		

Other common reflexive verbs:

adaptarse	*to adapt*	**mudarse**	*to move (address)*
acordarse de (ue)	*to remember*	**parecerse (zc)**	*to resemble*
dedicarse a	*to devote oneself to*	**preocuparse (por)**	*to worry*
despedirse de (i)	*to say good-bye to*	**prepararse**	*to get ready*
divertirse (ie)	*to have a good time*	**quejarse (de)**	*to complain*
establecerse (zc)	*to establish*	**reunirse**	*to get together*
irse	*to go away, leave*	**sentirse (ie)**	*to feel*
llamarse	*to be called*		

Práctica

CS-16 Su rutina. Completa los espacios en blanco con la forma correcta del verbo entre paréntesis para averiguar qué hace Pedro todas las mañanas.

Todas las mañanas Pedro (1) _____ (despertarse) a las 5:00. A las 5:30

(2) _____ (levantarse). Después, (3) _____ (afeitarse) y

(4) _____ (ducharse). Más tarde, (5) _____ (despertar) a su

esposa y ellos (6) _____ (besarse). Luego toman el desayuno juntos. Un rato

más tarde Pedro (7) _____ (vestirse), (8) _____ (peinarse),

y (9) _____ (despedirse) de su esposa y a las 6:30 (10) _____ (irse)

a su trabajo.

CS-17 Mi rutina diaria. Describe lo que haces tú cada mañana. Usa las siguientes palabras como guía.

primero	luego	después	más tarde	por último	finalmente

Describing reciprocal actions: Reciprocal verbs

To express reciprocal actions Spanish uses the pronouns **nos**, **os**, and **se**, which are the equivalent in English to *each other*.

Nosotros **nos** ayudamos.   *We help each other.*

Vosotros **os** escribís.   *You write to each other.*

Ellas **se** conocieron en una fiesta.   *They met each other at a party.*

These are some verbs that can be used in a reciprocal way:

abrazarse	*to embrace*	**detestarse**	*to hate*
apoyarse	*to lean on*	**entenderse**	*to understand*
ayudarse	*to help*	**hacerse amigo/a**	*to become friends*
besarse	*to kiss*	**juntarse**	*to get together*
comprometerse	*to get engaged*	**llevarse bien/mal**	*to get along well/badly*
comunicarse	*to communicate*	**pelearse**	*to fight*
conocerse	*to know, to get to know a person*	**saludarse**	*to greet*
		separarse	*to separate*
contarse todo	*to tell each other everything*	**soportarse**	*to stand a person*
		tolerarse	*to tolerate*
criticarse	*to criticize*		
despedirse (i)	*to say good-bye*		

Práctica

CS-18 ¿Cuándo y con quién? Explica con quiénes tienes una relación recíproca y cuándo y dónde hacen Uds. lo siguiente.

Modelo: escribirse mensajes por correo electrónico

Mi hermana y yo nos escribimos mensajes por correo electrónico todos los días desde nuestra universidad.

1. encontrarse para ir al cine
2. juntarse para charlar
3. abrazarse
4. besarse
5. saludarse
6. contarse todo

CS-19 ¿Qué tipo de relación tienes? Explica con quiénes tienes una relación recíproca, con quién no la tienes y por qué.

> **Modelo:** comunicarse
>
> *Mi madre y yo nos comunicamos muy bien porque ella es muy abierta y yo puedo hablar libremente.*
>
> *Mi hermana y yo no nos comunicamos bien porque ella es egoísta y yo soy celosa.*

1. entenderse
2. llevarse bien
3. pelearse
4. criticarse
5. tolerarse
6. apoyarse
7. ayudarse
8. soportarse

Talking about past activities: The preterite

To talk about past events in Spanish you need to use two different aspects of the past tense: the preterite and the imperfect. Here you are going to review the uses and forms of the preterite. In general terms, the preterite is used when we think of the event as a completed action in the past. It refers to an action that took place at a specific time in the past.

Uses of the preterite

The preterite is used in the following situations:

1. **To express an action that took place at a definite time in the past**

   El lunes por la mañana abordé el avión que me **trajo** a México.

   On Monday morning I got on the plane that brought me to Mexico.

These words and expressions denote specific time and are often used with the preterite:

ayer	*yesterday*
anteayer	*day before yesterday*
anoche	*last night*
anteanoche	*night before yesterday*
a las dos de la tarde	*at two in the afternoon*
de repente	*suddenly*
el mes/el año/el fin de semana pasado	*last month/year/weekend*
la semana/la Navidad pasada	*last week/Christmas*
el domingo/invierno pasado	*last Sunday/winter*
en el (año) 1999	*in the year 1999*
hace un rato	*a while ago*
por fin	*finally*

2. **To express an action that is viewed as completed in the past**

En Acapulco **vi** a los clavadistas del acantilado de la Quebrada.	*In Acapulco I saw the divers of the Quebrada cliff.*

3. **To express successive actions or events in the past**

En la Playa Encantada **hice** esquí acuático, **navegué** en velero y **utilicé** la tabla de windsurf.	*In Encantada Beach I water-skied, sailed, and windsurfed.*

4. **When the beginning and/or end of an action are stated or implicit**

Cuando el avión **despegó, comenzó** mi gran aventura.	*When the plane took off, my great adventure began.*
Para **terminar** de broncearme, me **eché** una siesta en la blanca arena.	*In order to finish my tan, I took a nap on the white sand.*

Forms of the preterite

A. Regular verbs

To form the preterite of regular verbs, drop the **-ar**, **-er**, or **-ir** ending from the infinitive and add the following endings. Note that the endings for **-er** and **-ir** verbs are identical.

-ar	-er	-ir
viajar	**comer**	**escribir**
viaj**é**	com**í**	escrib**í**
viaj**aste**	com**iste**	escrib**iste**
viaj**ó**	com**ió**	escrib**ió**
viaj**amos**	com**imos**	escrib**imos**
viaj**asteis**	com**isteis**	escrib**isteis**
viaj**aron**	com**ieron**	escrib**ieron**

Spelling changes in the first person singular

- In order to keep the pronunciation of the hard **c** and **g** sounds, the regular verbs that end in **-car** or **-gar** change the **c → qu** and the **g → gu** in the first person singular.
- Verbs that end in **-zar** change the **z → c** in the first person singular.

-car = c → qu	-gar = g → gu	-zar = z → c
buscar → busqué	llegar → llegué	almorzar → almorcé
-car: explicar, practicar, sacar	**-gar:** jugar, navegar, pagar	**-zar:** comenzar, empezar, utilizar

Les **expliqué** a los turistas que cuando **saqué** los pasajes, **pagué** con un cheque.	*I explained to the tourists that when I got the tickets I paid with a check.*
No **almorcé** para llegar a tiempo a la estación.	*I did not eat lunch in order to get to the station on time.*

B. Irregular verbs

The preterite has its own set of irregularities. These irregularities are not the same as those of the present tense. Look at the example and study the following charts.

Todas las noches me **acuesto** tarde pero anoche me **acosté** temprano.

Every night I go to bed late, but last night I went to bed early.

1. Verbs with irregular forms in the preterite

andar:	anduv**e**, anduv**iste**, anduv**o**, anduv**imos**, anduv**isteis**, anduv**ieron**
estar:	estuv**e**, estuv**iste**, estuv**o**, estuv**imos**, estuv**isteis**, estuv**ieron**
poder:	pud**e**, pud**iste**, pud**o**, pud**imos**, pud**isteis**, pud**ieron**
poner:	pus**e**, pus**iste**, pus**o**, pus**imos**, pus**isteis**, pus**ieron**
tener:	tuv**e**, tuv**iste**, tuv**o**, tuv**imos**, tuv**isteis**, tuv**ieron**
saber:	sup**e**, sup**iste**, sup**o**, sup**imos**, sup**isteis**, sup**ieron**

2. Stem-changing verbs **e → i**

hacer:	hice, hiciste, hizo, hicimos, hicisteis, hicieron
querer:	quise, quisiste, quiso, quisimos, quisisteis, quisieron
venir:	vine, viniste, vino, vinimos, vinisteis, vinieron

Note: Observe the ending of the verbs in points 1 and 2. The irregular verbs and the **e → i** stem-changing verbs have the same special set of endings.

3. Stem-changing verbs **-y**

The verb **oír** and verbs ending in **-eer** and **-uir** add -y in the third person singular and plural and they have their special set of endings.

leer:	leí, leíste, le**y**ó, leímos, leísteis, le**y**eron
oír:	oí, oíste, o**y**ó, oímos, oísteis, o**y**eron
construir:	construí, construíste, constru**y**ó, construímos, construísteis, constru**y**eron

4. Stem-changing verbs **-j**

The verbs **decir** and **traer** and verbs ending in **-cir** add -j to the stem.

decir:	di**j**e, di**j**iste, di**j**o, di**j**imos, di**j**isteis, di**j**eron,
traer:	tra**j**e, tra**j**iste, tra**j**o, tra**j**imos, tra**j**isteis, tra**j**eron
conducir:	condu**j**e, condu**j**iste, condu**j**o, condu**j**imos, condu**j**isteis, condu**j**eron

5. Other irregular verbs:

dar:	di, diste, dio, dimos, disteis, dieron
ir:	fui, fuiste, fue, fuimos, fuisteis, fueron
ser:	fui, fuiste, fue, fuimos, fuisteis, fueron

Ser and **ir** have the same form in the preterite. Context will determine the meaning of the verb.

Fuimos a pasear por el acantilado.
Fue un paseo inolvidable.

We went for a walk on the cliff.
It was an unforgettable walk.

6. -ir stem-changing verbs

The **-ir** verbs that stem change in the present do so also in the preterite. They change **e → i** and **o → u** in the third person singular and plural. The present and preterite stem changes are indicated in parentheses after the word in the Glossary: **divertirse (ie, i)**.

Present: **e → ie**	Present: **e → i**	Present: **o → ue**
Preterite: **e → i**	Preterite: **e → i**	Preterite: **o → u**
divertirse	**despedirse**	**dormir**
me divertí	me despedí	dormí
te divertiste	te despediste	dormiste
se div**i**rtió	se desp**i**dió	d**u**rmió
nos divertimos	nos despedimos	dormimos
os divertisteis	os despedisteis	dormisteis
se div**i**rtieron	se desp**i**dieron	d**u**rmieron

Note: The preterite form of *there was/were* = **hubo**.

Práctica

CS-20 La carta de Ramón. Ramón fue de campamento a las montañas con sus amigos. Completa las oraciones con la forma correcta del verbo para terminar la carta que Ramón escribió.

Queridos Mami y Papi:

Cuando yo (1) _____ (llegar) al campamento lo primero que nosotros (2) _____ (hacer) (3) _____ (ser) poner la tienda de campaña. Luego, Andrés y yo (4) _____ (ir) a explorar el lugar. Estábamos muy cerca de un lago, por lo tanto nosotros (5) _____ (decidir) ir a nadar. Más tarde yo (6) _____ (pescar) unos peces que luego nosotros (7) _____ (comer) para la cena.

   Al día siguiente Tomás, Aldo y yo (8) _____ (escalar) una montaña. Nosotros (9) _____ (levantarse) cuando (10) _____ (salir) el sol y (11) _____ (empezar) a caminar. Cuando (12) _____ (volver) al campamento (13) _____ (tener) un gran problema. Unos animalitos (14) _____ (atacar) nuestra comida. No sé cuánto tiempo más vamos a poder estar aquí con lo que nos (15) _____ (dejar) para comer.

Hasta pronto.

Ramón

CS-21 ¿Qué hicieron en el campamento? Estas son algunas de las actividades que los muchachos hicieron en el campamento. Forma frases completas según el modelo.

Modelo: dar un paseo por el bosque

Ellos dieron un paseo por el bosque.

1. hacer esquí acuático
2. echarse una siesta
3. sacar fotos del paisaje
4. hacer caminatas alrededor del lago
5. tomar el sol y nadar
6. leer la guía turística
7. dormir mucho
8. divertirse en el campamento
9. poner la tienda de campaña
10. estar contentos y relajados

CS-22 Pasó algo importante. ¿Qué fue lo más importante que ocurrió en las siguientes ocasiones? Piensa en las noticias nacionales o internacionales, o en tu vida o la de tus familiares y amigos.

1. la semana pasada
2. el mes pasado
3. la Navidad pasada
4. el 31 de diciembre de 1999
5. anoche
6. el fin de semana pasado

Telling how long ago something happened: **Hace** + time expressions

To express how long ago an event took place, use the following structure.

> **Hace** + *time* + **que** + *verb in the preterite*
> *Verb in the preterite* + **hace** + *time*
> Pregunta: **¿Cuánto/os/as** + *time* + **hace** + **que** + *verb in the preterite*?

¿Cuánto tiempo hace que estuviste en Venezuela? *How long ago were you in Venezuela?*
Estuve en Venezuela **hace tres años**.   *I was in Venezuela three years ago.*
Hace tres años que estuve en Venezuela.   *It's been three years since I was in Venezuela.*

Práctica

CS-23 ¿Recuerdas tus vacaciones? ¿Cuánto hace que hiciste estas cosas?

Modelo: hacer un viaje

Hace un año que hice un viaje a Italia.

1. nadar en un lago
2. montar a caballo
3. escalar una montaña
4. acampar al aire libre
5. hacer esquí acuático
6. viajar en avión

Describing how life used to be: The imperfect

The imperfect combines with the preterite to paint a fuller picture when talking about the past. In narration, it describes the setting, the state of mind, or the background against which the action takes place. According to the context, it may be translated as:

Escalaba una montaña.

I was climbing
I used to climb   *a mountain.*
I climbed

Uses of the imperfect

1. **To express how life used to be in the past**

   Cuando **era** niña **jugaba** en el parque todos los días.

   When I was a child I played in the park every day.

2. **To express repeated or habitual actions**

   Cuando **estaba** de vacaciones **me levantaba** tarde todas las mañanas.

   When I was on vacation I used to (would) get up late every morning.

   These words express usual or repeated actions and are often used with the imperfect.

a menudo	*often*
a veces/muchas veces	*sometimes/often*
con frecuencia	*frequently*
de niño/a	*as a child*
generalmente	*generally*
los martes	*on Tuesdays*
por lo general	*in general*
todos los días/meses/años	*every day/month/year*

   The verb **soler** + *inf.* = *used to* + *inf.* is always used in the imperfect. It denotes a habitual action in the past and it is frequently used.

   Solíamos pasar todos los veranos en la casa de campo.

   We used to spend every summer in our house in the country.

3. **To express ongoing actions or states**

   El pasajero **leía** el libro tranquilamente.   *The passenger was reading the book quietly.*

   Estaba + -ando/-iendo is used to emphasize the ongoing nature of the action.

   Se **estaban divirtiendo** mucho en la piscina de su casa.

   They were having fun in the swimming pool of his house.

4. **To state time in the past**

Eran las tres de la tarde.   *It was three o'clock in the afternoon.*

5. **To express age**

Tenía veinte años cuando viajé a España   *I was twenty years old when I went to*
   por primera vez.   *Spain for the first time.*

6. **To express two simultaneous actions often joined by mientras que**

Yo hacía las maletas mientras que mi esposo *I was packing the suitcases while my*
   pagaba la cuenta del hotel.   *husband was paying the hotel bill.*

7. **To express the intention to do something in the past without regard for whether or not the action took place (iba a + *inf.*)**

Nosotros íbamos a visitar Machu Picchu   *We were going to visit Machu Picchu*
   pero no tuvimos suficiente tiempo.   *but we did not have enough time.*

Nosotros íbamos a visitar Machu Picchu;   *We were going to visit Machu Picchu;*
   por eso compramos rollos de películas.   *that is why we bought film.*

Forms

Regular and irregular verbs in the imperfect

The regular verb conjugation follows this pattern: -**ar** verbs end in -**aba** and -**er** and -**ir** verbs end in -**ía**, since they share a single set of endings. There are only three irregular verbs: **ser, ir,** and **ver**. Study these charts.

Regular verbs

-ar	-er	-ir
volar	**conocer**	**salir**
volaba	conocía	salía
volabas	conocías	salías
volaba	conocía	salía
volábamos	conocíamos	salíamos
volabais	conocíais	salíais
volaban	conocían	salían

Irregular verbs

ir	ser	ver
iba	era	veía
ibas	eras	veías
iba	era	veía
íbamos	éramos	veíamos
ibais	erais	veíais
iban	eran	veían

Note: The imperfect form of *there was/were* = **había**.

Práctica

CS-24 Viajes de negocios. Anita va a contarte algo sobre los viajes de su padre. Completa las oraciones para terminar la historia.

Recuerdo que cuando yo (1) _____ (ser) niña mi padre

(2) _____ (viajar) mucho por su trabajo. Generalmente, él (3)

_____ (irse) los lunes por la mañana temprano y (4) _____

(volver) los jueves por la noche. Los viernes siempre (5) _____ (ir) a la oficina

aunque a veces (6) _____ (estar) cansado del viaje. Pero él nunca (7)

_____ (quejarse).

Al contrario, (8) _____ (estar) siempre de buen humor y nos

(9) _____ (decir) que el lugar más lindo del mundo (10) _____

(ser) nuestra casa. Él siempre nos (11) _____ (traer) pequeños recuerdos de

los lugares que (12) _____ (visitar) y yo (13) _____ (soñar) que

alguna vez iría a visitar los mismos lugares.

CS-25 Un sueño extraño. Anoche soñaste que ibas en un viaje muy extraño. ¿Cómo era? Usa las siguientes oraciones en el imperfecto para describir tu sueño.

Modelo: yo/estar de viaje/en el Mediterráneo

Anoche soñé que estaba de viaje en el Mediterráneo.

1. yo/viajar/con personas ricas
2. ellos/navegar/en un yate
3. nosotros/hacer escala/en todos los puertos
4. yo/bucear/en el medio del mar
5. ellas/divertirse/mucho
6. nosotros/tomar el sol/durante el día

CS-26 Mi niñez. Cuenta los hábitos que tenías cuando eras niño/a. Usa los siguientes verbos en tu relato.

| visitar | ir | hacer | jugar | comer | beber | mirar | ser | estar | hablar |

Modelo: *Cuando yo era niño/a jugaba a las casitas* (played house) *con mis primas.*

Indicating location, purpose, and cause: **Por** vs. **para**

Uses of **para**

1.	Destination	Salgo **para** Nueva York.
2.	Recipient	Este remedio es **para** Alicia.
3.	Purpose: *in order to + verb*	Te doy este remedio **para** curarte.
	for + noun	Este es el jarabe **para** la tos.
4.	Deadline	La cita con el doctor es **para** las 3:00 de la tarde.
5.	Comparison	**Para** un enfermo, tú te ves muy bien.
6.	Employed by	Trabajo **para** mi madre.

Expressions with **para**

para bien/mal	*for good/bad*
para colmo	*on top of everything*
para mejor/peor	*for better/worse*
para siempre	*forever*
para variar	*for a change*

Uses of **por:**

1.	Duration of time	Estuvo en cama **por** tres días.
2.	Cause, reason	**Por** salir sin chaqueta, se resfrió.
		Ana me hizo un regalo **por** el favor que le hice.
3.	Exchange	Pagué 50 pesos **por** este remedio.
		Tengo mucha sed, daría cualquier cosa **por** un vaso de agua.
4.	Imprecise location	No sé dónde fue pero estaba **por** aquí.
5.	Indicates passing through or around	Todas las noches paso **por** la biblioteca.
		Corrimos **por** el parque toda la tarde.

Expressions with **por**

por ahora	*for the time being*	**por lo menos**	*at least*
por casualidad	*by chance*	**por lo tanto**	*therefore*
por cierto	*by the way*	**por si acaso**	*just in case*
por de pronto	*to start with*	**por supuesto**	*of course*
por demás	*in excess*	**por último**	*lastly*
por ejemplo	*for example*	**por un lado/por el otro**	*on the one hand/ on the other hand*
por eso	*that's why*		
por fin	*at last*	**por una parte/por la otra**	*on the one hand/on the other hand*
por lo general	*generally*		

Práctica

CS-27 La medicina alternativa. Lee estas opiniones sobre la medicina alternativa. Completa los espacios en blanco con **por** o **para**. Luego, di si estás de acuerdo o no con estas opiniones y explica por qué.

1. (1) _____ mí no hay medicina alternativa, más bien medicina complementaria (2) _____ que lo más importante no es el microbio, sino el medio donde vive. (3) _____ lo tanto, si el cuerpo está sano y fuerte con la ayuda de la homeopatía o del yoga, tanto mejor.

   Miguel Manzano, Alicante, España

2. El término "terapia complementaria" es mejor que decir "alternativa"
   (1) _____ que podemos complementar todas las medicinas
   (2) _____ obtener un mejor resultado en el paciente.

   Rita Bibiloni, Buenos Aires, Argentina

3. Mediante la terapia alternativa nos damos cuenta de los aspectos que debemos cambiar (1) _____ que nuestro espíritu evolucione en paz y no nos enfermemos.

   Luz Ángeles Gualtero, Santafé de Bogotá, Colombia

4. Hay muchas personas que optan (1) _____ una profesión
   (2) _____ ayudar a los demás pero no están cualificados. Creo que hay mucho fraude.

   Saul García, México

5. Pienso que si algo no es verdad no dura (1) _____ mucho tiempo.
   (2) _____ eso creo que la medicina complementaria es una buena alternativa (3) _____ que tiene siglos de historia.

   Jaime Wilson, Costa Rica

6. El ser humano está compuesto (1) _____ tres partes: física, mental y espiritual. Creo que la medicina de los hospitales se ha olvidado de una parte muy importante que es el espíritu. (2) _____ otra parte, las enfermedades del espíritu no son curadas (3) _____ ninguna de las dos vías, ni por la medicina tradicional ni por la alternativa.

   Shiva Anello, Santa Cruz, Bolivia

CS-28A. **Un medicamento muy eficaz.** Juan estuvo enfermo la semana pasada. Usa **para** o **por** para unir la información de la izquierda con la información correspondiente de la derecha.

1. El médico le recetó un jarabe muy fuerte…   las tres de la tarde
2. No pudo recetarle penicilina…   la aerolínea española Iberia
3. Fue a la farmacia y compró el jarabe…   el parque
4. El viernes tenía que marcharse…   veinticinco dólares
5. Al volver a casa hizo una cita con el doctor…   diez horas
6. Juan trabajaba…   ser alérgico
7. Esa noche se acostó temprano y durmió…   la gripe
8. Los síntomas de la gripe empezaron cuando corría… Caracas

1. _____

2. _____

3. _____

4. _____

5. _____

6. _____

7. _____

8. _____

B. Ahora indica en qué orden ocurrió cada uno de los hechos. La historia empieza con el número 6.

_6_, ____, ____, ____, ____, ____, ____, ____.

Talking to and about people and things: Uses of the definite article

A. Agreement

The definite article in Spanish agrees in gender and number with the noun it accompanies.

el alimento   **la** manzana

los alimentos   **las** manzanas

Note: When a feminine noun starts with a stressed **a** or **ha**, **la** changes to **el** in the singular form only.

el agua   las aguas

el ama de casa   las amas de casa

el hacha   las hachas

B. Uses

The definite article is used in the following instances:

1. When it accompanies nouns that are used in a general way

   Las grasas no son buenas para **la salud**.   *Fats are not good for your health.*
      ↑   ↑
   general noun   *abstract noun*

2. With days of the week to mean *on*

   En casa comemos sopa **los lunes**.   *At home we eat soup on Mondays.*

   Except when telling which day of the week it is

   Hoy es lunes.   *Today is Monday.*

3. With titles (**señor, señora, señorita, profesor**) when talking about the person. It is omitted when talking to the person or when using **don** and/or **doña**.

   El señor Ramírez usa hierbas para curar   *Mr. Ramírez uses herbs to cure his*
     a sus pacientes.   *patients.*

   –Dígame, **Sr. Ramírez**, ¿qué debo tomar   *Tell me, Mr. Ramírez, what should I*
     para mi dolor?   *take for my pain?*

   Don Ramón y **doña** Marta tienen una   *Don Ramón and doña Marta have a*
     clínica para tratar pacientes con SIDA.   *clinic to treat patients with AIDS.*

4. Before the names of languages.

   El español es muy popular aquí.   *Spanish is very popular here.*

The definite article is used after the preposition **en** and the verbs **hablar, aprender, comprender, enseñar, escribir, leer,** and **saber**.

  Enrique habla, lee y escribe **portugués**   *Enrique speaks, reads, and writes*
  perfectamente.   *Portuguese perfectly.*

5. With articles of clothing and parts of the body where English uses the possessive adjective

Me puse **los guantes** antes de salir.   *I put my gloves on before going out.*

Me duele **la cabeza**.   *My head aches. (I have a headache.)*

6. After the prepositions **a** and **de**, the masculine singular article **el** becomes **al** and **del**.

a + el = **al**   de + el = **del**

Práctica

CS-29 La salud de los españoles. Lee este párrafo y completa los espacios en blanco. Utiliza el artículo donde sea necesario. Luego contesta las preguntas a continuación.

(1) _____ Ministerio de Sanidad y Consumo y (2) _____ Universidad Complutense de Madrid hicieron una encuesta sobre (3) _____ salud de (4) _____ españoles. Según (5) _____ conclusiones de (6) _____ estudio, (7) _____ alimentación de (8) _____ españoles es sana y variada. Siguen (9) _____ dieta mediterránea, no excesiva en (10) _____ calorías ni en (11) _____ grasas saturadas y hay un abundante consumo de (12) _____ pescado, frutas y verduras. Esta es (13) _____ razón por la que (14) _____ nivel de colesterol de (15) _____ españoles no es alto y (16) _____ España ocupa (17) _____ tercer lugar entre (18) _____ países con mayor esperanza de vida.

1. ¿Quiénes hicieron el estudio sobre la salud?
2. ¿Cómo es la alimentación de los españoles?
3. ¿Cómo es la dieta mediterránea?
4. ¿Qué beneficios tiene esta dieta?

CS-30 Los centros de energía. Según la medicina védica de la India nuestro cuerpo tiene siete centros de energía llamados *chakras*. Cada uno de ellos tiene su propio color, sonido y atributos. Lee la información sobre cada *chakra* y completa los espacios con el artículo definido donde sea necesario.

1. **Chakra base.** Está en _____ base de _____ espina dorsal, corresponde (a) _____ color rojo. Este chakra te conecta con _____ supervivencia.

2. **Chakra sexual.** Se encuentra a 7.5 cm. debajo (de) _____ ombligo *(belly button)* y es de _____ color naranja. Te conecta con _____ habilidades creativas y con _____ energía sexual.

3. **Chakra del plexo solar.** Está a 7.5 cm. arriba (de) _____ ombligo. Es de color _____ amarillo. Te conecta con _____ sentido de _____ seguridad y _____ emociones.

4. **Chakra del corazón.** Está detrás (de) _____ corazón. Tiene color verde. Te conecta con _____ amor.

5. **Chakra de _____ garganta.** Se encuentra detrás de _____ laringe, es de color azul. Tiene que ver con _____ comunicación entre _____ corazón y _____ cabeza.

6. **Chakra** (de) _____ **tercer ojo.** Se encuentra entre _____ ojos, es de color índigo. Te conecta con _____ intuición.

7. **Chakra de _____ corona.** Se encuentra en _____ parte de arriba de _____ cabeza, es de color violeta o blanco-violeta. Te conecta con _____ parte más elevada de tu ser.

Distinguishing between people and things: The personal a

When the direct object is a person or persons, or a dear pet, the personal **a** is used before it. If it is a place or a thing, the **a** is omitted. Remember that the direct object receives the action of the verb. Note that the **a** is not used in English.

Visitamos **a la alcaldesa** de la ciudad para presentarle nuestra organización.	*We visited the mayor of the city to present to her our organization.*
Llevamos **a mi perrita** al veterinario porque necesitaba vacunarla.	*We took my puppy to the vet because she needed a vaccine.*
No visites **la selva tropical** en la estación de las lluvias.	*Don't visit the tropical forest in the rainy season.*

Práctica

CS-31 **¿Qué pasa con la selva tropical?** Lee el párrafo y escribe la **a personal** donde sea necesario.

Existe una organización internacional que trabaja para proteger (1) _____ la selva tropical. Muchas personas que buscan (2) _____ tierras cultivables van a la selva, cortan (3) _____ los árboles y destruyen (4) _____ la fauna y la flora de la región. Esta organización invitó (5) _____ mi padre para que les enseñe (6) _____ las personas del lugar a respetar la naturaleza. Él también visitó (7) _____ muchas empresas internacionales donde dio conferencias sobre el efecto de la destrucción de la selva. No es bueno talar (8) _____ los árboles que limpian (9) _____ el aire que respiramos. Al final de un año de trabajo mi padre tuvo que presentar (10) _____ un informe sobre los resultados de esta campaña. El presidente de la organización recibió (11) _____ mi padre en su oficina y le dio un premio por sus logros. Aunque él trabajó mucho, el problema aún es grave.

Object pronouns: Direct and indirect

Direct object pronouns

A direct object is the person or thing that is directly affected by the verb. It tells you who or what receives the action. When the direct object is replaced by a direct object pronoun, the pronouns agree with the direct object they stand for in number (singular or plural) and in gender (masculine or feminine).

El municipio creó **programas para proteger la naturaleza**.   El municipio **los** creó.
                                  D.O.   D.O.P.

The direct object pronoun is placed in front of a conjugated verb or after an infinitive, attached to it. If a conjugated verb and an infinitive are used together, the direct object can appear either in front of the conjugated verb or attached to the end of the infinitive.

Ellos reciclan **el vidrio**.   Ellos **lo** reciclan.   Ellos van a reciclar**lo**.
               D.O.   D.O.P.   D.O.P.

Práctica

CS-32 **Planes para el verano.** Este verano tú quieres ir a trabajar a Madidi, el nuevo parque nacional de Bolivia, y estás esperando la respuesta a tu solicitud. Contesta las preguntas que un amigo te hace usando los pronombres de objeto directo.

> **Modelo:**   ¿Te mandaron la respuesta a tu solicitud? (No, todavía no.)
> *No, todavía no me la mandaron.*

1. ¿Te invitaron a trabajar con el equipo ecológico en el parque? (Sí)
2. ¿Te escogieron para viajar con ellos? (No/ir solo/a)
3. ¿Te van a esperar en el aeropuerto de La Paz? (Sí)
4. ¿Quieres que yo te lleve al aeropuerto aquí? (No/mis padres)
5. ¿Puedo visitarte en el parque por una semana este verano? (Sí, por supuesto)
6. ¿Me acompañas a comprar el pasaje? (Sí)
7. ¿Me ayudas a planear mi itinerario? (Sí)

CS-33 **El parque Madidi.** El parque nacional Madidi de Bolivia cubre 4.7 millones de acres. Explica lo que está pasando allí usando los pronombres de objeto directo con el gerundio.

> **Modelo:**   ¿Los habitantes de Madidi hablan español? (No/aprender)
>
> *No. Los habitantes están aprendiéndolo.*   o
> *No. Los habitantes lo están aprendiendo.*

1. ¿Los investigadores conocen toda la flora y la fauna de Madidi? (No/estudiar)
2. ¿Los investigadores tienen catalogados todos los pájaros de Madidi? (No/clasificar)
3. ¿El grupo ecologista tiene el permiso del gobierno? (No/pedir)
4. ¿Los ecologistas hablan quechua? (No/estudiar)
5. ¿El gobierno apoya a los ecologistas? (Sí/apoyar)
6. ¿Los turistas visitan los pueblos dentro del parque? (Sí/visitar)
7. ¿Los turistas escalan las montañas? (Sí/escalar)

Indirect object pronouns

As with the direct object pronouns, indirect object pronouns can also be placed before the conjugated verb or before or after an infinitive. Indirect object pronouns are used to indicate for whom or to whom the action of the verb is done.

Yo **le** pedí ayuda **a mi hermana.**   Marta puede mandar**te** mensajes electrónicos **a tí.**
    I.O.P.   I.O.   D.O.P.   D.O.

CS-34 La comunicación. Tu amigo finalmente se fue a trabajar a Madidi por tres meses y tú tienes problemas con la comunicación. Forma oraciones completas con los elementos dados. Usa los pronombres de objeto indirecto.

Modelo: Mandar/a mi amigo/mensajes por correo electrónico
Le mandé a mi amigo mensajes por correo electrónico.

1. escribir/a mi amigo/tres cartas
2. no contestar/a mí/ninguna
3. mandar/a él/una caja de dulces
4. enviar/a él/un telegrama
5. responder/a mí/con otro telegrama
6. decir/a mí/que/no preocuparme
7. explicar/a mí/que donde está no hay teléfono ni correo

CS-35 El regreso de Madidi. Cuando tu amigo vuelve a los Estados Unidos les trae recuerdos a sus amigos y parientes. Di lo que les trajo a cada persona.

Modelo: A Antonia/dar/una bolsa inca

A Antonia le dio una bolsa inca.

1. a sus padres/traer/un sombrero coya
2. a su novia/regalar/unas hierbas indígenas
3. a su primo/dar/una foto de los Andes
4. a mí/traer/un suéter de llama
5. a ti/dar/dulces indígenas
6. a ti y a mí/regalar/casette con música inca

Practice with the double object pronouns

CS-36 Fondos para el parque. Para ganar dinero para establecer el turismo en el parque tu grupo ha organizado una feria. Contesta las preguntas con los pronombres de objeto directo e indirecto.

Modelo: ¿Nos prestas tu coche para ir a la feria?

—Sí, se lo presto.

1. ¿Nos regalas unas entradas a la feria?
2. ¿Le pidieron permiso al alcalde para hacer la feria?
3. ¿Les enviaron los anuncios a todas las universidades de la región?
4. ¿Les sirven comida vegetariana a los visitantes a la feria?
5. ¿Te enseñaron a manejar los juegos?
6. ¿Nos dan agua en botella gratis?

Expressing hope and desire: Present subjunctive of regular and irregular verbs

Spanish has two different moods to distinguish between factual and hypothetical events. The indicative mood is used to express the first and the subjunctive mood expresses the second. Hypothetical statements are subjective; they express the subject's hopes, desires, opinions, and emotions which in many instances carry a degree of uncertainty and doubt. It is also used to suggest, give advice, and make requests.

Rigoberta quiere que la gente **respete** la tierra.	*Rigoberta wants people to respect the land.*

Some uses of the subjunctive

1. The subjunctive form is often used in a dependent clause introduced by **que** when there is a change of subject. When the verb in the main clause expresses something subjective, uncertain, or unknown to the speaker, it requires the use of the subjunctive in the dependent clause.

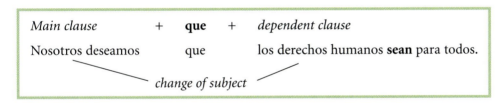

Main clause   +   **que**   +   *dependent clause*

Nosotros deseamos   que   los derechos humanos **sean** para todos.

change of subject

2. The subjunctive is used only when the subject of the dependent clause is different from that of the main clause. Otherwise, use the infinitive.

Change of subject → Subjunctive

Los campesinos esperan que **el gobierno** respete sus derechos.	*The peasants hope that the government will respect their rights.*

No change of subject → Infinitive

Los campesinos **esperan tener** una buena cosecha.	*The peasants hope to have a good harvest.*

3. Subjective statements expressing desire and hope use verbs or expressions in the main clause that signal the use of the subjunctive in the dependent clause.

Desire: **querer, desear**

Hope: **esperar, ojalá que**

Note: Ojalá (que) is not a verb; it is an Arabic expression meaning *may Allah grant*. It is always followed by a verb in the subjunctive. The use of **que** is optional.

Ojalá que se **terminen** la opresión y la violencia.

Since the subjunctive form is used very little in English, you will usually use the infinitive form or the future when you do a translation.

Forms of the present subjunctive

A. Regular verbs

1. To form the present subjunctive, take the first person singular (**yo** form) of the present indicative, drop the **-o**, and add the **-e** endings to the **-ar** verbs and **-a** endings to the **-er** and **-ir** verbs.

   visito → **visit-** → **visite**

   aprendo → **aprend-** → **aprenda**

   vivo → **viv-** → **viva**

-**ar**	-**er**	-**ir**
visit**e**	aprend**a**	viv**a**
visit**es**	aprend**as**	viv**as**
visit**e**	aprend**a**	viv**a**
visit**emos**	aprend**amos**	viv**amos**
visit**éis**	aprend**áis**	viv**áis**
visit**en**	aprend**an**	viv**an**

2. Verbs that are irregular in the first person of the present indicative keep the irregularity in all persons in the subjunctive.

   tengo → **teng-** → **tenga, tengas, tenga, tengamos, tengáis, tengan**

   conozco → **conozc-** → **conozca, conozcas, conozca, conozcamos, conozcáis, conozcan**

3. Spelling-changing verbs

   Verbs that end in **-car, -gar, -zar**, and **-ger/-gir** have spelling changes in order to preserve the original sound of the infinitive form.

   -car → **que** = practicar → practi**que**

   -gar → **gue** = pagar → pa**gue**

   -zar → **ce** = comenzar → comien**ce**

   -ger, -gir → **ja** = escoger → esco**ja**, dirigir → diri**ja**

B. **Stem-changing verbs**

1. The **-ar** and **-er** verbs that stem-change in the present indicative also show the same stem change in the present subjunctive except in the **nosotros** and **vosotros** forms.

-ar		-er	
pensar **e → ie**	recordar **o → ue**	querer **e → ie**	poder **o → ue**
piense	recuerde	quiera	pueda
pienses	recuerdes	quieras	puedas
piense	recuerde	quiera	pueda
pensemos	recordemos	queramos	podamos
penséis	recordéis	queráis	podáis
piensen	recuerden	quieran	puedan

2. The **-ir** verbs that stem-change in the present indicative also show the same stem change in the present subjunctive and an additional stem change in the **nosotros** and **vosotros** forms.

preferir **e → ie, i**	servir **e → i, i**	dormir **o → ue, u**
prefiera	sirva	duerma
prefieras	sirvas	duermas
prefiera	sirva	duerma
prefiramos	sirvamos	durmamos
prefiráis	sirváis	durmáis
prefieran	sirvan	duerman

C. **Irregular verbs**

These are common irregular verbs in the present subjunctive.

dar:	dé, des, dé, demos, déis, den
estar:	esté, estés, esté, estemos, estéis, estén
haber:	haya, hayas, haya, hayamos, hayáis, hayan
ir:	vaya, vayas, vaya, vayamos, vayáis, vayan
saber:	sepa, sepas, sepa, sepamos, sepáis, sepan
ser:	sea, seas, sea, seamos, seáis, sean

Note: hay = haya

Práctica

CS-37 **Mis deseos de paz.** Forma oraciones usando el subjuntivo para expresar tus deseos.

Modelo: la gente/terminar la discriminación contra los indígenas

Quiero que la gente termine la discriminación contra los indígenas.

1. los gobiernos/respetar las etnias *(grupos indígenas)*
2. la gente/comprender las costumbres indígenas
3. los gobiernos/prohibir la tortura
4. las personas en el poder/no violar los derechos humanos
5. la iglesia/aceptar las creencias populares
6. haber paz
7. el ejército/no usar la violencia
8. los pueblos/discutir las ideas opuestas para llegar a un acuerdo
9. las diferentes comunidades/vivir en paz
10. ¿?

CS-38 **Buenos deseos.** Tú vas a viajar a Centro América para ayudar a los campesinos con la cosecha del maíz. Forma oraciones esperando lo mejor.

Modelo: esperar/nosotros/tener suerte

Yo espero que nosotros tengamos suerte.

1. esperar/mi grupo/poder ayudar mucho
2. ojalá/nuestros padres/entender lo que hacemos
3. esperar/los campesinos/servir buena comida
4. esperar/nosotros/dormir bien
5. esperar/mis compañeros/volver sanos
6. ojalá/nosotros/repetir la experiencia
7. esperar/los líderes/enseñarnos a cosechar el maíz
8. esperar/nosotros/hacer un buen trabajo

CS-39 **¿Qué quieres tú?** Completa las oraciones con tus deseos personales y la forma correcta del verbo en el subjunctivo.

1. Yo quiero que mi amiga (ir) _____.
2. Yo deseo que mis profesores (dar) _____.
3. Ojalá que mis clases (ser) _____.
4. Espero que mis amigos (estar) _____.
5. Quiero que nosotros (ir) _____.
6. Ojalá que yo (saber) _____.

Expressing judgment and feelings: Impersonal expressions with the subjunctive

Impersonal expressions that introduce an opinion require the subjunctive when there is a change of subject. Remember that opinions are not factual, they are subjective views, therefore the subjunctive must be used. These expressions can be used to influence someone's views.

es aconsejable	es horrible	es sorprendente	es necesario
es bueno/malo	es posible	es útil	es fantástico
es importante	es una lástima	es preferible	es terrible
es imposible	es mejor	es ridículo	es interesante

A. Change of subject

Es importante que Amnistía Internacional **trabaje** para proteger los derechos humanos.

It is important that Amnesty International works to protect human rights.

Es terrible que **pasen** estas atrocidades.

It is terrible that these atrocities happen.

B. No change of subject: general statement

Es importante **trabajar** para proteger los derechos humanos.

It is important to work to protect human rights.

Note: Impersonal opinions that state a fact use the indicative.

es cierto	es obvio	no hay duda	es evidente	es verdad

No hay duda de que **conoce** bien el problema.

There is no doubt that he knows the problem well.

Impersonal expressions that express a feeling or emotion also require the subjunctive when there is a change of subject.

alegrarse (de)	lamentar	sentir	tener miedo (de)
estar contento/a	molestar(se)	sorprender(se)	estar triste

Me alegro de que Uds. **colaboren** en las relaciones entre las etnias y el gobierno.

I am glad that you cooperate in the relationship between the indigenous groups and the government.

Práctica

CS-40 **¿Qué opinan Uds.?** Los sacerdotes mayas ejecutan ritos durante los 263 días que dura un año para ellos. Expresa tu opinión sobre estos ritos usando las expresiones de opinión o juicio.

> **Modelo:** ellos/pedir perdón a la tierra por talar árboles
>
> *Es increíble que ellos le pidan perdón a la tierra por talar árboles.*

1. el año maya/durar 263 días
2. los sacerdotes/practicar ritos todos los días
3. ellos/pedir permiso al mundo cuando nace un niño
4. la comunidad/solicitar a la tierra una abundante cosecha de maíz
5. los sacerdotes/pedir a los dioses protección contra las armas enemigas
6. los indígenas/creer que están hechos de maíz blanco y amarillo
7. los indígenas/pensar que el agua es algo sagrado
8. ellos/adorar al sol que da vida

CS-41 **La iglesia en Latinoamérica.** La teología de la liberación denuncia la injusticia y la opresión que sufren los pobres de Latinoamérica. Estas son algunas de las ideas que propone. Expresa tus sentimientos sobre estas situaciones. Usa las expresiones impersonales de emoción.

> **Modelo:** Valora la identidad indígena, negra y criolla de Latinoamérica.
>
> *Me alegra que la teología de la liberación valore la identidad indígena, negra y criolla de Latinoamérica.*

1. Denuncia la opresión de los pobres.
2. Rechaza la injusticia social en Latinoamérica.
3. Enseña solidaridad con los pobres.
4. Propone una nueva interpretación de la historia.
5. Quiere cambiar la tradición colonialista.
6. Presenta el evangelio relacionado con la vida de los oprimidos.

Talking about generalities and giving information: Impersonal se

1. When we want to talk about generalities without mentioning a specific subject, in English we use the words *one, people, you, we,* or *they* in impersonal sentences.

   They say there are good job opportunities in the big cities.
   (*They* refers to people in general.)

   To express this impersonal subject in Spanish use the impersonal **se**.

   > **se** + *third-person singular verb*

   Se dice que hay más fuentes de trabajo en la nueva fábrica.   *They say that there are more jobs in the new factory.*

   ¿Dónde **se presenta** el currículum para este empleo?   *Where does one present the CV for this job?*

2. The impersonal **se** is also used to report an action in the passive voice without specifying who is doing the action. In this case Spanish uses the following structure:

   > **se** + *third-person singular verb* + *singular subject*
   >
   > **se** + *third-person plural verb* + *plural subject*

   Se necesita ingeniero en computadoras.   *A computer engineer is needed.*

   Se necesitan administradores de empresa bilingües.   *Bilingual business administrators are needed.*

   Note: You will find additional practice with the passive **se** in Chapter 11.

3. The impersonal **se** construction is used in signs giving information or warning.

Se alquila(n).	*For rent.*
Se habla español.	*Spanish spoken here.*
Se necesita secretaria.	*A secretary is needed.*
Se prohíbe fumar.	*No smoking.*
Se ruega no tocar.	*Please don't touch.*
Se vende(n).	*For sale.*

Práctica

CS-42 Los obreros. El sindicato de obreros *(labor union)* de la fábrica de zapatos es muy activo y consiguió varias mejoras para los empleados. Explica lo que consiguió.

Modelo: escribir/nuevo contrato

Se escribió un nuevo contrato.

1. publicar/el contrato
2. obtener/vacaciones más largas
3. lograr/mejores beneficios
4. aumentar/el salario
5. conseguir/seguro de desempleo
6. imponer/un horario flexible

CS-43 Los desocupados. El desempleo es muy alto en esta región y los desocupados piden que el gobierno haga algo. Explica lo que se hace para mejorar la situación.

Modelo: pedir/más fuentes de trabajo

Se piden más fuentes de trabajo.

1. nombrar/nuevos dirigentes en el gobierno
2. establecer/una organización de desempleados
3. preparar/una movilización de los ciudadanos
4. dar/más ayuda para las familias de los desempleados
5. buscar/empresarios que entiendan la situación
6. construir/dos fábricas nuevas

CS-44 Anuncios. Tú trabajas en una imprenta y hay varios clientes que quieren anuncios para estas situaciones. Ayúdales a escribir el anuncio. ¿Qué deben decir?

Modelo: La Sra. López tiene un negocio de cristales muy finos y no quiere que nadie toque la mercancía.

Se prohíbe tocar la mercancía.

1. El Sr. Aguirre tiene un apartamento para alquilar.

   Anuncio : _____

2. La librería San Cayetano tiene empleados bilingües para vender libros en español.

   Anuncio : _____

3. María quiere vender su coche viejo.

   Anuncio : _____

4. El dueño del restaurante *La buena vida* es alérgico al cigarrillo y no quiere que sus clientes fumen.

   Anuncio : _____

5. La secretaria del jefe del departamento de ventas encontró otro trabajo mejor. El jefe no tiene secretaria ahora.

   Anuncio : _____

Describing general qualities: Lo + adjective

To describe general qualities or abstract ideas as in *the good thing, the interesting thing,* Spanish uses the neuter article **lo** followed by an adjective.

Lo interesante es que mi jefe me dio un aumento.	*The interesting thing is that my boss gave me a raise.*

For emphasis or to express degree of quality the words **más** or **menos** may be added. Study these structures:

> **lo** + *singular masculine adjective*
>
> **lo** + **más/menos** + *singular masculine adjective*

Lo bueno de este trabajo es el horario flexible.	*The good thing about this job is the flexible hours.*
Lo más importante de la entrevista fue la negociación del salario.	*The most important thing about the interview was the salary negotiation.*

Common phrases in Spanish are:

lo mejor	lo peor	lo importante	lo interesante
lo bueno	lo malo	lo cómico	lo fantástico

Note: The expression **lo que** means *what* in English. It is used when *what* introduces an idea or is embedded in a sentence.

Lo que me encanta de mi trabajo es la camaradería de mis colegas.	*What I love about my job is the camaraderie of my colleagues.*
Pregúntale a Luisa **lo que** hace una asistente social.	*Ask Luisa what a social worker does.*

Práctica

CS-45 Mi trabajo. Describe tu último trabajo. Usa las expresiones con **lo** + **adjetivo**.

Modelo: ¿Qué era lo más interesante de tu último trabajo?

Lo más interesante de mi último trabajo era la parte de las finanzas.

1. ¿Qué era lo mejor de tu último trabajo?
2. ¿Qué era lo peor de tu último trabajo?
3. ¿Qué era lo más importante de tu último trabajo?
4. ¿Qué era lo más aburrido de tu último trabajo?
5. ¿Qué era lo menos agradable de tu último trabajo?
6. ¿Qué era lo que más te gustaba de tu último trabajo?

CS-46 Mantener el equilibrio. Hay muchas mujeres que trabajan fuera de casa y también tienen que atender a la familia. Describe las ventajas y desventajas de esta situación usando estas expresiones: **lo bueno, lo malo, lo fácil, lo difícil, lo interesante,** etc.

> **Modelo:**   *Lo bueno es que ellas tienen una vida profesional.*

CS-47 Consejos para encontrar trabajo. Completa las oraciones con **lo que** o **que.** Luego expresa si tú estás de acuerdo con estos consejos.

1. _____ debes hacer es tener paciencia.

2. _____ no debes hacer es esperar a que alguien te ofrezca un trabajo.

3. No esperes _____ tu primer trabajo sea muy interesante.

4. Tienes que buscar un trabajo _____ te guste.

5. _____ es difícil de encontrar vale más.

6. Pregunta _____ no comprendas en la entrevista.

7. Escucha las ideas _____ presentan los entrevistadores.

8. Presenta tus ideas sobre _____ se puede cambiar sin criticar _____ hacen.

Describing past desires, advice, and doubts: Imperfect subjunctive

When the main clause describes past desires, advice, and doubts, use the imperfect subjunctive in the dependent clause.

Yo les recomendé que (ellos) **vieran** la exposición de Frida Kahlo.	*I recommended that they see Frida Kahlo's exhibition.*

A. Uses of the imperfect subjunctive

1. The imperfect subjunctive is used in the same instances that you learned for the present subjunctive—that is, to express feelings, emotion, wish, hope, doubt, uncertainty, judgment, advice, denial, etc. If the verb of the main clause is in the past, then the verb of the dependent clause will be in the imperfect subjunctive.

Fue sorprendente que el cuadro se **vendiera** por tanto dinero. (expressing emotions)	*It was surprising that the picture would sell for so much money.*
Esperábamos que los frescos **fueran** espectaculares. (hope)	*We expected the frescoes to be spectacular.*
No creía que ella **pudiera** dibujar tan bien. (doubt)	*I didn't think she could draw that well.*
El maestro nos aconsejó que **dibujáramos** cuidadosamente. (advice)	*The teacher advised us to draw carefully.*

No hubo nadie que **pintara** tantos
autorretratos como Frida Kahlo.
(nonexistent antecedent)

*There was no one who painted as many
self-portraits as Frida Kahlo.*

2. The expression **como si** *(as if)* is always followed by the imperfect subjunctive.

Pinta **como si** fuera un maestro.

He paints as if he were a master.

B. Imperfect subjunctive forms

To form the imperfect subjunctive, add the endings **-ra, -ras, -ra, -ramos, -rais, -ran**
to the stem. Find the stem by dropping the **-ron** ending of the third person plural of
the preterite: **apreciar—apreciaron → aprecia-, ver—vieron → vie-, salir—salieron
→ salie-.** Note that the irregularities of the preterite will also appear in the imperfect
subjunctive. Review the preterite tense forms on pages 399–401.

buscar → buscaron	querer → quisieron	exhibir → exhibieron
busca**ra**	quisie**ra**	exhibie**ra**
busca**ras**	quisie**ras**	exhibie**ras**
busca**ra**	quisie**ra**	exhibie**ra**
busca**ramos**	quisié**ramos**	exhibié**ramos**
busca**rais**	quisie**rais**	exhibie**rais**
busca**ran**	quisie**ran**	exhibie**ran**

In some parts of the Spanish-speaking world the **-ra** ending is alternated with **-se**:
pudiese, pudieses, pudiese, pudiésemos, pudieseis, pudiesen. This form is also
commonly found in literary passages.

Note: There is a written accent on the first person plural.

CS-48 Un genio mal comprendido. Fernando es un buen pintor ahora, pero cuando
tenía dieciséis años, solamente su profesor de dibujo sabía que Fernando era bueno.
Combina lógicamente la información de las dos columnas y conjuga los verbos de la
columna de la derecha en el imperfecto de subjuntivo para saber qué pensaban Fernando
y su familia sobre él.

A los dieciséis años Fernando ya pintaba como si…	… hacerse ingeniero
Nadie creía que…	… su hijo tener cualidades artísticas
El señor Ruiz, su profesor de dibujo, le aconsejó que…	… sus padres pagar sus estudios en la escuela de Bellas Artes
Su padre quería que…	… estudiar pintura en la escuela de Bellas Artes
Su padre le prohibió…	… dibujar tan bien
Fernando dudaba que…	… ir a las clases de dibujo del profesor Ruiz
Su madre no creía que…	… ser un verdadero profesional

CS-49 Los genios. En la escuela de arte y de música se encuentra mucha gente que tiene talento. Completa las oraciones con los verbos dados y tu imaginación.

> **Modelo:** Inés dibuja como si (ser) _____.
>
> *Inés dibuja como si fuera Picasso.*

1. Juana pinta como si (ser) _____.
2. Ofelia y Ramona dibujan como si (copiar a) _____.
3. Néstor canta ópera como si (tener) _____.
4. Tú tocas el violín como si (saber) _____.
5. Angela y yo bailamos como si (ser) _____.
6. Elena produce cuadros como si (no costarle) _____.

Expressing desire and courtesy: Imperfect subjunctive in independent clauses

The imperfect subjunctive can also be used with the verbs **querer, deber**, and **poder** in independent sentences to express a wish, or to request something in a polite manner. It is the English equivalent to *would, could,* or *should.*

A. Deseo

Quisiera colgar este cuadro en esta pared.	*I would like to hang this picture on this wall.*
*Debieras prestar más atención a las instrucciones del maestro.	*You should pay more attention to the master's instructions.*

Quién followed by the imperfect subjunctive in exclamatory sentences also expresses a wish that can't be fulfilled.

¡Quién **tuviera** su habilidad con el dibujo!	*I wish I had his drawing ability!*

B. Cortesía

*¿Pudieras ayudarme a organizar la exposición?	*Could you help me to organize the exhibition?*

*Note: The conditional tense is more commonly used in these instances.

Deberías prestar más atención.	*You should pay more attention.*
¿Podrías ayudarme con esto?	*Could you help me with this?*

CS-50 El decorado. Tú estás encargado/a de decorar el museo para una exhibición de arte. Diles cortésmente a tus ayudantes lo que quieres que hagan. Usa **quisiera** o **pudieras** según el modelo.

Modelo: La mesa de entrada tiene que estar en otro lugar.

–*Quisiera cambiar de lugar la mesa de entrada.*

1. Los bosquejos tienen que estar todos juntos.
2. Es necesario poner una luz aquí.
3. Los cuadros pequeños deben ir en la primera pared.
4. Necesito que alguien cuelgue el cuadro en esta pared.
5. Tenemos que poner unos asientos en el medio del salón.
6. Hay que poner unas flores sobre la mesa.

CS-51 Pobrecita yo. Ana siempre se siente triste y deprimida porque piensa que ella no es una buena artista. Expresa sus sentimientos según el ejemplo.

Modelo: No puedo dibujar bien.

¡Quién pudiera dibujar bien!

1. No tengo habilidad para dibujar.
2. No pinto con dedicación.
3. No sé usar las acuarelas correctamente.
4. No sé hacer esculturas lindas.
5. No hago cuadros atractivos.
6. No puedo pintar con pastel.

Talking about future activities: Future tense

In Spanish you can express future events in three different ways:

1. **Using the present tense**

   Mañana **se casa** Ana María.   *Ana María will get married tomorrow.*

   There is a sense of certainty that the action will happen.

2. **Using ir a + *inf.***

   Nosotras **vamos a ser** supermujeres.   *We are going to be superwomen.*

   It is used to express actions in the near or distant future. It is commonly used in everyday speech instead of the future tense.

3. **Using the future tense**

   El machismo **desaparecerá** este milenio.   *Machismo will disappear this millennium.*

A. Uses of the future tense

1. To express a future event

Las amas de casa **recibirán** una pensión.   *Housewives will receive a pension.*

2. To make promises

Hoy **pasaré** por tu casa sin falta.   *Today I'll come by your house without fail.*

3. To get other people to do things

In this case, the future appears in the main clause and the present subjunctive appears in the dependent clause.

Ellas **querrán** que les suban el sueldo.   *They will want a raise in their salary.*

B. Forms of the future tense

1. Regular verbs

To form the regular future tense add the following endings to the infinitive: **-é, -ás, -á, -emos, -éis, -án.** Use the same endings for **-ar, -er,** and **-ir** verbs.

-ar	-er	-ir
criar	**leer**	**compartir**
cria**ré**	lee**ré**	comparti**ré**
cria**rás**	lee**rás**	comparti**rás**
cria**rá**	lee**rá**	comparti**rá**
cria**remos**	lee**remos**	comparti**remos**
cria**réis**	lee**réis**	comparti**réis**
cria**rán**	lee**rán**	comparti**rán**

Note: Notice that all forms have an accent mark except the **nosotros** form.

2. Irregular verbs

There are a few verbs that show some irregularities in the stem. They can be divided into three categories to help you memorize them. They have the same endings as the regular verbs.

Irregular verbs			Verbs that drop the **e** in the stem			Verbs that change the **e** or **i** for **d**		
decir	dir-	**diré**	**caber**	cabr-	**cabré**	**poner**	pondr-	**pondré**
hacer	har-	**haré**	**haber**	habr-	**habré**	**salir**	saldr-	**saldré**
			poder	podr-	**podré**	**tener**	tendr-	**tendré**
			querer	querr-	**querré**	**valer**	valdr-	**valdré**
			saber	sabr-	**sabré**	**venir**	vendr-	**vendré**
			hay → **habrá**					

Práctica

CS-52 **Te aseguro que lo haré.** Lidia tiene un viaje de negocios y deja a sus dos hijas con su hermana por tres días. La hermana le asegura que todo irá como ella lo planeó. Haz el papel de la hermana para prometerle estas cosas usando el futuro. Comienza cada oración con **Te prometo que…**

> **Modelo:** La niña pequeña necesita dormir una siesta por la tarde.
>
> *Te prometo que dormirá dos horas todas las tardes.*

1. Amalia necesita su almuerzo para llevar al colegio todos los días.
2. Eliza no debe comer bananas porque es alérgica.
3. Amalia y Eliza deben acostarse a las ocho todas las noches.
4. Eliza no puede jugar con su tren porque no funciona.
5. Amalia debe hacer la tarea de la escuela todas las tardes.
6. Amalia y Eliza deben visitar a su abuela Ester el jueves.

CS-53 **Las nuevas condiciones de trabajo.** Muchas mujeres que trabajan en su carrera profesional desean tener condiciones de trabajo que se adapten a sus necesidades de trabajadoras, esposas y madres. Para saber cuáles son las condiciones, completa los espacios con la forma correcta del verbo en el futuro.

1. Mañana una comisión de trabajadoras (1) _____ (presentar) a los jefes de la empresa una lista de las condiciones de trabajo que les (2) _____ (permitir) cumplir con más facilidad tanto con sus responsabilidades laborales, como con sus responsabilidades de madres.

2. Las trabajadoras (3) _____ (querer) la posibilidad de trabajar a tiempo parcial sin ser penalizadas cuando les corresponda subir de categoría dentro de la empresa.

3. Además ellas (4) _____ (poder) compartir el trabajo con otros/as empleado/as de acuerdo a la disponibilidad que tenga cada uno/a.

4. Esto implica que (5) _____ (tener–ellas) que compartir el salario y los beneficios de salud.

5. Como ellas no quieren compartir los beneficios (6) _____ (pedir) beneficios completos.

6. Las ventajas para la empresa (7) _____ (ser) enormes pues (8) _____ (disminuir) el absentismo laboral y se (9) _____ (incrementar) la productividad.

7. Así las trabajadoras (10) _____ (crear) su propio horario y al mismo tiempo (11) _____ (disponer) de tiempo libre.

8. Este sistema (12) _____ (necesitar) una perfecta coordinación entre las/los trabajadoras/es.

Talking about conditions: Conditional tense

To express conditions, give advice, or make requests, the conditional tense is used. It is the equivalent of *would + verb* in English.

A. Uses of the conditional tense

1. **To express polite requests**

   ¿**Podría** alcanzarme aquel papel?   *Could you hand me that paper?*

2. **To give advice after expressions such as: Yo que tú...** *(If I were you)* **and En tu lugar...** *(In your place)*

   Yo que tú me **divorciaría** de ese hombre.   *If I were you, I would divorce that man.*

3. **To get other people to do things**

   In this case, the conditional appears in the independent clause and the imperfect subjunctive appears in the dependent clause.

   Me **gustaría** que él trabajara menos.   *I would like him to work less.*

B. Forms of the conditional tense

1. **Regular verbs**

   To form the regular conditional tense add the following endings to the infinitive: **-ía, -ías, -ía, -íamos, -íais, -ían**. Use the same endings for **-ar, -er**, and **-ir** verbs.

-ar	-er	-ir
platicar	**defender**	**sentir**
platicaría	defendería	sentiría
platicarías	defenderías	sentirías
platicaría	defendería	sentiría
platicaríamos	defenderíamos	sentiríamos
platicaríais	defenderíais	sentiríais
platicarían	defenderían	sentirían

2. **Irregular verbs**

   The irregular verbs show the same stem changes as in the future tense.

decir	dir-	**diría**	saber	sabr-	**sabría**
hacer	har-	**haría**	**poner**	pondr-	**pondría**
caber	cabr-	**cabría**	**salir**	saldr-	**saldría**
haber	habr-	**habría**	**tener**	tendr-	**tendría**
poder	podr-	**podría**	**valer**	valdr-	**valdría**
querer	querr-	**querría**	**venir**	vendr-	**vendría**

hay → **habría**

Práctica

CS-54 **Me gustaría trabajar desde mi casa.** La oficina en casa es una alternativa para los que no quieren viajar hasta el lugar de trabajo. Estos son algunos trabajos que estas personas harían desde su casa. Forma oraciones completas usando el condicional.

Modelo: coser ropa original para vender (Silvia)

Silvia cosería ropa original para vender.

Si trabajara en casa…

1. …hacer traducciones (Elisa)
2. …redactar informes (nosotros)
3. …hacer diseño gráfico (Carlos)
4. …cocinar comida para vender (tú)
5. …tomar mensajes por teléfono para otras compañías (Antonio y Pepe)
6. …escribir un libro (yo)
7. …hacer trabajos manuales (*crafts*) para vender (Ruth y yo)
8. …enseñarles a los niños que necesitan ayuda extra escolar (él)

CS-55 **¿Y tú qué harías?** ¿Qué trabajo harías tú para ganarte la vida y no tener que salir de tu casa? Escribe cuatro posibilidades que se te ocurran para trabajar desde tu casa.

Modelo: *Yo cocinaría empanadas argentinas y las vendería a algún restaurante.*

CS-56 **Pensándolo bien…** Tener la oficina en casa y trabajar en tu casa tiene ventajas y desventajas. Estos son algunos puntos en contra. Completa las oraciones con el condicional.

Pensándolo bien yo creo que…

1. …extrañar ir a la oficina
2. …echar de menos salir a la calle
3. …necesitar el contacto con otras personas
4. …querer tener más vida social
5. …estar más en casa con las tareas del hogar
6. ¿?

CS-57 Yo que tú... Esta mujer tiene demasiadas responsabilidades. ¿Qué harías tú en su lugar? Empieza cada oración según el modelo.

Modelo: Tengo demasiado trabajo y no puedo atender a mis niños.

Yo que tú cortaría las horas de trabajo.

1. Mi marido está muy enfermo y no puedo cuidarlo sola.
2. Mis niños no sacan a pasear al perro y yo no tengo tiempo.
3. No puedo ir a buscar a los niños a la escuela porque trabajo.
4. No tengo tiempo de ir al supermercado esta semana.
5. Mi suegra viene a visitarnos y la casa está sucia.
6. Mis niños no tienen ropa limpia porque no lavé la ropa durante el fin de semana.

Discussing probability: Uses of the future and conditional to express probability

A. Using the future to express probability

To express probability, wonder, or to make conjectures about the present, use the future tense. These are statements that do not express facts. You are guessing or wondering about something.

¿Qué **estará** haciendo mi novia ahora?	*I wonder what my girlfriend is doing now.*
Estará trabajando.	*I guess she is working./She may be working.*

B. Using the conditional to express probability

To express probability, wonder, or to make conjectures about the past, use the conditional. This can be translated as *wonder, can, could, might, must,* or *probably.*

¿Qué **haría** ella allí?	*I wonder what she was doing there.*
Saldría de trabajar temprano.	*She might have gotten out of work early.*

Práctica

CS-58 Conjeturas. Haz conjeturas basadas en las siguientes situaciones. Usa el futuro.

Modelo: Luisa no vino a clase hoy.

¿Estará enferma?

1. Susana no me saludó cuando la vi en la calle.
2. Jorge tiene un coche nuevo último modelo.
3. Raúl y Marta están siempre juntos.
4. Estela pasa por la biblioteca todos los días.
5. Antonia y Eduardo no se hablan.
6. La niña tiene tos y está muy cansada.

CS-59 ¿Qué puede haber pasado? Estas personas actuaron de una manera muy extraña ayer. Haz conjeturas sobre lo que les podría ocurrir.

> Modelo: Mi vecino llegó muy tarde a su cuarto anoche.
>
> *Estaría estudiando en la biblioteca hasta tarde.*

1. Mi novio no vino a visitarme ayer.
2. Mi compañero de cuarto se quedó dormido en la clase de historia.
3. Mi hermana me llama por teléfono todos los días pero ayer no me llamó.
4. La profesora de inglés llegó tarde a la clase.
5. Los estudiantes sacaron malas notas en el último examen.

CS-60 Seamos creativos. La mujer actual tiene demasiadas responsabilidades. Debemos crear respuestas a su dilema. Contesta la pregunta haciendo por lo menos tres conjeturas.

¿Cómo se podría solucionar el problema de ocuparse de los niños, de la casa y de tener un trabajo?

1.
2.
3.

Expressing outstanding qualities: Superlative and absolute superlative

A. Superlative form of adjectives

The superlative form of adjectives is used when comparing a thing or a person to a group. To express the superlative use the following structure:

> **el/la/los/las** + *noun* (opt.) + **más/menos** + *adjective* + **de**

Note: Please notice that Spanish uses the preposition **de** when English uses *in* or *of*.

Ésta es **la computadora más lenta de** la oficina.	*This is the slowest computer in the office.*

1. The noun is omitted if it has been mentioned before in the sentence.

Esta computadora es **la más nueva de** la oficina.	*This computer is the newest in the office.*

2. The irregular forms **mejor** and **peor** are generally placed before the noun.

En la década de los 90, Chile tenía **la mejor economía de** Latinoamérica.	*In the nineties Chile had the best economy of Latin America.*

3. The superlative form can also be expressed using the following words together with the adjective: **muy, extraordinariamente, extremadamente**, and **sumamente.**

Bajar las barreras de exportación es **sumamente complicado.**	*To lower export barriers is highly complicated.*

Práctica

CS-61 Opiniones. Esta persona tiene opiniones bastante exageradas y usa muchos superlativos. Forma oraciones completas con los elementos dados.

> **Modelo:** computadora/invento/importante/siglo XX
>
> *La computadora es el invento más importante del siglo XX.*

1. esta/aquí/computadora/caro/tienda
2. las computadoras/máquinas/útil/mundo
3. las computadoras IBM/computadoras/bueno/mercado
4. la clonación/práctica científica/prometedor/últimos años
5. la clonación humana/experimento/peligroso/todas
6. la red/bueno/invento/todos los tiempos

CS-62 Megatiendas virtuales. ¿Cuáles son las ventajas y desventajas de comprar por la red? Compáralas con estos lugares para hacer compras. Forma oraciones superlativas con los elementos dados. ¡OJO! con la concordancia.

los grandes almacenes	los mercados al aire libre
las tiendas pequeñas	los centros comerciales

> **Modelo:** (ser/conveniente) *Las tiendas virtuales son el lugar más conveniente de todos porque no tengo que salir de casa.*

1. ser/rápido
2. tener/mayor variedad
3. ser/mejor/para ver gente
4. ser/peor/para ahorrar tiempo
5. ser/divertido
6. tener/precios bajos
7. ser/caro
8. ser/barato

B. Absolute superlative form

Spanish has the **-ísimo/a** form of the adjective to describe extraordinary or exceptional qualities. In English **-ísimo** means *very, extremely,* or *exceptionally.*

Since adjectives agree in gender and number with the noun they modify, there are four forms to the absolute superlative endings: **-ísimo, -ísima, -ísimos, -ísimas.**

Following you will find the rules to form the absolute superlative.

Word endings	Changes	Example
consonant	no change	**fácil → facilísimo**
vowel	drop the final vowel	**interesante → interesantísimo**
		buena → buenísima
-co	c → qu	**poco → poquísimo**
-go	g → gu	**larga → larguísima**

El teléfono celular es **practiquísimo**; por eso me compré uno aunque me costó **carísimo**.

The cellular phone is very practical; that is why I bought one even though it cost me a lot.

Práctica

CS-63 **La sociedad de la información.** Completa los espacios en blanco con el superlativo absoluto correspondiente según el contexto.

1. (Mucho) _____ gente usa Internet como el único mecanismo mundial de comunicación.

2. El surgimiento de nuevas tecnologías ha sido (rápido) _____.

3. No todos están de acuerdo en que la globalización de la economía sea una cosa (bueno) _____.

4. Viajar a otras galaxias es un viaje (largo) _____.

5. No es (difícil) _____ aprender a manejar una computadora.

6. Hay (poco) _____ personas preparadas para viajar al espacio.

7. Muchas personas se han hecho (rico) _____ trabajando en alta tecnología.

8. Los Estados Unidos tienen una economía (fuerte) _____ pero muchos países subdesarrollados tiene una economía pobre.

9. El profesional flexible, dispuesto a mudarse geográficamente, tiene posibilidades (interesante) _____.

Talking about people and things: Uses of the indefinite article

The indefinite article **un/una/unos/unas** is less frequently used in Spanish than it is in English. Follow these rules of use and omission.

A. Use it:

1. **Before a modified noun**

Quiero hacer **una llamada de cobro revertido**.	*I want to make a collect call.*

2. **Before each noun in a list**

Para empezar un negocio se necesita **un** crédito del banco, **una** oficina bien equipada y **un** secretario.	*In order to start a business one needs a bank loan, a well-equipped office, and a secretary.*

3. **Before a noun that has not been previously mentioned**

Necesito **un** contestador automático.	*I need an answering machine.*

B. Omit it:

1. **Before names of profession, occupation, nationality, religion, or affiliation**

Tengo un compañero de trabajo que es **uruguayo** y es **experto en computadoras**.	*I have a co-worker who is Uruguayan and he is a computer expert.*
Yo no soy **atea**. Tampoco soy ni **demócrata** ni **republicana**.	*I am not an atheist. Neither am I Democrat nor Republican.*

2. **Before the words: cien/ciento, mil, cierto/a, medio/a, otro/a**

Mis hijos viajan por el ciberespacio **cien** veces por semana. Es **otro** de los nuevos entretenimientos de esta generación.	*My children surf the net hundreds of times each week. It is another new entertainment of this generation.*

Práctica

CS-64 La oficina virtual. Completa los espacios con el artículo indefinido donde sea necesario.

Ver a (1) _____ ejecutivo trabajando en (2) _____ finca, lejos del ruido y la contaminación, mientras observa por (3) _____ ventana las flores del jardín, puede parecer (4) _____ sueño. Pero tal (5) _____ imagen no está lejos de ser realidad. Desde (6) _____ hacienda en Villa de Leyva, (7) _____ colombiano maneja desde su país (8) _____ empresa de diseño de (9) _____ páginas de Internet que está en Miami, que está a (10) _____ miles de kilómetros de distancia. Esto es posible, claro está, gracias a la tecnología. Sólo se necesita (11) _____ computadora personal con (12) _____ módem, (13) _____ celular, (14) _____ computadora portátil y acceso a la red. Con el correo electrónico es posible tener clientes al (15) _____ otro lado del mundo.

CS–65 Mis dos amigas. Ramón le cuenta a Raúl que sus dos amigas están haciendo planes para crear una empresa. Completa el diálogo con el artículo indefinido correcto donde sea necesario.

RAÚL: ¿Sabes que estoy pensando en tener mi propia (1) _____ empresa?

RAMÓN: Yo tengo (2) _____ amiga que estudió economía y quiere abrir (3) _____ empresa para dar trabajo a muchas mujeres desempleadas.

RAÚL: ¿De dónde sacará el dinero?

RAMÓN: Va a pedir (4) _____ préstamo de (5) _____ un millón de euros a un banco.

RAÚL: ¿Lo va a hacer todo sola?

RAMÓN: No. Cristina, que es (6) _____ otra amiga mía y que también es (7) _____ buena economista, va a ayudarla. Es (8) _____ mujer muy inteligente y (9) _____ persona de mucha confianza.

RAÚL: ¡Qué bien! Parece (10) _____ plan excelente.

RAMÓN: No sólo eso. Como ellas son (11) _____ feministas, quieren hacer todo lo posible para ayudar a las mujeres sin (12) _____ empleo.

Indicating who performs the action: Passive voice with *ser*

In English as well as in Spanish it is possible to clarify whether the subject of a sentence performs or receives the action by using the active voice or the passive voice respectively.

Active voice: The subject performs the action. (**Ada** is the subject.)

Ada compró cuatro discos compactos.

Passive voice: The subject receives the action. (**Cuatro discos compactos** is the subject.)

Cuatro discos compactos fueron comprados por Ada.

The form of a passive sentence is:

> *Subject*   +   **ser**   +   *past participle*   +   **por**   +   *agent*

1. The past participle agrees with the subject in gender and number because it acts as an adjective.

   El contrato **fue firmado** por el director.   *The contract was signed by the director.*
   Las entradas **fueron vendidas** el primer día.   *The tickets were sold on the first day.*

2. The person performing the action is the agent. The agent has a minor role in the sentence and therefore it is often omitted. When it appears in the sentence, the agent is introduced by the preposition **por.**

   Este anuncio comercial **fue transmitido por dos canales diferentes**.   *This commercial was transmitted by two different channels.*
   Las luces **son apagadas** y **encendidas** para indicar el final del intermedio. *(omitted)*   *The lights are turned on and off to signal the end of the intermission.*

3. The verb **ser** shows the tense of the sentence. It can be in the present, past, or future.

   Esta telenovela **es** vista por muchos televidentes.
   Esta telenovela **fue** vista por muchos televidentes.
   Esta telenovela **será** vista por muchos televidentes.

4. In Spanish the passive construction appears more often in written than in spoken language. Spoken language prefers the use of the passive **se**.

Práctica

CS-66 Los nuevos artistas. Lee lo que estos artistas hacen y luego exprésalo en la voz pasiva.

1. Este muchacho escribe obras de teatro.
2. La actriz lee la parte fácil del guión.
3. El actor presenta una actuación magnífica.
4. El director le da un rol en la obra a la actriz.
5. Los jueces presentan a los candidatos para el premio.
6. Dos artistas jóvenes reciben el premio.

CS-67 ¡Qué suerte! A Ana María le fascina el cantante español Joan Manuel Serrat. Completa el párrafo usando la voz pasiva para saber por qué ella tuvo suerte. Usa el verbo **ser** en el pretérito.

Ana María estaba muy contenta al comprar el último disco compacto de Serrat porque la carátula (1) _____ (firmar) por Serrat. Las canciones (2) _____ (grabar) por la compañía de discos más importante del país. Además, su tío Paco (3) _____ (elegir) para tocar la guitarra en el próximo concierto de Serrat. Él le consiguió unos boletos para el espectáculo. Los boletos (4) _____ (llevar) a casa de Ana María por un mensajero especial de Serrat. Las butacas (5) _____ (escoger) por el tío, así que deben ser buenas. Ana María espera poder saludar a Serrat después del concierto.

CS-68 El cambio de programación. Descubre lo que pasó con el Canal 12. Escribe oraciones completas usando la voz pasiva con **ser**. ¡OJO! con el tiempo verbal.

Modelo: los anuncios comerciales/haber eliminar/totalmente
Los anuncios comerciales han sido eliminados totalmente.

1. el Canal 12/haber comprar/una empresa japonesa/el mes pasado
2. la programación/haber cambiar/completamente
3. por ejemplo/los videos musicales/haber reemplazar/programas educativos
4. las telenovelas/haber cambiar/por documentales sobre animales
5. los noticieros/transmitir/cada dos horas durante todo el día
6. las películas de violencia/haber suspender
7. los programas para niños/grabar/en los estudios del canal
8. nuevos dibujos animados/estrenar/cada semana

Substitute for passive voice: The passive se

When it is not important to mention the person who is doing the action, the passive **se** is commonly used. The passive **se** is followed by the verb in the third person singular or plural according to the noun that follows.

Se + *third person singular* + *singular noun*

Se   **estrenó con éxito**   **la nueva temporada del teatro.**
The new theater season was successfully started.

Se + *third person plural* + *plural noun*

Se   **anunciaron**   **los premios Goya.**
The Goya prizes were announced.

Note: You have seen the passive **se** in Chapter 7, together with the explanation of the impersonal **se** on page 438.

Práctica

CS-69 Un gesto generoso. El conjunto de teatro de la ciudad dio una actuación gratis para juntar dinero para la promoción de las artes en las escuelas. Escribe oraciones describiendo lo que hicieron usando el **se** pasivo.

Modelo: dirigir/la actuación/con mucho cuidado
Se dirigió la actuación con mucho cuidado.

1. publicar/el guión de la obra
2. transmitir/la actuación por dos canales de televisión
3. encender/las luces del teatro
4. dar/una función de gala
5. después de la actuación/entregar/ramos de flores a los actores
6. ver/muchos periodistas en la función

CS-70 Los entretenimientos. Tu amigo de la infancia te viene a visitar y quiere saber qué se puede hacer en esta ciudad. Explícale dónde puede encontrar las siguientes cosas usando el **se** pasivo.

> **Modelo:** ¿Dónde se puede escuchar música latina?   (Rylies)
>
> *Se escucha buena música latina en Rylies los jueves.*

1. ¿Dónde se pueden ver películas extranjeras? (cine club)
2. ¿Dónde se pueden alquilar películas de Almodóvar? (Hollywood al minuto)
3. ¿Dónde se pueden ver telenovelas argentinas? (Canal 5)
4. ¿Dónde se puede escuchar a Los Mariachis? (El restaurante Casa México)
5. ¿Dónde se puede ver una buena obra de teatro? (Teatro Nacional)
6. ¿Dónde se puede escuchar la orquesta sinfónica? (el Conservatorio de música)
7. ¿Dónde se pueden mirar las noticias en español? (Canal 10)
8. ¿Dónde se pueden comer tacos auténticos? (Casa Romero)

Describing how things may be in the future: Future perfect

A. Uses of the future perfect

1. Use the future perfect to talk about an event that will have happened by a specific time in the future.

   Para el fin de este año **habrás encontrado** *By the end of this year you will have*
   a tu príncipe azul.   *found your white knight.*

2. It is also used to express probability.

   Me imagino que Antonia **habrá recibido** *I imagine that Antonia has received lots*
   muchos regalos para su boda.   *of presents for her wedding.*

B. Forms

1. To form the future perfect, use the future of **haber** + *past participle.*

Fut. of haber		Past part.
habré		
habrás		**amado**
habrá	+	**entristecido**
habremos		**sentido**
habréis		
habrán		

Práctica

CS-71 ¿Qué habrá pasado? Contesta estas preguntas sobre lo que podrá haber pasado para el año 2020.

1. ¿Crees que se habrá inventado una droga para curar el mal de amor?
2. ¿Los científicos habrán explicado completamente el proceso de enamoramiento?
3. ¿Crees que se habrá descubierto cómo hacer que la gente no envejezca?
4. ¿Habrán descubierto una cura para los celos desmedidos?
5. ¿Habrán encontrado una forma de escoger el sexo de los hijos?
6. ¿?

CS-72 ¿Y tú? ¿Qué habrás hecho tú en 15 años? Explica cinco cosas que quisieras haber hecho de hoy en 15 años.

Modelo: *En quince años habré terminado mis estudios; habré viajado por toda Sudamérica…*

Describing a hypothetical situation in the past: Conditional perfect

A. Uses of the conditional perfect

1. Use the conditional perfect to talk about what *would have happened* in the past.

   Quizás se **habría casado** antes.   *Perhaps he would have been married before.*

2. It is also used to express what might or would have happened in the past under certain conditions.

   Conociendo su pasado no te **habrías enamorado** tanto.   *Knowing his past, you wouldn't have fallen so much in love.*

B. Forms

1. To form the conditional perfect, use the conditional of **haber** + *past participle.*

Cond. of haber		Past part.
habría		
habrías		besado
habría	+	temido
habríamos		vivido
habríais		
habrían		

Práctica

CS-73 **Regalos diferentes.** Susana recibió regalos muy extraños para su cumpleaños. ¿Qué habrías hecho tú con estos regalos?

Modelo: un teléfono con pantalla de TV

Yo lo habría cambiado por uno más sencillo.

1. un lapicero con un micrófono dentro
2. un reloj que tiene dos caras
3. un termómetro que mide tu grado de enamoramiento
4. una cámara de fotos que no funciona
5. una fuente de agua con la estatua de Cupido
6. un televisor que es activado con la voz

CS-74 **Relaciones difíciles.** ¿Qué habrías hecho en estas situaciones? Escribe lo que habrías hecho en estas circunstancias según la información dada.

Modelo: El novio de Ana le fue infiel y ella no hizo nada.

Yo lo habría dejado y me habría buscado otro novio.

1. Tu mejor amigo/a estuvo enamorado/a de un hombre/mujer casado/a.
2. Ricky Martin pensó que eras irresistible y por eso te invitó a salir.
3. Alguien que no conocías muy bien te invitó a cenar en un restaurante elegante.
4. Querías organizar una fiesta sorpresa para tu amiga/o pero él/ella no te pudo decir cuándo iba a estar en casa.
5. Tu hermana se gastó todo el dinero para la universidad en preparar su boda.
6. El novio de tu mejor amiga tenía celos de ti.

Verb review

Regular Verbs: Simple Tenses

Infinitive Present Participle Past Participle	Indicative					Subjunctive		Imperative
	Present	Imperfect	Preterite	Future	Conditional	Present	Imperfect	
hablar hablando hablado	hablo hablas habla hablamos habláis hablan	hablaba hablabas hablaba hablábamos hablabais hablaban	hablé hablaste habló hablamos hablasteis hablaron	hablaré hablarás hablará hablaremos hablaréis hablarán	hablaría hablarías hablaría hablaríamos hablaríais hablarían	hable hables hable hablemos habléis hablen	hablara hablaras hablara habláramos hablarais hablaran	habla tú, no hables hable usted hablemos hablen Uds.
comer comiendo comido	como comes come comemos coméis comen	comía comías comía comíamos comíais comían	comí comiste comió comimos comisteis comieron	comeré comerás comerá comeremos comeréis comerán	comería comerías comería comeríamos comeríais comerían	coma comas coma comamos comáis coman	comiera comieras comiera comiéramos comierais comieran	come tú, no comas coma usted comamos coman Uds.
vivir viviendo vivido	vivo vives vive vivimos vivís viven	vivía vivías vivía vivíamos vivíais vivían	viví viviste vivió vivimos vivisteis vivieron	viviré vivirás vivirá viviremos viviréis vivirán	viviría vivirías viviría viviríamos viviríais vivirían	viva vivas viva vivamos viváis vivan	viviera vivieras viviera viviéramos vivierais vivieran	vive tú, no vivas viva usted vivamos vivan Uds.

Vosotros commands

hablar	hablad no habléis	comer	comed no comáis	vivir	vivid no viváis

Regular Verbs: Perfect Tenses

Indicative					Subjunctive	
Present Perfect	**Past Perfect**	**Preterite Perfect**	**Future Perfect**	**Conditional Perfect**	**Present Perfect**	**Past Perfect**
he	había	hube	habré	habría	haya	hubiera
has	habías	hubiste	habrás	habrías	hayas	hubieras
ha	había	hubo	habrá	habría	haya	hubiera
hemos	habíamos	hubimos	habremos	habríamos	hayamos	hubiéramos
habéis	habíais	hubisteis	habréis	habríais	hayáis	hubierais
han	habían	hubieron	habrán	habrían	hayan	hubieran
hablado comido vivido	hablado comido vivido	hablado comido vivido	hablado comido vivido	hablado comido vivido	hablado comido vivido	hablado comido vivido

Irregular Verbs

Infinitive Present Participle Past Participle	Indicative					Subjunctive		Imperative
	Present	**Imperfect**	**Preterite**	**Future**	**Conditional**	**Present**	**Imperfect**	
andar andando andado	ando	andaba	anduve	andaré	andaría	ande	anduviera	anda tú,
	andas	andabas	anduviste	andarás	andarías	andes	anduvieras	no andes
	anda	andaba	anduvo	andará	andaría	ande	anduviera	ande usted
	andamos	andábamos	anduvimos	andaremos	andaríamos	andemos	anduviéramos	andemos
	andáis	andabais	anduvisteis	andaréis	andaríais	andéis	anduvierais	anden Uds.
	andan	andaban	anduvieron	andarán	andarían	anden	anduvieran	
caer cayendo caído	caigo	caía	caí	caeré	caería	caiga	cayera	cae tú,
	caes	caías	caíste	caerás	caerías	caigas	cayeras	no caigas
	cae	caía	cayó	caerá	caería	caiga	cayera	caiga usted
	caemos	caíamos	caímos	caeremos	caeríamos	caigamos	cayéramos	caigamos
	caéis	caíais	caísteis	caeréis	caeríais	caigáis	cayerais	caigan Uds.
	caen	caían	cayeron	caerán	caerían	caigan	cayeran	
dar dando dado	doy	daba	di	daré	daría	dé	diera	da tú,
	das	dabas	diste	darás	darías	des	dieras	no des
	da	daba	dio	dará	daría	dé	diera	dé usted
	damos	dábamos	dimos	daremos	daríamos	demos	diéramos	demos
	dais	dabais	disteis	daréis	daríais	deis	dierais	den Uds.
	dan	daban	dieron	darán	darían	den	dieran	

Irregular Verbs (continued)

Infinitive Present Participle Past Participle	Indicative					Subjunctive		Imperative
	Present	**Imperfect**	**Preterite**	**Future**	**Conditional**	**Present**	**Imperfect**	
decir diciendo dicho	digo dices dice decimos decís dicen	decía decías decía decíamos decíais decían	dije dijiste dijo dijimos dijisteis dijeron	diré dirás dirá diremos diréis dirán	diría dirías diría diríamos diríais dirían	diga digas diga digamos digáis digan	dijera dijeras dijera dijéramos dijerais dijeran	di tú, no digas diga usted digamos digan Uds.
estar estando estado	estoy estás está estamos estáis están	estaba estabas estaba estábamos estabais estaban	estuve estuviste estuvo estuvimos estuvisteis estuvieron	estaré estarás estará estaremos estaréis estarán	estaría estarías estaría estaríamos estaríais estarían	esté estés esté estemos estéis estén	estuviera estuvieras estuviera estuviéramos estuvierais estuvieran	está tú, no estés esté usted estemos estén Uds.
haber habiendo habido	he has ha hemos habéis han	había habías había habíamos habíais habían	hube hubiste hubo hubimos hubisteis hubieron	habré habrás habrá habremos habréis habrán	habría habrías habría habríamos habríais habrían	haya hayas haya hayamos hayáis hayan	hubiera hubieras hubiera hubiéramos hubierais hubieran	
hacer haciendo hecho	hago haces hace hacemos hacéis hacen	hacía hacías hacía hacíamos hacíais hacían	hice hiciste hizo hicimos hicisteis hicieron	haré harás hará haremos haréis harán	haría harías haría haríamos haríais harían	haga hagas haga hagamos hagáis hagan	hiciera hicieras hiciera hiciéramos hicierais hicieran	haz tú, no hagas haga usted hagamos hagan Uds.
ir yendo ido	voy vas va vamos vais van	iba ibas iba íbamos ibais iban	fui fuiste fue fuimos fuisteis fueron	iré irás irá iremos iréis irán	iría irías iría iríamos iríais irían	vaya vayas vaya vayamos vayáis vayan	fuera fueras fuera fuéramos fuerais fueran	ve tú, no vayas vaya usted vamos (no vayamos) vayan Uds.

Irregular Verbs (continued)

Infinitive / Present Participle / Past Participle	Indicative					Subjunctive		Imperative
	Present	Imperfect	Preterite	Future	Conditional	Present	Imperfect	
oír oyendo oído	oigo oyes oye oímos oís oyen	oía oías oía oíamos oíais oían	oí oíste oyó oímos oísteis oyeron	oiré oirás oirá oiremos oiréis oirán	oiría oirías oiría oiríamos oiríais oirían	oiga oigas oiga oigamos oigáis oigan	oyera oyeras oyera oyéramos oyerais oyeran	oye tú, no oigas oiga usted oigamos oigan Uds.
poder pudiendo podido	puedo puedes puede podemos podéis pueden	podía podías podía podíamos podíais podían	pude pudiste pudo pudimos pudisteis pudieron	podré podrás podrá podremos podréis podrán	podría podrías podría podríamos podríais podrían	pueda puedas pueda podamos podáis puedan	pudiera pudieras pudiera pudiéramos pudierais pudieran	
poner poniendo puesto	pongo pones pone ponemos ponéis ponen	ponía ponías ponía poníamos poníais ponían	puse pusiste puso pusimos pusisteis pusieron	pondré pondrás pondrá pondremos pondréis pondrán	pondría pondrías pondría pondríamos pondríais pondrían	ponga pongas ponga pongamos pongáis pongan	pusiera pusieras pusiera pusiéramos pusierais pusieran	pon tú, no pongas ponga usted pongamos pongan Uds.
querer queriendo querido	quiero quieres quiere queremos queréis quieren	quería querías quería queríamos queríais querían	quise quisiste quiso quisimos quisisteis quisieron	querré querrás querrá querremos querréis querrán	querría querrías querría querríamos querríais querrían	quiera quieras quiera queramos queráis quieran	quisiera quisieras quisiera quisiéramos quisierais quisieran	quiere tú, no quieras quiera usted queramos quieran Uds.
saber sabiendo sabido	sé sabes sabe sabemos sabéis saben	sabía sabías sabía sabíamos sabíais sabían	supe supiste supo supimos supisteis supieron	sabré sabrás sabrá sabremos sabréis sabrán	sabría sabrías sabría sabríamos sabríais sabrían	sepa sepas sepa sepamos sepáis sepan	supiera supieras supiera supiéramos supierais supieran	sabe tú, no sepas sepa usted sepamos sepan Uds.
salir saliendo salido	salgo sales sale salimos salís salen	salía salías salía salíamos salíais salían	salí saliste salió salimos salisteis salieron	saldré saldrás saldrá saldremos saldréis saldrán	saldría saldrías saldría saldríamos saldríais saldrían	salga salgas salga salgamos salgáis salgan	saliera salieras saliera saliéramos salierais salieran	sal tú, no salgas salga usted salgamos salgan Uds.

Irregular Verbs (continued)

Infinitive Present Participle Past Participle	Indicative					Subjunctive		Imperative
	Present	Imperfect	Preterite	Future	Conditional	Present	Imperfect	
ser siendo sido	soy eres es somos sois son	era eras era éramos erais eran	fui fuiste fue fuimos fuisteis fueron	seré serás será seremos seréis serán	sería serías sería seríamos seríais serían	sea seas sea seamos seáis sean	fuera fueras fuera fuéramos fuerais fueran	sé tú, no seas sea usted seamos sean Uds.
tener teniendo tenido	tengo tienes tiene tenemos tenéis tienen	tenía tenías tenía teníamos teníais tenían	tuve tuviste tuvo tuvimos tuvisteis tuvieron	tendré tendrás tendrá tendremos tendréis tendrán	tendría tendrías tendría tendríamos tendríais tendrían	tenga tengas tenga tengamos tengáis tengan	tuviera tuvieras tuviera tuviéramos tuvierais tuvieran	ten tú, no tengas tenga usted tengamos tengan Uds.
traer trayendo traído	traigo traes trae traemos traéis traen	traía traías traía traíamos traíais traían	traje trajiste trajo trajimos trajisteis trajeron	traeré traerás traerá traeremos traeréis traerán	traería traerías traería traeríamos traeríais traerían	traiga traigas traiga traigamos traigáis traigan	trajera trajeras trajera trajéramos trajerais trajeran	trae tú, no traigas traiga usted traigamos traigan Uds.
venir viniendo venido	vengo vienes viene venimos venís vienen	venía venías venía veníamos veníais venían	vine viniste vino vinimos vinisteis vinieron	vendré vendrás vendrá vendremos vendréis vendrán	vendría vendrías vendría vendríamos vendríais vendrían	venga vengas venga vengamos vengáis vengan	viniera vinieras viniera viniéramos vinierais vinieran	ven tú, no vengas venga usted vengamos vengan Uds.
ver viendo visto	veo ves ve vemos veis ven	veía veías veía veíamos veíais veían	vi viste vio vimos visteis vieron	veré verás verá veremos veréis verán	vería verías vería veríamos veríais verían	vea veas vea veamos veáis vean	viera vieras viera viéramos vierais vieran	ve tú, no veas vea usted veamos vean Uds.

Stem-changing and Orthographic-changing Verbs

Infinitive Present Participle Past Participle	Indicative						Subjunctive		Imperative
	Present	Imperfect	Preterite	Future	Conditional		Present	Imperfect	
incluir (y) incluyendo incluido	incluyo incluyes incluye incluimos incluís incluyen	incluía incluías incluía incluíamos incluíais incluían	incluí incluiste incluyó incluimos incluisteis incluyeron	incluiré incluirás incluirá incluiremos incluiréis incluirán	incluiría incluirías incluiría incluiríamos incluiríais incluirían		incluya incluyas incluya incluyamos incluyáis incluyan	incluyera incluyeras incluyera incluyéramos incluyerais incluyeran	incluye tú, no incluyas incluya usted incluyamos incluyan Uds.
dormir (ue, u) durmiendo dormido	duermo duermes duerme dormimos dormís duermen	dormía dormías dormía dormíamos dormíais dormían	dormí dormiste durmió dormimos dormisteis durmieron	dormiré dormirás dormirá dormiremos dormiréis dormirán	dormiría dormirías dormiría dormiríamos dormiríais dormirían		duerma duermas duerma durmamos durmáis duerman	durmiera durmieras durmiera durmiéramos durmierais durmieran	duerme tú, no duermas duerma usted durmamos duerman Uds.
pedir (i, i) pidiendo pedido	pido pides pide pedimos pedís piden	pedía pedías pedía pedíamos pedíais pedían	pedí pediste pidió pedimos pedisteis pidieron	pediré pedirás pedirá pediremos pediréis pedirán	pediría pedirías pediría pediríamos pediríais pedirían		pida pidas pida pidamos pidáis pidan	pidiera pidieras pidiera pidiéramos pidierais pidieran	pide tú, no pidas pida usted pidamos pidan Uds.
pensar (ie) pensando pensado	pienso piensas piensa pensamos pensáis piensan	pensaba pensabas pensaba pensábamos pensabais pensaban	pensé pensaste pensó pensamos pensasteis pensaron	pensaré pensarás pensará pensaremos pensaréis pensarán	pensaría pensarías pensaría pensaríamos pensaríais pensarían		piense pienses piense pensemos penséis piensen	pensara pensaras pensara pensáramos pensarais pensaran	piensa tú, no pienses piense usted pensemos piensen Uds.

Stem-changing and Orthographic-changing Verbs (continued)

Infinitive Present Participle Past Participle	Indicative					Subjunctive		Imperative
	Present	**Imperfect**	**Preterite**	**Future**	**Conditional**	**Present**	**Imperfect**	
producir (zc) produciendo producido	produzco produces produce producimos producís producen	producía producías producía producíamos producíais producían	produje produjiste produjo produjimos produjisteis produjeron	produciré producirás producirá produciremos produciréis producirán	produciría producirías produciría produciríamos produciríais producirían	produzca produzcas produzca produzcamos produzcáis produzcan	produjera produjeras produjera produjéramos produjerais produjeran	produce tú, no produzcas produzca usted produzcamos produzcan Uds.
reír (i, i) riendo reído	río ríes ríe reímos reís ríen	reía reías reía reíamos reíais reían	reí reíste rio reímos reísteis rieron	reiré reirás reirá reiremos reiréis reirán	reiría reirías reiría reiríamos reiríais reirían	ría rías ría riamos riáis rían	riera rieras riera riéramos rierais rieran	ríe tú, no rías ría usted riamos rían Uds.
seguir (i, i) siguiendo seguido	sigo sigues sigue seguimos seguís siguen	seguía seguías seguía seguíamos seguíais seguían	seguí seguiste siguió seguimos seguisteis siguieron	seguiré seguirás seguirá seguiremos seguiréis seguirán	seguiría seguirías seguiría seguiríamos seguiríais seguirían	siga sigas siga sigamos sigáis sigan	siguiera siguieras siguiera siguiéramos siguierais siguieran	sigue tú, no sigas siga usted sigamos sigan Uds.
sentir (ie, i) sintiendo sentido	siento sientes siente sentimos sentís sienten	sentía sentías sentía sentíamos sentíais sentían	sentí sentiste sintió sentimos sentisteis sintieron	sentiré sentirás sentirá sentiremos sentiréis sentirán	sentiría sentirías sentiría sentiríamos sentiríais sentirían	sienta sientas sienta sintamos sintáis sientan	sintiera sintieras sintiera sintiéramos sintierais sintieran	siente tú, no sientas sienta usted sintamos sientan Uds.
volver (ue) volviendo vuelto	vuelvo vuelves vuelve volvemos volvéis vuelven	volvía volvías volvía volvíamos volvíais volvían	volví volviste volvió volvimos volvisteis volvieron	volveré volverás volverá volveremos volveréis volverán	volvería volverías volvería volveríamos volveríais volverían	vuelva vuelvas vuelva volvamos volváis vuelvan	volviera volvieras volviera volviéramos volvierais volvieran	vuelve tú, no vuelvas vuelva usted volvamos vuelvan Uds.

Glossary

A

a causa de eso for that reason, **1;** because of, **5**

a la larga in the long run, **1**

a lo largo de during, **8**

a menos que unless, **8**

a menudo often, **5**

a no ser que unless, **8**

a pesar de que in spite of, **8**

a plazos in installments

a su vez at the same time, in turn, **6**

abarcar *(v.)* to grasp, to cover, **11**

abatatarse *(v.)* to be embarrassed

abecedario, el *(n.)* alphabet

abeja reina, la *(n.)* queen bee

abnegado/a *(adj.)* self-sacrificing, **9**

abogado/a, el/la *(n.)* lawyer

abordar el avión *(v.)* to board a plane, **3**

abortar *(v.)* to miscarry

aborto, el *(n.)* abortion, miscarriage

abrazar *(v.)* to embrace, **9**

abrazarse *(v.)* to embrace one another, **2**

abrigo, el *(n.)* shelter, **1**

abril *(n.)* April

abrir paso to make way

abrojo del Diablo, el *(n.)* burr (weed)

abucheos, los *(n.)* booings

abuelo/a, el/la *(n.)* grandfather, grandmother, **1**

acabar *(v.)* to finish, run out, **2**

acabar de *(v.)* to have just (recently) done something, **3**

acampar *(v.)* to camp, **3**

acantilado, el *(n.)* cliff, **3**

acariciar *(v.)* to pet, caress, **9**

acaso *(adv.)* by chance

acceder a *(v.)* to agree to, to access

accionista, el/la *(n.)* shareholder

aceituna, la *(n.)* olive

aceptación, la *(n.)* acceptance

aceptar *(v.)* to accept, **1**

acera, la *(n.)* sidewalk, **5**

acercamiento, el *(n.)* rapprochement, **9**

acercarse *(v.)* to draw near, **9;** to come closer, **11**

aconsejar *(v.)* to advise

acontecimiento, el *(n.)* event, **12**

acordarse (ue) de *(v.)* to remember, **2**

acorde, el *(n.)* chord

acostar(se) (ue) *(v.)* to go to bed, **2**

acta, el *(n.)* statement of facts

actriz, la *(n.)* actress, **11**

actual *(adj.)* present, current, **11**

actualidad, la *(n.)* present time, nowadays, **11**

actualizar *(v.)* to bring up to date, **11**

actualmente *(adv.)* at the present time, currently, **11**

actuar *(v.)* to act, **11**

acuarela, la (n.) watercolor, **8**

acuerdo, el *(n.)* agreement

adaptarse *(v.)* to adjust oneself, **2**

adecuado/a *(adj.)* appropriate

adelanto, el *(n.)* advance

adelgazar *(v.)* to lose weight, **4**

además besides

adivinar *(v.)* to guess

administración, la *(n.)* management, **7**

adoptar *(v.)* to adopt, **1**

adorar *(v.)* to adore, **12**

adornar *(v.)* to adorn, beautify

aduana, la *(n.)* customs

advertir (ie) *(v.)* to warn

aeromozo/a, el/la *(n.)* flight attendant

aerosol, el *(n.)* spray, **5**

afán, el *(n.)* eagerness, **9**

afanarse *(v.)* to toil

afectar *(v.)* to influence, affect, **10**

afecto, el *(n.)* affection, love, **12**

afeitar(se) *(v.)* to shave, **2**

afilar *(v.)* to sharpen, **4**

afueras, las *(n.)* suburbs, **5**

agilidad, la *(n.)* agility

aglomeración, la *(n.)* crowd, **12**

agobiante *(adj.)* overwhelming, **2**

agosto *(n.)* August

agotado/a *(adj.)* exhausted, **1**

agradable *(adj.)* pleasant, **1**

agradecer *(v.)* to thank, **1**

agradecimiento, el *(n.)* gratefulness, **1**

aguacate, el *(n.)* avocado

aguantar *(v.)* to bear, **12**

aguja, la *(n.)* needle

agujerear *(v.)* to drill

agujero, el *(n.)* hole

ahorrar *(v.)* to save, **1**

aire, el *(n.)* air, **3**

aire acondicionado, el *(n.)* air conditioning

aire libre, el open *(n.)* air

aislado/a, *(adj.)* isolated, **6**

ají, el *(n.)* chili pepper

al alcance de within the reach of

al final at the end, **11**

alabado/a *(adj.)* praised

alabanza, la *(n.)* praise

alabar *(v.)* to praise

alberca, la *(n.)* pool, pond

alcaldesa, la *(n.)* mayor

alcanzar *(v.)* to attain, **5**

alcanzar su sueño to fulfill one's dream, **2**

alcanzar una meta to reach a goal, **7**

aldea, la *(n.)* village, **6**

aldea global, la *(n.)* global village, **10**

alegrar(se) *(v.)* to cheer, to be glad, **12**

alegría, la *(n.)* joy, happiness, **12**

alejarse de to put distance, withdraw, **8**

alentador/a *(adj.)* encouraging, **9**

alentar (ie) *(v.)* to encourage, **9**

alfabetización, la *(n.)* literacy, **6**

alfombra, la *(n.)* carpet

algarabía, la *(n.)* joy

algo something

algodón, el *(n.)* cotton, **2**

alguien someone

alguno/a/os/as any, some

aliento, el *(n.)* breath

alimentación, la *(n.)* feeding, nourishment, **6**

alimentar *(v.)* to feed

alimenticio/a *(adj.)* nourishing

alimento, el *(n.)* food, **4**

aliviar *(v.)* alleviate, **4**

alma, el *(n., f.)* soul, **9**

almacén, el *(n.)* warehouse, department store

almacenar *(v.)* to store

almorzar (ue) *(v.)* to eat lunch, **1**

alojar(se) *(v.)* to lodge, **3**

alquilar *(v.)* to rent, **5**

alquiler, el *(n.)* rent, **5**

alrededor de around

altamente *(adv.)* highly

altura, la *(n.)* height, **1**

alumbrar *(v.)* to light

alza, el *(n, f.)* boost in prices, **10**

alzar *(v.)* to lift

alzar la voz *(v.)* to raise one's voice, **11**

alzar(se) *(v.)* to rise above, **1**

ama de casa, el *(n., f.)* housewife

amable *(adj.)* kind

amamantado/a *(adj.)* nursing

amante, el/la *(n.)* lover, **1**

amar *(v.)* to love, **1**

amargura, la *(n.)* bitterness, **9**

ambiente de trabajo, el *(n.)* workplace atmosphere, **7**

ambigüedad, la *(n.)* ambiguity

ámbito, el *(n.)* scope, **9;** field, precinct, **10**

amenazar *(v.)* to threaten

ameno/a *(adj.)* entertaining, **11**

amigo/a íntimo/a, el/la *(n.)* close friend

amistad, la friendship
amor, el *(n.)* love, **1**
amoroso/a *(adj.)* loving, affectionate, **1**
analfabetismo, el *(n.)* illiteracy
analfabeto/a illiterate
ancho/a *(adj.)* wide, **1**
anciano/a, el/la *(n.)* old man/woman, **1**
andar *(v.)* to go, walk, **1**
angosto/a *(adj.)* narrow, **1**
anguila, la *(n.)* eel
angustia, la *(n.)* anguish, **4**
animadversión, la *(n.)* antagonism
aniversario, el *(n.)* anniversary
anotar *(v.)* to take note
ansiedad, la *(n.)* anxiety
antena, la *(n.)* antenna
antepasado/a, el/la *(n.)* ancestor, **2**
antes before
antes de eso before that
antes de que before, **8**
antifaz, el *(n.)* mask, **12**
antiguamente *(adv.)* ancient
antojársele a uno *(v.)* to feel, seem
anular *(v.)* to cancel
anunciar *(v.)* to announce, **11**
anuncio comercial, el *(n.)* commercial
    advertisement, **11**
añadir *(v.)* to add
apagar *(v.)* to turn off, **7**
aparato, el *(n.)* set, **10**
aparecer *(v.)* to appear, **1**
apartado, el *(n.)* section
aparte de aside from, **5**
apasionado/a *(adj.)* passionate, **1**
apelativo, el *(n.)* name
apenas *(adv.)* barely
aplaudir *(v.)* to clap, **11**
aplicado/a *(adj.)* studious, industrious, **12**
aplicar(se) *(v.)* to put on, enforce, **12**
aportar *(v.)* to bring, contribute
apoyar *(v.)* to support, **9**
apoyarse *(v.)* to lean on, **2**
apreciar *(v.)* to appreciate, **8**
apresar *(v.)* to imprison, **6**
apretar (ie) *(v.)* to press, push
aprobar (ue) *(v.)* to approve
aprovechar *(v.)* to take advantage of, **3**
apto/a para todo público G film rating
apuradamente *(adv.)* hastily
árbol, el *(n.)* tree, **5**
arder *(v.)* to burn
arduo/a *(adj.)* arduous, hard
arena, la *(n.)* sand, **3**
argumento, el *(n.)* plot, **11**
arlequín, el *(n.)* harlequin

arma, el *(n. f.)* weapon, **6**
armatoste, el *(n, f.)* cumbersome piece
    of furniture, **11**
arquitecto/a, el/la *(n.)* architect
arrancar *(v.)* to pull away
arrecife de coral, el *(n.)* coral reef, **3**
arreglar *(v.)* to fix, **10**
arreglarse *(v.)* to get ready, dress up, **2**
arrepentirse *(v.)* to repent, **12**
arriesgado/a *(adj.)* risky
arriesgar *(v.)* to risk
arrojar(se) *(v.)* to throw, **3**
arroyo, el *(n.)* stream
arroz integral, el *(n.)* brown rice, **4**
arruinado/a *(adj.)* ruined, broke
arte abstracto, el *(n.)* abstract art, **8**
asado criollo, el *(n.)* Argentine barbecue
asador, el *(n.)* grill
asar *(v.)* to roast, **4**
ascender (ie) *(v.)* to advance, **7**
ascensor, el *(n.)* elevator, **3**
asegurar *(v.)* to assure, **6**
asentado/a *(adj.)* settled
asentir (ie) *(v.)* to assent, agree, **11**
asequible *(adj.)* accessible, **10**
asesinar *(v.)* to kill
asesor/a, el/la *(n.)* consultant
asesoramiento, el counsel
asimilación, la *(n.)* assimilation, **2**
asimilar(se) *(v.)* to assimilate, **2**
asistente de vuelo, el/la *(n.)* flight
    attendant
asistir *(v.)* to attend, **1**
asomar *(v.)* to show
asombrar *(v.)* to amaze, astonish, **12**
asombro, el *(n.)* awe
áspid, el *(n.)* asp (snake)
aspiradora, la *(n.)* vacuum
aspirante, el/la *(n.)* applicant, **7**
astilla, la *(n.)* splinter
asunto, el *(n.)* affair, matter, **7**
asustar *(v.)* to frighten
atar *(v.)* to tie up
atareado/a *(adj.)* busy
atender (ie) al público *(v.)* to deal with
    the public, **7**
ateo/a, el/la *(n.)* atheist
aterrizar *(v.)* to land, **3**
atrás back, behind
atrasado/a *(adj.)* late, **3**; behind, **10**
atraso, el *(n.)* backwardness, delay, **10**
atravesar *(v.)* to go through
aumentar *(v.)* to raise, **7**; to increase, **10**
aumento, el *(n.)* increase, **10**
aun así even so

aun cuando even when, **8**
aunque although, **8**
aureola, la *(n.)* halo
auricular, el *(n.)* earpiece
auténtico/a *(adj.)* authentic, **8**
autodeterminación, la *(n.)* self-
    determination
autoestima, la *(n.)* self-esteem
autógrafo, el *(n.)* autograph, **11**
autómata *(n.)* robotlike, automaton, **10**
automatización, la *(n.)* automation
autopista, la *(n.)* expressway, **5**
autorretrato, el *(n.)* self-portrait, **8**
avance, el *(n.)* advance
avanzar *(v.)* to advance
ave, el *(n.f.)* bird, **3**
avergonzarse (üe) *(v.)* to be ashamed, **12**
averiguar *(v.)* to inquire, find out, **3**
avión, el *(n.)* plane
avispa, la *(n.)* wasp
ayuda, la *(n.)* help
ayudar *(v.)* to help, **2**
ayuntamiento, el *(n.)* city hall
azafata, la *(n.)* stewardess
azorado/a *(adj.)* confused
azúcar, el *(n.)* sugar

bajar *(v.)* to go down
bajar las barreras de exportación to
    lower export barriers, **10**
balada, la *(n.)* ballad
balazos, los *(n.)* shots, shooting
bancarrota, la *(n.)* bankruptcy, **10**
banco de datos, el *(n.)* database
banda, la *(n.)* gang
banda sonora, la *(n.)* soundtrack
bandeja, la *(n.)* tray
bañarse *(v.)* to bathe, **2**
baño, el *(n.)* bathroom, **3**
barato/a *(adj.)* cheap, **10**
barba, la *(n.)* beard, **1**
barco, el *(n.)* boat, **3**
barrera, la *(n.)* barrier, **9**
barrio, el *(n.)* neighborhood
barro, el *(n.)* mud
basado/a en, based on
basura, la *(n.)* garbage, **5**
batata, la *(n.)* sweet potato, **4**
batir *(v.)* to whip, **4**
batir récords to break records
bebé, el/la *(n.)* baby, **1**
beca, la *(n.)* scholarship

bellas artes, las *(n.)* fine arts, **8**
belleza, la *(n.)* beauty
bello/a *(adj.)* beautiful
bendecir (i) *(v.)* to bless, **6**
beneficioso/a *(adj.)* beneficial, **10**
beneplácito, el *(n.)* consent
bermejo/a *(adj.)* bright reddish
besar(se) to kiss, **12**
beso, el *(n.)* kiss, **12**
bicho, el *(n.)* bug
bienes raíces, los *(n.)* real estate, **7**
bienestar, el *(n.)* welfare, **2**
bienvenida, la *(n.)* welcome
bigotes, los *(n.)* mustache, **1**
bilingüe *(adj.)* bilingual, **2**
billete, el *(n.)* ticket, **3**
bisabuelo /a, el/la *(n.)* great-grandfather/mother, **1**
bloque, el *(n.)* block
bloque económico, el *(n.)* economic block, **10**
bloqueador solar, el *(n.)* sunscreen, **3**
boca, la *(n.)* mouth, **4**
boca arriba/abajo face up/down, **7**
bocacalle, la *(n.)* street entrance, **5**
boda, la *(n.)* wedding, **1**
boicot, el *(n.)* boycott
bola de goma, la *(n.)* rubber ball
boleto, el *(n.)* ticket, **3**
bolsa, la *(n.)* stock market, **7** bag
bombardeo, el *(n.)* bombing
borinqueño/a, el/la *(n.)* person from Puerto Rico, **2**
borrar *(v.)* to erase
bosque, el *(n.)* forest, **1**
bosquejo, el *(n.)* sketch, **8**
botar *(v.)* to throw away, **5**
botiquín de primeros auxilios, el *(n.)* first aid kit
botón, el *(n.)* button
botones, el *(n.)* bellboy
bracero, el *(n.)* person working in the fields, **2**
brazo, el *(n.)* arm, **4**
breve *(adj.)* brief
brincar *(v.)* to skip
brindar *(v.)* to offer, to toast
brindis, el *(n.)* toast
brisa, la *(n.)* breeze
broma pesada, la *(n.)* practical joke
broncearse *(v.)* to get a tan, **3**
brotar *(v.)* to sprout
bucear *(v.)* to scuba dive, **3**
buceo, el *(n.)* scuba diving, **3**
buena presencia, la poise

buscar *(v.)* to look for, **1**
butaca, la *(n.)* seat, **11**
buzón, el *(n.)* mailbox, **5**

caballo, el *(n.)* horse
cabello, el *(n.)* hair, **1**
cabeza, la *(n.)* head, **4**
cacique, el *(n.)* Indian chief, **6**
cacique piel roja, el *(n.)* Indian chief
cadena, la *(n.)* chain
cadena televisiva, la *(n.)* TV chain, **11**
cadera, la *(n.)* hip, **4**
caer *(v.)* to fall, slip away, **1**
caer bien/mal *(v.)* to suit/not to suit, **2**
caer mal *(v.)* not to agree with, to sit badly, **4**
caja de ahorros, la *(n.)* savings institution
cal, la *(n.)* lime
calavera, la *(n.)* skull
calentamiento, el *(n.)* warming, **5**
callado/a *(adj.)* silent, quiet, **1**
calle, la *(n.)* street, **5**
calor, el *(n.)* heat
calvo/a *(adj.)* bald, **1**
calzoncillo, el *(n.)* men's underwear
cama, la *(n.)* bed, **5**
cámara, la *(n.)* camera, **11**
camaradería, la *(n.)* camaraderie, friendliness
camarín, el *(n.)* dressing room, **11**
camarógrafo, el *(n.)* cameraman, **11**
cambiar *(v.)* to change, **1**
caminante, el/la *(n.)* walker
camino, el *(n.)* path, way
camioneta, la *(n.)* station wagon
camiseta, la *(n.)* T-shirt
campamento, el *(n.)* campground, **3**
campaña, la *(n.)* campaign, **7**
campesino/a, el/la *(n.)* peasant, **6**
campo, el *(n.)* countryside
canal, el *(n.)* channel, **11**
cancha, la *(n.)* court
canción de cuna, la *(n.)* lullaby
cándido/a *(adj.)* naive
canoso/a *(adj.)* gray-haired, **1**
cansancio, el *(n.)* fatigue
cansarse *(v.)* to get tired
cantaleta, la *(n.)* the same old thing
cantante, el/la *(n.)* singer, **11**
cantero, el *(n.)* flower bed
cantidad, la *(n.)* amount

capa de ozono, la *(n.)* ozone layer, **5**
capacitación, la *(n.)* training
capaz *(adj.)* capable
cara, la *(n.)* face, **4**
carácter, el *(n.)* temperament, nature, **1**
caramelo, el *(n.)* candy
carátula, la *(n.)* cover
careta, la *(n.)* mask, **12**
cargar *(v.)* to haul
caricia, la *(n.)* caress, petting, **9**
cariño, el *(n.)* fondness, love, **9**
cariñoso/a *(adj.)* affectionate, **1**
carne de vaca, la *(n.)* beef
carrera, la *(n.)* race
carretera, la *(n.)* highway, **3**
carrito, el *(n.)* cart
cartón, el *(n.)* cardboard, **5**
casa, la *(n.)* house, **5**
casado/a *(adj.)* married, **1**
casamiento, el *(n.)* marriage
casarse con *(v.)* to marry, **1**
casi almost
casilla, la *(n.)* box
casillero, el *(n.)* locker
catarro, el *(n.)* head cold, **4**
catártico/a *(adj.)* cathartic
caudal, el *(n.)* volume (of water)
causar *(v.)* to cause, **4**
cautelosamente *(adv.)* cautiously, **3**
cautivar *(v.)* to captivate
ceja, la *(n.)* eyebrow, **4**
celda, la *(n.)* cell
celebrar *(v.)* to celebrate
celo religioso, el *(n.)* religious zeal
celoso/a *(adj.)* jealous, **1**
centrarse *(v.)* to center oneself
centro comercial, el *(n.)* mall, **5**
ceñir (i) *(v.)* to circle, gird
cepillar(se) *(v.)* to brush, **2**
cerca near
cerrar (ie) *(v.)* to close, **1**
certidumbre, la *(n.)* certainty, **9**
cesto, el *(n.)* basket, **5**
charco, el *(n.)* puddle
charlatán/ana, el/la *(n.)* charlatan, talkative one
chillar *(v.)* to scream
chimpancé, el *(n.)* chimpanzee
chinchulines, los *(n.)* intestines *(Arg.)*
chiquilina, la *(n.)* little girl
chiste, el *(n.)* joke
chocante *(adj.)* shocking
chorizo, el *(n.)* red sausage
chorrear *(v.)* to gush, drip
chorro, el *(n.)* gush

chubasco, el *(n.)* cloudburst
cibernética, la *(n.)* computer science, 10
cielo, el *(n.)* sky
científico/a, el/la *(n.)* scientist
cigüeña, la *(n.)* stork, 1
cine, el *(n.)* movie theater, 5
cineasta, el/la *(n.)* filmmaker
cinta, la *(n.)* (video) tape, 11
cintura, la *(n.)* waist, 4
circuito, el *(n.)* circuit
cita, la *(n.)* appointment, 4, date
ciudad, la *(n.)* city, 5
clara, la *(n.)* egg white
claridad, la *(n.)* clarity, 9
clásico/a, *(adj.)* classic
clasificar *(v.)* to classify
clavadista, el/la *(n.)* diver, 3
clave, la *(n.)* key
coartada, la *(n.)* excuse, alibi
cobija, la *(n.)* blanket
cobrar *(v.)* to charge, 3, to be paid
cobrar un cheque to cash a check
cocinar *(v.)* to cook, 4
cocinero/a, el/la *(n.)* cook, 4
código (telefónico, etc.), el *(n.)* code, 10
código de área, el *(n.)* area code (*Lat. Am.*), 10
codo a codo together, 12
coger *(v.)* to take, seize, grasp
coger (algo) por los cuernos to take the bull by the horns
coincidir en *(v.)* to agree
colección, la *(n.)* collection
colita, la *(n.)* little tail, 4
collage, el *(n.)* collage
color, el *(n.)* color
colorido/a *(adj.)* colorful, 8
combatir *(v.)* to fight, 4
comedia, la *(n.)* comedy, 11
comenzar (ie) *(v.)* to begin, 1
comercio, el *(n.)* business, trade
comidilla, la *(n.)* hot topic
comisaría, la *(n.)* police station
comisión, la *(n.)* committee
como si as if, 8
cómoda, la *(n.)* dresser, 5
compadecer (zc) *(v.)* to feel sorry
compartir *(v.)* to share, 1
compasión *(n.)* compassion, 9
compasivo/a *(adj.)* compassionate, 9
competencia, la *(n.)* competition, 10
cómplice, el/la *(n.)* accomplice, 12
componer *(v.)* to compose
comportamiento, el *(n.)* behavior, 1

comportarse *(v.)* to behave, 1
comprensivo/a *(adj.)* understanding, 9
comprobar (ue) *(v.)* to verify, check, 11
comprometerse *(v.)* to get engaged, 2
comprometido/a *(adj.)* committed
compuesto de *(adj.)* made up of
comunicarse *(v.)* to communicate, 2
con tal (de) que provided that, 8
con tino correctly
concebible *(adj.)* conceivable
conceder *(v.)* to grant, give, 9
concentrado/a *(adj.)* concentrated
concertar (ie) *(v.)* to set up
concha, la *(n.)* seashell
conciencia, la *(n.)* awareness, 9
concierto, el *(n.)* concert
concurso, el *(n.)* competition
condón, el *(n.)* condom
conejo, el *(n.)* rabbit
conferido/a *(adj.)* bestowed
confianza, la *(n.)* trust, 7; confidence, 9
confiar en *(v.)* to trust in, 12
conformarse con *(v.)* to make do, adapt, 12
congelado/a *(adj.)* frozen
conjunto, el *(n.)* set
conjuro, el *(n.)* spell, incantation
conmovedor/a *(adj.)* moving
cono, el *(n.)* cone
conocer(se) *(v.)* to meet, to get to know a person, 2
conquista, la *(n.)* conquest, 6
conquistador/a, el/la *(n.)* conqueror, 6
consciente *(adj.)* aware
conseguir (i) *(v.)* to get, obtain, 2
conseguir una entrevista to land an interview, 7
consejero/a, el/la *(n.)* counselor
consejo, el *(n.)* counsel, advice, 6
conserje, el/la *(n.)* concierge
conservador/a *(adj.)* conservative, 1
consigo mismo/a with him/her
construir (y) *(v.)* to build, 1
consuelo, el *(n.)* consolation
contacto, el *(n.)* contact
contador/a, el/la *(n.)* accountant
contagiar *(v.)* to infect, spread by contagion, 4
contaminación, la *(n.)* pollution, 5
contaminado/a *(adj.)* contaminated, 5
contaminar *(v.)* to pollute, 5
contar (ue) *(v.)* to count, 1
contar chistes *(v.)* to tell jokes, 12
contar con *(v.)* to count on

contar un cuento *(v.)* to tell a story
contarse todo *(v.)* to tell each other everything, 2
contentarse con *(v.)* to be happy with, 12
contestador automático, el *(n.)* answering machine, 10
contra against
contratar *(v.)* to hire, 7
contribuir (y) *(v.)* to contribute, 1
control remoto, el *(n.)* remote control, 11
controlar *(v.)* to control
convencer *(v.)* to convince
convertir (ie) to convert, transform, 8
convertirse (ie) en *(v.)* to become, 12
convidar *(v.)* to invite, 12
convivencia, la *(n.)* harmony
convivir *(v.)* to live together, 9
cónyuge, el/la *(n.)* spouse, 9
copa, la *(n.)* wine glass
corazón, el *(n.)* heart, 4
corcho blanco, el *(n.)* Styrofoam
cordero, el *(n.)* lamb
cordillera, la *(n.)* mountain range, 3
corona, la *(n.)* crown
correa, la *(n.)* leash
corredor/a de bolsa, el/la *(n.)* stockbroker, 7
correo, el *(n.)* post office, 5
correo electrónico, el *(n.)* electronic mail, 10
corriente, la *(n.)* current
corrientes artísticas, las *(n.)* artistic movements, 8
cortar *(v.)* to cut, 4
cortés *(adj.)* polite, 2
cosecha, la *(n.)* harvest, 2
cosechar *(v.)* to harvest
cosméticos, los *(n.)* make-up, 5
costa, la *(n.)* coast, 3
costar (ue) *(v.)* to cost, 1
costo de vida, el *(n.)* living expenses, 10
costoso/a *(adj.)* expensive, 5
costumbre, la *(n.)* custom, 6
cotidiano/a *(adj.)* daily
coyuntura, la *(n.)* occasion, nick of time, 8
creación, la *(n.)* creation
crear *(v.)* to create, 5
crecer *(v.)* to grow, 1
crecimiento, el *(n.)* growth, 9
crecimiento económico, el *(n.)* economic growth, 10
crédito bancario, el *(n.)* bank credit, 10
creer *(v.)* to believe, 1

crema, la *(n.)* cream
crianza de los niños, la *(n.)* child rearing, **9**
criar *(v.)* to raise a child or an animal, **9**
criticar *(v.)* to criticize, **2**
cronometrado/a *(adj.)* timed
cruzar *(v.)* to cross, **2**
cuadro, el *(n.)* picture, **8**
cualidad, la *(n.)* quality
cuán *(adv.)* how
cuándo when, **8**
cuarto/a *(adj.)* fourth, *(n.)* room
cubierto, el *(n.)* silverware
cubismo, el *(n.)* cubism, **8**
cubo de basura, el *(n.)* trash can, **5**
cubo de reciclado, el *(n.)* recycling bin
cubrir *(v.)* to cover
cucharadita, la *(n.)* teaspoon
cuchillo, el *(n.)* knife
cuello, el *(n.)* neck, **4**
cuenta corriente, la *(n.)* checking account
cuenta de ahorros, la *(n.)* savings account
cuento de hadas, el *(n.)* fairy tale
cuerda, la *(n.)* cord, rope
cuerpo, el *(n.)* body, **4**
cuerpo humano, el *(n.)* human body, **4**
cuestión, la *(n.)* affair, business, matter, **11**
cuestionar *(v.)* to question
cuidadoso/a *(adj.)* careful, **8**
cuidar *(v.)* to take care of, **1**
culpa, la *(n.)* guilt, **9**
cultivar *(v.)* to cultivate, **2**
cultivo, el *(n.)* crops, farming, **2**
cumpleaños, el *(n.)* birthday, **12**
cumplir *(v.)* to fulfill
cumplir años *(v.)* to have a birthday, **12**
cumplir con *(v.)* to fulfill, execute
cuna, la *(n.)* cradle
cuñado/a, el/la *(n.)* brother-/sister-in-law, **1**
cuplé, el *(n.)* song
cura párroco, el *(n.)* parish priest
curación, la *(n.)* cure
curar *(v.)* to cure, **4**
currículum vitae, el *(n.)* résumé, **7**

danza, la *(n.)* dance
danzar *(v.)* to dance
dañar *(v.)* to hurt, damage, **4**
daño, el *(n.)* damage
dar *(v.)* to give, **1**

dar un paseo *(v.)* to go for a walk, **3**
dar un paso *(v.)* to take a step, **9**
dar un salto *(v.)* to jump, **10**
darle a la llave *(v.)* to turn on the key, **7**
darle ganas a uno *(v.)* to make one feel like
darse cuenta *(v.)* to realize, **9**
datos, los *(n.)* data, **10**
de acuerdo a/con in accordance with, **1**
de entre todo among everything, **9**
de esta manera in this way, **5**
de hecho in fact, as a matter of fact, **6;** actually, **11**
de lo lindo greatly
de manera que so that, **8**
de moda fashionable, popular
de modo way, manner, **8**
de modo que so that, **8**
de pronto suddenly
de repente suddenly
de sobremesa desktop
de súbito *(adv.)* all of a sudden, **2**
de un tirón with one pull
debajo de underneath
deber, el *(n.)* duty
débil *(adj.)* weak, **1**
decepcionado/a *(adj.)* disappointed
décimo/a *(adj.)* tenth
dedicar (un libro) *(v.)* to autograph, sign, **9**
dedicarse a *(v.)* to devote oneself to, **2**
dedo, el *(n.)* finger, **4**
defender (ie) *(v.)* to defend
degradado/a *(adj.)* degraded
dejar *(v.)* to leave something behind, **3**
delfín, el *(n.)* dolphin, **3**
delgado/a *(adj.)* thin
demanda judicial, la *(n.)* lawsuit
demás, los/las *(n.)* the others
demasiados/as too many, **5**
demorar *(v.)* to delay
densidad, la *(n.)* density
deparar *(v.)* to afford, give
deprimido/a *(adj.)* depressed
deprimirse *(v.)* to get depressed
depurar *(v.)* purify
derecha, la *(n.)* right hand
derecho, el *(n.)* right, **1**
derechos humanos, los *(n.)* human rights, **6**
derramar *(v.)* to shed, **9** spill
derrochar *(v.)* to waste, **5**
derroche, el *(n.)* waste, squandering, **12**
desafiante *(adj.)* defiant

desafiar *(v.)* to challenge, **8**
desafortunadamente *(adv.)* unfortunately, **5**
desagradable, *(adj.)* unpleasant, **1**
desagüe, el *(n.)* drain
desalojar *(v.)* to evict
desamor, el *(n.)* lack of love
desamparar *(v.)* to abandon
desamparo, el *(n.)* want of protection, **9**
desanimarse *(v.)* to get discouraged
desaparecido/a, el/la *(n.)* disappeared
desarmado/a *(adj.)* unarmed
desarrollado/a *(adj.)* developed
desarrollar *(v.)* to develop, **9**
desarrollo, el *(n.)* development, **5**
desayuno, el *(n.)* breakfast
descansar *(v.)* to rest, **4**
descarado/a, el/la *(n.)* rude person
descarnado/a *(adj.)* bare, **8**
descartable *(adj.)* disposable
descendiente, el/la *(n.)* descendant, **2**
descollar (ue) *(v.)* to excel
descomponer *(v.)* to break down, **2**
descomponerse *(v.)* to decompose
desconfianza, la *(n.)* mistrust
descubierto/a *(adj.)* discovered
descuento, el *(n.)* discount, **10**
desdén, el *(n.)* scorn
desdoblar(se) *(v.)* to unfold
desechable *(adj.)* disposable, **4**
desechar *(v.)* to reject, dispose of, **5**
desecho, el *(n.)* trash, rubbish, scrap, **5**
desempleado/a *(adj.)* unemployed, **5**
desempleo, el *(n.)* unemployment, **7**
desenmascarar *(v.)* to unmask
desentonar con *(v.)* to clash with
desfile, el *(n.)* parade, **12**
desgraciado/a *(adj.)* miserable
desheredado/a, *(adj.)* desinherited, **6**
desierto, el *(n.)* desert
desigual, *(adj.)* unequal, **6**
desigualdad, la *(n.)* inequality, **2**
deslizar *(v.)* to slide
desmayarse *(v.)* to faint, **4**
desmayo, el *(n.)* fainting spell, **4**
desmedido/a *(adj.)* excessive
desmontar *(v.)* to dismantle
desnudo/a *(adj.)* naked
desorganizado/a *(adj.)* disorganized
despacho, el *(n.)* office
despecho, el *(n.)* scorn
despedida de soltero/a, la *(n.)* bachelor/bachelorette's party, **12**
despedirse (i) de *(v.)* to bid good-bye to, **2**

despegar *(v.)* to take off, **3**
desperdiciar *(v.)* to waste, **5**
despertarse (ie) *(v.)* to wake up, **2**
despiadado/a *(adj.)* unmerciful
desplazamiento, el *(n.)* travel
desplomado/a *(adj.)* collapsed
despojado/a *(adj.)* stripped of
desprovisto/a *(adj.)* lacking, **8**
después then, after
después de que after, **8**
destinatario/a, el/la *(n.)* recipient
destreza, la *(n.)* skill, **7**
destruir *(v.)* to destroy, **5**
desvalido/a, el/la *(n.)* helpless person
desventaja, la *(n.)* disadvantage
desvestirse (i, i) *(v.)* to undress, **2**
detalle, el *(n.)* detail, **8**
determinar *(v.)* to determine, **1**
detestar *(v.)* to hate, detest, **2**
deuda externa, la *(n.)* foreign debt, **10**
devolver (ue) *(v.)* to return (an object), **1**
día feriado, el *(n.)* holiday, **12**
diariamente *(adv.)* daily
dibujo, el *(n.)* drawing, **8**
dibujo animado, el *(n.)* cartoon, **11**
dicha, la *(n.)* happiness
dicho, el *(n.)* saying
dichoso/a *(adj.)* fortunate, lucky, **9**
diciembre *(n.)* December
diente, el *(n.)* tooth, **4**
dieta, la *(n.)* diet, **4**
diligencia, la *(n.)* errand
dinámica, la *(n.)* dynamic
dinero, el *(n.)* money
dios/a, el/la *(n)* god; goddess
directivo/a, el/la *(n.)* CEO
director/a de cine, el/la *(n.)* movie director
director/a de orquesta, el/la *(n.)* orchestra conductor
dirigir *(v.)* to direct, **11**
disculpa, la *(n.)* excuse
disculpar(se) *(v.)* to excuse (oneself), **9**
discutir *(v.)* to discuss, to argue, **1**
diseño, el *(n.)* design
disfraz, el *(n.)* disguise
disfrazar(se) *(v.)* to disguise (oneself), **12**
disfrutar (de) *(v.)* to enjoy, **3**
disgustar *(v.)* to annoy, displease, **2**
disminuir *(v.)* to decrease, diminish, **10**
dispensado/a *(adj.)* excused
disponer de *(v.)* to have at one's disposal
disponible *(adj.)* available
dispositivo, el *(n.)* device
disquete, el *(n.)* diskette

distraído/a *(adj.)* distracted
divagar *(v.)* to digress, **9**
diversidad, la *(n.)* diversity
diversión, la *(n.)* entertainment
divertirse (ie, i) *(v.)* to have a good time, to have fun, **1**
divorciarse (de) *(v.)* to divorce, **1**
doblar(se) *(v.)* to bend down, **4**
documental, el *(n.)* documentary, **11**
doler (ue) *(v.)* to hurt, **4**
dolor, el *(n.)* pain, **4**
dolor de oído, el *(n.)* earache, **4**
domador/a, el/la *(n.)* animal tamer
dominante *(adj.)* domineering, **1**
dominar *(v.)* to dominate, **9**
domingo, el *(n.)* Sunday
doncella, la *(n.)* maiden
dorado/a *(adj.)* golden
dorar *(v.)* to sauté, **4**
dormir(ue, u) *(v.)* to sleep, **1**
dormir una siesta *(v.)* to take a nap, **3**
dormirse *(v.)* to fall asleep, **2**
droga, la *(n.)* drug, **1**
ducha, la *(n.)* shower, **3**
ducharse *(v.)* to shower, **2**
dueño/a, el/la *(n.)* owner
duermevela, la *(n.)* dozing, light sleep
dulce *(adj.)* sweet, **1**
durar *(v.)* to last
duro/a *(adj.)* hard

economista, el/la *(n.)* economist
edad, la *(n.)* age
edén, el *(n.)* Eden
edificio, el *(n.)* building, **8**
eficaz *(adj.)* effective
egoísta *(adj.)* selfish, **1**
ejecutivo/a, el/la *(n.)* executive, **7**
ejercer *(v.)* to exercise, exert
ejército, el *(n.)* army, **6**
el (día, mes, año) siguiente the next (day, month, year)
el/la/los/las cual/cuales that, which, who, whom, **10**
el/la/los/las que the one/ones who/that, **10**
electrodomésticos, los *(n.)* household appliances, **5**
electrónica, la *(n.)* electronics
elegir (i) *(v.)* to choose, **1**
elevar *(v.)* to raise
elogiar *(v.)* to praise

elogio, el *(n.)* praise
eludir *(v.)* to evade, avoid, **9**
emanciparse *(v.)* to free oneself
embarazada *(adj.)* pregnant, **4**
embarazo, el *(n.)* pregnancy, **1**
embellecer *(v.)* to beautify
emborracharse *(v.)* to get drunk, **12**
emigrante, el/la *(n.)* emigrant, **2**
emigrar *(v.)* to emigrate, **2**
emisión de radio, la *(n.)* radio broadcast, **11**
empeñarse en *(v.)* to insist on
empeorar *(v.)* to get worse, **4**
emperador/a, el/la *(n.)* emperor, empress
empezar (ie) *(v.)* to begin, **1**
empleado/a, el/la *(n.)* employee
emplear *(v.)* to hire
empleo, el *(n.)* employment, job
emprendedor/a *(adj.)* enterprising, **7**
empresa, la *(n.)* business, company, **7**
empresario/a, el/la *(n.)* businessperson
empujar *(v.)* to push, **2**
en cambio on the other hand
en caso de que in case that, **8**
en cuanto as soon as, **8**
en cuanto a as to, regarding
en el caso de + inf. in case of, **1**
en el exterior abroad
en espera de awaiting
en seguida immediately
en torno a around, **9**
en vías de desarrollo developing
en vivo live (program), **11**
enamorado/a *(adj.)* in love
enamoramiento, el *(n.)* falling in love
enamorarse de *(v.)* to fall in love with, **12**
encabezar *(v.)* to head
encadenarse *(v.)* to chain oneself
encantar *(v.)* to delight, love, **2**
encasillar *(v.)* to classify, **8**
encendedor, el *(n.)* lighter
encender (ie) *(v.)* to turn on, **7, 11**
enchufar *(v.)* to plug in
encierro, el *(n.)* imprisonment
encomienda, la *(n.)* certain estates granted by the Spanish king
encontrar (ue) *(v.)* to meet, **1**
encorvado/a *(adj.)* stoop
encubrimiento, el *(n.)* concealment
encuesta, la *(n.)* poll, **1**
enderezar *(v.)* to straighten
endulzar *(v.)* to sweeten
enero *(n.)* January

enfadarse *(v.)* to get angry, **1,** to be annoyed with

enfermedad, la *(n.)* sickness, **4**

enfrentamiento, el *(n.)* confrontation, **1**

enfrentar *(v.)* to face, confront, **1**

enfurecerse *(v.)* to become furious

engañar *(v.)* to deceive, **6**

engordar *(v.)* to gain weight, **4**

¡Enhorabuena! Congratulations!

enlazar *(v.)* to connect

enojarse con *(v.)* to be angry with, **1**

enojo, el *(n.)* anger

enredo, el *(n.)* mix-up

enriquecedor/a *(adj.)* enriching

ensayar *(v.)* to rehearse, **11**

entalcarse *(v.)* to put talcum powder on one's body

entender(se) *(v.)* to understand, **1**

entendimiento, el *(n.)* understanding

entero/a *(adj.)* entire, whole, **6**

enterrado/a *(adj.)* buried

entidad, la *(n.)* entity

entorno, el *(n.)* surroundings

entrada, la *(n.)* ticket, **11**

entrada en juego, la *(n.)* coming into play

entrado/a *(adj.)* late

entraña, la *(n.)* gut

entrega, la *(n.)* handing over, delivery

entregar *(v.)* to deliver, **11**

entrenador/a, el/la *(n.)* trainer, coach

entrenar *(v.)* to train, **7**

entretener (ie) *(v.)* to entertain, **11**

entretenido/a *(adj.)* entertaining, **11**

entretenimiento, el *(n.)* entertainment, **11**

entrevista de trabajo, la *(n.)* job interview, **7**

entrevistar *(v.)* to interview

entusiasmar *(v.)* to enthuse, excite, **2**

entusiasmar(se) *(v.)* to get excited, **12**

envase, el *(n.)* container, **5**

envejecer *(v.)* to age

enviar *(v.)* to send

envidia, la *(n.)* envy

envidiar *(v.)* to envy

envidioso/a *(adj.)* envious, **1**

envoltorio, el *(n.)* wrapping, **5**

época, la *(n.)* time, **6**

equilibrado/a *(adj.)* balanced, **4**

equilibrio, el *(n.)* balance, **9**

equipaje, el *(n.)* luggage, **2**

equipo, el *(n.)* equipment, team

equívoco/a *(adj.)* ambiguous

erotismo, el *(n.)* eroticism

es más besides

esbozar *(v.)* to sketch

escala, la (n.) stop, **3**

escalar (montañas) *(v.)* to climb (a mountain), **3**

escalera, la *(n.)* stairs, **5**

escapar *(v.)* to escape, **2**

escarpado/a *(adj.)* steep

escena, la *(n.)* scene, **11**

escenario, el *(n.)* stage, **11**

esclavitud, la *(n.)* slavery

esclavizar *(v.)* to enslave, **6**

esclavo/a, el/la *(n.)* slave

esconder *(v.)* to hide

escudo, el *(n.)* shield

esculpir *(v.)* to sculpt, carve

esfinge, la *(n.)* sphinx

esfuerzo, el *(n.)* effort

esgrimista, el/la *(n.)* fencer

eslabón, el *(n.)* link

esmero, el *(n.)* care

espacial *(adj.)* space

espalda, la *(n.)* back, **4**

espectáculo, el *(n.)* show, **11**

espectador, el *(n.)* spectator, audience, **11**

espejo, el *(n.)* mirror, **5**

esperanza, la *(n.)* hope, **3**

esperanzado/a *(adj.)* hopeful

espiga, la *(n.)* (*bot.*) spike, ear

espina dorsal, la *(n.)* backbone, spinal cord

esposo/a de mi padre/madre *(n.)* stepfather / -mother, **1**

espuma, la *(n.)* foam

esquema, el *(n.)* outline, **8**

esquiar *(v.)* to ski, **3**

esquina, la *(n.)* corner, **5**

establecer(se) *(v.)* to establish, **2**

estación, la *(n.)* station, **5**

estadística, la *(n.)* statistic

estado, el *(n.)* state

estado civil, el *(n.)* marital status

estado de ánimo mood, **1**

estallar *(v.)* to explode, **12**

estampa, la *(n.)* appearance

estante, el *(n.)* shelf, **5**

estaño, el *(n.)* tin

estar bien/bueno/a to be all right/good, **1**

estar cansado/a to be tired, **1**

estar casado (con) to be married (to), **1**

estar comprometido (con) to be engaged (to), **1**

estar con prisa to be in a hurry, **1**

estar contento/a to be happy, **1**

estar de acuerdo (con) to agree (with), **1**

estar de buen/mal humor to be in a good/bad mood, **1**

estar de moda to be fashionable

estar de paso to be passing by, **1**

estar de vacaciones to be on vacation, **1**

estar embarazada to be pregnant, **4**

estar enamorado/a (de) to be in love with, **1**

estar encargado/a de to be in charge of, **7**

estar enojado/a to be angry, **1**

estar enredado/a to be entangled with, **12**

estar entusiasmado/a to be excited, **1**

estar muerto/a to be dead, **1**

estar preocupado (por) to be worried (about), **1**

estatal *(adj.)* state

estatua, la *(n.)* statue

estatura, la *(n.)* height, **1**

este, el *(n.)* east

estela, la *(n.)* wake of the boat

estética, la *(n.)* aesthetics, **8**

estímulo, el *(n.)* stimulus

estómago, el *(n.)* stomach, **4**

estornudar *(v.)* to sneeze, **4**

estrechar *(v.)* to tighten, press, **9**

estrella, la *(n.)* star

estrellado *(adj.)* starry

estrenar *(v.)* to perform for the first time, **11**

estreno, el *(n.)* opening night, premiere, **11**

estrés, el *(n.)* stress

estruendo, el *(n.)* noise

estudio, el *(n.)* studio

etapa, la *(n.)* stage

etiqueta, la *(n.)* sign

evangelización, la *(n.)* evangelization, **6**

evitar *(v.)* to avoid, **4**

exclusivo/a *(adj.)* exclusive

excursión, la *(n.)* tour, **3**

exhibir *(v.)* to show

exigir *(v.)* to demand

éxito, el *(n.)* success, **11**

experiencia laboral, la *(n.)* work experience, **7**

explicar *(v.)* to explain, **1**

explotar, *(v.)* to exploit, **6**

exportación, la *(n.)* exporting

exposición, la *(n.)* exhibit, show

expresar *(v.)* to express

expresionismo, el *(n.)* expressionism, **8**

extraer *(v.)* to extract

extranjero/a, el/la *(n.)* foreigner

extrañar *(v.)* to miss (someone) (feeling), **2**

extraño/a *(adj.)* strange, **1**

extraviar *(v.)* to lose, **9**

F

fábrica, la *(n.)* factory, **5**
facilitar *(v.)* to facilitate, **9**
factura, la *(n.)* invoice
fachada, la *(n.)* facade, front
faja, la *(n.)* sash
fallar *(v.)* to fail
faltar *(v.)* to be missing, lacking, **2**
fama, la *(n.)* reputation
familia política, la *(n.)* extended family, **1**
fantasma, el *(n.)* ghost
fantástico/a *(adj.)* fantastic
farándula, la *(n.)* show business
fascinar *(v.)* to fascinate, **2**
fastidiar *(v.)* to vex, disappoint, **2**
fe, la *(n.)* faith
febrero *(n.)* February
fecha de vencimiento, la *(n.)* expiration date
fecundar *(v.)* to make fertile, fertilize
fecundidad, la *(n.)* fertility
¡Felices fiestas! Happy holidays!
felicidad, la *(n.)* happiness
¡Felicidades! Congratulations!
¡Felicitaciones! Congratulations!
felicitar *(v.)* to congratulate
¡Feliz año (nuevo)! Happy New Year!
¡Feliz cumpleaños! Happy birthday!
¡Feliz día del santo! Happy Saints Day!
fertilidad, la *(n.)* fertility
festejar *(v.)* to celebrate, **12**
festejo, el public rejoicing, **12**
fibra, la *(n.)* fiber
fichero, el *(n.)* file, **7**
fiebre, la *(n.)* fever, **4**
fiero/a *(adj.)* fierce
fiesta patria, la *(n.)* patriotic festivity, **12**
fiesta patronal, la *(n.)* patron saint festivity, **12**
fiesta religiosa, la *(n.)* religious festivity, **12**
figura, la *(n.)* figure
figurativo/a *(adj.)* figurative
filmar *(v.)* to film
fin, el *(n.)* purpose, end
final, el *(n.)* ending
finalmente *(adv.)* finally
financiar *(v.)* to finance
financiero/a *(n.)* financial
firmar *(v.)* to sign, **7**
flauta, la *(n.)* flute
flechazo, el *(n.)* love at first sight
florecer, *(v.)* to flower

foco, el *(n.)* focus
folclor, el *(n.)* folklore
folleto, el *(n.)* brochure, **3**
fomentar *(v.)* to promote, encourage, **8**
fondo, el *(n.)* background, **8**
forma, la *(n.)* way, **5;** shape of an object, **12**
formación, la *(n.)* education, training
formación profesional, la *(n.)* professional training, **7**
formulario, el *(n.)* form, document to be completed, **12**
foro de debate, el *(n.)* discussion board
fortalecer *(v.)* to strengthen
fortaleza, la *(n.)* fort
forzar (ue) *(v.)* to force
fracaso, el *(n.)* failure
frasco, el *(n.)* bottle
fray, el *(n.)* friar
freír (i) *(v.)* to fry, **4**
frenético/a *(adj.)* frantic
frente, la *(n.)* forehead, **4**
fresco/a *(adj.)* cool
frío, el *(n.)* cold
frito/a *(adj.)* fried
frontera, la *(n.)* border, **2**
fruto seco, el *(n.)* dried fruit
fuegos artificiales, los *(n.)* fireworks, **12**
fuente, la *(n.)* fountain, source, **6**
fuente de inspiración, la *(n.)* source of inspiration, **8**
fuerte *(adj.)* strong
fuerza, la *(n.)* force, strength
fumador/a, el/la *(n.)* smoker, **3**
fumar *(v.)* to smoke
función, la *(n.)* show, **11**
funcionamiento, el *(n.)* functioning, working, running
funcionar *(v.)* work, **7;** to function, **10**
fundir *(v.)* to melt
fusión, la *(n.)* merger

G

galería de arte, la *(n.)* art gallery
ganancia, la *(n.)* earning, **10**
ganar *(v.)* to earn, win, **2**
ganarse la vida *(v.)* to earn one's living, **2**
garganta, la *(n.)* throat, **4**
gaseosa, la *(n.)* soda
gastar *(v.)* to spend, **1**
gasto, el *(n.)* expenditure
gato/a, el/la *(n.)* cat
gaviota, la *(n.)* seagull

gemir (i) *(v.)* to moan, **11**
generador/a, *(adj.)* generator, **6**
generar *(v.)* to generate, **5**
genio *(n.)* genius
gente, la *(n.)* people
gerente, el/la *(n.)* manager
gestar *(v.)* to create, **8**
gesto, el *(n.)* gesture, **9**
gigante mediático, el *(n.)* media giant
gira, la *(n.)* tour, **11**
girar *(v.)* to turn, revolve
girar en torno a *(v.)* to revolve around, **10**
globo, el *(n.)* balloon, **12**
golpe, el *(n.)* blow
gota, la *(n.)* drop, **4**
gozar *(v.)* to enjoy, **4**
grabación, la *(n.)* recording, **11**
grabar *(v.)* to record, **10**
gracia, la *(n.)* grace
gradas, las *(n.)* bleachers
grafólogo/a, el/la *(n.)* handwriting expert
granel, el *(n.)* bulk
grasa, la *(n.)* fat, **4**
gratificante, *(adj.)* gratifying, **9**
grave *(adj.)* heavy, serious, grave
gravedad, la *(n.)* seriousness
grillo, el *(n.)* cricket
gripe, la *(n.)* flu, **4**
gritar *(v.)* to scream, shout, **2**
grito, el *(n.)* scream
grueso/a *(adj.)* thick, **2**
guante, el *(n.)* glove
guardado/a *(adj.)* kept, **1**
guardar *(v.)* to put away, keep, **5,** to save (a file), **7**
guardería, la *(n.)* day care
guerra, la *(n.)* war, **6**
guerrero/a, el/la *(n.)* warrior, **6**
guía turística, la *(n.)* tourist guide, **3**
guiar *(v.)* to guide
guión, el *(n.)* script, **11**

H

habitación doble, la *(n.)* room with double occupancy
habitación individual, la *(n.)* single room
habitación sencilla, la *(n.)* single room
habitado/a *(adj.)* inhabited
hacer bromas *(v.)* to make jokes, **12**
hacer caso *(v.)* to follow someone's advice, **4**

hacer dedo *(v.)* to hitchhike, **3**
hacer ecoturismo *(v.)* to take an ecological vacation, **3**
hacer escala *(v.)* to make a stop, **3**
hacer esquí nórdico/alpino/acuático to cross country/downhill/water ski, **3**
hacer falta *(v.)* to be lacking, **9**
hacer fotocopias *(v.)* to photocopy, **7**
hacer publicidad *(v.)* to advertise, **7**
hacer régimen to be on a diet, **4**
hacer un brindis *(v.)* to make a toast, **12**
hacer una fiesta *(v.)* to have a party, **12**
hacer windsurf *(v.)* to windsurf, **3**
hacerse *(v.)* to become, **8**
hacerse amigo/a *(v.)* to become friends, **2**
hacerse el ánimo to steel oneself
hallazgo, el *(n.)* discovery, **10**
hambre, el *(n., f.)* hunger
harina, la *(n.)* flour, **4**
hartarse *(v.)* to be fed up, **2**
hasta que until, **8**
hazaña, la *(n.)* feat
hebra, la *(n.)* thread
hecho, el *(n.)* fact
hegemonía, la *(n.)* dominance
helado, el *(n.)* ice cream
heredar *(v.)* to inherit, **1**
herencia, la *(n.)* inheritance, heritage, **1**
herencia cultural, la *(n.)* cultural heritage, **2**
herida, la *(n.)* wound
herido/a, el/la *(n.)* wounded
hermandad, la *(n.)* brotherhood
herramienta, la *(n.)* tool
hielo, el *(n.)* ice
higiene, la *(n.)* hygiene
hijo/a único/a, el/la *(n.)* only child, **1**
hilito, el *(n.)* small thread
hipotético/a *(adj.)* hypothetical
hogar, el *(n.)* home, **2** hearth
hoja de vida, la *(n.)* résumé, **7**
hojalata, la *(n.)* tin
hombre de negocios, el *(n.)* businessman
hombro, el *(n.)* shoulder, **4**
homeópata, el/la *(n.)* homeopathic physician
hondo/a *(adj.)* deep
huella, la *(n.)* track, footprint
hueso, el *(n.)* bone, **4**
huésped, el/la *(n.)* guest, **3**
huevo, el *(n.)* egg
huir *(v.)* to flee
húmedo/a *(adj.)* humid, moist, **3**
humo, el *(n.)* smoke
humor, el *(n.)* temper, mood

idioma oficial, el *(n.)* official language, **2**
idolatrado/a *(adj.)* worshipped
ídolo, el *(n.)* idol
ignorar *(v.)* to not know
igual *(adj.)* equal, **6**
igualdad, la *(n.)* equality, **2**
imagen, la *(n.)* image
imaginativo/a *(adj.)* imaginative
imparable *(adj.)* unstoppable, **10**
impecable *(adj.)* impeccable
impedir (i) *(v.)* to hinder, prevent, **6**
imponente *(adj.)* imposing, **9**
importación, la *(n.)* importing
importar *(v.)* to matter, to be important, **2**
impredecible *(adj.)* unpredictable, **10**
imprescindible *(adj.)* indispensable
impresionar *(v.)* to impress, **12**
impresionismo, el *(n.)* impressionism, **8**
impresora, la *(n.)* printer, **7**
imprimir *(v.)* to print, **7**
impulsar *(v.)* to spur
inaugurar *(v.)* to inaugurate, **8**
incendio, el *(n.)* fire
incertidumbre, la *(n.)* uncertainty
incinerar *(v.)* to burn
incluir *(v.)* to include, **1**
incógnita, la *(n.)* the unknown
incomodidad, la *(n.)* inconvenience, **1**
independizarse *(v.)* to become independent
índice, el *(n.)* incidence, rate
índice de natalidad, el *(n.)* birth rate
indicio, el *(n.)* sign
indígena, el/la *(n.)* native person, indigenous, **2**
indocumentado/a, el/la *(n.)* person without legal documents, **2**
inesperado/a *(adj.)* unexpected
infancia, la *(n.)* childhood, infancy **1**
infertilidad, la *(n.)* infertility
infiel *(adj.)* unfaithful
inflación, la *(n.)* inflation
influencia, la *(n.)* influence, **2**
influir *(v.)* to influence, **4**
informática, la *(n.)* computer science, **7**
infraestructura, la *(n.)* infrastructure
ingeniero/a, el/la *(n.)* engineer
injusticia, la *(n.)* injustice, **2**
inmigrar *(v.)* to immigrate, **2**
inmueble, el *(n.)* real estate property

innovador/a *(adj.)* innovative, **5**
inolvidable *(adj.)* unforgettable
inquietante *(adj.)* disturbing, **8**
insensato/a *(adj.)* foolish, lacking common sense, **1**
insomnio, el *(n.)* insomnia, **4**
insularidad, la *(n.)* isolation
integrar (la economía) to integrate (the economy), **10**
integrarse *(v.)* to become part of, **2**
intentar *(v.)* to try, **6**
intercambiar *(v.)* to exchange
interés, el *(n.)* interest
interesar *(v.)* to interest, **2**
interferir (ie) *(v.)* to interfere
intermedio, el *(n.)* intermission, **11**
interpretación, la *(n.)* interpretation
interpretar *(v.)* to interpret
interpretar el papel de *(v.)* to play the part of, **11**
intérprete, el/la *(n.)* performer
íntimo/a *(adj.)* intimate, **9**
intromisión, la *(n.)* intrusion
invalidez, la *(n.)* incapacity
inventario, el *(n.)* inventory
invento, el *(n.)* invention
invertir (ie) *(v.)* to invest, **7**
invierno, el *(n.)* winter
invitado/a, el/la *(n.)* guest
ir *(v.)* to go, run away, **2**
irrupción, la *(n.)* invasion, bursting in
irse *(v.)* to go away, leave, **2**
isla, la *(n.)* island, **3**
izquierda, la *(n.)* left

jabón, el *(n.)* soap, **5**
jalar *(v.)* to pull, **2**
jamás never
jamón, el *(n.)* ham
jarabe para la tos, el *(n.)* cough syrup, **4**
jardín, el *(n.)* garden
jefe/a, el/la *(n.)* chief, boss, **6**
jerarquía, la *(n.)* hierarchy
jerga, la *(n.)* slang
jolgorio, el *(n.)* merrymaking, frolic, **12**
jornada, la *(n.)* work day
joya, la *(n.)* jewel
jubilación, la *(n.)* retirement, **7**
jubilarse *(v.)* to retire
jueves, el *(n.)* Thursday
jugar (ue) *(v.)* to play, **1**

juguete, el *(n.)* toy, 1
julio *(n.)* July
junio *(n.)* June
juntar *(v.)* to join
juntarse *(v.)* to get together, 2
junto/a together, 9
junto a by, next to
jurado, el *(n.)* jury
justicia, la *(n.)* justice, 2
justificar *(v.)* to justify
justo/a *(adj.)* fair, 1
juventud, la *(n.)* youth
juzgar *(v.)* to judge

labio, el *(n.)* lip, 4
labrar *(v.)* to work, fashion, carve
lacio/a *(adj.)* straight (hair), 1
lado, el *(n.)* side, 9
ladrido, el *(n.)* bark of a dog
lago, el *(n.)* lake, 3
lágrima, la *(n.)* tear, 9
lámpara, la *(n.)* lamp, 5
lancha, la *(n.)* speedboat, powerboat, 3
lanzarse *(v.)* to throw, 3
lapicera, la *(n.)* pen (Arg., Chile)
lata, la *(n.)* can, 5
laurel, el *(n.)* laurel wreath
lavabo, el *(n.)* washstand, lavatory, 5
lavarse *(v.)* to wash, 2
lazos familiares, los *(n.)* family ties, 9
leal *(adj.)* loyal, 1
lealtad, la *(n.)* loyalty
lecho, el *(n.)* bed
lechón, el *(n.)* pork
lejano/a *(adj.)* distant
lema, el *(n.)* slogan
lengua, la *(n.)* tongue, 4
lengua materna, la *(n.)* mother tongue, 2
lento/a *(adj.)* slow
leña, la *(n.)* firewood
letra, la *(n.)* lyrics
levantarse *(v.)* to get up, 2
leve *(adj.)* light
ley, la *(n.)* law
leyenda, la *(n.)* legend
liberar *(v.)* to release
libre *(adj.)* free
libre albedrío, el *(n.)* free will
licencia, la *(n.)* leave
licenciado/a, el/la *(n.)* university graduate, 7

lienzo, el *(n.)* linen, 8
ligereza, la *(n.)* lightness
ligero/a *(adj.)* light, 10
limpiar *(v.)* to clean, 5
limpieza, la *(n.)* cleaning
línea aérea, la *(n.)* airline
línea definida, la *(n.)* well-defined line, 8
lino, el *(n.)* linen
lista de espera, la *(n.)* waiting list
listo/a *(adj.)* ready
llamada, la *(n.)* call
llamada de cobro/cargo revertido, la *(n.)* collect call, 10
llamada a cobrar, la *(n.)* collect call, 10
llamada sin recargos, la *(n.)* 800 call, 10
llamarse *(v.)* to be called, 2
llamativo/a *(adj.)* showy, flashy
llano, el *(n.)* plains, 3
llanto, el *(n.)* weeping
llave, la *(n.)* key, 5
llegada, la *(n.)* arrival
llegar *(v.)* to arrive
llegar a ser *(v.)* to become, 8
llegar tarde to arrive late, 10
lleno/a *(adj.)* full, 3
llevar *(v.)* to take, carry, 1
llevar a cabo *(v.)* carry out
llevarse bien/mal *(v.)* to get along well/badly, 1
llorar *(v.)* to cry, 2
llover (ue) *(v.)* to rain
lluvia, la *(n.)* rain
lo que/cual what, that which, 10
lograr *(v.)* to achieve, 2, to succeed in, to manage, 5, to get, 10
logro, el *(n.)* achievement
loro, el *(n.)* parrot
lucero, el *(n.)* star
lucha, la *(n.)* struggle, fight, 2
luego then
lugar, el *(n.)* place
lujo, el *(n.)* luxury
lunes, el *(n.)* Monday
lupa, la *(n.)* magnifying glass, 9
luto, el *(n.)* mourning
luz, la *(n.)* light, 1, 8

madera, la *(n.)* wood
madurar *(v.)* to mature, 1
maestro/a, el/la *(n.)* teacher, master, 8
malestar *(v.)* malaise, 4, unease

maleta, la *(n.)* suitcase
malgastar *(v.)* to waste, 5
maltrato, el *(n.)* abuse, 2
mamá, la *(n.)* mom, 1
manada, la *(n.)* herd, flock
manantial, el *(n.)* spring of water
manejo, el *(n.)* handling
manera, la *(n.)* way, manner
mano, la *(n.)* hand, 4
mano de obra, la *(n.)* labor force, manpower, 2 labor, laborer, 10
mantener(se) *(v.)* to support (oneself)
mantener (una familia) *(v.)* to support (a family), 2
manzana, la *(n.)* apple
maquillarse *(v.)* to put on make-up, 2
máquina de escribir, la *(n.)* typewriter, 7
maquinaria, la *(n.)* equipment
mar, el *(n.)* sea, 1
maravilloso/a *(adj.)* marvelous
marcar el número dial the number, 10
marcar un hito *(v.)* to set a benchmark
marcharse *(v.)* to leave, 3
marciano/a, el/la *(n.)* Martian
marco, el *(n.)* frame, 8
marearse *(v.)* to become dizzy, 4
mareo, el *(n.)* dizziness, 4
marido, el *(n.)* husband
marisco, el *(n.)* shellfish
marqués, el *(n.)* marquis
martes, el *(n.)* Tuesday
martillo, el *(n.)* hammer
marzo *(n.)* March
más tarde later
masita, la *(n.)* cookie (Arg.)
matadero, el *(n.)* slaughterhouse
matar *(v.)* to kill, 6
material de desecho, el *(n.)* disposable material, 5
material reutilizable, el *(n)* reusable material, 5
maternidad, la *(n.)* maternity
matiz, el *(n.)* shade of meaning
mayo *(n.)* May
mayor, el/la *(n.)* the oldest, 1
mayoría, la *(n.)* majority, 1
mecer *(v.)* to rock, 9
mediano/a, el/la *(n.)* middle child, 1
medicamento, el *(n.)* medicine, 4
médico/a, el/la *(n.)* medical doctor
médico/a de guardia, el/la *(n.)* doctor on duty
medio, el *(n.)* middle, 3
medio ambiente, el *(n.)* environment, 5

medio/a hermano/a, el/la *(n.)* half brother/sister, **1**
medios de comunicación, los *(n.)* means of communication, **11**
medios de difusión, los *(n.)* mass media, **11**
medir (i) *(v.)* to measure, **1**
mejilla, la *(n.)* cheek, **4**
mejorar *(v.)* to improve, **2,** to get better, **4**
mencionar *(v.)* to mention, **9**
menor, el/la *(n.)* youngest, **1**
mensaje, el *(n.)* message, **8**
mente, la *(n.)* mind, **4**
mentir (ie) *(v.)* to lie, **1**
mentón, el *(n.)* chin, **4**
mercadeo, el *(n.)* marketing, **7**
mercado, el *(n.)* market, **10**
mercado de trabajo, el *(n.)* job market
merecer *(v.)* to deserve
mestizo/a, el/la *(n.)* half Spanish, half native American, **6**
meta, la *(n.)* goal, **7**
metal, el *(n.)* metal
metro, el *(n.)* subway, **5,** meter
mezcla, la *(n.)* mixture, **9**
mezclado/a *(adj.)* mixed
mezclar *(v.)* to mix, **4**
mezquino/a *(adj.)* mean
micrófono, el *(n.)* microphone
microondas, el *(n.)* microwave oven, **5**
microprocesador, el *(n.)* microprocessor
miel, la *(n.)* honey
mientras (que) as long as, **8**
miércoles, el *(n.)* Wednesday
migra, la *(n.)* immigration agents, **2**
mimar *(v.)* to pet, indulge, **1**
miniatura, la *(n.)* miniature
ministro/a, el/la *(n.)* minister
minoría, la *(n.)* minority, **1**
mismo/a, el/la *(n.)* same, **1**
mochila, la *(n.)* backpack
mochilero/a, el/la *(n.)* traveler with a backpack
moda, la *(n.)* fashion
modelo, el/la *(n.)* model
modisto/a, el/la *(n.)* seamstress
modo, el *(n.)* mode, manner, way, **5**
mojar *(v.)* to wet
molestar(se) *(v.)* to bother, **2**
molino, el *(n.)* windmill
molleja, la *(n.)* sweetbread
mono/a, el/la *(n.)* monkey
monolingüe *(adj.)* monolingual, **2**
montaña, la *(n.)* mountain, **3**

monte, el *(n.)* mount, hill
montón, el *(n.)* heap, **5**
morcilla, la *(n.)* blood sausage
moribundo/a, el/la *(n.)* dying person
morir (ue) *(v.)* to die, **1**
mortalidad, la *(n.)* mortality
mosquetero, el *(n.)* musketeer
mostrar (ue) *(v.)* to show, **1**
mover(se) (ue) *(v.)* to move oneself or an object, **12**
mudarse *(v.)* to change place of residence, **12**
mueble, el *(n.)* furniture, **5**
muela, la *(n.)* molar, **4**
muerte, la *(n.)* death, **4**
mujer de negocios, la *(n.)* businesswoman
multiuso, *(adj.)* multipurpose
mundo, el *(n.)* world, **1**
mundo de informática, el *(n.)* computer science world, **10**
municipio, el *(n.)* municipality, town hall, **5**
muñeca, la *(n.)* wrist, **4**
muralismo, el *(n.)* muralism, **8**
murmullo, el *(n.)* murmur
murmurar *(v.)* to whisper
musculoso/a *(adj.)* muscular, **1**
muslo, el *(n.)* thigh, **4**
mutuo/a *(adj.)* mutual, **12**

nacer *(v.)* to be born
nacimiento, el *(n.)* birth, **1**
nada nothing
nadar *(v.)* to swim
nadie no one, nobody
nariz, la *(n.)* nose, **4**
narrar *(v.)* to narrate
naturaleza, la *(n.)* nature, **5**
naturaleza muerta, la *(n.)* still life, **8**
náusea, la *(n.)* nausea, **4**
nave, la *(n.)* (space)ship
navegar *(v.)* to sail, **3**
negarse (ie) *(v.)* to refuse, deny
negociar *(v.)* to negotiate
negocios, los *(n.)* business
nene/a, el/la *(n.)* boy/girl
netamente *(adv.)* clearly, distinctly, **9**
neutro/a *(adj.)* neutral
never (ie) *(v.)* to show
nevera, la *(n.)* refrigerator, **5**
nexo, el *(n.)* link

ni nor
ni... ni neither... nor
niebla, la *(n.)* fog
nieto/a, el/la *(n.)* grandson, granddaughter, **1**
nieve, la *(n.)* snow
ninguno/a no, none, no one
nivel de vida, el standard of living
no bien as soon as, just as, **8**
no obstante nevertheless
no tener chiste to be no fun
Nochebuena, la *(n.)* Christmas Eve
nombrar *(v.)* to name, nominate
norte, el *(n.)* north, **2**
notable *(adj.)* noteworthy
noticia, la *(n.)* news, **11**
noticiario, el *(n.)* newscast, **11**
novel *(adj.)* new, beginner
noveno/a *(adj.)* ninth
noviazgo, el *(n.)* engagement
noviembre *(n.)* November
nube, la *(n.)* cloud
nublado/a *(adj.)* cloudy
nudo, el *(n.)* knot
nuera, la *(n.)* daughter-in-law, **1**
nunca never
nutrir *(v.)* to nurture, **9**
nutrirse *(v.)* to be nourished

o or
o... o either... or
obispo, el *(n.)* bishop
obligar *(v.)* to force, **2**
obra de arte, la *(n.)* work of art, **8**
obra de teatro, la *(n.)* theater play, **11**
obra maestra, la *(n.)* masterpiece, **8**
obrero migratorio, el *(n.)* migrant worker, **2**
obtener *(v.)* to get, obtain, **5**
océano, el *(n.)* ocean
ocio, el *(n.)* leisure
octavo/a *(adj.)* eighth
octubre *(n.)* October
ocupar *(v.)* to occupy, **1**
ocuparse de *(v.)* to occupy oneself with, **9**
ocurrir *(v.)* to occur, **2**
odiar *(v.)* to hate, **1**
odio, el *(n.)* hate
oeste, el *(n.)* west
oferta, la *(n.)* offering
oferta de trabajo, la *(n.)* job offer, **7**

oficio, el *(n.)* trade, 2
ofrendar *(v.)* to offer
ofrecer *(v.)* offering
oído, el *(n.)* inner ear, 4
oír *(v.)* to hear, 1
ojo, el *(n.)* eye, 4
ola, la *(n.)* wave, 3
óleo, el *(n.)* oil painting, 8
olla, la *(n.)* pan, 4
olor, el *(n.)* smell, 4
olvidar *(v.)* to forget, 2
ombligo, el *(n.)* belly button
ondulado/a *(adj.)* wavy, 1
oprimido/a, *(adj.)* oppressed, 6
oprimir, *(v.)* to oppress, 6, to press down
opuesto/a, el/la *(n.)* opposite
orden dominica, la *(n.)* Dominican order
ordenado/a *(adj.)* neat
ordenador, el *(n.)* computer, 10
oreja, la *(n.)* ear, 4
organizado/a *(adj.)* organized
orgullo, el *(n.)* pride
orgulloso/a *(adj.)* proud, 1
orientar, *(v.)* to orient
originalidad, la *(n.)* originality
oro, el *(n.)* gold
orquesta, la *(n.)* orchestra
otoño, el *(n.)* fall
otorgar *(v.)* to grant, give, 11

padres, los *(n.)* parents, 1
paga, la *(n.)* pay, 2
pagar *(v.)* to pay, 2
pagar las tarifas de importación to pay import tariffs, 10
pago inicial, el *(n.)* down payment
pago mensual, el *(n.)* monthly payment
país, el *(n.)* country, 2
paisaje, el *(n.)* landscape, 3
pájaro, el *(n.)* bird
paje, el *(n.)* page
paleta, la *(n.)* palette, 8
palo, el *(n.)* stick, 1
pan, el *(n.)* bread, 4
pan integral, el *(n.)* whole wheat bread, 4
panfleto, el *(n.)* pamphlet
pantalla, la *(n.)* screen, 11
pantorrilla, la *(n.)* calf, 4
pañuelo, el *(n.)* handkerchief, 4
papá, el *(n.)* dad, 1
papel, el *(n.)* role
papel picado, el *(n.)* confetti

papelera, la *(n.)* wastebasket
para bien/mal for good/bad, 4
para colmo on top of everything, 4
para empezar to begin with
para mejor/peor for better/worse, 4
para que so that, 8
para siempre forever, 4
para variar for a change, 4
paradójicamente *(adv.)* paradoxically
paraíso, el *(n.)* paradise
parar *(v.)* to stop
parecer *(v.)* to seem, 1
parecerse a *(v.)* to resemble, 1
pared, la *(n.)* wall, 5
pareja, la *(n.)* couple, 1, partner
parición, la *(n.)* birth of cattle
pariente, el/la *(n.)* relative, 1
paro, el *(n.)* joblessness
parrilla, la *(n.)* grill
partir *(v.)* to depart, 3
pasaje de ida y vuelta, el *(n.)* round-trip ticket
pasajero/a, el/la *(n.)* passenger, 3
pasar *(v.)* to spend, to pass
pasar por *(v.)* to go by, 9
pasar por alto *(v.)* to skip
pasarlo bien/mal *(v.)* to have a good/bad time, 3
pasatiempo, el *(n.)* entertainment, 11
paseo, el *(n.)* stroll
pasillo, el *(n.)* aisle, 3
paso, el *(n.)* step
pastel, el *(n.)* pastel, 8, cake
pastel de cumpleaños, el *(n.)* birthday cake
pastilla, la *(n.)* pill, 4
pastorear *(v.)* to tend
patente, la *(n.)* license plate *(Arg.)*
patidifuso/a *(adj.)* stunned
patriarcal *(adj.)* patriarchal
patrocinar *(v.)* to sponsor, 8
patrón, el *(n.)* pattern, 8
payaso/a, el/la *(n.)* clown, 12
paz, la *(n.)* peace, 6
pechera, la *(n.)* breastplate
pecho, el *(n.)* chest, breast, 4
pedir (i) *(v.)* to request, ask, 1
pedir un favor *(v.)* to ask a favor
pedir un préstamo *(v.)* to request a loan, 10
pegajoso/a *(adj.)* catchy, sticky
pegar *(v.)* to catch on, glue
peinarse *(v.)* to comb one's hair, 2
pelado/a *(adj.)* bald, 1
peldaño, el *(n.)* step
pelear(se), *(v.)* to fight, 1

película, la *(n.)* movie, 11
película virgen, la *(n.)* camera film
peligro, el *(n.)* danger, 1
peligroso/a *(adj.)* dangerous
pelirrojo/a *(adj.)* red hair, 1
pelo, el *(n.)* hair, 4
peludo/a *(adj.)* hairy
pena, la *(n.)* suffering, grief, 11
pena de amor, la *(n.)* lovesickness, 12
pensamiento, el *(n.)* thought
pensar *(v.)* to think, 1
percibir *(v.)* to perceive
perder (ie) *(v.)* to lose, 2
pérdida, la *(n.)* loss, 10
peregrino/a, el/la *(n.)* pilgrim
perfil, el *(n.)* profile
perfumarse *(v.)* to put on perfume, 2
periódico, el *(n.)* newspaper, 11
periodista, el *(n.)* reporter, 11, journalist
perjudicar *(v.)* to harm
perla, la *(n.)* pearl
permiso de trabajo, el *(n.)* work permit, 2
permitir *(v.)* to allow, 1
pernoctar *(v.)* to spend the night
perro/a, el/la *(n.)* dog
personaje, el *(n.)* character, 11
personalidad, la *(n.)* personality, 1
pertenecer *(v.)* to belong, 2
pesadilla, la *(n.)* nightmare
pesado/a *(adj.)* annoying
pesar *(v.)* to weigh, 1
pescado, el *(n.)* fish
pescar *(v.)* to fish, 3
peso, el *(n.)* weight, 1
pestaña, la *(n.)* eyelash, 4
peste, la *(n.)* plague
petróleo, el *(n.)* oil
pez, el *(n.)* fish
pie, el *(n.)* foot, 4
piedad, la *(n.)* mercy
piedra, la stone, 6
piel, la *(n.)* skin, 4
pierna, la *(n.)* leg, 4
pila, la *(n.)* battery, 5
pileta, la *(n.)* swimming pool
pimienta, la *(n.)* pepper
pincel, el *(n.)* brush, 8
pinchar *(v.)* to stab with a fork
pintada, la *(n.)* graffiti
pintar to paint, 8
pintarrajeado/a *(adj.)* painted up
pintor/a, el/la *(n.)* painter, 8
pintura, la *(n.)* painting, 8
pintura al fresco, la *(n.)* fresco painting, 8

pinzas, las *(n.)* tweezers
pirata, el/la *(n.)* pirate
pisar *(v.)* to step on
piscar *(v.)* to pick *(slang)*, **2**
piscina, la *(n.)* swimming pool
piso, el *(n.)* apartment *(Sp.)*, floor, **5**
pista, la *(n.)* clue
placentero/a *(adj.)* pleasant
placer, el *(n.)* pleasure
plancha, la *(n.)* iron
planificar *(v.)* to plan, **10**
plano, el *(n.)* plane
plano/a *(adj.)* flat
plantearse *(v.)* to tackle a problem
plata, la *(n.)* silver
platea, la *(n.)* orchestra seat
platicar *(v.)* to talk, **9**
playa, la *(n.)* beach, **3**
plenamente *(adv.)* fully, **3**
plenitud, la *(n.)* fullness
pleno/a *(adj.)* full
plomo, el *(n.)* lead
pluma, la *(n.)* feather
población, la *(n.)* population, **2**
pobreza, la *(n.)* poverty, **10**
pocho, el *(n.)* Chicano slang, **2**
poder (ue) *(v.)* to be able to, **1**
poder, el *(n.)* power, **6**
poder adquisitivo, el *(n.)* economic resources, **12**
poderoso/a, *(adj.)* powerful, **6**
polilla, la *(n.)* moth, **10**
política, la *(n.)* policy
poner en apuros *(v.)* to put someone in a predicament, **12**
poner una inyección *(v.)* to administer an injection, **4**
ponerse *(v.)* to become, **8**
ponerse (la ropa) *(v.)* to put on clothes, **2**
por ahora for the time being, **4**
por casualidad by chance, **4**
por ciento, el *(n.)* percent, **10**
por cierto by the way, certainly, **4**
por de pronto to start with, **4**
por demás in excess, excessively, **4**
por ejemplo for example, **4**
por eso that's why, **4**
por fin at last, **4**, finally
por lo general as a general thing, generally, **1**
por lo menos at least, **4**
por lo tanto therefore, **4**
por medio de through, by means of
por otra parte on the other hand, **4**
por otro lado on the other hand, **4**

por si acaso just in case, **4**
por su cuenta on his/her own
por supuesto of course, **4**
por último lastly, **4**
por un/a lado/parte on the one hand, **4**
porcentaje, el *(n.)* percentage, **2**
portal, el *(n.)* gateway
postal, la *(n.)* postcard
postergar *(v.)* postpone
postulante, el/la *(n.)* candidate, applicant, **7**
postura, la *(n.)* stand
pozo petrolífero, el *(n.)* oil well
preciado/a *(adj.)* valuable, precious
precisar *(v.)* to need
preciso/a *(adj.)* precise
precoz *(adj.)* precocious, premature
precursor/a *(adj.)* precedent
predecir (i) *(v.)* to predict, **1**
preferir (ie) *(v.)* to prefer, **1**
prefijo, el *(n.)* area code *(Sp.)*, **10**
prejuicio, el *(n.)* prejudice, **2**
prejuicios sociales, los *(n.)* social prejudices, **9**
premiado/a *(adj.)* prize winner, **12**
premio, el *(n.)* prize
prender *(v.)* to turn on, **7**
preocuparse (por) *(v.)* to worry (about), **2**
prepararse *(v.)* to get ready, **2**
presbítero, el *(n.)* clergyman
prescindir de *(v.)* to do without, **11**
presentar *(v.)* to introduce, **1**
presidir *(v.)* to preside over
presionar *(v.)* to press
presionar el botón *(v.)* to push the button, **7**
préstamo, el *(n.)* loan, **10**
prestar atención *(v.)* to pay attention to, **4**
presupuesto, el *(n.)* budget, **12**
prevenir *(v.)* to prevent, **4**
prever *(v.)* to foresee, **10**
primavera, la *(n.)* spring
primer plano, el *(n.)* foreground, **8**
primera plana, la *(n.)* first page, **11**
primero/a *(adj.)* first
primeros auxilios, los *(n.)* first aid
primo/a, el/la *(n.)* cousin, **1**
primogénito/a, el/la *(n.)* firstborn, **1**
princesa, la *(n.)* princess
príncipe, el *(n.)* prince
principio at the beginning
privado/a *(adj.)* private, **3**
privatización, la *(n.)* privatization
probar (ue) *(v.)* to try, **1**

producto, el *(n.)* product
producto interior bruto, el *(n.)* gross national product
profanar *(v.)* to profane
profundo/a *(adj.)* profound, deep
programación de computadoras, la *(n.)* computer programming, **7**
programador/a, el/la *(n.)* programmer
progresista *(adj.)* progressive
promedio, el *(n.)* average
prometedor/a *(adj.)* promising
promover (ue) *(v.)* to promote
propaganda, la *(n.)* advertising
propietario/a, el/la *(n.)* owner
propina, la *(n.)* tip
proponer *(v.)* to propose
proporcionado/a *(adj.)* provided
proporcionar *(v.)* to supply
propuesta, la *(n.)* proposal
pros y contras, los *(n.)* for and against
protagonista, el/la *(n.)* protagonist, **11**
proteccionismo, el *(n.)* protectionism, **10**
proteger *(v.)* to protect, **5**
protestar *(v.)* to protest, **1**
proveedor/a, el/la *(n.)* provider, **10**
provocar *(v.)* to provoke
publicidad, la *(n.)* advertising, **7**
público, el *(n.)* audience, **11**
pudrir *(v.)* to rot
pueblo, el *(n.)* people, **6**
puerco, el *(n.)* pork
puerta de embarque, la *(n.)* departure gate
puesto, el *(n.)* position, **7**
pujante *(adj.)* driven, **9**
pulmón, el *(n.)* lung, **4**
puñetazo, el *(n.)* punch
puro/a *(adj.)* pure, **1**
puramente *(adv.)* purely, **9**

que that, which, who, whom, **10**
qué lata what a bummer
quebranto, el *(n.)* grief, **11**
quebrarse (ie) *(v.)* to break, **4**
quedar *(v.)* to remain, have left, **2**
quedar embarazada to get pregnant, **1**
quedarse *(v.)* to remain, stay, **3**
quejarse (de) *(v.)* to complain (about), **2**
quemar *(v.)* to burn, **2**
quemarse *(v.)* to sunburn, **3**
querer (ie) *(v.)* to love, want, **1**
queso, el *(n.)* cheese

quetzal, el *(n.)* quetzal, Central American bird
quien who, whom, **10**
quincena, la *(n.)* allowance
quinto/a *(adj.)* fifth
quitar *(v.)* take away
quitarse (la ropa) *(v.)* to take off one's clothes, **2**
quizás perhaps

rabia, la *(n.)* rage, fury
rabillo, el *(n.)* corner of the eye
racismo, el *(n.)* racism, **2**
racista *(adj.)* racist, **2**
raíz, la *(n.)* root
rascacielos, el *(n.)* skyscraper, **5**
ratico, el *(n.)* short while
ratito, el *(n.)* short while
rato, el *(n.)* while, **6**
rayo, el *(n.)* ray
raza, la *(n.)* race, **2**
razón, la *(n.)* reason
razón de ser, la *(n.)* reason for being, **6**
reajuste, el *(n.)* readjustment, **10**
realismo, el *(n.)* realism, **8**
realizar *(v.)* to fulfill, carry out, **9**
realmente *(adv.)* actually, **11**
reaprovechar *(v.)* to reuse, **5**
rebaja, la *(n.)* rebate, discount, **10**
rebautizar *(v.)* baptize again
rebelarse *(v.)* to rebel, **1**
rebelde *(adj.)* rebellious
recelo, el *(n.)* mistrust, misgiving, **11**
receptor/a *(adj.)* receiver, **9**
receta, la *(n.)* prescription, recipe, **4**
recetar *(v.)* to prescribe, **4**
rechazado/a *(adj.)* rejected, **2**
rechazar *(v.)* to reject, **5**
reciclaje, el *(n.)* recycling, **5**
reciclar *(v.)* to recycle, **5**
reciente *(adj.)* recent
recipiente, el *(n.)* container, **5**
recital, el *(n.)* recital
reclamar *(v.)* to call
recoger *(v.)* to gather, **2**
recogida, la *(n.)* pick-up, **5**
recomendar (ie) *(v.)* to recommend, **1**
recompensa, la *(n.)* reward, **12**
reconocer *(v.)* to recognize
reconocimiento, el *(n.)* recognition, **11**
recordar (ue) *(v.)* to remember, **1**
recorrer *(v.)* to go around a place, **3**

rectorado, el *(n.)* dean's office
recuerdo, el *(n.)* souvenir, **3**, remembrance
recurso, el *(n.)* resource, **5**
recurso mineral/agrícola, el *(n.)* mineral/agricultural resource, **10**
recursos naturales, los *(n.)* natural resources, **5**
red, la *(n.)* net, **10**
red informática, la *(n.)* Internet, **10**
redentor/a *(adj.)* redeeming
reducción, la *(n.)* reduction, **10**
reducir *(v.)* to reduce, **5**
reflejar *(v.)* to reflect, **8**
refrigerador, el *(n.)* refrigerator, **5**
refugiado/a, el/la *(n.)* refugee, **2**
refugio, el *(n.)* refuge, shelter
regadera, la *(n.)* shower *(Mex.)*
regalar *(v.)* to give (a gift)
régimen, el *(n.)* diet, **4**
registro de marcas, el *(n.)* patent office
rehuir *(v.)* to shun, avoid, **9**
reina, la *(n.)* queen, **4**
reino, el *(n.)* kingdom
reír (i) *(v.)* to laugh, **1**
relacionarse (con) *(v.)* to relate to, **9**
relegado/a *(adj.)* set aside
remedio, el *(n.)* medicine, **4**
renacer *(v.)* rebirth
rendimiento, el *(n.)* yield, profit, **10**
renunciar *(v.)* to give up
repatriado/a *(adj.)* repatriated
repetir (i) *(v.)* to repeat, **1**
replicar *(v.)* to reply
reponer *(v.)* to replace, **9**
representar to represent, **8**
reproducción, la *(n.)* reproduction
reproductor de cintas, el *(n.)* tape player
resaltar *(v.)* to emphasize
rescate, el *(n.)* ransom
reseña, la *(n.)* review, **2**
reserva natural, la *(n.)* natural resource
resfriado, el *(n.)* cold, **4**
residencia, la *(n.)* permanent residence, **2**
residente permanente, el *(n.)* permanent resident, **2**
residuo, el *(n.)* garbage, waste, **5**
resolver (ue) *(v.)* to solve, **7**
respirar *(v.)* to breathe, **4**
resplandor, el *(n.)* shine
responder *(v.)* to answer
responsable *(adj.)* responsible
resto, el *(n)* leftover, **5**
restringir *(v.)* to restrict
resultado, el *(n.)* result, **1**

resultar *(v.)* to turn out
resumir *(v.)* to summarize
reto, el *(n.)* challenge, **7**
retratar *(v.)* to portray, **8**
retrato, el *(n.)* portrait, **8**
retrete, el *(n.)* toilet
reunión, la *(n.)* meeting, **7**
reunir *(v.)* to gather, **7**
reunirse *(v.)* to get together, **1**, to be reunited with
reutilizable *(adj.)* reusable, **5**
reutilizar *(v.)* to reuse, **5**
revelación, la *(n.)* revelation, first appearance
revisar *(v.)* to check
rezar *(v.)* to pray, **12**
rincón, el *(n.)* corner
rincón, el *(n.)* corner
riñón, el *(n.)* kidney
río, el *(n.)* river, **3**
riqueza, la *(n.)* wealth
ritmo, el *(n.)* pace, rhythm
rizado/a *(adj.)* curly, **1**
roca, la *(n.)* rock
rodaje, el *(n.)* filming, **11**
rodar *(v.)* to roll film
rodear *(v.)* to surround, **6**
rodilla, la *(n.)* knee, **4**
romanticismo, el *(n.)* romanticism, **8**
romper *(v.)* to break down, **2**
romper las marcas *(v.)* to break records
ronda, la *(n.)* round
roquero/a *(adj.)* rock fan, rock singer
rostro, el *(n.)* face, **6**
roto/a *(adj.)* broken
ruido, el *(n.)* noise, **5**
ruidoso/a *(adj.)* noisy, **12**
rumbo, el *(n.)* course
ruta, la *(n.)* route

sábado, el *(n.)* Saturday
sábana, la *(n.)* sheet, **3**
saber *(v.)* to know, **1**
sabio/a *(adj.)* wise
sabroso/a *(adj.)* delicious, tasty
sacar *(v.)* to withdraw
sacar fotos *(v.)* to take pictures, **3**
sacerdote, el *(n.)* priest, **6**
saco de dormir, el *(n.)* sleeping bag, **3**
sacudido/a *(adj.)* shaken up
sagrado/a *(adj.)* sacred
sal, la *(n.)* salt

salario, el *(n.)* salary
salario mínimo, el *(n.)* minimum wage, **10**
salida de emergencia, la *(n.)* emergency exit
salir *(v.)* to go out, leave, **1**
salir de *(v.)* to go out of a place, **3**
salir para *(v.)* to go to a specific place, **3**
salpicar *(v.)* to splash
salud, la *(n.)* health, **4**
saludar(se) *(v.)* to greet, **2**
salvar *(v.)* to save, **6**
sangre, la *(n.)* blood
sano/a *(adj.)* healthy, **4**
sartén, el/la *(n.)* frying pan, **4**
satélite, el *(n.)* satellite
satisfecho/a *(adj.)* satisfied
secar(se) *(v.)* to dry off, **2**
seco/a *(adj.)* dry, **3**
secreto de alcoba, el *(n.)* love secret
seguir (i) *(v.)* to follow, continue, **1**
seguir + gerundio (ando, iendo) to continue + *ing*, **11**
según according to, **1**
segundo/a *(adj.)* second
seguro/a *(adj.)* sure, **6**, safe
seísmo, el *(n.)* earthquake
selva, la *(n.)* jungle, **3**
semáforo, el *(n.)* traffic light
sembrar(ie) *(v.)* to sow, **5**
semejante such, similar
semejanza, la *(n.)* resemblance
seminarista, el *(n.)* seminarian
sencillez, la *(n.)* simplicity, **9**
sencillo/a *(adj.)* simple, **1**
senda, la *(n.)* path
sendero, el *(n.)* path
seno, el *(n.)* breast
sensato/a *(adj.)* sensible, with common sense, **1**
sensualidad, la *(n.)* sensuality
sentar (ie) mal *(v.)* to not agree with, **4**
sentarse (ie) *(v.)* to sit down, **2**
sentimiento, el *(n.)* feeling, **12**
sentir (ie) *(v.)* to feel; to regret
sentirse (ie) *(v.)* to feel, **2**
sentirse bien/mal to feel good/bad, **4**
seña, la *(n.)* signal, **6**
separar(se) *(v.)* to separate, **1**
septiembre (setiembre) *(n.)* September
séptimo/a *(adj.)* seventh
septuagenario/a *(adj.)* 70-year-old
sepulcro, el *(n.)* tomb
ser, el *(n.)* being
ser alérgico/a to be allergic, **4**
ser digno/a de *(v.)* to be worthy of

ser humano, el *(n.)* human being, **1**
ser tarde to be late in the day, **10**
serie, la *(n.)* series
serio/a *(adj.)* serious, **1**
serpentina, la *(n.)* streamer
servir *(v.)* to serve, **1**
sexto/a *(adj.)* sixth
sexualidad, la *(n.)* sexuality
(p)sicólogo/a, el/la *(n.)* psychologist
SIDA AIDS, **4**
sideral *(adj.)* starry
siempre always
siempre y cuando as long as, **8**
sien, la *(n.)* temple
sierra, la *(n.)* mountain
siglo, el *(n.)* century, **6**
silicio, el *(n.)* silicon, **10**
sillón, el *(n.)* armchair, **5**
símbolo, el *(n.)* symbol
similitud, la *(n.)* similarity
sin embargo nevertheless, however, **8**
sin habla speechless
sin que without, **8**
sindical, *(adj.)* syndicate, syndicalism
sindicato de obreros, el *(n.)* labor union
sintonizar el radio to play the radio
sitio, el *(n.)* place, site
situado/a *(adj.)* situated
sobrante, el *(n.)* left over
sobrar *(v.)* to be excessive
sobre, el *(n.)* envelop
sobre todo above all, **1**
sobrevivir *(v.)* to survive
sociedad de consumo, la *(n.)* consumer society, **7**
socorro, el *(n.)* aid, help
sojuzgado/a *(adj.)* subjugated
sol, el *(n.)* sun, **1**
soldado, el *(n.)* soldier
soledad, la *(n.)* solitude, **9**
solicitar *(v.)* to apply for, request, **7**
solicitar (un trabajo) to apply (for a job), **7**
solicitud de empleo, la *(n.)* job application, **7**
solitario/a *(adj.)* lonely, solitary, **12**
solo/a *(adj.)* alone, **2**
soltar (ue) *(v.)* to set loose, release
soltero/a, el/la *(n.)* single, unmarried, **1**
solterona, la *(n.)* old maid, **9**
sombra, la *(n.)* shadow, **8**
someter *(v.)* to subject
sonar (ue) *(v.)* to strike (clock); to sound
sonarse la nariz to blow one's nose, **4**

sonido, el *(n.)* sound
sonoro/a *(adj.)* sonorous
sonreír (i) *(v.)* to smile
sonrisa, la *(n.)* smile, **1**
soñar (ue) (con) *(v.)* to dream (of), **1**
soportar *(v.)* to stand a person, **2**; to support, **9**
sostén del hogar, el *(n.)* breadwinner
sostener *(v.)* to support, **9**; to state, maintain
sótano, el *(n.)* basement, **5**
suave *(adj.)* soft, **2**
suavizado/a *(adj.)* soothed
subdesarrollo, el *(n.)* underdevelopment, **10**
subsistir, *(v.)* to subsist, to live
sucedáneo, el *(n.)* substitute
sucederse *(v.)* to follow one another; to happen, **11**
sucursal, la *(n.)* branch office, **10**
sudar *(v.)* to sweat, **2**
sudor, el *(n.)* sweat
suegro/a, el/la *(n.)* father/mother-in-law, **1**
sueldo, el *(n.)* salary, **7**
suelo, el *(n.)* floor
sueño, el *(n.)* dream
suficiente *(adj.)* enough
sufrir *(v.)* to suffer
sugerir (ie) *(v.)* to suggest
sumar(se) *(v.)* add
sumergido/a *(adj.)* submerged
sumiso/a *(adj.)* submissive, **1**
superar *(v.)* to outdo
superficie, la *(n.)* surface
suplente, el/la *(n.)* substitute
suplicar *(v.)* to beg
sur, el *(n.)* south, **3**
surco, el *(n.)* furrow
surgir *(v.)* to arise, appear, **10**
surrealismo, el *(n.)* surrealism, **8**
suspirar *(v.)* to sigh, **2**
suspiro, el *(n.)* sigh, **11**
sustentador/a *(adj.)* sustaining, life-giving, **9**
sustraerse *(v.)* to withdraw
susurrar *(v.)* to whisper

tabla de windsurf, la *(n.)* windsurfing board, **3**
tabú, el *(n.)* taboo
tacón, el *(n.)* heel
tacón alto, el *(n.)* high heel

tal vez perhaps
tal(es) como such as
talar *(v.)* to cut down trees, **5**
taller, el *(n.)* workshop, **8**
tamaño, el *(n.)* size, **10**
también also, too
tambor, el *(n.)* drum
tampoco neither, not ... either
tan pronto como as soon as, **8**
tapa, la *(n.)* appetizer *(Sp.)*
tapar *(v.)* to cover, **4**
taparse la boca to cover your mouth, **4**
taquilla *(n.)* box office
taquillera *(adj.)* popular at the box office, **11**
tardar *(v.)* to take a lot of time, **10**
tareas domésticas, las *(n.)* domestic chores, **9**
tarifa, la *(n.)* tariff, **10**
tarjeta de residente, la *(n.)* residence card, **2**
tarjeta postal, la *(n.)* postcard
tasa, la *(n.)* rate
tasa de interés, la *(n.)* interest rate, **10**
taza, la*(n.)* cup
teatro, el *(n.)* theatre
techo, el *(n.)* roof, **5**
teclado, el *(n.)* keyboard
técnica, la *(n.)* technique, **8**
tejer *(v.)* to weave
tejido/a *(adj.)* woven, knit
tela, la *(n.)* canvas, **8**, cloth, **5**
telecomunicaciones, las *(n.)* telecommunications
teléfono celular, el *(n.)* cellular phone *(Lat. Am.),* **10**
teléfono móvil, el *(n.)* cellular phone *(Sp.),* **10**
telenovela, la *(n.)* soap opera, **11**
televidente, el *(n.)* person that watches TV, **11**
televisor, el *(n.)* television set
tema, el *(n.)* theme, **8**
temblar (ie) *(v.)* to tremble
temor, el *(n.)* fear, **6**
témpera, la *(n.)* tempera, **8**
temporada, la *(n.)* season, **11**
tendencia, la *(n.)* tendency
tender (ie) a *(v.)* to tend to
tener afán de superación *(v.)* to expect a lot of oneself, **7**
tener calor/frío to be hot/cold, **2**
tener celos *(v.)* to be jealous, **12**
tener dolor de… *(v.)* to have a pain, **4**

tener dominio de otros idiomas to be fluent in other languages, **7**
tener éxito *(v.)* to succeed, to be successful, **2**
tener facilidad de palabra *(v.)* to be articulate, **7**
tener fiebre to have a fever, **4**
tener hambre/sed to be hungry/thirsty, **2**
tener iniciativa *(v.)* to take the initiative, **7**
tener madera de *(v.)* to have what it takes
tener miedo *(v.)* to be scared, to be afraid, **2**
tener náuseas *(v.)* to be nauseous, **4**
tener sueño *(v.)* to be sleepy, **2**
tener suerte *(v.)* to be lucky, **2**
tensión arterial, la *(n.)* blood pressure, **4**
tentado/a *(adj.)* tempted
tercamente *(adv.)* obstinately
tercera parte, la *(n.)* a third
tercero/a (tercer) *(adj.)* third
ternura, la *(n.)* tenderness, **1**
tesoro, el *(n.)* treasure
tienda de campaña, la *(n.)* tent, **3**
tierno/a *(adj.)* tender
tierra, la *(n.)* earth, **2**
tijeras, las *(n.)* scissors
timidez, la *(n.)* shyness, **1**
tímido/a *(adj.)* shy, **1**
tinieblas, las *(n.)* darkness
tinta, la *(n.)* ink
tirar *(v.)* to throw away, **5**
tirar (de) *(v.)* to pull, **10**
titulares, los *(n.)* headlines, **11**
tobillo, el *(n.)* ankle, **4**
tocino, el *(n.)* bacon
tolerar(se) *(v.)* to tolerate, **2**
tomar conciencia *(v.)* to become aware
tomar decisiones *(v.)* to make decisions, **7**
tomar el sol *(v.)* to sunbathe, **3**
tomar la presión arterial *(v.)* to measure one's blood pressure, **4**
tomar la temperatura *(v.)* to take one's temperature, **4**
torcerse (ue) *(v.)* to twist, **4**
tornarse *(v.)* to turn into, **10**
torre, la *(n.)* tower
torta de cumpleaños, la *(n.)* birthday cake
tos, la *(n.)* cough, **4**
toser *(v.)* to cough, **4**
trabajador/a *(adj.)* hard-working, **1**
trabajar en equipo to work as a team, **7**
trabajo, el *(n.)* work, job

trabajo manual, el *(n.)* manual labor, **2**
trabajos manuales, los *(n.)* arts and crafts
trabajo temporal, el *(n.)* seasonal work, **2**
traer *(v.)* to bring, **1**
tragar *(v.)* to swallow, **2**
traguito *(n.)* small sip
traicionar *(v.)* to betray
traje, el *(n.)* costume
tramo, el *(n.)* flight of stairs
transmitir *(v.)* to transmit, **11**
transporte público, el *(n.)* public transportation, **5**
tras behind
trasladarse *(v.)* to move, transfer, **3**
tratar *(v.)* to deal with
tratarse de *(v.)* to be about, **11**
trecho, el *(n.)* distance
tribu, la *(n.)* tribe, **6**
tributo, el *(n.)* tribute
triunfar *(n.)* to win, triumph
trono, el *(n.)* throne
trotamundos, el *(n.)* globe-trotter
tumba, la *(n.)* tomb, **6**
turbina, la *(n.)* turbine
turnarse *(v.)* to take turns

ubicar *(v.)* to locate
último/a *(adj.)* last
único/a *(adj.)* unique, only
unir *(v.)* to join, **10**
unirse *(v.)* to join, **5**
uña, la *(n.)* nail, **4**
usuario/a, el/la *(n.)* user
utilizar *(v.)* to use

vacío/a *(adj.)* empty, **3**
vacunar *(v.)* to vaccinate
vago/a *(adj.)* lazy, **1**, vague
valer *(v.)* to be worth, **1**
valer la pena *(v.)* to be worthwhile, **11**
valija, la *(n.)* suitcase
valle, el *(n.)* valley, **9**
valor, el *(n.)* value, **1**
válvula, la *(n.)* valve
vapor, el *(n.)* steam
varios/as several
varón, el *(n.)* male, man
vasija, la *(n.)* vessel

vaso, el *(n.)* glass
vecino/a, el/la *(n.)* neighbor, **1**
velero, el *(n.)* sailboat, **3**
vena, la *(n.)* vein
vencer *(v.)* to defeat, **6**
vencerse *(v.)* to run out, **2**
vendedor/a, el/la *(n.)* salesperson
veneno, el *(n.)* poison
veneración, la *(n.)* worship
venta, la *(n.)* sale, **7**
ventaja, la *(n.)* advantage, **7**
ventana, la *(n.)* window
ventanilla, la *(n.)* box office window, **3**
ver *(v.)* to see, **1**
verano, el *(n.)* summer
verde *(adj.)* green, new
verdura, la *(n.)* vegetable, **4**
verificar *(v.)* to verify
vertedero, el *(n.)* dumping place
vestimenta, la *(n.)* clothing
vestirse (i, i) *(v.)* to get dressed, **2**
vestuario, el *(n.)* wardrobe, costumes
vez/veces, la/las *(n.)* times, **4**
viajar a dedo *(v.)* to hitchhike, **3**
viaje por el ciberespacio, el *(n.)* surfing
    the net, **10**
viajero/a, el/la *(n.)* traveler, **3**
video, el *(n.)* videotape, **11**
videocasetera, la *(n.)* VCR, **5**
vidrio, el *(n.)* glass, **5**
vidrio ahumado, el *(n.)* tinted glass
viento, el *(n.)* wind
viernes, el *(n.)* Friday
vigilancia, la *(n.)* vigilance, watchfulness
vínculo, el *(n.)* link, **11**
violar *(v.)* to violate, **6,** rape
violencia, la *(n.)* violence, **2**
virginidad, la *(n.)* virginity
vista, la *(n.)* view, **3**
viudo/a, el/la *(n.)* widow, widower, **1**
vivienda, la *(n.)* dwelling, housing
volar (ue) *(v.)* to fly, **3**
voluntad, la *(n.)* will, will power
volver (ue) *(v.)* to return, **1**
volverse (ue) *(v.)* to become, **8**
vomitar *(v.)* to vomit, **4**
voz, la *(n.)* voice
vuelo, el *(n.)* flight

y and
ya already, **9**
ya que since, **9**
yate, el *(n.)* yacht, **3**
yema, la *(n.)* egg yolk
yerno, el *(n.)* son-in-law, **1**
yeso mojado, el *(n.)* wet plaster, **8**

zanahoria, la *(n.)* carrot
zapato, el *(n.)* shoe
zodíaco, el *(n.)* zodiac
zona, la *(n.)* area
zumo, el *(n.)* juice

Credits

Photo Credits

Page 2 (top): María González-Aguilar; **page 2 (middle):** Bruce Ayres/Stone; **page 2 (bottom):** SuperStock, Inc.; **page 3 (top):** Picture Press/Corbis; **page 3 (bottom):** Bob Daemmrich/Stock Boston; **page 6:** Chuck Savage/The Stock Market; **page 19:** Mariam Pérez-Roch Rohlfing; **page 29:** Chris Sharp/South American Pictures; **page 34 (top):** Marisol Diaz/LatinFocus.com/Latin Focus Photo Agency; **page 34 (middle):** Lowell Georgia/National Geographic Society; **page 34 (bottom):** Alan Schein/The Stock Market; **page 35 (top):** Photofest; **page 35 (bottom):** Kino International/Shooting Star International Photo Agency; **page 38:** M. Lee Fatherree/Carmen Lomas Garza; **page 39:** Latin Focus Photo Agency; **page 44 (top, left to right):** David Allen/Corbis; Ted Soqui/Corbis Sygma; Bob Daemmrich/Stock Boston; AFP Photo/Roberto Schmidt/Corbis; **page 44 (bottom, left to right):** Stephanie Cardinale/Corbis Sygma; Neveu/Liaison Agency, Inc.; Shelley Gazin/Corbis; **page 50 (left):** Russell Gordon/Odyssey Productions; **page 50 (right):** David Young-Wolfe/PhotoEdit; **page 58 (left):** Christopher Brown/Stock Boston; **page 58 (right):** Robert Brenner/PhotoEdit; **page 64 (top to bottom):** Cindy Charles/PhotoEdit; Steve Kaufman/DRK Photo; Tome Brakefield/The Stock Market; Tony Morrison/South American Pictures; Simeone Huber/Stone; **page 65 (top):** Eric Carle/Stock Boston; **page 65 (bottom):** Jerry Driendl/FPG International LLC; **page 66 (top):** Robert Caputo/Aurora & Quanta Productions; **page 66 (bottom):** Chad Ehlers/Stone; **page 71:** Thomas Ives/The Stock Market; **page 72 (top):** Martin Rogers/Stock Boston; **page 72 (bottom):** Galen Rowell/Corbis; **page 73:** Eugenio Opitz/LatinFocus.com/Latin Focus Photo Agency; **page 74:** Federico Kauffmann Doig; **page 81:** Stephane Compoint/Corbis Sygma; **page 88 (left):** Lester Lefkowitz/The Stock Market; **page 88 (middle):** Steve Kaufman/DRK Photo; **page 88 (right):** Tom Stewart/The Stock Market; **page 96 (top):** Ronnie Kaufman/The Stock Market; **page 96 (middle):** Pete Saloutos/The Stock Market; **page 96 (top):** LWA/Dann Tardif/The Stock Market; **page 100:** Charles O'Rear/Corbis; **page 105:** Craig Mohr/The Stock Market; **page 106:** German Maneses; **page 110 (left):** Latin Focus Photo Agency; **page 110 (right):** Michael Freeman/Corbis; **page 112:** Scott Barrow/International Stock Photography Ltd.; **page 120:** Leslye Borden/PhotoEdit; **page 126 (top):** Dale O'Dell/The Stock Market; **page 126 (middle):** Oscar Guarin Martinez; **page 126 (bottom):** Carlos Carrion, Greenpeace/AP/Wide World Photos; **page 130:** Ed Bock/The Stock Market; **page 134:** Bruce Forster/Stone; **page 141 (left and right):** EFE News Services Inc.; **page 149 (left):** Dave Jacobs/Stone; **page 149 (right):** Rodney White/AP/Wide World Photos; **page 154:** Bridgeman Art Library/SuperStock, Inc.; **page 155:** Kent Gilbert/AP/Wide World Photos; **pages 157 and 162:** A.G.E. FotoStock; **page 165:** Barbara Grover; **page 167:** Steve Winter/National Geographic Society; **page 172 (all):** The New York Public Library Photographic Services; **page 175:** Hulton Getty/Hulton Getty/Liaison Agency, Inc.; **page 179:** Micheline Pelletier/Corbis Sygma; **page 184 (top):** A. Ramey/PhotoEdit; **page 184 (middle):** Tony Freeman/PhotoEdit; **page 185 (bottom):** Mark Richards/PhotoEdit; **pages 185 and 208:** Bob Daemmrich/The Image Works; **page 216:** Hood Museum of Art; **page 217 (top):** Schalkwijk/Art Resource, N.Y.; **page 217 (bottom):** Giraudon/Art Resource, N.Y.; **page 218 (top left and right):** Instituto Nacional de Bellas Artes INBA - Mexico; **page 218 (bottom) and 222:** Schalkwijk/Art Resource, N.Y.; **page 225:** Steve Jay Crise/Corbis; **page 230:** Gildardo Rengifo; **page 233 (top and bottom left):** Instituto Nacional de Bellas Artes INBA - Mexico; **page 233 (bottom right) and 236:** Schalkwijk/Art Resource, N.Y.; **page 244:** Philadelphia Museum of Art/Corbis; **page 252:** Eric Sander/Liaison Agency, Inc.; **page 273:** María González-Aguilar; **page 280:** W.T. Sullivan III/Science Photo Library/Photo Researchers, Inc.; **page 281:** Peter Menzel/Stock Boston; **page 298 (all):** Hugh Turvey/Science Photo Library/Photo Researchers, Inc.; **page 301:** Chuck Savage/The Stock Market; **page 307:** Jose L. Pelaez/The Stock Market; **page 312:** Michael Newman/PhotoEdit; **page 316 (top):** Robert Frerck/Odyssey Productions; **page 316 (middle and bottom):** María González-Aguilar; **page 329:** Reuters/Andrea Comas/Archive Photos; **page 338:** Jack Vartoogian; **page 340:** Rolando Pujol/South American Pictures; **page 344 (top):** MG/EFE News Services Inc.; **page 344 (bottom):** A.G.E. FotoStock; **page 347:** Reed Saxon/AP/Wide World Photos; **page 350 (left):** Abigail Simon; **page 350 (right):** Dominique Faget/Agence France Presse; **page 354 (top):** Robert Frerck/Odyssey Productions; **page 354 (middle):** SuperStock, Inc.; **page 354 (bottom):** Romilly Lockyer/The Image Bank; **page 355:** James Leynse; **page 358 (top and bottom** María González-Aguilar; **page 358 (middle):** Robert Frerck/Odyssey Productions; **pages 364 and 366:** Robert Frerck/Odyssey Productions; **page 368:** Southern Stock Photos/Index Stock Imagery, Inc.

Index

a

+ indirect objects, 138–39
personal, 135, 196
absolute superlative forms, 288
acaso, 166
accent marks, 291
accidental events, 45
"La actitud mental: un arma contra la enfermedad," 115–16
adjectives, 9
clauses, 198, 328–29
comparisons, 15–17
with **lo,** 193
with **ser** and **estar,** 13
adverbial clauses
imperfect subjunctive, 229
present perfect subjunctive, 328–29
subjunctive, 227, 229
advice, 164, 225
Aida (Verdi), 338
alcanzar, 131
alguien/alguno, 196
al + infinitive, 365
alternative medicine, 100, 102
América Latina, 65–66, 167
economics, 281–82
employment, 275
technology, 281–82
women, 273, 275
antecedents, 198, 330–31
apoyar, 249
Aragón, Joaquín, 157
architecture, 141
Argentina, 66, 132
art
Autorretrato (Rivera), 217
La Columna Rota (Kahlo), 233
Diego y yo II (Kahlo), 233
el fresco, 240
Henry Ford Hospital (Kahlo), 233
Juchiteca (Rivera), 218
El Matrimonio del Pueblo (Rengifo), 230
los muralistas, 216–19, 222, 224–25, 230, 233–36
Naturaleza Muerta Español (Rivera), 218
La ofrenda (Cervántez), 225
Paisaje Zapatista (Rivera), 217
Panel de la Dinastía Tolteca (Rivera), 154
The People for the University, the University for the People (Siqueiros), 236
El rebelde (Orozco), 216
Sueño de una tarde dominical en la Alameda Central (Rivera), 218
Trinidad Revolucionaria

(Orozco), 222
Woman (Miró), 244
articles (grammatical)
definite, 106
indefinite, 290
articles (published)
"El bueno, el feo, y el malo" (Calvo), 23–25
"La actitud mental: un arma contra la enfermedad," 115–16
César Chávez, 165
"El mundo en casa" (Puértolas), 340–42
"La obra de Frida Kahlo" (Soto), 234–35
"Preciclar, un nuevo verbo que conjugar," 143–44
"El trabajo como adicción," 203–4
"Vértigo digital," 301–3
astronomy, 172
Atahualpa, 175
Autorretrato (Rivera), 217
aztecas, 158, 167

Bartolomé de las Casas, 162, 165
Benedetti, Mario, 370–74
body language, 8
body parts, 97–98
"El bueno, el feo, y el malo" (Calvo), 23–25
buscar, 108
business, 281–82, 307, 314–15
"Business Administration" (Granada), 206

"Una cabeza para Jane Austen" (Mastretta), 266–68
"La cadena del ser" (Paz), 150
Calvo, Eva, 23–25
"Cantares" (Machado), 86
-car verbs, 108
celebrations, 355–56, 358, 364, 366, 368–69, 376
Centro Virtual Cervantes, 285
Cervántez, Yreina, 225
Chávez, César, 165
chibchas, 158
chicanos, 50
Chile, 66, 132
Cisneros, Sandra, 53–54
"Cleopatra" (Benedetti), 370–72
los códices incas, 74
cognates, 20, 36, 67, 128
art, 219
celebrations, 356
economics, 282
employment, 186
false, 321, 359
gender, 246
technology, 282
Colombia, 127–28
Colón, Cristóbal, 160

La Columna Rota (Kahlo), 233
commands, 107–8, 334–35
direct object pronouns, 136
indirect object pronouns, 138–39
subjunctive, 164
common phrases, 67, 94–95, 129, 133–34, 153, 156, 219, 243, 279, 319, 356
art, 224
contradiction, 195–96
denial, 195–96
employment, 187, 214–15
gender, 247
health, 98, 103, 125
impersonal, 331
invitations, 251
obligations and necessities, 160
opinions, 160, 241
popular culture, 321, 322
telecommunication, 286
time, 159
See also idiomatic expressions
como, 16–17
como si, 331
comparing, 15–17
and contrasting, 311
concession, 227
concienciar, 140
condition, 229, 331
conditional forms, 254–55, 335–36
clauses, 257–58
if clauses, 363
perfect, 362–63
congratulations, 191
connecting words, 261, 295–97
conocer, 79
conseguir, 131
Consejo Nacional de la Mujer de Argentina, 273
contradicting, 195–96
cooking, 111
Cortázar, Julio, 84
Costa Rica, 66
creer, 166
cuando, 78
Cuba, 71
"La culpa inmemorial" (Muñoz Molina), 157
currículum vitae, 194

Dalí, Salvador, 230
days, 65
decir, 107–8, 164
dedicarse a, 44
definite articles, 106
de + infinitive, 365
dejar, 69
denial, 166–67, 195–96, 328–31
descriptive words, 4
desires/wishes, 162–63, 225

Diego y yo II (Kahlo), 233
diminutive forms, 52
direct object forms, 136, 138
negation, 196
discrimination, 58, 62
"El divorcio no es cosa de tres" (Fuertes), 27
doler, 98
double object pronouns, 140
doubt, 166–67, 225, 328–31

EE.UU.
hispanic groups, 41, 50
immigration, 35–36, 39
"El eclipse" (Monterroso), 173
employment, 185–87, 201, 208–9, 214–15
cover letters, 212
currículum vitae, 194
gender, 257, 275, 338
environment, 127–30, 132, 134, 141, 143–44
rain forests, 147
equality *vs.* inequality, 15–17
España, 100, 106, 130
alternative energy, 149
environment, 132–34
estar, 12–13
exercise, 104

false cognates, 321, 359
families, 4, 6, 32
feelings, 164, 328, 356
festivals. *See* celebrations
films, 35, 324
food, 106, 110
formal commands, 107
frescoes, 240
Fuertes, Gloria, 27
future forms, 227, 253, 255, 334
future perfect forms, 334–35, 361

Galeano, Eduardo, 362
García Lorca, Federico, 145–46
-gar verbs, 108
gender, 257, 278
See also women
gerunds, 136, 139
los Goya, 329
greetings, 8, 31
Guatemala, 179
Guillén, Nicolás, 237, 345
gustar, 47–48, 98
Gutiérrez Granada, Ernesto, 206
haber
pluperfect, 293
pluperfect subjunctive, 331
present perfect, 291
present perfect subjunctive, 329
habrá, 40
hacer/se, 107–8, 223
caso, 101
hace + time, 73

health, 97–98, 100, 102–5
Henry Ford Hospital (Kahlo), 233
Hispanic life and culture
  business, 281–82, 307, 314–15
  celebrations, 355–56, 358,
    364, 366, 368–75, 376
  los códices incas, 74
  employment, 185–87,
    193–94, 201, 208–9, 212,
    214–15, 257, 336
  families, 4, 6, 32
  films, 35, 324
  human rights, 154–57, 162,
    182–83
  immigration, 35–36, 39,
    62–63
  indigenous peoples, 35, 50,
    74, 158, 162, 167,
    171, 182
  Internet resources, 208, 273,
    285, 324, 332, 376
  interviewing, 180, 185–87,
    211
  leisure, 317–19
  personal relationships, 278,
    368–69
  popular culture, 317–19,
    321–22, 324, 329, 332,
    336, 339, 344, 350,
    352–53
  technology, 281–82, 293, 299,
    312, 314–15
  women, 245–47, 250, 252–53,
    257, 259, 273,
    275–79, 336
  See also art; literature; poetry
Historia general de las Indias (de
  las Casas), 162
hope, 162–63, 328–31
human rights, 154–57, 162,
  182–83
hypothetical situations, 257–59

idiomatic expressions, 4, 33, 188,
  265
  celebrations, 360
  congratulations, 191
  greetings, 8
  popular culture, 321
  questions, 42
if clauses, 363
immigration, 35–36, 39, 62–63
imperfect forms, 75–79, 335–36
  adverbial clauses, 229
  subjunctive, 225–27, 229,
    258–59, 331, 335–36
impersonal forms, 192, 331
incas, 74, 158, 174
indefinite forms, 195–96
  articles, 290
independent clauses, 226
indicative forms
  doubt, 166–67
  known antecedents, 198

present, 10, 334
present perfect, 334
  vs. subjunctive, 227
indigenous peoples, 35, 50, 74,
  158, 162, 167, 171, 182
  See also aztecas; incas; mayas
indirect object pronouns
  gustar, 47–48
  infinitives, 139
  unplanned/accidental events,
    45
indirect objects, 138–39
inferences, 200
infinitive forms, 229
  direct object pronouns, 136
  indirect object pronouns, 139
  likes/dislikes, 47–48
  sequences, 365
informal commands, 107–8
El Instituto de la Mujer, 259
Internet resources, 208, 273, 285,
  324, 332, 376
interviews, 180, 185–87, 211
introductions, 8
invitations, 251
ir/se, 69, 107–8, 190
"Iré a Santiago" (Lorca), 145–46
irregular verbs, 10, 107–8
  See also specific verbs

Juchiteca (Rivera), 218
judgment, 164

Kahlo, Frida, 216–19, 233–35

leisure, 317–19
letters, 31, 92
  employment, 30–31, 212
likes/dislikes, 47–48
literature
  "Cleopatra" (Benedetti),
    370–72
  Los códice incas, 74
  "El eclipse" (Monterroso),
    173
  "No Speak English"
    (Cisneros), 53–54
  El Popol Vuh, 170
  "Una cabeza para Jane
    Austen" (Mastretta),
    266–68
  "Viajes" (Cortázar), 84
  See also poetry
llegar, 108, 190
  a ser, 223
  tarde, 285
lo
  + adjective, 193
  + **que,** 36, 193
lograr, 131

Machado, Antonio, 86
mantener, 249
marcharse, 69

Mastretta, Angeles, 266–68
El matrimonio del Pueblo
  (Rengifo), 230
mayas, 158, 167
  el calendario, 172
measurements, 15
Me llamo Rigoberta Menchú...,
  179
Menchú, Rigoberta, 179
Mesoamérica, 167
metric system, 15
México, 65
Miró, Joan, 244
Mistral, Gabriela, 270
Monterroso, Augusto, 173
months, 65
"El mundo en casa" (Puértolas),
  340–42
Muñoz Molina, Antonio, 157
los muralistas, 216–19, 222,
  224–25, 230, 233–36

nadie, 196
nationality, 36
Naturaleza Muerta Española
  (Rivera), 218
necessity, 160
negative forms, 136,195–96
indirect object pronouns, 108,
    138–39
  opinions, 160
  present subjunctive, 107
  sino, 282
  subjunctive, 166
  tú commands, 108
newpapers, 338
ninguno, 196
"Un niño dentro de su madre"
  (Fuertes), 27
Nobel prizes, 250
"No olvides a Siqueiros"
  (Guillén), 237
no poder, 79
no querer, 79
El norte (movie), 35
nosotros commands, 108
"No Speak English" (Cisneros),
  53–54
noun clauses, 164, 166–67
noun phrases, 196

object pronouns, 108
obligations, 160
"La obra de Frida Kahlo" (Soto),
  234–35
obtener, 131
La ofrenda (Cervántez), 225
ojalá, 331
olmecas, 167
opinions, 160, 241
Orozco, José Clemente, 216, 222,
  240

painting. *See* art

"Paisaje" (Paz), 150
Paisaje Zapatista (Rivera), 217
Panel de la Dinastía Tolteca
  (Rivera), 154
para, 104
  + infinitive, 365
parecer/se, 7
Parra, Nicanor, 305
partir, 69
passive forms, 324, 326
past forms
  imperfect, 75–79
  participles, 291–92, 329, 331
  perfect, 335–36
  pluperfect forms, 293, 363
  pluperfect subjunctive,
    330–31, 336, 363
  present perfect, 291–92
  preterite, 71, 75–79
  progressive, 335–36
past participles, 291–92
  pluperfect subjunctive, 331
  present perfect subjunctive,
    329
Paz, Octavio, 150
pensar, 166
personal **a,** 135, 196
personal relationships, 278,
  368–69
personal traits, 21, 23–25, 32–33,
  245–47
piscar, 35
Pizza, birra, faso (movie), 324
"Plegaria" (Romano-V.), 56–57
pluperfect forms, 293
  if clauses, 363
  subjunctive, 330–31, 336, 363
poder, past tense forms, 79
*The People for the University, the
  University for
  the People* (Siqueiros), 236

poetry
   "Business Administration" (Granada), 206
   "La cadena del ser" (Paz), 150
   "Cantares" (Machado), 86
   "El divorcio no es cosa de tres" (Fuertes), 27
   "Iré a Santiago" (Lorca), 145–46
   "Un niño dentro de su madre" (Fuertes), 27
   "No olvides a Siqueiros" (Guillén), 237
   "Paisaje" (Paz), 150
   "Plegaria" (Romano-V.), 56–57
   "La Reina Batata" (Walsh), 117
   "El rescate de Atahualpa" (anonymous), 175
   "La situación se torna delicada" (Parra), 305
   "Solo de flauta" (Guillén), 345
   "Tecum-Umán" (Aragón), 157
   "Te quiero" (Benedetti), 373–74
   "Ventanas sobre el tiempo" (Galeano), 362
   "Yo no tengo soledad" (Mistral), 270
polite forms, 226
poner/se, 107–8, 223
El *Popol Vuh,* 170
popular culture, 317–19, 321–22, 329, 332, 336, 344, 350, 352–53
   Pizza, birra, faso (movie), 324
por, 104
posiblemente, 167
"Preciclar, un nuevo verbo que conjugar," 143–44
preferences, 331
prefixes, 231
prepositional phrases, 48
prepositions, 104
   indirect objects, 138–39
   sequences, 365
present perfect forms, 291–92, 334
   subjunctive, 328–29
prestar atencíon, 101
preterite forms, 71, 75–79, 335–36
   vs. present perfect, 291
probability, 255
probablemente, 167
pronouns
   direct object, 136, 138
   double object, 140
   indirect object, 138–39
   position, 365
   relative, 295–97

se, 130
Puértolas, Soledad, 340–42
punctuation, 92
purpose, 229

que, 15–17, 295–96
querer, 79
question formation, 42
quizá, 166, 331

rain forests, 147
reading tips, 20, 50, 112, 141, 170, 200, 299, 338, 367
El rebelde (Orozco), 216
reciprocal verbs, 45
reflexive verbs, 7, 44–45
regular verbs, 10, 107–8
"La Reina Batata" (Walsh), 117
relative pronouns, 295–97
Rengifo, Gildardo, 230
requests, 164
"El rescate de Atahualpa" (anonymous), 175
Rivera, Diego, 154, 217–18, 224–25, 240
Romano-V., Octavio, 56–57

saber, 79
sacar, 108
salir, 69, 107–8
se, 45, 130, 192, 326
sentir/se, 101
sequences, 365
ser, 12–13, 107–8, 324
   lo que, 36
   + tarde, 285
si, 257–59, 363
sino, 282
Siqueiros, David Alfaro, 236
"La situación se torna delicada" (Parra), 305
slavery, 157
social forms, 92
"Solo de flauta" (Guillén), 345
soportar, 249
sostener, 249
Soto, Francisco, 234–35
"Spanglish," 51
stereotypes, 58
study tips
   interviewing, 180
   listening, 112
   prefixes and suffixes, 231
   reading, 20, 50, 112, 141, 170, 200, 299, 338, 367
   skimming, 81, 112
   writing, 30–31, 61, 122, 151, 275, 311, 350, 378
subjunctive forms, 160, 162–64, 166–67
   adverbial clauses, 227, 229
   imperfect, 225–26, 229, 258–59, 331, 335–36

independent clauses, 226
pluperfect, 330–31, 336
present, 107, 334
present perfect, 328–329, 334–35
   unknown antecedents, 198
   vs. indicative forms, 227
Sueño de una tarde dominical en la Alameda Central (Rivera), 218
suffixes, 231
suggestions, 164
superlative forms, 288

tal vez, 166, 331
tardar, 285
technology, 281–82, 293, 299, 312, 314–15
"Tecum-Umán" (Aragón), 157
telecommunication, 286–87
tener, 107–8
   que, 79
"Te quiero" (Benedetti), 373–74
time, 159
   el calendario maya, 172
   future, 227
   hace +, 73
   verb forms, 291, 328–29, 334–36
toltecas, 167
"El trabajo como adicción," 203–4
transition words, 275
travel, 70, 94–95
   América Latina, 65–66
   letters, 92
Trinidad Revolucionaria (Orozco), 222
tú commands, 107–8

uncertainty, 166–67, 229
unknown antecedents, 198, 330–32
unplanned occurrences, 45

Venezuela, 66
venir, 107–8, 190
"Ventanas sobre el tiempo" (Galeano), 362
verbs. *See* specific forms; specific words
Verdi, Giuseppe, 338
"Viajes" (Cortázar), 84
vocabulary, 51, 82, 113, 142, 232, 263
   art, 219, 242–43
   body parts, 97–98, 124
   business, 282, 314–15
   celebrations, 369
   cooking, 124–25
   ecology, 127–29
   employment, 201, 214–15
   environment, 152–53
   families, 32

feelings, 356
food, 106
gender, 246, 278
health, 97–98, 113, 124–26
human rights, 156, 182–83
immigration, 62–63
indigenous peoples, 171, 182
nationality, 36
personal traits, 21, 23–25, 32–33
personal relationships, 278, 369
popular culture, 318, 321, 339, 352–53
technology, 282, 300, 314–15
telecommunication, 286
time, 159
travel, 94–95
women, 278–79
volverse, 223

Walsh, María Elena, 117
wine, 100
wishes/desires, 226
Woman (Miró), 244
women, 245–47, 257, 259, 273, 278–79
   employment, 275, 338
   Latin America, 252–53
   Nobel prizes, 250
   "Un día en la vida...," 276
writing tips, 30–31, 61, 275, 280, 350
   comparing and contrasting, 311
   instructions, 122
   summaries, 151

"Y no se lo tragó la tierra," 35
"Yo no tengo soledad" (Mistral), 270

-zar verbs, 108